万川 reflections

一步万里阔

MASTERS OF CRAFT

★ Old Jobs in the New Urban Economy ★

纽约手艺人

—手作精神与品味消费的未来—

Richard E. Ocejo

理查德 · E. 欧塞霍 著

冯奕达 译

中国工人出版社

谢 辞

开始之前，有些人我想谢谢他们。首先，我最感谢的就是在几份工作、几个工作场所与产业中那些向我敞开自己生命的人。少了你们的慷慨大方，就不会有这本书。我绝不会忘记有你们陪伴的这六年，也一直为你们的工作心醉神迷。

当我满口讲的都是鸡尾酒里的冰块有多重要，而不是完成我的博士论文时，Sharon Zukin起先虽然抱持怀疑态度，但仍鼓励我在正事之外针对鸡尾酒吧展开可以兼顾的项目计划。对于她在项目计划早期的支持与指引，我铭感五内。无独有偶，当这份计划书的范围扩大、逐渐成形时，Eric Schwartz同样表现出很大的支持（同时大概也是希望我多放一点注意力在自己的第一本书上吧）。谢谢他总是相信我，也让这本书得以开始进行。Eric Schwartz离开普林斯顿大学出版社，到哥伦比亚大学任职，当下我非常确定我会让这本书留在普林斯顿大学出版社，因为第一次出书时整体的经验都让我乐在其中。当然，我想在做最后决定之前，先见见接替Eric Schwartz的人。我多么幸运，普林斯顿大学出版社聘用了Meagan Levinson，她是与我共同“穿越”这一大堆文字的完美人选。她的编辑功夫了得，而她见树又见林、了解树跟林如何彼此相连的能力，实在是惠我良多。我也想谢谢普林斯顿的大学出版社Sara Lerner与Samantha Nader在出版过程中的指点，以及Jennifer Harris帮助不小的校对与建议。

老天保佑，让我有一群同事兼好友。纽约市立大学的伙伴总是一马当先，对这项研究提供了令我赞叹的评论，几年下来还陪我喝了许多杯鸡尾酒，尤其是Alex Frenette、Jon Wynn与Jeff London。我一向自己一个人写，但因为一些缘故，几年前我加入了一个写作团体，而我最早开始思考这本书究竟看起来会是什么模样时，就是在这个时候不知怎的，这个写作团体后来变成一份期刊的编辑委员会了。我想谢谢Greg Smithsimon、John Krinsky与Debbie Becher对写书过程中关键的一步提供的深刻想法。正当这份计划书处在重要关头时，我有幸两度参加了由多伦多大学马丁繁荣研究所（Martin Prosperity Institute）举办的体验创意经济（Experiencing the Creative Economy）学术会议。从这几次与会经验中，我想特别感谢Kevin Stolarick、Brian Hracs、Doreen Jakob、Pacey Foster、Oli Mould和Atle Hauge。

我也得谢谢以下几位在这趟旅途中的回馈、鼓励与友谊：Michaela Desoucey、Andrew Deener、Black Hawk

Hancock、Damian Williams、Tim Dowd、Yasemin Besen-cassino、Japonica Brown-Saracino、Richard Lloyd、Randol Contreras、Wendy Guastaferro、Jen Johnson与Shyon Baumann。最后，谢谢三位评论人付出这么多时间，针对如何改进本书提出这么多美妙的想法（不好意思，初稿写太长了）。

谢谢工读的学生，帮我把这几年的录音转成逐字稿。除了他们的协助、系上我那一小笔交通费，以及约翰·杰伊办事处（John Jay's Office）提供了一笔让我非常感激的研究推动资助（Advancement of Research）用于支应之外，我这项研究与本书就没有收受其他正式的补助（财务或其他方面）。

没有谁遇见自己爱侣的故事，能比遇见我的好太太尚塔尔的故事更美妙了。我俩在清晨四点钟的新奥尔良波本街苦艾酒屋（Old Absinthe House）外头相遇，当时我正在研究鸡尾酒圣会，而她则是为《村声》（Village Voice）做这场活动的报道。四周都是喝鸡尾酒的人，一段潮湿夜晚的氤氲对话，就这么在回到纽约之后化为几次约会，成了一段关系，决定了我的世界。尚塔尔，你几乎了解这项计划的每一步高潮与低潮，而且向来愿意倾听，给我建议（而且总是由衷的），给我温暖的拥抱。我完成田野调查不久后，我们的女儿丽塔出生了。丽塔，看着你从小婴儿牙牙学语长成小姑娘，这一切让我激动不已（一部分原因也是因为你对牛排的爱）。我为你骄傲不已，而且等不及看你还有什么“压箱宝”。我爱你们。

前　言
日复一日

于是，一个人做什么工作，既是别人怎么看待他，当然更是他如何看待自己的方式之一。

——埃弗瑞特·切灵顿·休斯（Eierert Cherrington Hughe）[1]

杰奎因上下班时，地铁里的人向来不多。[2]二十九岁的杰奎因是位酒保，在纽约市人气最旺的鸡尾酒吧之一——死吧（Death & Co.）工作。他从晚上六点上班到凌晨两点，每周二、四、五和周日都有班，但他总在酒吧开门前几小时就先到，最后点餐时间过后一个多小时才离开（有时还会到附近另一间酒吧喝一两杯睡前酒才回家）。总之，他傍晚通勤上工，凌晨三点左右才睡眼惺忪地站在几乎空无一人的月台上，等着搭

F线列车回布鲁克林。不过，为了生活花时间调酒、上酒却很值得。“我上班时心情好，下班时心情更好。累是累，但累得很满足。我睡得很好。”

生于厄瓜多尔，长于迈阿密，又到了波士顿大学念书，杰奎因在2005年搬到纽约，当时他才27岁。在还不确定未来出路之际，他开始当起酒保赚钱付账单，毕竟大学毕业后就得还债。他一开始先在供应啤酒与烈酒的小酒馆短期当差，接着到酒水只是陪衬的地方工作，而后才在死吧找到了自己的位子。杰奎因这周五在中午左右醒来，花了几个小时浏览各式饮食网站与部落格，好跟上最新潮流。他现在最感兴趣的是了解主厨会运用哪些新食材，以作为自己的调酒灵感。上个月，杰奎因在某家晚宴俱乐部的一场宴席中调制了五款鸡尾酒搭配五道菜。结果，次月的晚宴席次快速销售一空。“所以我现在压力可大了，得表现得更好才行”，他说。

杰奎因晓得，自己在吧台后的表现就像登台表演。他会在出门工作前洗澡刮胡须，让自己看起来尽可能神清气爽。浅肤色、浅棕发的他蓄着时髦的短胡，穿上裤管刚好卷在脚踝上的灰蓝长裤、帆船鞋，配上V领衫、领带、马夹、袖环、休闲裤，以及皮鞋。套上制服后，他站到镜前检查仪容，确认一切到位。他系上围裙，走进吧台开始准备，将五种不同的冰块装满冰桶，手工榨取柠檬汁与酸橙汁，接着补满吧台用的十多瓶苦味精。六点前，他已经准备好要上秀了。

加德纳（Gardiner）小镇位于阿尔斯特郡（Ulster County），与纽约市北边相距两小时的车程。这座小镇有几个吸引人之处，除哈德逊河谷中游的天然美景外，较有名气的就属图丘镇烈酒厂（Tuthilltown Spirits）。这酒厂设在一间历史悠久的地标磨坊内；两百多年来，这座磨坊就利用萨温刚克河（Shawangunk Kill）的河水磨谷。要前往酒厂，得从图丘镇路拐进一条名叫磨谷巷（Grist Mill Lane）的短短泥泞死巷。拉尔夫是酒厂的共同持有人，他在2001年买下这处产业，跟合伙人布莱恩联手将两座谷仓翻修成一座手工蒸馏场与一间陈酒房——用来存放威士忌桶，慢慢陈酒的仓库。这处产业除改装过的谷仓、拉尔夫的房子、一些储存设备和一间流动厕所外，还有一大片杂草丛生的原野。图丘镇居民正打算种些作物（代代相传的苹果、玉米与小麦品种），以供酿酒。目前，酒厂有些员工会利用这片原野作为夏季的露营区，而割草就是他们付的租金。

破晓时分，利亚姆在他的圆锥形帐篷里醒来。他穿上卡其色厚工作裤，套上已磨旧的棕靴。此时气温已近32度，随后一整天还有在滚烫的蒸馏器之间制作威士忌的工作在等着，不过，他不介意穿上衬衫。利亚姆27岁，身高超过一米八，上唇胡子浓密，下颌留着短胡楂，棕发蓬松凌乱，这一年多来因为经常扛着沉重的酒桶和器械，上身因此锻炼出线条，活像是美国民间故事中体魄精壮的人物。他在附近的莱茵贝克（Rhinebeck）出生、长大，从纽约州立大学新帕尔兹分校（SUNY New Paltz，新帕尔兹是个靠近加德纳的城镇）取得地质学学位后，在当地当了几年酒保。利亚姆虽期待变化，但仍希望以自己的双手工作。克雷格列表（Craigslist）上当时恰好有个招工启事，是在一间以当地材料手制烈酒的小酿酒厂工作，他于是前去应征。虽然先前从没做过蒸馏酒，但这份工作还是符合他的几个兴趣与情感面——手工、烈酒，以及持续性——而且厂内首席蒸馏师乔居然还是他当酒保时的常客。

利亚姆和我走到酒厂，准备今天注酒要用的木桶，顺便也再多备妥几只木桶供明天使用。两摞各六个的木桶从昨天就堆成金字塔状，每只木桶都灌满了水。我们拿了槌子把木塞从孔上敲掉，将木桶放进水箱内，放光水，再将木桶在栈板上摆正，等着用堆高机送进酒厂。我们多堆起12只木桶，用水管将之灌满水，再拿橡胶槌把木塞敲上去。木桶之所以要灌水、摆上一两天，是为了让木头膨胀，进而堵住任何可能的渗漏处。“你宁可浪费水，也不会想浪费威士忌的”，利亚姆说。不到十点，我们已经准备好要装桶了。

迈尔斯通常会叫车，从他位于布鲁克林公园坡（Park Slope）的公寓出发，前去从事自己的理发工作。一半血统是非裔美国人，另一半血统是波多黎各人，迈尔斯在成长过程中住过纽约市内五个行政区的好几处公寓（有些是公宅项目的房子），但主要还是待在布朗克斯（Bronx）。这天，迈尔斯一如既往，在早上十一点前就到了；弗里曼运动俱乐部（Freemans Sporting Club）正是十一点开门。七位等着要剪发的年轻人正站在前门外等着，门后是一间精品男装店。穿过架子、桌子和几杆的手工衬衫、长裤、西装外套、背心、夹克、鞋子与领带（和一些动物标本）后，就是理发店入口。迈尔斯从十五岁起就开始帮朋友理发，他是被人拉进这家理发店兼服饰店工作的。

“我一向对时尚和男装着迷。不妨说，我有点像是那种创意型的人。我很热衷艺术，就喜欢创造东西。”

理发师工作时得站着，双手半举，而且要“随时待命”，满足客户需求，一天九个小时。有些理发师会马上“动刀动剪”开工，有些则喜欢按自己的步调，缓缓地展开一天的工作。迈尔斯从位于弗里曼巷的侧门走进店里后，从工作柜内取出用具，在自己的工作台上将用具摊放在毛巾上。他边检查喷壶水量，边和其他也在准备中的理发师小聊几分钟。店门一开，更多人也跟着进来。弗里曼是一间随到随剪的店，没做预约客，因此顾客得提早到。客人可指定理发师，但这就得等久一点，或是直接看旁边有没有哪位有空。迈尔斯身为店里人气较高的理发师，也是同事公认的渐层推剪专家（这来自他在黑人区“街坊”小店工作的经验），此时已有三名顾客在柜台登记指定由他来理发。他先和一位常客握手虚抱打招呼，请对方先到自己的台前坐定，说他马上回来。迈尔斯然后到白天是浓缩咖啡吧的隔壁餐厅点了一杯冰美式。他随手翻了翻刚从服饰店橱窗带过来的男装杂志，小啜几口咖啡，在店外板凳坐下。十一点十五分，他进到店里开始为顾客剪发。到了十二点三十分，他剪完第二个客人的头发，接着到店门口看看手机，顺便和另一位理发师马克闲聊；马克正在抽烟，登记候位的两名顾客继续等着。这时，马克隔壁位子的范恩已经开始为今天的第四位客人理发。顾客毫无怨言，大家只是静静地坐着，融入那种氛围。一天下来，迈尔斯始终维持自己的节奏，每半个小时为一名顾客剪好头发。

从周日到周四，詹卡洛每周有五天会离开和三名陌生人同住的哈林区公寓，搭A线来到第十四街，前往切尔西市场（Chelsea Market）这个室内市场的迪克逊农家肉铺（Dicksons Farmstand Meats）担任肉贩。30岁的詹卡洛去年才从科罗拉多搬到纽约。“我受够了在小隔间里工作。”他指的是自己大学毕业后在医学中心当经理的上一份工作。詹卡洛决定追寻自己真正的热情所在——食物与肉品。他先是在熟肉铺与屠宰场之间短暂地辗转，再到州某所大学念屠宰业相关课程，最后在城里的迪克逊肉铺落脚。詹卡洛不像大家一样走第九大道的正门，而是从第十六街卸货处的后门进市场。

他跟在厨房里制作三明治的朱尼尔打招呼，随后进浴室换上制服——黑橡胶鞋、按扣白衬衫，白色肉贩袍和白围裙。一整天下来，每件衣物都会越来越红。他没将穿到店里的黑色旧牛仔裤换下，反正下班后也没什么特别安排。他在围裙系带上挂了一条擦手巾。切肉间的每个员工都戴着棒球帽，他也不例外，不过他戴的是自己的“尼尔·杨与疯马乐团”（Neil Young and Crazy Horse）纪念帽，而不是黑白两色的“迪克逊肉铺”卡车司机帽。最后，他套上一双一次性的白色无粉乳胶手套，外面再套上一双米白色的料子更厚的“切肉用”手套。肉贩的快刀能轻易地划开或刺穿这两层手套。但如果下刀慢一点，切肉手套至少还有点保护作用。

反正还要过两个小时顾客才会上门，詹卡洛于是走到笔电前，放起重金属乐团潘特拉（Pantera）的音乐。若撇开音乐，开店前的准备时间其实是段宁静时光。这段时间肉贩大多会用来为将近4.5米宽、上下两层的冷藏展示柜补货。“我们会彻底整理一遍”，詹卡洛讲话时我就跟在他后面。“我们会一盘盘检查，只要肉看起来像摆了太久，我们就换上新切的。”

不管卖掉什么，他们都会补满；要是哪种肉完全没货了，就会改以不同的部位补上。看起来“摆太久”的肉若要吃也是完全没问题的。店员只是觉得，顾客不会想买那些看起来没别块红润的肉品。总之，员工要是没把这些老肉带回家，厨房就会拿来做成中午的员工餐。

前一晚负责关店的店员在每块展示肉上都摆了一张包肉纸。詹卡洛逐一拿掉这些纸，他取出长长的金属托盘，上面只剩整块牛里脊的五分之一（不到一米长），以及一块卷起来的侧腹横肌牛排（skirt Steak）。另一位肉贩布莱恩则从冷藏库取出一块板腱（牛身上许多初分肉[Primal cuts]，也就是整块部位，这是其中之一），开始切翼板牛排。詹卡洛从冷藏库拿出另一块里脊，剔除肥油、肌腱及筋膜，处理成一条小小的肉卷，再绑起来。他把盘中侧腹肉旁那块比较旧的里脊肉切面朝下，摆在托盘右上角（也就是离顾客最远的一端），然后再摆上新的里脊肉。接着，他从冷藏库拿出牛小排，开始用电动切割机切成大小平均的小块，两两一排，堆得像两根柱子，摆在里脊肉旁。詹卡洛随后又处理了另一块侧腹肉，将肉卷起摆在铁盘左上角，旧的侧腹肉则夹在新的这卷和牛小排间（站柜台的店员都晓得，要先从靠自己最近的肉块卖起，通常那也是最老的肉。）托盘上空出的一角，是要给在另一张切肉台边处理肉的布莱恩放翼板牛排用的。他拿了四片肉在白瓷盘上堆成阶梯状，摆上托盘。詹卡洛对柔软的里脊肉稍微抓捏几下，好跟翼板肉相衬，接着将托盘滑放进展示柜里。

今天也是猪肉日。冷藏库里吊着六只已沿脊椎处剖成两半的猪。只要牛肉展示柜处理好，詹卡洛和另外两位肉贩便会接着整理切肉区，好分解猪肉。中午一到，店里挤满叽叽喳喳的顾客，大家也准备好要开始一天的正事了。

或许因为我本身的职业要求动脑，因此那些以双手工作的人总让我深受吸引。我向来喜欢教授工作中"表演"的那一面：运用肢体语言和表情传达论点，站在学生满堂的教室里，或是在学术会议上从我的田野记录中找故事来讲。不过，这与心手合一创造出某种有形体的东西，某种能让人一眼看出品质好坏的东西，以及某种你能心满意足、掌握在自己手中的东西，仍是截然不同的感受。

我对这些劳动者的兴趣，同样源于我的出身背景。我的父母在二次大战后的几十年间就在布鲁克林的白人社区长大：贝·瑞奇（Bay Ridge，我母亲）和本森赫斯特（Bensonhurst，我父亲）。酒吧、理发店、肉铺这类地方就是这些邻里间的社群性机构（community institutions）——既是当地的聚会场所，也是日常生活节奏的一部分。我父母跟整个大家庭的人，在我成长期间都会讲些自己儿时和年轻时的生活故事逗我笑。居民走路到蔬果摊、乳酪店、鱼鲜摊、面包店和肉铺，这些全都开在相同的几个街区，有时大家更是天天光顾。男人下班后会跟同事、邻居到当地酒吧喝一杯。父亲与儿子每个月都会到同一间店理发。大家在这些店里与同样的人应对进退，看着他们的孩子长大，见着同样的邻居，要满足生活需求从来无须离开方圆几个街区。我母亲遇到的情况是店老板、店员和顾客讲挪威话，我父亲的例子则是讲意大利语和布鲁克林口音的英语（虽然他是西班牙裔）。后来，到了我长大的地方——比较郊区的斯塔顿岛（Staten Island），我们只有吃套餐和过节时才会到肉铺或面包店采买，家中常备的食物通常购自超市，想买什么都得开车前往。父亲当初一搬到斯塔顿岛，就开始抱怨无法在走路能及的地方解决生活需要，甚至连街角的酒吧都不能去，因为街角根本没有酒吧。他在家里囤酒，囤出了一间家庭酒吧，还学会调出自个儿的马提尼：用伦敦干金酒和一点苦艾酒（vermouth），搅拌均匀，加上冰块和橄榄。

我的祖父是来自西班牙的理发师。他在20世纪20年代来到美国，最后在切尔西开了一间理发店，也在本森赫斯特有了房子。他在45岁时死于癌症，当时我父亲才九岁，而他很小就开始帮助他母亲、姑姑与堂亲做事。对于一个失去主要经济支柱的移民家庭来说，念大学可不在考虑范围内。父亲继承了我祖父的衣钵，做过一段时间的理发工作。而“剪发”对他的工人阶层家庭与街坊邻居而言，是身为一个儿子可做的正当的好工作。

我父母从来不认为我会做买卖，或是从事体力劳动，就像他们的父母与来自布鲁克林工人阶层的许多同侪一样。他们俩都在曼哈顿坐办公室，我们家也过着舒服的中产阶层生活。我总有一天要上大学，因为他们认为这是出人头地的最好方式。体力劳动与“蓝领”职业虽然正当、体面，但不是我该做的。耳濡目染加上潜移默化，拿了几个学位后，我现在成了知识劳工。

尽管我本来的兴趣与个人背景如此，但我会开始研究这些劳动者与他们工作的场所，却是出于偶然。我是在进行前一本书的研究时，才首次知道有死吧这样的鸡尾酒吧。[3]据我所知，有一个以鸡尾酒为核心的全国性、甚至是全球规模的“品味社群”，我深受当中的成员吸引：店老板、认真的鸡尾酒狂热分子、酿酒业与生活风格类媒体的成员、公关公司代表、一般消费者……当然，还有酒保。[4]这些人当中，就属酒保最令我着迷。他们多半都念过大学，有些人曾在其他产业做过一段时间的全职工作。有些人边靠调酒赚钱，边念书，或是朝创造性的追寻努力前进，如戏剧或音乐领域（他们“真正的”热情）。[5]他们全都握有丰富的文化资本，或是对现今都市中的餐饮、时尚与音乐具有时髦且独特的品味。但大家到了某个时间点全都决定以调酒——尤其是在专业鸡尾酒吧调酒——作为自己的工作、职业之路，以及职业认同。这些年遇到过的工作者像杰奎因一样，他们没有背对酒水供应这一行，而是正面迎向它。在今天的“新经济”中，有大量以知识、创造力、技术力为基础的就业机会，正等着受过良好教育、有文化常识的劳动者投入。这些年轻人身处其中，尽管有其他工作选择，有时甚至还背负着家人的期待，却还是想以调酒为业。身为对都市文化经济甚感兴趣的社会学家，同时出身也和他们相似，我对鸡尾酒社群特别感兴趣，也开始研究这些人。

既然我一开始是想看看整个广大的鸡尾酒世界，于是也选择连同精酿产业一起研究。[6]2000–2010年许多小公司开始使用“品牌大使”——这是个来自公关界的花哨头衔。为了近距离认识精酿酒，我来到图丘镇烈酒厂实习，在这里和利亚姆与整个团队辛苦制作数种威士忌与伏特加。[7]在酒厂里的田野工作让我对这些劳动者更感兴趣。

我开始想到几个互有关联的研究课题。要从事调酒、酿酒这类服务业、体力劳动和轻制造业的工作，一向无须取得多难的学位或多时髦的品味。这些在劳动市场上拥有更多选择的人，为何却去追寻这些工作，并以其为职业呢？某些传统上地位不高的服务业、体力活、零售业和轻制造业的工作，怎么会开始“酷”了起来？这些工作如今为何会通过这种方式彻底转型？相关从业者是如何将这些典型的低阶工作理解为体面的工作，而不是造成自己向下层社会流动的原因？他们从个人的工作中创造出什么样的意义？对所从事的整体产业造成了什么冲击（如果有的话）？这些以男性为主的工作，透露出劳动当中哪些性别化的本质？[8]还有，我们要如何理解这些转变，而这些劳动者在眼下“新经济”整体脉络中，又落脚何处？

为了选择更多职业来研究，回答这些问题，我得仰赖调酒与酿酒在酒精之外的共通点。[9]社会学与其他学科对劳动与文化有其研究，而在后工业时代都市仕绅的社区，或受过良好教育、富有创造力的青年之间，亦有其文化潮流。我同样得运用我对上述学科的知识，以及我对这些文化潮流中的时代精神的认知。我为何注意到调酒与酿酒会有一些共通的元素呢？因为这两者皆是历史悠久、经典、体力劳动的工作。两者都曾经历“去技能化”（deskilling）阶段，如今则正经历“再技能化”（reskilled）。[10]更有甚者，年轻人是认真地把这些工作当成职业（而不是一种很酷的生活方式）、甚至是事业在追求。这些劳动者通过这种方式，为这类工作注入了一套新的意义与价值，支撑着自己所从事的工作。事实上，他们形成了某种独特的“职业社群”，在整个产业中为自己创造出一个专业化的安身之所。[11]若以我在自己前作所处理的概念而言，他们等于是让这些寻常的职业“变高端”（upscaling）——也就是以对“这些领域的专业人士应该如何工作”的新文化认知为基础，赋予这些职业高人一等的地位。

我又找到两种符合上述标准的职业进行研究——高端的男性专门理发师与全只屠宰者（whole-animal butchers）。就像前两种工作场所的例子，我也采用参与观察法，进入店内研究，贴近劳动者与其工作。我坐在店里观察，趁迈尔斯这样的理发师工作时和他们交谈，这跟我在鸡尾酒吧的做法并无二致；我还到肉铺实习，和詹卡洛一样的肉贩并肩工作，这也和我在精酿厂时如出一辙。在田野调查接近尾声之际，我意识到自己研究了在零售型工作场所——也就是大众心目中的社群性机构里，结合服务、体力劳动于一身的三种工作（调酒师、理发师、肉贩），以及一种注重轻制造过程，而零售、服务与邻里取向元素较少的工作（酿酒师）。但我认为，这两类产业的新型劳动者之间的共通点还是多过相异处。而且，我只在本书谈服务业工作实践的第七章中将专业酿酒师排除在外，因为酿酒师并非服务业，何况酿酒业也非零售业，而是批发商。

这四种职业最有趣的共通点，或许是它们在现今都市中的地位——皆是“很酷”的工作。内行人、都市中产阶层、生活风格类媒体与时髦的消费者一致认为，这些一心想创造精妙的鸡尾酒与单一酒精饮料、复古发型，以及庖解全只、将之化为绝妙肉品的年轻人，正站在后工业都市文化泉源的风口浪尖，捍卫着都市之所以值得让人在此生活的原因——都市供应了酷炫的享乐。当今的后工业都市几乎都围绕着“消费”运转，尤其是聚集了仕绅化的住宅区。受过良好教育的都市人迁居郊区，在这儿探索可靠的新产品与新体验，而市政府领导人的目标正是要吸引他们前来，成为居民与游客。[12]这些人是“文化杂食者”——拥有文化与经济资本，有能力消费从低俗到高雅的各类产品，无须担心自己的社会地位会因此受威胁。[13]尤其是这些消费者在追求的过程中，还会向夜生活、酒精、时尚与美食产业中的劳动者寻求指引。

我在本书中主张：都市史上的“好”品味与“好”工作背后的意涵正在发生转变，而这些经典、常见职业的高端新精英版本，此时已在仕绅化都市中成为文化品味塑造者（尤其是创造杂食性的品味），而且也是年轻、受过高等教育以及/或是深谙文化的劳动者正当的职业选择。[14]主流社会通常会认为，这些职业虽是值得尊敬、不可或缺的工作，但也是社会地位低、不干净、体力需求大的职业，是没有更多选择人所做的行业，而且在文化上也绝对称不上时尚；父母若是希望孩子能出人头地，是不会想让他们做这一行的。[15]但我对这些工作的看法却和主流的观点大相径庭。传统上，大众也认为这类工作是“男人的工作”，需要体力劳动，工作场所也不适合女性涉足。这种印象依然存在，但不包括现今都市里的潮流区与社交圈。

最关键的，在于从事这些工作、以其为职业的人，不是因为这些工作酷而做，而是因为它们能提供有意义的劳动，为内在带来许多收获——在如今经济动荡、不稳定的工作环境里，要让心灵有所得可不容易。[16]身处一个认为高地位工作是以知识与理念为中心的经济体中，这些劳动者找到了以知识为基础的体力工作，而且还结合了思考、服务与创造。但这些新型劳动者与他们的工作却呈现出某种迷人的吊诡。虽然他们不是因为觉得很“酷”才投入这些工作，可一旦他们得到工作机会，却也得表现出自己干得了这行，或是有三头六臂，而装酷就是其中一部分。他们必须以有能力、有自信、有说服力的形象，演绎出一组“文化套路”（cultural repertoires）——亦即运用文化“工具组”，内容则结合了以对工艺与火候的领悟为基础所建立的身体性、技术性技巧，以及对专门文化知识的理解与沟通能力。[17]不是人人都能在这当中有所成就。这种做法不仅从专业角度决定了劳动者和其工作，同时也让这些工作变成前述传统就业机会的高端版本，自成一格。

本书涵盖的时间，是从2007年2月10日—我首度走进死吧想看看精调鸡尾酒有什么好大惊小怪的那天，到2013年8月28日——我离情依依在迪克逊肉铺实习的最后一天。我在书中记录了自己从这些劳动者与他们的工作中学到的东西。[18]在第一部，我会介绍各种工作，探讨其中蕴含的几个主题：服务业的新“精英”、真实性（authenticity）的逻辑、阳刚气质在新经济中的角色，以及“杂食性”（omnivorousness）的产生。到第二部，我会爬梳他们是如何投入这些职业生涯（途径），以及如何在职业中表现（实践）。我将呈现出这些年轻劳动者因为体力劳动工作能让自己从中获得意义，进而选择从事此行，而在现今以知识与服务为基础的后工业都市经济体中，他们又是如何拥有自己的一片天。这些从业者通过一套展演，建构起这种意义，而其展演则以下列的“文化套路”打底：他们提供的服务，带来的互动，以及制造的产品。他们将心智与体力劳动、手与脑、文化品味与物质技术熔于一炉，在零售业、服务业与轻手工业创造出新的精英阶层，或是在新经济中塑造出职业社群的归属。[19]出身特定社会背景的人一度对这些低地位的职业不屑一顾，不予理会，甚至避之唯恐不及，但这些“文化套路”如今的架势与风采却让劳动者寤寐求之，引以为傲。凭借利落地从事工作、服务他人，他们彻底改变了传统的社群性机构（当地酒吧、理发店与肉铺）与制造业（酿酒厂），将之化为零售与手工生产的新精英典范，最终在仕绅化的都市里确立起“高级品味”与“好工作”的形象。本书讲述的正是他们的故事。

目录

第二部

导　论
上市场溜达

“博士，你到这里工作之前，不是先研究过理发师吗？”詹卡洛从外面买了咖啡回到肉铺给大家后这么问我。

他这么问时，我正在切尔西市场的迪克逊农家肉铺进行为时一年的实习。切尔西市场的位置在以前的纳贝斯克（Nabisco）工厂。这个厂区占据了整个街区，就夹在曼哈顿的第九大道与第十大道，以及第十五街与第十六街之间。切尔西市场其实是由22个独立建筑结构无缝连接而成。在19世纪晚期是许多产品的出产地，当中也包括烘焙食品。1898年，国家饼干公司（National Biscuit Company，纳贝斯克的原名）在经过一连串的公司合并后正式成立，极盛时期的纳贝斯克生产了美国半数的烘焙食品，包括上好的苏打饼干（Premium

Saltines)、无花果牛顿饼(Fig Newtons)、巴努姆动物饼干(Barnum's Animal Crackers),以及最有名的奥利奥饼干(Oreo)。到了20世纪30年代,新科技重塑了烘焙业,当中又以长形、连续的带式炉取代了旧型的直式炉最为关键。纳贝斯克在这栋复合建筑物中装设了几座带式炉,但流水线生产比较适合单层楼的长形建筑物。曼哈顿因为是座小岛,垂直发展得很好,但水平发展就没有那么理想了。纳贝斯克为了维持竞争力,于是在1958年将生产活动全数迁往新泽西,更在隔年卖掉手上持有的切尔西产业。随后数十年间,一些轻型制造业公司盘踞了此区若干建筑,但大部分产业仍然和附近多数工业建筑一同沦为废墟。[1]

20世纪90年代,地产投资人埃尔文·B.柯恩(Irwin B.Cohen)集众人之力,买下了纳贝斯克的产业,把高楼层变成100万平方英尺的办公空间,地面层与地下室则化为225000平方英尺的零售空间。纽约此前早已有人将工业老建筑重新规划,作为新的居住空间,如把前工厂建筑的阁楼当成住宅。[2]但柯恩通过这项计划扩大了这种构想,让旧建筑得以发挥更当代化、更有利可图的用途。这座市场最关键的成就是打通了所有个别建筑的厂房空间,成为平面广场,工程在1997年完工。这个两端入口分别位于第九大道与第十大道的蛇状广场,为访客带来某种类似于身处拱廊的感受,空间主题则围绕着食物。此处店家一开始是以批发为主,为城里的餐厅、旅馆及若干当地的零售商供应售票。切尔西在20世纪90年代末期仍在经历仕绅化过程,当地食物产销的观念也还没兴起。

如今的切尔西市场就跟周围邻里升级后的风格相仿，混和了重新利用的工业硬件设备与光鲜亮丽的装饰，与纽约市的后工业经济基础配合得天衣无缝。这座市场本身是个以食物为主的高价集市，有近五十间店家、摊商、小吃与餐厅，贩售贴有“手工”和“真材实料”等标签的商品。这条拱廊仿佛后工业主题乐园，建筑师与设计师保留了复合厂房时代的瓦楞金属板与锈迹斑斑的大梁。他们还为墙面与招牌添上工业金属风的装饰主题，露出更多砖造结构，并以花岗岩、钻头与裸露的管道为材料，打造出能在各商场见到的那种中央喷泉。切尔西市场邀请访客通过现代都市消费主义的透镜，体验工业时代的过往。

有好几家新经济的龙头公司成了楼上办公室的承租户，如Google、Food Network、Oxygen Network、MBL.com，以及当地电视台NY1。Google从2006年起便承租了楼地板面积达300万平方英尺的港务局大厦（Port Authority Building），位置就坐落在切尔西市场第九大道一侧的正对面。到了2010年，Google更是以19亿美元现金买下该幢建筑。如此一来，Google也加入了曼哈顿下城扩张中的IT与媒体业基地，成为固定一员。[3]连同附近的时尚业与精品风的海洋酒店（Maritime）和标准酒店（Standard），这些今日经济的“模范生”为此区带进了无数年轻专业人才，成为切尔西市场的常客。

有这么多与食物有关的公司行号聚集在一个室内空间，如师出名门的餐馆，森本正治和马利欧·巴塔利（Mario Batali）在这儿都开有餐厅，位置又靠近空中铁道公园（High Line，原为废弃铁道，后改为公园），再加上切尔西地区的时髦，这一切

图1　切尔西市场的大厅。

都让切尔西市场成为在纽约人与观光客之间高人气的目的地。这座市场每年会接待600万来客。观光巴士按表把乘客载到这儿，让人下车到市场、店面一探究竟，顺便上厕所，去空中铁道走走，而当地商家则提供以食物为主题的步行导览。[4]

我是在研究纽约的精调鸡尾酒社群时，才首度听闻切尔西市场。泰德·卡尔杜奇（Tad Carducci）是酒保，也是“烈酒兄弟”（Tippling Bros.）——酒水业顾问二人组中的一员。2011年，他在切尔西市场地下室开了“烈酒狂”酒吧（Tippler）。此时的切尔西已是奢侈购物与时髦夜生活的热闹街区，而切尔西市场的声名也已流传开来。切尔西有这么多受过良好教育、可支配收入又高的年轻人在此工作、居住，而造访此区购物、过夜生活的人就更多了；“烈酒兄弟”会到这儿开间精调鸡尾酒吧，实属合情合理。“烈酒狂”的吧台内摆了好几瓶哈德威士忌（有贝比波本[Baby Bourbon]、四麦威士忌[Four Grain]、曼哈顿裸麦[Manhattan Rye]），以及图丘镇烈酒厂最有名的小产量烈酒系列。杰克·迪克逊（Jake Dickson）会受到此城发展中的美馔风景吸引，在2009年来到这儿开设全只肉铺，也是有其道理。

休息时间，我的同事詹卡洛提到第九街浓缩咖啡（Ninth Street Espresso）隔壁有家新开业的男性理发店，叫“迪卡特父子”（Decatur & Sons）。（第九街浓缩咖啡是间别致的意式咖啡吧，从迪克逊肉铺沿调集广场走下去就是。）迪卡特父子在经典风格的空间中，提供一系列酷味十足的高水准剪发服务（如侧分线上梳、渐层）以及直式剃刀刮胡，加入了方兴未艾的男性理容与高端时尚业。我恰巧认识迪卡特父子的老板索林，而且是他在前一家店工作时就认识了，那时他只是店里的理发师。索林几次都告诉我，说想自己开店，去年还提到正在找地点。如今他选择落脚在切尔西市场，就在一间老式擦鞋摊隔壁。

就这样，我的整个研究计划就以或此或彼的形式，全部集结在一个屋顶下：鸡尾酒保、精酿厂的烈酒、走高档服务的男性专门理发师，以及全只屠宰工。酒吧、理发店与肉铺是工业城市邻里之间的基石。新版本的它们如今迎合了高知识、高收入的消费者，在全国各大城市仕绅化的区域接连开张，如芝加哥的维克公园（Wicker Park）、旧金山的田德隆区（Tenderloin）与多帕奇区（Dogpatch）。不过，这些地方的店面并不像切尔西市场那样紧密聚集于一处，而是多坐落在彼此附近。热门经济行业中的专业人士，如Google员工、城里的“吃货”（foodie）品味社群成员，以及观光客支持着这些店面，这些人全是今日都市经济体中至关重要的消费人群。这些行号比它们的前身与同辈——像是街角酒吧、街坊理发店或肉铺——要高档许多。一杯精调鸡尾酒索价13美元至15美元；375毫升的小批分装矮瓶波本酒在酒类专卖店可卖到42美元；剪出有型的发型从40美金起步；来自全只肉铺的肉品价格可达超市的四倍。这些店显然是为经济能力充裕的人而开的。只不过，价格并非它们之所以高档的唯一基础，而它们的高价也有别于昂贵名表或汽车等传统奢侈品的高价。这类商品与服务承载着独特的文化意涵，而这些的工作场所也让劳动者与顾客之间建立起知识分享的关系。

追本溯源，类似切尔西市场里的这些新精英职业、工作场所、产品与消费形态之所以兴起，可归诸今日社会在文化、都市与经济三个方面正发生的变化：品味认知的重整、社群性机构在仕绅化区域的新角色，以及纽约等后工业都市“新经济体”中的劳动。仔细爬梳这三种各自独立、却又相互交织的变化，能让我们了解它们正如何创造出新环境，让这类工作成为大众心目中服务、零售与轻制造业的新精英，也使这类劳动者了解到自己正追寻这些工作为职业，而不是当成向下的社会流动来体验。

文化杂食者的崛起

“品味”在过去相对简单。“懂得”现代文化中某些典范的人，就是比别人略高一等。歌剧是比摇滚乐高级的音乐形式，葡萄酒是比啤酒更高雅的酒饮，菲力牛排就是比热狗更好。当然，品味根本不是出自于自然。高雅文化与低俗文化同样是社会建构的产物。历史、政治以及权力的形式（经济的、文化的）都会塑造其地位。没有什么能让任何文化产物在本质上比其他“更好”或“更差”，不管消费这些产物的人在整体社会中的地位如何，对他们而言，文化产物都有其价值与意义。然而，世人常会根据这些产品如何制造与分配以及是由谁来消费为判准，将文化品味冠以“风雅”或“低俗”之别。大众常认为精英文化就该非营利性、非标准化，如纯艺术就符合这些标准。但大众文化就是大量生产、标准化，好比说好莱坞强档大片：人人能接受，你我都能懂，无须多少深度或努力。[5]

更有甚者，习惯将品味与社会阶层相连。“高级”文化不仅高级，还是有钱有势者的领地。有钱人上歌剧院，欣赏无价艺术，喝上好红酒，还能享用法式料理。他们甚至能巨细靡遗地讲解自己消费了什么。含着金汤匙出生等于让他们掌握了关键，不光有购买能力，还能理解这些上流艺术形式与产品，举手投足就像自己是精英人士中的一分子。此时，劳动阶层则是听流行音乐、读拙劣的小说、喝啤酒、在家中吃家常炖菜或其族群特有的食物，而且从来不会真的在智识层面上思考个人消费行为。他们拥有的资源，如金钱与时间，相对少了许多，没有余力思考文化，或是让孩子拥有思考文化的方法，因此电影与音乐等文化产物就只是娱乐，饮食就只为了营养，而非激荡心智的泉源。劳动阶层所处的较低社会地位，让他们的文化偏好停留在生理、普通与必要的范围内，而有钱阶层较高的地位则提高了他们的文化偏好，达到心理、精妙与全方位充实的领域。出身精英与蓝领等不同背景的人，又会通过消费各自的文化，巩固自己所处的社会地位。[6]有许多例子是富裕背景出身的人“纡尊降贵”到劳动阶层中，也有许多例子是蓝领背景的人爬上社会阶梯，适应了高档品味，而“中流”(middlebrow)文化当然也让整个模型多少变得复杂。但这套文化分层体系仍然与“如何消费”的强势观念相符。

不过，新的消费与生活风格模式已经搅乱了这种想象。尤有甚者，社会精英不停消费在过去会回避的低俗与中流文化，以作为传统上高档供应物的补充，甚或取而代之，而且此举还不会损及他们的精英地位。[7]当今企业界与文化界的年轻未来领袖，有能力像对待古典乐与红酒那般鉴赏饶舌乐与啤酒，甚至如数家珍。事实上，自命不凡的态度已不见容于这些精英，他们并不接受那些支持“高级文化就是高质量”的主观理由。这些人不再去区分自己的社会阶层位置，他们是寻求多样性的“文化杂食者”。他们不再抱持不加区别的“势利”态度，也没有什么事物会因为其来源，或是还有谁与之共享，而排除在他们的鉴赏范围之外。[8]这些人通过消费其产物，对提升低俗文化的地位有很大的影响。源于贫穷非裔美国人之间的饶舌乐，如今取得了与古典乐平起平坐的地位，成为受到认可的艺术形式。就连切尔西这种一度弃置的厂房，只要经过若干翻修，在类似商店街的环境中开设墨西哥塔可饼与热狗等饮食选择，也能与知名地标和高档餐厅并驾齐驱，成为非去不可的目的地。

文化消费中的这种转变已经引发激辩——文化是否已确实大众化，抑或仍是区隔的表征。何为“高级”与何为“低级”文化，或者何为“精英”与何为“大众”，旧有秩序是否已经结束了——这么一来，如今人人都能平等地去接触，欣赏所有文化与文化产物吗？还是说，旧有的分层秩序今日依旧持续着？尽管文化杂食者握有从群众的品味中移除区别的潜力，但多数研究支持的仍是后一种主张：当大众消费低俗文化，他们仍然制造差异，只不过是奉行新路线而已。[9]他们就是新的精英。

例如，今天的“foodie”，也就是喜欢谈论、阅读、书写食物，而且会吃又会煮的寻常人，就面临了某种矛盾。一方面，他们会去寻觅、赞赏各式各样的食物与文化，真心不计较其出身渊源，并且排斥传统但主观的精英饮食文化，如法式高级料理所蕴含的排外、自视甚高的态度。[10]他们的庶民思维如是说：

"人人都该食好食，人人都能当吃货。"另一方面，他们同样也在为哪些食物"好"，哪些食物"不好"制定新的定义。他们为这些定义画出"象征的边界"，维持"境内治安"。[11]他们会问诸多有关食物的问题，以判断其品质：这食物可是"真材实料"？有没有具体的地域范围？制作是否简单、手作？产品与其生产者之间有无明确的个人联结？食物是否能点出历史与传统？是否"奇特"，或是否出自外来文化？是否打破平常食用或烹调的惯例？吃货文化通过各种传统与新媒体的输出渠道来提倡个中意涵，也通过当面和在线的对话展开激辩。尤其通常会让吃货"叫好"的"真材实料""奇特"食物，反倒会因为其"优质"背后的成本与复杂认知，使得大多数人难以亲近。这些新精英一方面守卫着庶民的、文化多元的"吃"，另一面却仍通过消费去寻找、获得更高的文化地位，只是手段与传统模式不同而已。[12]

这种新旧转变中有一种维度，不仅把"文化"当成"要认识的知识"或某种"要消费的产品"，更是"要展演的行为"。[13]曾几何时，传统精英若想通过消费展现个人地位，向渐渐往上爬的人表示不相为伍时，只需辨别出自己喜欢的各种文化产物有何精妙差别即可，如晓得高品质西服的特定细节、古典乐曲目众版本中乐段的细微变化，或是红酒不同年份的差别。[14]但网络上有这么多容易取得的公开文化知识，展现自命不凡的姿态又有风险，于是今人转而改以不经意、自适的态度来展现自己的文化分量，显示个人地位。提倡细致的差异就是一种强大的夸耀。新精英希望表现出自己的文化多元品味，仿佛"他们之所以是他们”的寻常面向，也是某种别人可以获致的东西。在一个杂食性的年代，这种必须随性而服人的展演，就是文化力量的源头。

上述文化消费与品味的转变相当重要，因为它已渗透了精调鸡尾酒吧、精酿酒厂、高档男士理发店与全只肉铺的社会世界。说起来，这些场所贩售的产品与提供的服务都很寻常，大家总会在酒吧点杯调酒与酒精饮料，人人都固定地去理发，而肉品则是日常食材。大众都会留意这些基本的、邻里性的商店，而且总得有人为顾客提供服务，制作这些商品。这类劳动者通常会把自己特殊的产品与服务包装得稀松平常，和其他每一种版本差不多。换句话说，他们对自己提供的东西采取非常庶民的态度。

不过，他们制作、提供与贩售的东西其实既不寻常，亦非唾手可得。每一个工作场所及其劳动者，都通过其特定的工作习惯、运用的文化知识和哲学立论点，将自家产品与服务拉抬到超越寻常、已进入精深高雅的文化领域。[15]既然我们对于文化杂食者如何消费已知之甚详，那么，现在就来仔细看看这些新精英文化劳动者，是在什么地方、以什么方式制作与传播，进而展现这些文化的。

有很多哲学能巩固这些劳动者的工作实践与职业认同。酒保运用“调酒术”(Mixology)的哲学，包括遵循精确的酒谱、选用特定材料、运用特定工具与技术，以“对”的方法调出他们认为“上佳”的酒饮。精酿师采用类似“永续”与“当地”等理念，为他们“真材实料”的小批次生产烈酒产品奠定基础。

高档店面的男性专门理发师，仰赖根源于时髦、都市文化景致中的风格与阳刚气息，同时运用兼具传统与崭新的剪发技术，在刻意塑造出的阳刚氛围中，为职场男性提供时尚发型。全只肉贩亦有其“肉品哲学”，决定使用符合道德且能永续取得的肉类，以高超的屠解手法产出罕见的完整部位肉块与肉制品。这些劳动者将这些意义灌注到自己的产品与服务中，同时也将这些“好”品味的价值观灌输给消费者。

这些劳动者与商号运用精工制作的技术，实践着文化知识，进而成为零售与轻型制造业新文化精英当中的佼佼者。挑剔的消费者到他们那儿寻求的商品与服务看似相当平常，而且是城中日常生活中的一部分，但这样的商品与服务确实含有繁复的意义，使其独一无二、“真材实料”，对消费者有特殊意义。更何况，这些商店正是劳动者创造或传授杂食“好”品味的场所。

调酒师运用自身与其品味群的鉴赏力，为自己的酒饮选择材料。他们通常偏好不那么昂贵的烈酒种类（麦酒），偏爱平价、小众品牌（利登豪斯[Rittenhouse]）甚过受高度评价(陈年苏格兰威士忌与干邑)与通俗（灰雁[Grey Goose]伏特加）的酒种。无独有偶，精酿师的做法也有别于流行酒类品牌，常采用当地、罕见的素材（农家代代相传的麦种、谷物、苹果），并调整配方（减少金酒中的杜松子量），以制作风味独特的产品。此外，以小批次方式蒸馏（“手工精酿”）也能带来不一致的风味，与大规模生产的品牌烈酒有别。调酒师与精酿师的判断及制作产品的技术，皆有助于在酒饮世界中重新建构品味。他们会推崇特定产品，轻视其他种类，并根据背后的哲学与制作方式创造新的“好”产品。

高档男士发廊的理发师在符合阳刚符号的场域内，运用时尚嗅觉与细心服务，让置身其中的都会专业人士拥有别具风格的发型，既无损其男子气概，同时又消费了劳动阶层的文化。全只肉铺的劳动者则同时分割、贩卖少见（羽花牛排[feather steak]、无骨牛小排）与常见（里脊肉、前腰脊肉[strip steaks]）的肉品。但他们无视肉块与肉制品之所以“好”与“坏”的一般看法——例如油脂量，反而更重视运用个人眼光去区分不同的肉块。简言之，这四种产业已完全受到当今文化品味的颠覆传统与再造影响——有一小批劳动者正引领变化，在独特的工作场域创造且传递着“有质量”的品味。

社群性机构在仕绅化区域的转变

在工业城市中，大家对于邻里生活的印象，大多都是自成一格的（urbanvillages——都市村），[16]像是小意大利、小波兰、希腊城，还有以欧裔后代为主的其他族群团体的飞地（enclaves），以及犹太人与黑人的居住区（又称犹太村[shtetls]与隔都[ghettos]）。对这些聚落的居民来说，这些地方就像安全港，是在无名城市中熟悉、亲密的所在。居民决定了邻里的文化与惯例，单一群体在邻里人口中越占优势，其区隔自己人与外人的界限也越是鲜明。这些城区就像美国小镇的主要商业店街，能满足居民所有的日常需求：家乡料理与杂货店、聚会场所，以及街头巷尾的乡音。路边商店就是社群机构，能提供基本所需，让大家走出缺乏空间的公寓，来到公开场合相聚。当然，这种都市村的画面通常是浪漫的想象，内部生活未必一片祥和。不同群体彼此常会因为工作机会、居住机会与公共空间的使用而出现冲突；有些群体基本上是被迫住在这些地方，有时缺乏足够的奥援，因此成了"都市更新"计划的受害者。[17]

当初建立切尔西市场的人，就是以这种浪漫的都市村概念为其改造基础。这座市场就是老式的邻里购物街，差别在于它在室内，而且是迷你版。来市场购物的人可以逛肉铺、面包店、蔬果店、巧克力店、乳酪店与鱼摊。他们可以买葡萄酒或酒精饮料，或是到乳品店买牛奶。他们可以到书店翻翻书，待在冰淇淋店，或是去剪头发。修胡子、擦鞋，接着下楼喝杯啤酒或鸡尾酒。而且因为如今是美食风潮如火如荼的21世纪，他们还能在此吃到柬埔寨三明治、可丽饼、蔬食寿司、"货真价实"的墨西哥塔可饼、拉花式浓缩咖啡以及生蚝。店员通常都很了解自己贩售的商品，而且满怀热情。切尔西市场就是个"anti-supermarket——反超市"。不过，这里跟都市村大不同。切尔西市场是改造过的工厂，位于富裕的观光区，而非邻里街道。在此购物的人通常是在附近工作的专业人士、来自市场内各处的访客及观光客，未必是当地居民。此处店家强调的，也是这些店面赖以为基础的商品手工精制感与文化知识，而非当地哪个社群或族群的认同感。

真正的都市村与浪漫化的都市村，在第二次世界大战之后的数十年间逐渐凋零。为了在乡下、海外获得更便宜的土地与劳力、以及更有效的生产力，制造业开始离开都市，如纳贝斯克就离开了切尔西。[18]随着城里厂区的工作消失，以欧裔后代为主的城中居民与他们的社群式机构零售业也开始移往郊区，这就是所谓的郊区化（suburbanization），也有人称为“白人群飞”（white flight）。有些金融、会计与广告等服务业的办公室白领劳工开始通勤上班，或是前往郊外的企业园区。市中心房地产业投资开始式微，内城的犯罪与贫穷问题也开始增加。有些族群，尤其是非裔美国人，基本上是被抛弃了。像是兴建公宅这样的计划，也使得贫穷与失业紧密相连。到了20世纪70年代末，老工业城市大多似乎已奄奄一息，郊区则是活力旺盛。

自20世纪80年代起，受过良好教育的白人中产阶层开始搬回市中心居住，这有助于都市村的模式在后工业时代的城区中复生。一群大学在读学生与甫毕业生、创意工作者与年轻专业人士对郊区生活抱持批判态度，他们寻求都会生活风格，经常表现出在（真实）的城区邻里生根的渴望，如前往独立经营的当地小商店购物。当然，有空间让初来乍到的年轻人定居、价格可以负担，又有活络街道生活的多数城区，不久之前居住者都还是以工人阶层和低薪者为主体，亦有少数族群或当初没离开的白人社群生活其中。而随着这些城区有了前程似锦的名声，租金也水涨船高，迎合这群新居民的商店也纷纷开业。

这些事件有个广为人知的称呼，叫作“仕绅化”，其过程至今仍在全国各地的城区持续发生。本书中的各行各业都有到仕绅化的城区设店，当中最成功的城区就属仕绅化已有数十年的切尔西与曼哈顿下城等地。这些地方如今已是让人趋之若鹜的高档区域，出现越来越多的昂贵住居、购物与夜生活。[19]但仕绅化却又会将该地原有的低收入群体和他们的商店从街区赶出去，而且杜绝任何未来重新进入其中的可能性。[20]

新店面会在今日仕绅化的城区开业，就像工业时代那时一样服务当地社群，只不过此时的社群跟既有过往的社群有着显著差别。年轻、受过高等教育的居民通常拥有敏锐、杂食的品味与时尚嗅觉，而且有可支配的收入与好奇心去尝鲜，这些正是新精英文化工作者试图去满足的。这类消费者通常是尊重创意与独特性的知识或文化工作者，也是在一个数字格式与大量生产的时代里崇尚工艺与手作的人。

酒吧、高档男士理发厅和全只肉铺都会从经典的社群性机构和各自行业某时期的版本中汲取浪漫的想象，并通过其主题与式样展现。许多酒吧会以禁酒时期的地下酒吧或奢华的旅馆酒吧为摹本。新开的男士理发店看起来就像古典风格的商店或打猎小屋，店内放了复古理发座与工作台，让男性可在店里聚会，自在聊天。全只肉铺的明亮光线、白瓷砖、大展示柜与收银台，总让人想起朴实的美式食物精华。这些业主*兢兢业业，为自己的社群提供如此的环境与服务。[21]

然而，实情是这些店面多半只吸引到当地人口的极小部分，特别是认为在酒饮、剪发与肉品等基本商品上花大钱有其价值的人，以及显然有能力为此常能支出的人。有些店家成为

* 本书中“业主”（owners of these bmsinesses），有店铺所有者，经营者、投资人及雇主等含义。

好奇的消费者前来朝圣的地点，他们喜欢到入口隐秘的酒吧喝调酒，接受剃刀刮胡服务，观看肉贩从全只屠体上切割肉排的新鲜感。[22]有些顾客更是“内行人”，或是自身产业中精致品味社群的一员。尽管这些顾客通常不住在店家附近，彼此住得也不近，但分享和这些商家的产品与哲学有关的知识与热情，却能让他们齐聚一堂。[23]

更有甚者，这些新店家作为社群机构的方式，与它们的前身、或坐落在少数族裔与移民城区的当代同行是不一样的。让它们与顾客两相结合的是品味——物质性的品味（精酿烈酒风味更佳），哲学性的品味（肉品来源就应该以特定方式饲养），或者两者皆是。这些商家在社交上是以自己贩售的商品、使用的技术与倡议的哲学为中心，建构出从业者与顾客之间的互动和对话。当然也有例外，如与调酒师、理发师或肉贩变成朋友的常客。不过，顾客彼此之间鲜少会培养出关系，他们在店里的社群感也鲜少会强过自我感。这些消费者不像工人阶层酒吧、非裔美国人理发店或清真肉铺的顾客，不仅没有在文化、种族或族群层面彼此相结合，也不像上述群体的成员那样会有休戚与共的感觉，或是面临同样的处境。这些商家纯粹只满足以生活风格为基础的需求。虽然业者自诩以社区为导向，但其实仍是以个体为导向。

在今天这个品味年代，奢侈消费与服务业构成的都市“旧秩序”正奋力求生（歌剧院），创新待变（高档旅馆），或就此消失（高级法国菜餐厅）。此时，前述的新商店则逐步挤占了旧秩序原本在文化精英之间的位置；这些新商店采纳了杂食性，从旧精英那端挪借了高端、个人化服务的观念，因此也达到某部分的精品程度。[24]高质量服务是上述各种行业的共同核心价值，但让新文化精英与旧同业有所区隔、使之成为一种奢侈形态的，却是各行业的从业者将互动服务与文化知识、杂食品味相结合，并在个人的劳动中凸显出手工精制感的手法。这些元素让仕绅化城区中的商家提升到文化地位的新高度，使之成为吸引人在此工作、成就职业志向的迷人所在。大家都晓得，消费与零售店是区域仕绅化的标志与催化剂。[25]这些商行让我们看到手工业的劳动实践与手艺，在转化这些城区中的社群性机构时发挥的影响力，从而让我们对复杂的转变过程有更深刻的认识。

新经济：区隔化的产业、男子气概与技艺

经济基础会影响城市成长与变化的方式。当城市的经济基础转移，城市的变化也最是剧烈。美国因都市内的制造业之故，在20世纪初与第二次世界大战后蓬勃发展，产业更在1978年达到近两千万劳动者的高峰。[26]这些"蓝领"工作薪水高，又有红利，而且无须高中毕业以上的文凭。随着公司成长，办公楼里的管理支援团队、也就是"白领"劳工也会跟着增多。[27]蓝领与白领劳工普遍可期待在公司长期任职，获得升迁，也能以优渥的退休金退休。由于高效生产使得消费性商品价格降低，都市外围与郊区的平价居住机会成长，这些工作机会让数百万美国家庭得以跻身中产阶层。拥有一份稳定的好工作、一间房

子与一辆车，父母供给小孩的远多于给自己的：许多美国梦的通俗样板正是出现在这段时期。

不过，制造业工作在极盛期虽然只占约30%的美国劳动力，却推动了整个都市经济。工厂工人与那些在法律、会计、金融、保险、广告等相关产业越发复杂的体制中担任管理职位的白领劳工，引领了都市的成长。这些劳动者购买车辆与电视机，上街买菜，到餐厅吃饭。他们兴建、增建、整建自宅，去度假，到电影院看电影。他们上酒吧，去酒类商店，剪头发，买肉品。制造业与相关产业的蓝领与白领就业水准稳定，进而撑起了诸多其他服务业工作。而上述所有制造业与服务业的劳工与商行，都会向当地市府与州政府纳税，这又支持了更多如老师、消防员、政府雇员这类公务部门的就业机会。像是在纳贝斯克以及比烘焙业更赚钱的产业，如钢铁业、汽车业中工作的制造业工人之所以重要，既是因为他们占了30%的劳动力（极盛期），也是因为他们对另外70%的人造成的影响。[28]

当制造业在20世纪70年代衰颓时，经济也开始缓缓改变。从这时开始日益增加的全球化与自由贸易，意味着企业可将厂房迁往土地与劳力更便宜的外国，借此提高利润。技术革新也让制造生产更具效率，使得劳工需求量越来越少，但产量却多过以往。在这双重因素影响下，制造业的工作机会从高峰持续下降，产量却反而提升，消费性商品价格也依旧让人负担得起。[29]当今全美约有1230万人从事制造业，仅占8.8%的劳动力，[30]而这些工作在质的方面也有分化。有些尖端产业，如航空业，薪水非常优渥，当然也需要相当的技能与高学历，但多数制造业劳工却是一直看着自己的周薪下跌、分红删减，稳定的工作也在外国竞争与下次技术革新森然隐现时变得摇摇欲坠。

或许最重要的是，制造业工作一旦消失，服务业与公务部门的就业机会也会随之消失。工作消失对某些地方的伤害会大于其他地方。仰赖小工厂的小城市（伊利诺州盖尔斯堡[Galesburg]的美泰克家电[Maytag]，与仰赖单一产业的大都市，如底特律的汽车业，阿克伦[Akron]的橡胶业，扬斯敦[Youngstown]与匹兹堡[Pittsburgh]的钢铁业）在这样的转变中受创自是最深。[31]在去工业化过程中，像纽约这样的城市当然也会蒙受损失，但纽约的制造业部门更多元，整体经济也比底特律等城市活络，因此损失范围不像其他城市那么全面，为时也不长。纽约市在空间上曾经经历过大范围的贫穷，尤其是仰赖制造业工作的城区与社群。以切尔西为例，制造活动逐渐消失后，仓库人去楼空，运输业终止，就业率与租金双双下降。这些条件为邻近地区的仕绅化铺了路，但这座城市仍需要新的经济基础，以展开仕绅化过程。

20世纪70年代开始的这种转变，造就了眼下的后工业时代。推动今日都市经济蓬勃的不是物质商品，而是概念的生产与分配。这种“新经济”是一种知识经济。[32]最成功、成长潜力最大的产业能将创造出来的概念，化为有用、可销售的产品与服务。这类产业包括资讯科技、金融、电信、纳米科技、医疗保健（制药、生物医学与其他生命科学研究）以及文化。有许多产业都可归入“高科技”与“高端服务”的大类。一项产品的价值系于产品背后的理念，如功能或设计，而产品本身则是在他处制造，如苹果手机在中国生产，或是仅以程式码的形式存在（电脑软件、手机App）。新经济体系中的公司以人类的智识、创造力、天才或“人力资本”为动力，想成功就得不断创新，跟上新的理念。

今天大部分的工作机会与工业时代一样，都是当地服务业；最重要的，这些服务业仍是创新部门经济成长带来的影响，而非其成因。[33]在以知识为基础的产业中工作的劳动者，撑起了酒水、理容与食物等服务性质产业。前者在城市中成长，后者也会跟上脚步。服务业工作者无法在缺乏外援的情况下彼此支持。调酒师、精酿师、理发师与肉贩无法向彼此购买产品与服务，必须有他们之外的人、那些从个人劳动中创造出交换价值（exchange value）的人先出手购买才行。[34]关键差异就在于，是什么在后工业时代与工业时代产生出交换价值——也就是知识及理念对比于物质商品的差异。

如今，各部门与产业的工作都与过往大不相同。工业时代的人经常一生都任职于同一间公司，或至少可如此选择；“安定”与“稳定”曾经可用于形容工业时代的就业机会与工作条件，但如今许多学者却用“朝不保夕”来描述新经济中的工作。[35]现在的就业机会变得比过去更不稳定、更不受保障，因为公司与劳工都得对后工业体系的力量做出回应。美国自20世纪70年代以来，已大幅撤销对许多经济部门的管制，如金融、运动、通讯与能源产业。之所以移除对于公司如何行事的限制，主要是为了增加企业在国内外的竞争力，而增加竞争力在理论上能让企业更具生产力与弹性，进而为消费者降低商品与服务的价格。[36]但是，赋予公司更多的行为自主性，会导致相当常见的不稳定因素，如公司遭逢财务压力时的大规模遣散，以及将工作外包给国外与自由职业者、暂时雇员与打工族，此举能减少全职员工的需求数，降低薪资与减少红利（如果有的话），从而消减成本。[37]同时，人们还因受过良好教育、拥有高技术水准的外籍劳工移入美国，而面临更大的工作不稳定。这些变化为不同产业带来的冲击各异，但皆已成为新经济体系中工作机会的共同面向。[38]这种朝不保夕、不稳定的经济环境，导致今日有许多人在工作环境中体验到沉重压力与不确定感。他们必须以个人力量应对如此状况，而且常视此遭遇为个人的失败。[39]确定与稳定的时代如今已屈服于一个风险的时代。[40]

另外，有些劳动者正享受着新经济当中庞大的工作潜力。“安定的”工业时代意味着大家通常会待在同一间公司，尽管工作稳定，但收入却有限。大众如今更能自由地以自己的方式工作。短期工、自由职业者、顾问与合同工都是当今“零工经济”（gig economy）的一员。[41]这类工作者拿保障与稳定交换自主性。[42]如果推动经济的是知识、理念与信息，那么一个人的创意与创新能力，就能让自己成为市场上最具价值的商品。[43]公司需要有天分的人，因为他们能跳脱框架，想出好点子。有天分的人因此不该在同一个地方久待，贱卖自己、局限自己，或是因此否定了个人的潜力。先进的通讯科技让人能在各地工作，同时仍保有在公司网络与社群中的活跃性。虽然风险定义了当今的经济，产业也通过倾向雇用短期工、暂时雇员与自由工作者的方式创造出零工经济的环境，但有许多劳动者仍将这些机会视为个人选择。[44]无论是出于被迫还是个人选择，这活动在就业市场上的结果就是不稳定与没有保障。[45]

整体而言，新经济中的工作机会多少会依据薪水、红利、稳定性、地位、工作自主性、工时等标准，落入“好”与“坏”之间的某处。[46]教育程度尤其常能作为区隔某项工作是“好”或“坏”的分水岭。大学学历过去几乎代表着更高的薪资，但在高薪、稳定的制造业工作机会少之又少的今天，缺少大学文凭对获得好工作机会的负面影响更是远甚以往。

从这个分析演绎下去，并非所有新经济创造出的服务业工作都是平等的。当服务业部门为配合知识产业工作者而扩大时，服务业也变得越来越破碎。高端的服务业，如金融与法律业，需要高等学历，通常也能让从业者有机会取得更高的收入、地位与稳定性。但在整体服务业中的大多数工作机会，亦即地方服务业工作的薪水条件、工作自主性、稳定性与地位却比较差。有许多研究已开始探讨“情绪劳动”（emotional labor）——情绪劳动是指需要从业者控制个人情绪，以从消费者与顾客身上诱发情绪反应的服务业工作，如空服与服务生。[47]这些互动服务的执行不仅在情绪上消耗人，而且更强化了服务业工作多半“不讨好”的印象。此外，这些就业机会的工作内容往往非常消耗体能，而且不像知识性劳动那样可带来心智上的挑战。零售业与饮食服务业、家务清扫与健康看护的大多数工作皆包括在此，而这当中没有一种需要高学历。[48]

如果我们将调酒师、精酿师、理发师与肉铺其他工作相比，乍看之下，这些工作看起来并不像是新经济中的“好”工作。这些工作不像高科技企业人士与软件工程师，并未位居创新的前沿，而是服务业与制造业中基础的劳力与零售工作。这些工作无法提供工作的稳定性，平均收入与其他职业的大学毕业生相比也比较低。[49]这些工作仍需要从业者弄脏双手，站一整天，搬运重物，流汗，还要应付各种飞溅的水花、溢出的液体与污渍。这些工作需要你晓得如何与消费者互动，需要你付出情绪劳动（酿酒例外），这些工作不仅不是因为需要从业者运用特殊知识或创造力而闻名，或至少只需基本程度，而且还不足以跻身今日光鲜亮丽、以知识为基础或创造性的工作行列。[50]更何况这些工作提供不了好的社会地位。本书中的从业者常表示，他们得向家人证明自己的工作有其价值——亲人总想象自己的孩子能有份干净、稳定的好工作。拥有大学文凭的人一旦从事低阶服务业，通常都得想办法解释个人的选择有其道理。比方说，把这份工作说成通往目的的过程，而他们“真正”的工作是艺术家、演员、音乐家或学生，做这些工作不过是在赚钱付账单而已。[51]

但是，这些劳动者却热爱这些“烂”工作。“享受工作、从中获得意义”的想法，是后工业时代劳动的基础。劳动变成通往快乐的途径，不再是一种责任，也不单纯仅是谋生方式。[52]可以说，劳动应该要有乐趣、有意义。新经济强调个人的能力与个人自主，承诺通过工作以获得快乐。本书中的劳动者都相信这个理念。他们不断寻找能为自己带来意义的工作，还成立了职业社群，当中成员有自信，也认为自己有份好工作。[53]更重要的是他们就和在就业市场上有许多选择的人一样，从事这一行可以说是得天独厚。他们还年轻，可以选择任何想做的工作，多数人甚至没有类似的养家糊口的责任，而且通常有大学文凭在手，能让他们在职业上有所挑选。

本书的关键主张是：今日大为扩张的服务业部门，并非仅区隔成“上”层与“下”层——仿佛上层是高技术知识型工作，而下层是无技巧的手工劳力型工作。这当中的全貌其实更为复杂。典型的低阶体力型工作也有好的版本，以小区块或生态位（niches）的规模存在于服务业与制造业中。本书谈及的工作已经过重新编码，成为甚具创造力的酷工作，能让年轻工作者去创新、塑造品味，成就更高的地位。他们找寻这类工作作为职业，而不是选择其他在新经济中收益更高的工作。对他们而言，这些工作是真正的职业，甚至是使命，在懂得个中奥妙的同行与认同的公众前，从事物导向、以手艺为基础的体力劳动，并借此带来意义。这些职业当中确实有情绪劳动的成分，但这无法充分解释其劳动者与消费者之间互动的本质。文化知识与基于手艺的技巧同时建构着劳动者的工作，以及他们的互动服务的大部分内容。他们的劳动是杂食性的文化产品兼文化传播：他们既贩卖商品与服务本身，也贩卖在商品与服务背后的理念。因此，这些工作便展现出新经济如何扩张到非知识基础型的零售业、服务业与轻制造业，造成整体产业的区隔化（segmentation）。

我们还能以性别为透镜，去理解新经济和这些职业的转变。这些行业与书中出现的劳动者绝大多数都是男性。以调酒师与高档男士理发师为例，男性从业人数远高于这些职业的全国统计所显示的男女比例。根据美国劳工统计局（Bureau of Labor Statistics, BLS）统计，女性在所有酒吧侍者中占了将近60%，在所有理发师中占了22%，但男性在鸡尾酒酒保中不仅人数超过女性，相较于一般理发师整体而言，在高档男士理发师中，男性更是占了绝大多数。劳工统计局并未掌握酿酒师的记录，而肉贩则是跟“其他肉品、家禽与鱼类加工工作者”归为一类，其中有25%的从业者为女性。我从产业中得到的江湖传闻证据显示，女性鲜少会在大型酒类公司担任酿酒师，在肉铺屠宰场当屠夫的更是罕见。[54]虽然女性人数与男性相比仍属少数，但我还是相信她们在这些生态位职业里，会比在这类职业的主流版本中更具代表性。尽管如此，男性仍然同时以从业者所有者的身份主宰着这些生态位产业。

对男人来说，工作与工作场所向来是影响着其自身价值与他人价值，以及成就男子气概的重要场域。[55]纵综观美国历史，男性，尤以白种男人为甚，在工作场域中被经常发生的经济变动，被踏进其行业、“非我族类”的女性、非白人或移民两面包夹时，常会备感挣扎，为此劳心劳力。比方说，当坐办公室在20世纪中叶成为上游工作环境的特征时，男人却认为办公室是性别阴柔的空间，限制了自己表现男子气概的机会，感受到个人在劳动中的独立自主逐渐衰微，破坏了他们成为“‘白手起家’的男人”的目标。同时，办公环境中女性人数逐渐增多，大有威胁男人权力之势，也使得男人对个人展现雄性风范的能力越发焦虑。[56]

在工业时代，安稳的制造业工作以男性为依归，而且多半由男人担任。这类工作允许男人通过体力劳动展现自己的男子气概，相关工作场所则促进了男性的“同志”情谊。制造业工作也让男人有收入能养活家庭，成为重要的经济支柱。后工业体系与新经济的到来意味这种内在动力逐渐发生转变。由于新经济有利于过去多由女性担任或需要阴柔特质的技巧与能力（如沟通、同理心）等工作，女性正逐渐成为经济支柱与一家之主。[57]简言之，一旦“好”工作严重缺少可展现男子气概的舒适同性社交（homosocial）环境，同时又涉及无形的知识性劳动、充满不稳定性，而且还纳入了女性与其他各种群体的劳动者，男性更会意识到，要在当今的经济中借由劳动展现男子气概，机会可谓越来越少了。

不过，上述那些新精英的体力劳动工作，却让男性——主要是出身特定种族与社会阶层立足点的男性——有机会在工作时直接运用身体（工业时代的男人就是如此，只是今日很少这么做）及其心智，让他们在这些工作中获得比其他工作更高的地位。他们身兼受人尊敬的知识劳工与技艺高超的体力工作者，还能公开展现自己的劳动。男性因此得以利用这类工作，在劳动过程中成就失落的中产阶层感与异性恋男子气概。虽然情绪劳动在这些新精英体力劳动工作中的分量有所减少，但从事这些以男性为主导和依归之工作的女性，却会在追寻其职业认同时感受到威胁，尤其是男性消费者会不时质疑他们的专业能力。本书中虽有女性发声，但书中仍以男性为主角——他们通过身心交织的劳动形态，借机以独特的方式展现自己的男子气概。[58]

后工业城市新经济影响了“酷”体力劳动工作的兴起，其中有个关键，就是小规模生产的“工匠经济”（artisan economy）的扩展。[59]工匠经济中的职业——诸如精酿师、咖啡烘焙师与纺织工——是以对品质、真材实料，以及“当地”重要性的共同认知为基础。这些职业因为文化杂食性与“通过购买的产品，将购买者与生产者相结合”的理念而繁荣。就本书所谈的四种工作而言，当中以精酿师最符合这个标准。精酿师以原物料制造新产品，这一点与大工厂并无二致，只是其规模极小，而且强调手艺。另外三种职业主要属服务业，不过，这四种职业仍有共通点，亦即从业者如何在其劳动中落实、提倡手工精制感。

詹卡洛从手冲咖啡店买了咖啡回肉铺，跟我说有理发店新开幕的这天，我在内心暗自好笑。我早就认为切尔西市场是这些文化、都市与经济变迁的绝佳范例。理发店就是这么补上了缺口。这座市场独一无二，在有限的单一空间中结合了这些工作场域、职业、产品与服务，体现出当今后工业城市里正发生的文化及经济转变。身为旧工业城区中的旧制造业复合厂房，切尔西市场与此地的仕绅化反映了纽约市与其他城市从工业时代中重生的过程。厂房过去曾有工人在火炉边辛苦地将奥利奥饼干装盒，以供大众消费，如今的工作者则是在楼上与附近的办公室里，为新经济中的精英行业创造、传播着观念与文化内容，而观光客与顾客则在拱廊中信步消费。他们会消费，是因为这里的店面独特——店内那些不同的劳动者各自创造、贩售的不仅是独特的产品与服务，还有在背后让这些产品与服务之所以特别的理念。

本书内容共由三种转变构筑而成——以杂食性为核心的

精英品味重建，传统社群性机构转变成零售业新文化精英的归属，以及劳动在新经济中的重构。而这三者相互结合，便能解释这些工作与商行是如何变得高端、酷味十足，而且令人趋之若鹜。通过这些新精英工作的实例，一口气探究文化、都市与经济上的变化，将增进我们对当中各种工作的理解。

第一部

在第一部各章中，我会逐一仔细观察调酒师、酿酒师、理发师与肉贩这四种职业，此举目的在于勾勒出各职业当中的文化套路基础。我会提供各产业、职业与工作场所的简史，讨论其哲学立足点，并解释它们在现在城市中的复兴、在该产业中将之与其他版本的职业区隔开来的象征边界，以及其职业社群中的道德界线。每一章的内容都混合了史实、此类工作场所中关键行为者的故事，以及与劳动者及店主的访谈，并讨论这些劳动者自认所处的社会脉络。

更重要的，各章都会聚焦于一个特定主题。虽然我们可在每一种职业里看到这四个主题当中的任意一个以某种形式展现，但我在这几章里的讨论，会着重在该职业最能表现的主题。第一章以调酒师为主题，会以最直接的方式处理新精英服务业的劳动。第二章谈精酿师，将处理真实性的逻辑。第三章讲高档男士理发师，将处理男子气概在新经济中的角色。第四章则讨论全只屠宰者，处理杂食性的产生。

我将以段落节录的形式呈现所有访谈记录及田野现场的对话，同时竭力为读者提供名词解释，以便了解这些劳动文化（许多定义与解释会放在脚注与尾注）。虽然各章都聚焦在单一职业和其独一无二的性格与条件上，但我不时会谈及该职业与其他职业之间的相似和相异处。我会在第二部各章中呈现这四种职业之间的共通点。读者在第一部中将会发现有好几个主题没有推演，讨论也未尽充分（如这些劳动者何以追寻这些职业为其事业、服务的角色，以及“craft-精工手艺”的定义）。我会在第二部分析这些与其他主题。

第一章

鸡尾酒复兴

遥想其他时候的正派绅士，他们让饮酒成为生活之乐，而非生活之恶；而且，他们无论喝了什么都能镇定自持，保持绅士风范，即便醉酒亦然。他们的榜样足为后人称颂。

——奶与蜜（Milk and Honey）酒吧厕所内的裱框标语

文字摘自《老华尔道夫—阿斯托利亚酒吧志》（*The Old Waldorf-Astoria Bar Book*, A. S. Crockett, 1935）。

1919年，“沃尔斯泰德法”(Volstead Act)让夜生活倏地结束，美国酒保的精湛技艺成为非法。时人认为喝酒是在过一种笼罩于死亡阴影的生活，认为那是与死为伍。我们花了近一个世纪，才恢复饮酒的情调，让专业鸡尾酒的格调复苏。在我们的时代，能有一夜以上等红酒、精心调制的鸡尾酒、精心准备的食物，以及啜饮完美烈酒享受纯粹的生活之乐，可是一份难能可贵的恩赐。对于避开夜晚的人，我们向他致敬。对于在傍晚过后光芒耀眼的人，我们给他热情的拥抱。欢迎来到新黄金时代。欢迎来到死吧（Death & Co.）。

——死吧厕所里的裱框标语

新奥尔良七月的空气活像是碗浓汤。每年此时，精调鸡尾酒的广大世界便会降临法国区（French Quarter），为这里有一年一度的“美国调酒圣会”(Tales of the Cocktail)。这场活动的参加者有酒保跟酒吧老板、酒品所有人与品牌大使等酒类产业中人、酒类作家与部落客、生活风格类媒体人、餐厅业主、旅馆业主、贩卖高度专业商品（如酿酒器具、制冰机、热带风[tiki]酒饮罐装材料）业者，以及上各群体的公关代表。鸡尾酒爱好者与普通消费者等业外大众也会全额付费参加，但鸡尾酒节的精髓——建立人脉、旅馆房间派对、秘藏私酿酒——仅对社群成员开放。美国调酒圣会是全球精调鸡尾酒社群最大的一场盛会，他们会在活动中欢庆鸡尾酒复兴，见见老友，结交新朋友，分享酒饮理念，思考生意计划，享受奖项与赞美。没有参加的纽约客开玩笑说，城里的酒吧在圣会期间搞不好会因为人手不够而休店。有几间确实如此。

调酒人是一群夜行动物，他们白天聚集在古迹蒙特莱昂酒店(Hotel Monteleone)，以及酒店屋顶的泳池和旋转木马吧（Carousel Bar，经典的老广场[Vieux Carre]鸡尾酒就是在此发明的）。[1]他们参加或主持小组谈话与发表会、品酒会、研讨会、签书会，广播与节目录音直到夕阳西下后才进城，整晚待在外头。这样的日子，他们会连续重复过上五天。

周五一整个下午，我在蒙特莱昂酒店参加研讨会。在这场名为“21世纪金酒”的会上，四间金酒公司的四位品牌大使讨论起这种烈酒的历史与现况。现场相当拥挤，听众分排并坐着，面前的桌上摆了塑料杯，杯内装有透明液体。来自伦敦、曾为酒保但如今为亨利爵士金酒(Hendricks Gin)工作的夏洛特为这场座谈开场，介绍主题。她告诉听众，面前桌上有七种不同的金酒，每一种都代表着一种独特风格。与谈人在谈话时会提到这些酒，听众可边听边品味。夏洛特接着讲述一段金酒简史，从16世纪的荷兰杜松子酒起源，讲到金酒转移阵地到了伦敦，也就是“Old Tom”与“London Dry”成形之处。她说明，虽然金酒在20世纪一直是很普及的烈酒，但诸多制造商并未在几种固有的风格范畴中有所创新，直到最近。

“五年前，我们不可能办出这种研讨会，桌上也不会有这么多种金酒，”夏洛特说。“十年前，我绝对讲不出四种到五种金酒牌子，可见现在情况确实有了改变。想到这里，想到所有这些新的金酒，真的让我们非常高兴。那我们要怎么称呼这些酒？需要给它们起什么名字吗？说这些新金酒‘新’适合吗？还是说，我们的确得找出某种方法，让这些跟我们过去听过的London Dry和Old Tom金酒有所区别？莱恩，你对这个问题八成有点想法吧？”

莱恩·马加瑞安(Ryan Magarian)是来自俄勒冈州波特兰的酒保与顾问，也是2006年成立的飞行牌美国金酒(Aviation American Gin)共同创办人。听众都知道，他对金酒分类的意见可强烈了，纷纷为夏洛特的话头而笑。

“一年半前，我跟合伙人发展飞行牌时，我心想‘我们就是要当讨厌鬼，我们就直冲金酒宇宙的边缘吧。’那时我们真的很兴奋。我们认为自己能酿出一种金酒，不会是和今天随处可见、任何知名品牌一样的金酒。至于金酒，对我来说，我们只要看看定义，就知道还有许多艺术上的自由空间可发挥。我们再看金酒的分类，看起来相当单一。在我们看来，大家其实跟传统的London Dry离得还不够远。我说‘London Dry’，讲的是任何一种以无味烈酒为基底、杜松子味绝对会是你最先从酒里尝到的金酒。这就像某人把一道牛排摆到你面前，是块四十八盎司的丁骨牛排，配有一点西蓝花和些许焗烤皮，但决定这道菜灵魂的，还是牛排本身。”

莱恩随后说明他和合伙人是如何希望飞行牌能充分表现其产地（特别是俄勒冈）的特色，如运用有机素材、添加若干香薄荷(savory)，拥有丰厚风味与“湿润”的口感。由于他的伙伴是酿威士忌的，两人因此希望能有一种让人小口单喝*的金酒——单喝对London Dry来说并不常见，他们在酿酒时也考虑到了鸡尾酒。因为飞行牌对口味风味跟London Dry不同，未必适用于经典酒谱，莱恩得训练酒保如何在酒饮中利用自家金酒。他主张为自己这种金酒新风格取新名称，以此为发言作结。

“这是种新风格，我想‘新西部’风格会是个有趣又诱人的名称。我不晓得这名称会不会传下去，但老天啊，我要一直用，除非有人想得到更好——说不定叫‘21世纪’金酒——到时就知道了。我还要在这金酒上用‘平衡’这个关键字。各位会发现更多种平衡。记得我说的四十八盎司丁骨牛排吗？好，还是来想象一客牛排，但新西部是一块八盎司的菲力，配上一大堆

---

*　“单”（near）喝烈酒，是指完全只喝酒，不加冰块、水，或是苦精、甜味剂等配料。

柳橙香气的北非小米，一点加了培根脂与碎培根的炒甘蓝，或许旁边再摆一点青葱还是什么味道重的食材。这还是一客牛排，但就不是那种牛排。让这些新金酒与旧金酒有所区隔，如此能保护金酒。我们若不这么做，接下来你就晓得伏特加跟金酒会混为一谈，金酒这整个类别会跟着一败涂地。”

安格斯·温切斯特（Angus Winchester）原是英国的酒保，如今则是添加利（Tanqueray）金酒的顾问与全球品牌大使。几乎整场会议都安安静静、看起来相当自满的他打断了莱恩的主张。

“呦，这我觉得很有趣。大家都在讲‘拜托政府少管一点，不要有太多规定’，诸如此类的，莱恩却在这里说我们应该多管一点。我的意思是，在场的大家都算见多识广，你们说说，美国威士忌现在有多少种风格？要公认的喔！”

他顿了顿，现场一片咕哝。

“26种。有26种公认的美国威士忌风格。它们确实存在，但我们都说只有五种。你看，这解释了很多事情。我们现在看着这么多尝起来不像金酒的金酒，所以你们才得修改酒谱，否则无法用这些金酒调出经典的金酒酒饮。我觉得有些喝起来根本就是口味众多的伏特加。要是没法马上注意到杜松子味，那我觉得，你如果试试添加利十号，鼻子凑过去闻闻看，就是会有杜松子味，前味中味都有，也有清新柑橘香，但杜松子味最明显。”

“我的看法不是这样。有时我觉得，没错，或许我们该重新分类。但我又认为整体上它们很符合我们的需要，该解释这两种做法的人应该是酒保才对。美乐(Miller’s)跟亨利爵士

图2　调酒与酒饮作家大卫·温德里克（David Wondrich）在活动座谈会上。

(Hendrick's)不是你们习惯的金酒风格。等到我们开始酿制尝起来不像金酒的金酒，好让大家接受金酒，但这样不是搞错了吗？这样的酒显然跟消费者对金酒的期待差了十万八千里。我们不必把什么都叫成金酒。要是大家都喝一样的东西，生活可就无聊了。你不喜欢金酒？好吧，真抱歉。但我可不打算酿错误的金酒，好让你能跟你朋友说你的确喜欢金酒。"

"说飞行牌是London Dry gin，甚至摆在同一类别，这是错的"，莱恩回应。"想想看杜松子酒(genever)，我是说，杜松子酒跟London Dry根本不像。金酒是一段有演变的故事。总之对我来说，在dry gin固守不前，又没办法向大众简明扼要地说清楚风格，我觉得这没道理。"

莱恩跟安格斯在为各自的品牌讲话：新品种与旧标准。[2]席间一位名叫西蒙·迪福特(Simon Difford)的听众接着发言。这位西蒙在伦敦拥有一间酒吧，还在网络和纸媒里写过一系列品酒指南。会场上知道他写过指南的人，都很兴奋能听到西蒙本人发言。他直接针对莱恩发表意见。

"我们从杜松子酒发展到金酒，可是大家没叫金酒是杜松子酒，而是想出另一个名字称呼它，因为就是不一样嘛。这就叫发展。你酿的不是金酒，而是有加味的别种烈酒。"

"可是你在自己的书里称它金酒啊，"莱恩说，"而且还给我们四颗半的星星！"这场唇枪舌剑让听众听得很开心，大家对莱恩的回马枪报以掌声。

"但我在随后的评论里就说那不叫金酒了。我们没有金酒警察，没有人去尝过后说这酒每公升中的杜松子酒成分没那么多，不能算是金酒。问题就出在这儿。你爱叫什么是金酒都可以。你的酒还是干式风格。当中没有杜松子味，但还是干式风格的烈酒。这酒是很精致的烈酒。如果你叫它‘新西部风烈酒’，我会买账。我之所以在书里称它为金酒，是因为你在标签上放了‘金酒’两字。这是你起的商标名。”

“那你觉得‘新西部风植物性烈酒’如何？”

“可以，这次很棒。”

“但这就是金酒”。莱恩指着自己的酒瓶说。

“金酒要以杜松子酒为主。但这酒不是以杜松子酒为主，不算金酒。”

“我就拿牛排当例子说明我的论点。不论是42盎司丁骨，还是8盎司菲力，它们都叫牛排。”

“但你这就像是把汉堡叫成牛排。两者根本是不同产品。”

整体上，调酒圣会的研讨会、节庆与调酒社群表面上都非常和谐，公开场合罕有尖锐的评论与你来我往的舌战。数十年来，传统的伦敦干式风格(例如添加利、英人牌[Beefeater]与高登[Gordon’s]的浓厚松木香风味)主宰了金酒分类，也塑造了大众对于“金酒尝起来是什么味道”的概念。不过，除了解释历史的重要性，帮助酒保拓展对风味的品尝能力之外，这场研讨会上漫长的讨论，还透露出社群成员不时会因定义与分类而引起的紧张态势。由于不合惯例的新金酒产品进入市场，金酒分类也就成了品味与营销之战的沙场。精调鸡尾酒社群成员不停讨论诸如“什么是‘真正的’金酒，什么不是”“新产品有哪些可取之处”，或“大厂牌对一般人口味的影响”等问题。这类辩论与争议是调酒社群日常对话的一部分。

金酒对谈结束后，我参加了一场谈调酒甜味科学的，名为“糖”的研讨会，以及另一场斯坦尼斯拉夫·瓦德纳(Stranislav vadrna)主持的“顾吧的艺术(The Fine Art of Tending Bar)”研讨会。这位波兰酒保曾接受过知名的东京调酒教父上田和男的栽培。夕阳西下时，我走向和法国区相隔几个街区的W HOTEL，去参加圣会的年度盛事“吧厨赛（Bar Chef Competition）”，这场比赛是以电视真人秀《铁人料理》（Iron Chef）为模板；来自全国各地的调酒参赛者必须调出两款鸡尾酒，一款餐前，一款佐餐。他们必须使用赞助商的产品与一种秘密材料，这两者都是在比赛开始前几秒才会揭晓。柑曼怡(Grand Marnier)与衲文(Navan)这两家分别是柳橙与香草利口酒的厂牌赞助了本次活动，观众席间也提供一款“完美风暴”（The Perfect Storm，经典调酒“Dark and Stormy——月黑风高”的变化版，用了赞助商的原料）的调酒供大家传递试喝。大舞厅架高的舞台上摆了八座一模一样的吧台，有完整备品、调酒用具，以及一台供煎炒（Sautéing，厨艺调酒［culinary cocktails］推荐使用的技法）用的炉台。活动参赛者来自纽约、迈阿密、波士顿、西雅图、旧金山、维吉尼亚、洛杉矶和新奥尔良。评审团是由七位经验老到的酒保、主厨，以及餐酒媒体界的人士组成。戴尔·德格罗夫（Dale DeGroff）是主持的最佳人选，他是“调酒之王”、活传奇，也是全美公认为当今调酒复兴奠下基础的人。

解释完得在45分钟内调制出两款原创调酒的规则后，戴尔揭晓秘密材料，原来是柠檬生姜果酱。计时开始，调酒者开始动手。其中一人在试闻、试尝一瓶雪莉酒之际，也同时煎炒些许迷迭香。每当戴尔对参赛者手上正试做的发表评论，底下群众便会有人为他们欢呼。纽约首间公认的精调鸡尾酒吧“奶与蜜”的知名调酒搭档米奇与萨米大声嘲弄从纽约来参赛的两位朋友朱塞佩与艾瑞克（艾瑞克去年搬到洛杉矶，在当地开了家店）——这是米奇与萨米为朋友打气的方式。我还瞥见史蒂夫·奥尔森 (Steve Olson)，他在这一行已是老手，不仅是酒保兼顾问，也是调酒社群内的教育与训练课程“酒精饮料资源计划”(Beverage Alcohol Resource (BAR) program)的创立者与主理人，他看起来神采飞扬：

“你看现在台上每个人！戴夫只是其中一个，但所有人当中只有他通过了BAR课程，这家伙今年秋天就要开始教课了。[3] 我们在这行干了二三十年，几乎没人相信竟然会有这么一天，但事情就是发生了，整个调酒界已经大到过去无法想象的境地。调酒以前就很小众，现在还是很小众，不过投入的人已经比以前多太多，也开始对社群之外产生影响。大家来找我，说想当酒保，你知道这话我听了多爽。”

时间一分一秒地流逝，台上的紧张感也随之增加。酒保抛下先前所有味觉记忆里对行之有年的风味组合所做的实验。只有评审会试喝他们构思出的酒饮，赞助商则可能会将优胜者的酒谱当做宣传材料。今晚，这些酒保不必进酒吧，不必服务或和顾客对话，他们只要在大庭广众下向熟门熟路的观众展现调制的酒饮和调酒过程。

铃声响起。戴尔脸上挂着夸张的露齿灿笑，闭眼仰头，举拳对着天空朝麦克风大喊："精湛手艺回来了！"[4]

对今日调酒世界里的人来说，过去的影子挥之不去。本书谈及的四种职业中，就属酒保最有可能去推崇、讨论、激辩其技术与文化的历史，同时认可"历史"在自己工作中的重要性（例如，调酒圣会上讨论金酒的与会者不仅提到杜松子酒过渡到金酒，更思考了这是否代表金酒的演进，或一种新烈酒类别的诞生）。调酒的经典文化就是出现在他们的酒谱与个人风格、酒吧装潢主题及职业认同当中。对他们来说，精调鸡尾酒在整个夜生活产业中的普及，以及调酒如今已提升到堪称一门体面行业该有的地位，可以说是调酒真正的复兴与重生。酒保之所以立足于过去且重塑过去，既是为了个人生计，也是为了那些想要特殊的酒吧体验、渴望每杯调酒背后都有其故事的饮酒大众。鸡尾酒吧和一般酒吧一样，变得越来越像餐厅，吧台后的空间越来越像厨房，酒保也越来越像是主厨与侍者的结合。在服务时运用个人的调酒知识，有助于他们将自己的工作提升到精英层级。

新黄金时代

数千年来，人类会将酒饮与其他材料相混，原因众多。纵观不同时代与地域，有些族群在酒里加味是为了医药或宗教目的。英格兰人分别把柑橘和奎宁（汤力水成分之一）与金酒相混合，借此预防坏血病和疟疾；许多目前已是调酒必备的调味料、带有香气的苦精，也是在那开始成为健康灵药。[5]其他人这么做则是为了保存产品。像苦艾酒等烈性葡萄酒，就能比其基酒保存得更久，适合长途运送。有些族群在烈酒中混入其他材料，则是为了掩盖劣质蒸馏酒糟糕的味道。[6]各种例子里用的多是当地产品与原料，当地风俗则塑造了他们的引用习惯。

在鸡尾酒的众多加味酒祖先中，源于16世纪英格兰文化发明的潘趣酒(Punch)尤其特别。潘趣酒代表了史料记载中最早以烈酒与非酒精饮料调制，为了社交理由、而非药用或宗教因素而饮用的酒水。英格兰人早就喜欢在酒里加味，由于不列颠可观的贸易路线，他们对于来自世界各地的原料也颇感自豪。潘趣酒最初是船员与水手喝的酒饮，后来成了风度与交际的象征。大家会端着大碗慢慢共饮潘趣酒，以此享乐。相比之下，鸡尾酒却是酒保以个人分量调制，供个别人士饮用，调制无须那么久，因此促进了个人主义与效率——这正是一般视鸡尾酒为美国发明的两个原因。[7]

美国在印刷品上最早出现“cocktail鸡尾酒”一词，是1803年的事。[8]作者写道：“喝杯鸡尾酒——有益思考……说在达克特(Doct’ s)发现伯纳姆(Burnham)——他看来很聪明——又喝了一杯。”此时，大众仍认为酒精饮料有益健康。鸡尾酒最早的定义出现在1806年。[9]在一封给编辑的信中，作者回答了“何谓鸡尾酒”的问题：“鸡尾酒是种提振精神的酒，由任何一种烈酒加上糖、水与苦精而成，俗称Bittered sling。”作者描述的正是现在酒保所称的“古典鸡尾酒（Old Fashioned）”，但他没说出明确配方，或指示如何调制。酒保运用变通手法（与当地食材）制作，当时的酒饮状况就是这样。

美国在19世纪走向现代化与工业化，在这进程中，这种调酒传统也随之改变。全国媒体与出版业的兴起，有助传播共通的调酒文化。第一本鸡尾酒谱专书在1862年出版，名叫《酒保指南：如何调饮料；又名讲究人士指南》(*The Bartender's Guide: How to Mix Drinks or: The Bon Vivant's Companion*)，作者是人称“教授”的杰瑞·托马斯（Jerry Thomas）。托马斯以酒保身份游历美国各地，一路采集各地的酒谱、技术与理念。究其历史，酒吧与餐厅或许有些保密的独门配方，但酒保很少会把自己的工作过程写下来。托马斯是最早把历来大半以口授的传统与职业秘方形诸文字的第一人。他提供饮料名称、使用材料与用量，让其他人能如法炮制。[10]他还以放诸四海皆准的单位与调制的合理步骤，取代地方、主观、随兴的调酒习惯。

托马斯的书一时洛阳纸贵，带出好几本同类型的著作。这类书是给酒吧老板的工具书，意味着酒谱只占内容的一部分，其他还有如何担任酒保的实际教学，如“酒保上下公守则”“招待顾客——待客之举”“如何改善酒吧与厕所风貌”，以及“了解顾客想要的调酒法”。[11]时人将酒保视为生意人。调酒工作需要从学徒做起，记住上百种鸡尾酒谱，发明新鸡尾酒，精通调酒技艺与技术，还要制作独一无二的苦精与利口酒。这类教学就是专业指南。虽然19世纪初的人可能不知道什么是鸡尾酒，对调酒的定义也各不相同，但到了19世纪末，或许已能在纽约点杯曼哈顿鸡尾酒，而且若在旧金山点相同的酒饮，相信喝到的也会是同样的东西。[12]

19世纪的新科技与社会变迁，在鸡尾酒与调酒技术的成熟过程中同样扮演了重要的角色。蒸汽取代蒸馏时使用的火，让蒸馏过程更容易控制。在罐式蒸馏器之外，柱式蒸馏器也加入行列，让蒸馏得以持续进行，因此能大规模生产烈酒。这些技术相互结合，造就出品质更一致且可预期的产品。以铁路为主的运输技术不仅方便酒保取得非当地的材料，也拓展了大众的味蕾。冷藏技术意味着农民能长途运送水果等食材，酒保要取得冰块也无须仰赖冬天或寒冷的北方地区。此时，工业革命带来大城市的兴起，初来乍到的人涌入城市，在变化中的经济体里找寻新开始。"你是谁"代表的通常不只是大众的工作或出身，更意味着他们购买的物品。[13]工人阶层与移民喝啤酒跟威士忌，本来就有钱的人则喝葡萄酒与白兰地。诸如各产业的专业人士等这类城市新精英有意在大旅馆的豪华酒吧这类公开场所炫耀个人新地位的年代，正是调酒迈向成熟之际。调酒于是成了都市风情与熟谙世故的象征——只要喝得对，就象征了地位。[14]

这些发生在美国社会的缓慢改变，终于造就出调酒文化的经典时期，或者说"黄金时代"，时间约是从1870年前后延续到1920年。此时，鸡尾酒根植于国族意识中，美国人认为在高级场所工作的酒保是这一行的佼佼者，"调酒术"也成为制作鸡尾酒的金科玉律。[15]调酒术是指调制酒饮的一系列原创技术，包括运用精确的度量单位、标准材料、现榨果汁，以及摇、搅与捣拌(Muddling)等各式调饮手法(何时该摇、何时该搅自然也不例外)。*在经典时代的酒保指南中，有些原则是心照不宣，有些则是明文指出。高级酒吧的酒保运用这些原则，调制出平衡的酒饮——让新鲜、优质的原料以和谐的方式呈现（也就是说，当中既不会有单一食材压过其他原食材，也不会有哪一种配料没有用意）。[16]

调酒术的基本原则，是今日鸡尾酒复兴的哲学根基。酒保会时不时提起黄金时代，以其为精调鸡尾酒再度流行的原因，以及自己工作的灵感来源。2007年，戴夫跟伙伴开了世界知名的精调鸡尾酒吧"死吧"。[17]他提到"过去"对鸡尾酒复兴和他的酒吧有多重要："我老是说，我们还在恢复这一行一百年前就已取得的成就。禁酒令之前的发展真的很狂热。酒保自己调苦精，每个酒保都有自己的招牌调酒，而且各地都有上百种酒饮，超疯狂。酒的装饰超精致，整个酒面全是新鲜水果和不同种类的冰块，多夸张！我们现在都还没达到那种地步。所以重要的是回到过去，找出我们接下来该做什么。总之我觉得，真要讲起来，过去绝对是我们想法的'学校'。"

---

* 有时候虽然很主观，但鸡尾酒酒保通常会遵守规则：含柑橘类水果的饮料要摇，没有的就要搅。除了要确保材料混合均匀，他们还提到一个关键原因——口感。加了柑橘的鸡尾酒通常比烈酒取向的鸡尾酒更清新，客人也倾向快速喝掉。酒保因此希望这类饮料在口中有明快感。相形之下，酒精含量高的饮料，客人会小口慢饮。酒保会希望这类饮料喝起来顺滑。马提尼是个明显的例子，鸡尾酒酒保不会用摇的。他们希望金酒滑顺，不带气泡或一丝泡沫，而摇就会起泡。然而，一杯摇制的马提尼静置一小段时间后，泡泡会消失，客人有可能分不出差别。

捣拌法需要用一根光滑的细棍（称为搅拌棒，通常为木制）来捣碎材料（一般是水果跟籽），以榨出果汁与油脂。

对鸡尾酒酒保来说，黄金时代的复兴，就是调酒文化成长的基石。三十五岁的布莱恩是死吧的酒保，也是数家烈酒公司与其他酒吧的顾问。他是西雅图人，十八岁进大学前的暑假来到纽约拜访兄弟，结果爱上了这座城市，一毕业在工作还没有着落前就搬了过来。他在餐饮业打工赚钱付账单，直到接受到调酒世界的洗礼，开始打造事业。经典时期的调酒人物与文化就是他的指引："就像过日子，除非你知道你去过什么地方，否则你无法得知自己要往哪去。鉴往知来嘛。我们对那些老前辈有超乎寻常的敬意。我说的前辈可不是戴尔（德格罗夫），而是杰瑞·托马斯、查尔斯·贝克（Charles baker），这些人早在我们之前就调出了不得了的酒饮。[18]情况就像是'好，酷，我们就拿这个来即兴发挥。'我记得格雷（指知名酒保暨作家格雷·里根[Gray Regan]）说这是'在拉经典的皮条'。[19]我的做法是直接拿20世纪的东西来发挥：金酒、丽叶酒(Lillet)、柠檬汁和白可可香甜酒。我去掉金酒，改放波本，再把白丽叶换成红丽叶，加入可可香甜酒和柠檬。又是一种可以上台面的饮料。"[20]

经典文本不只是鸡尾酒酒保的参考酒谱，也是技术指南。布莱恩谈起他的摇酒技术："我刚开始在勃固（pegu，俱乐部名）工作时，奥黛丽（指勃固的老板兼酒保奥黛丽·桑德斯[Audrey Saunders]）就给了我一本书。[21]她有一份类似指定阅读书单的东西，其中之一是大卫·恩布里(David Embry)的《酒怎么调》(*How to Mix Drinks*)，她超好心借了我一本。[22]基本上，恩布里书里的指示就像'摇[按：shake，双关语，同时有摇与发抖的意思]好比有七个魔鬼在追你'。总之，你就像见了鬼那样摇。”

事情就像戴夫在谈话中提到的那样，全国禁酒令终结了调酒的黄金时代。俗称“沃尔斯泰德法案”（Volstead Act）的美国宪法第十八修正案，宣告酿酒、运酒与卖酒属违法之举。[23]在修正案于1920年1月1日生效后，若想喝酒就得关起门来偷偷地喝。禁酒时期正是地下小酒馆(Speakeasy)兴起的背景。之所以叫这个名字，是因为里边的人得“低声讲话”，或是小心翼翼地靠通关密语才能入内。虽然有些小酒馆提供的是货真价实的好酒，如纽约的杰克与查理(Jack and Charlie’s，又名二一俱乐部[21Club])，但多数可不然。[24]业主常在便宜的无味谷酿烈酒里混入调味剂，让酒更好喝，如私酿金酒(bathtub gin)；走私贩则会加入食用颜料，让澄清的烈酒看似威士忌这些非法酒馆的顾客大多更在意能否公然喝酒而非入喉的酒饮品质如何。酒保此时不再为了加强风味而混入材料，而是像早期制作蒸馏酒那样，隐藏酒的味道。[25]手艺精湛的酒保无法一展成才，只能被迫到非法酒馆工作、转换跑道（如当汽水员[soda jerks]）或出国前往需要优秀酒保调制“美式酒水”（欧洲人通常这么称呼调酒）的地方。[26]一言以蔽之，黄金时代结束了。

1933年12月5日，时值经济大萧条，美国宪法第二十一修正案撤销了第十八修正案，成为唯一撤销前案的修正案。酒类销售、运输与制作相关的合法工作机会回来了，酒类税金也开始再度流进州政府与联邦政府的金库。调酒再度进入夜生活领域，恢复它象征老于世故的地位。然而20世纪的这个时间点却和黄金时代大不相同，消费场所渐渐变得更在意服务顾客的效率。[27]高球鸡尾酒（Highballs，如伏特加加苏打水）因为调法简单，因而大受欢迎：一种烈酒、一种调味品，再加点冰就好，不必在乎用量。科技创新也让调酒更为简化，有了制冰机就无须再从大冰块上凿冰，有苏打水枪(Soda guns)就没有混合糖浆与酒液的必要，有包装果汁也就表示酒保不必手榨柠檬汁与莱姆汁。酒保也不再使用度量器具，用量多少全凭己意，而非严守酒谱。在这门行业一度需要的技术层面上，这段时期的调酒没能恢复多少。

今日的鸡尾酒社群成员还会提到这段时期的酒吧素质低落，以及调酒业的“去技能化”，而这两种情况大半也延续进入了21世纪。[28]他们运用经典的调酒术为自己的做法划清界限，宣称这才是调制酒水的“正确”方法。熟悉酒谱、调酒技术与成分的风味特性，运用形状各异、温度极低的大量冰块，牺牲效率，以手工榨汁确保新鲜……这些都强化了他们心中“调酒是门精细活”的看法。2000年新年当天，萨莎在下东区开了“奶与蜜”酒吧。[29]鸡尾酒社群公认奶与蜜是纽约市第一间精调鸡尾酒吧。刚开幕时，萨莎便有意把今日酒吧的标准材料替换成过往黄金时代的东西，尤其是冰块：“美国酒保因为禁酒令就……你懂吧，日子还是得过，一切都江河日下。总之，20世纪前十年的标准做法——接了单才开始榨果汁，从大冰块上取冰——这些在美国全给忘了，原因是禁酒令，是类似苏打水枪的技术创新，如果你管那样叫创新的话。基本上，如果我找不到大块的冰块，我根本就不开店。在我看来，那样没意义。调酒会好喝，不只是因为酒谱，还有酒温与口感。少了这些，酒温不对，没有小冰粒和这类摇制酒饮该有的东西，那我宁可喝红酒。用制冰机做出的冰是不可能调出我们这种酒的。你得在摇杯里放一大块极冷的冰。我们用的术语'活的'跟'死的'：死的饮料看起来就像一杯葡萄酒，而死摇出来的鸡尾酒看起来就像搅拌的鸡尾酒。基本上，我们用对了方法。"

奶与蜜酒吧的酒保整晚都在手工榨汁、用瓶装苏打水，还会在轮班前就先把特大号冰块用锯、用敲的方法弄成摇酒用的大冰块，以及要加进鸡尾酒的冰块。（也有专门的制冰机可做小冰球，供朱利普[Juleps]*和碎冰鸡尾酒[Swizzles]等饮料使用。）对鸡尾酒酒保来说，标准制冰机的冰块（常见的方形扁块）太小颗，温度太高；要是为了达到降温目标，用的冰块量与饮料一比又会占掉太多液体表面区域。这种冰块无法让鸡尾酒够冰，还会因为融化太快而稀释了饮料。在他们看来，科技带来的效率已然伤害了酒饮的品质。更要命的或许是，大多数调酒师也不晓得各材料的风味特性，也未必得通盘了解才能做这一行。

"真正了解如何运用烈酒的酒保少之又少，"死吧的首席酒保菲尔这么说，"就是因为这样，许多烈酒才蠢到随便哪个白痴酒保都能用的地步——多数调酒师根本不晓得自己在做什么。拿柳橙口味的苏连红(Stoli)加苏打水来说，就有柳橙味伏特加，当中就有你要的柑橘味，他们什么都不用加"。**

"金快活（Jose Cuervo）特调玛格丽特，"布莱恩说。

---

* 朱利普，即薄荷酒。

** 菲尔话里提到的是常见的俄罗斯伏特加厂牌苏连红（Stolichnaya）。

“就是说。什么都蠢得可以，烈酒的水平也在往下走，刚好和酒保缺乏手艺扯平。”

这几位正在重振调酒黄金时代的酒保对着时局大叹。他们说，这都要怪禁酒令。

后禁酒令时期也是伏特加在美国兴起之际。黄金时代的美国人很少喝伏特加，最早制胜美国市场的伏特加公司是斯米诺(Smirnoff，该公司在20世纪初试图打进法国市场时，将品牌名里俄文的“v”换成了西式的“ff”)。先前花了将近20年仍然挑不起美国人的味蕾兴趣后（美国人偏爱本国的威士忌），斯米诺终于在20世纪50年代因为精明的广告战而有了突破。“嗅尝皆无味”和“斯米诺令你屏息”成了人人朗朗上口的广告词，该公司为了宣传还创造出一款鸡尾酒——莫斯科骡子（Moscow Mule)，和无数的高球类调酒组合携手并进。[30]无香、无色、无味（联邦法的规定)，伏特加跟什么都能混合，这带来了巨大影响。酒保调制伏特加酒饮时，不需要对风味特征或材料的量有多少了解，这种情况也符合“去技能化”的说法。[31]伏特加在一个吧台越来越讲求效率的时代，成了一种简单、用途广泛的烈酒。

伏特加在现今的调酒吧和酒保间通常不受欢迎。许多酒保会在吧台摆个一两瓶，但不会摆在后方酒架上给人看，用的也不是知名牌子。但伏特加毕竟是美国最流行的烈酒，对酒吧来说，卖伏特加符合赚钱的道理。“伏特加汤力水能赚钱，”酒保兼酒吧老板吉姆直截了当地说道。但他们的酒单绝少会放上以伏特加为基底的调酒，也很少准备像是蔓越莓汁的材料，以避免调制像大都会(Cosmopolitan)这种高人气的伏特加调酒。死吧的杰奎因道出酒保对于伏特加的共同感受："这个嘛，我们都会跟人家说，我们对伏特加没有不满。我们很爱伏特加。要清理什么都用它，一点洁食盐加一点伏特加，就能把瓶子洗得一干二净。不是啦，我是说，伏特加没什么不好，但它在一场派对上的功用也就只有提供酒精浓度罢了。你喝了伏特加饮料之后不会说，'哇，这是上等伏特加'。不会，你尝到的所有味道都是其他加进酒里的东西。总之，你要是用真正新鲜的香草和果汁，你真正尝到的就是它们的味道。但这么一来，这酒饮的好坏就完全仰赖调味剂的质量了。如果你的调味剂质量很好，就能调出很棒的伏特加酒饮，这很棒，但我们要是想在调酒里加入某种材料，我们会希望各种材料都有特别的用途，都能为各种酒饮带出某种味觉、嗅觉、视觉上的东西，但是伏特加办不到。这种酒质量上就是设计成无色、无香、无味的，这就是伏特加的定义。所以，何必放一两盎司东西进去，只为了增加酒精浓度？我保证能找到其他烈酒，让味道或香气等加分，这就是我们为什么避免使用伏特加。基本上，你等于是把调酒风味局限在调味剂上，这就没意思了。"

如果客人想要杯伏特加饮料，而且酒吧也有准备，酒保还是会帮客人调制。[32]但他们比较喜欢露一手黄金时代的经典调酒术，尤其是其基本信条中的重点——平衡各种风味。[33]伏特加无法让他们使出这种绝活，这种酒因此也在精调鸡尾酒界里变得无足轻重。[34]

就像西哥特人攻陷罗马不仅终结了古典时代，还带来一段动荡时期，鸡尾酒酒保也把从禁酒令以降，到大约20世纪80

年代中期和90年代的整个时期称为“黑暗时代”。这里所说的“黑暗”，是指酒保的技艺、创造力与知识不到位（亦即舍弃调酒术），以及美国人普遍的饮酒习惯。在这个黑暗时代里，还是有一些关乎质量的鸡尾酒运动，如热带风酒饮（tiki drinks）的诞生；虽有若干经典鸡尾酒熬过了这个时代，比方说马提尼*与曼哈顿，但多数还是消失了。进入美国饮酒风景的新鸡尾酒，例如玛格丽特，也和经典鸡尾酒一样，屈服于同一股讲求效率的新势力。大家比较在意的“是喝这种还是那种饮料”，而不在乎酒保如何调酒。

他们的论调是这样的：酒保是种职业，而美国是个因为禁酒令而失去某些东西的国家，需要有人指点迷津。[35]艾伦是鸡尾酒社群的重量级成员。他是美国最大的红酒与烈酒经销商南方红酒暨烈酒公司(Southern Wine and Spirits)的调酒术与烈酒教育总监，负责为公司举办活动。他也是纽约蒸馏酒公司(NewYork Distilling Company)的老板，还与玛莎·斯图尔特(Martha Stewart)在天狼星卫星广播(Sirius Satellite Radio)

* “马提尼”之名是留了下来，但这种饮料从其原本就众说纷纭的起源发展出好几种路子。最主要的是，在于伏特加取代了金酒成为马提尼的基酒，苦艾酒便从这种鸡尾酒里消失，而摇制也取代了搅拌。我们也可将这些变化归咎于伏特加日益高涨的人气与容易饮用的特色：苦艾酒一旦与伏特加混合，味道会变得更强烈的事实（或许也是因为酒吧的苦艾酒因保存不佳而走味——鸡尾酒文化消失的另一面）；以及摇酒比搅拌更有效率的关系。马提尼的转变也跟詹姆士·邦德一角并进，伊恩·弗莱明 (lan Fleming) 小说中的邦德会点加金酒或伏特加的马提尼，还有一次是同时加金酒与伏特加（称为“维斯帕”［Vesper］，小说及电影《皇家夜总会》［Casino Royale］的人物维斯帕·琳德［Vesper Lynd］为名）。邦德很快就不再点金酒和苦艾酒了，他开始喝冰的纯伏特加，里面只有一点点杯中的冰融化出来的水。

的电台上主持每周一次的调酒广播节目。艾伦从食物讲到调酒，尤其是"慢食运动"：他说，正是这个运动让他对于美国的"美食传承"（这是他的原话）有了更多认识。他在谈到调酒的黑暗时代和当今的复兴时，常把食物与调酒相提并论："随调酒兴起而来的是一次演进及品味的熟成——对此我完全抱持正面态度。就说甜味好了，非常概略说，美国人就爱甜滋滋的东西。没问题，很好。那后来我们怎么会愿意吃以前不熟悉的东西，像是甘蓝菜苗、早餐萝卜(breakfast radish)，以及其他萝卜或香草？我认为，我们接受、最后甚至享受这些苦味的意愿，也能解释现在出现的这些调酒类型，以及在各界大受欢迎的烈酒种类：威士忌是当然；另外不只是淡香朗姆酒，还有风味微妙的陈年朗姆酒；不光是糖跟焦糖的气味，甚至还带一点苦橙或熟透水果的特色。目前，纽约的调酒文化不再只有大量的甜，还有类似苦精与麻酒等成分，这几乎已是当代调酒文化的金科玉律。大家一夕之间都对这些草本风味产生好奇，但也要有一扇敞开的门，让人能接受这些风味。要知道，20年前就只有甜味饮料，当然，这没什么不好。大都会本身就是种好调的酒，但多少摆明是一款本质上过度直接、加了糖或人工甘味及人工材料的甜味鸡尾酒。"

酒保工作在黑暗时代得到一种五味杂陈的名声。国人认为酒保是一种低阶服务业工作。[36]在像是炫富餐厅与奢华旅馆里的酒吧这类高级场所工作的酒保虽能挣得更多薪水，名气也更响亮，但他们仍是服务业的底层成员。有些在特定族群或工人阶层酒吧里工作的酒保，虽然在顾客之间地位崇高，但其权威与所得到的尊重一般都迈不出酒吧大门，或是超出其社群的界限。[37]一般人普遍认为，当酒保就像端盘子，从事这行的人不过是想打平收支，实则志在他方，如想当演员画家、音乐家或求学。对于还在职业生涯起步阶段的年轻人来说，酒水业的工时弹性，薪水也还能接受，领的还是现金；对其中某些人而言，他们能有机会结识同领域的其他人，或许还能稳定驻点。[38]但是有意开创事业、获得尊重、从劳动中获得意义的人，多半只把此处当成暂时落脚处，而非终点。

但对从业人员来说，酒保这个职业已走上舞台，重返镁光灯下，因为他们再度拥抱了调酒术的原则。大众也适时为这么做的酒保带来反馈。

"我以前在其他酒吧工作时，老是有人问我，'你的正职是什么？'"杰奎因解释。"一直有人问，因为人人都是演员，是作家，大家都是编剧、是导演、舞台助手、画家、雕塑家，他们当酒保只是为了付支出账单罢了。在死吧就没人会这么问我。大家都知道，要是你在这里工作，你就是酒保。你是专业人士，你看起来就很懂、会很多调酒技巧，这就是你从事的工作。为了做好分内事，你得花很多时间下分外功夫。没有人会拿那种问题问你，这真的让人非常、非常自在。这就是我的工作。你正看着我在做的事，看我怎么做。我不是来兼差的，这就是我的正职。你从自己的工作里得到认可，这对自信确实大有帮助。客人会告诉你，这是他们喝过最好喝的酒饮，或者这饮料实在太完美，所以没错，这感觉真的很棒。"

鸡尾酒酒保自视为专业人士，也希望别人这么看待他们。

图3 酒保倒出酒饮，以及数瓶原料。

他们因工作而从顾客处获得情感上的小费，从而支持、巩固着如此需求。[39]但他们并不赞成类似“吧厨Bar chefs”的标签，或是“调酒师(mixologist)”等媒体与一般大众爱用的流行用语。他们认为，这些标签过度强调了其工作中调制鸡尾酒的一面，把这摆在他们职业身份的中心实在不恰当。[40]鸡尾酒酒保极力强调酒保身份。对他们来说，身为专业酒保，意思就是有能力照管整个吧台。

“我是酒保，”布莱恩挑明了说，“我不是调酒师。我恨这个词，而且是深恶痛绝。这就像你在《时尚》杂志（*Cosmopolitan*）里会读到的东西：（用做作的口吻）‘噢，这位调酒师……’这就像是把清洁工说成废弃物工程师。清洁工就是清洁工，说不定他乐得当个清洁工。我乐得当个酒保。我就想干这行。我想当一个大小事都会的人，能调酒、上酒、手脚利落、数钱、创造东西、清点东西、当经理。就好比棒球选手，我想当五工具棒球选手（five-tool player，意指击球、长打、跑垒、臂力、守备皆有一定水平）。我希望自己有能力完成这一切，我不想就只专做饮料。”

调酒术是职业认同的基础，但对酒保而言，调酒术并不等于认同本身。鸡尾酒酒保认为自己的工作具有多重面貌。当个好酒保等于要把调酒的知识与手艺，与高质量服务不可或缺的人际互动技巧相互结合，还要耐着性子在酒吧表现基本、甚至是非技术性的工作。汤姆提出一种新颖的区分方式：“类似情形在制作糕点过程中挺明显的。烹饪有其灵魂，有其情感，但烘烤本身却没有。烘焙是一门科学，要严守比例。我认为当酒保也有其灵魂。说到底，最让我自在的还是‘酒保’

（bartender）这个词，因为这就是我在做的事。我不会自顾自地调酒。”

若是这样类比，调酒术就是科学，但当酒保确实是门艺术。[41]材料比例错误会导致面包发不起来，酒保也是这样；某种材料多加四分之一盎司就能毁了酒饮的平衡，无法变成酒保希望的样子——它发不起来。但鸡尾酒酒保坚称，调制饮料学起来很简单。杰奎因就说：“这只是熟不熟练的问题，熟了看起来就很简单，浑然天成；调酒又不是火箭科学，真的没那么难。你就只是调饮料，按照酒谱调。”酒保这一行的灵魂，或说艺术，在于握有边调制饮料，边与顾客互动，同时还掌控整个吧台的能力。“酒保不只是调饮料的人，更是专业人士”——今天的酒保依然紧抓着这种在黄金时代生成的观念。[42]

即便如此，调酒能带来人们的关注与机会，酒保也承认懂得调酒、从事调酒对此有多重要。死吧的酒保杰森言简意赅地表示：“身为酒保，人家付你钱是因为你知道的、与你所做的事。但人家是因为你懂的东西，所以尊重你。这一点非常打动我。同理可证，身为专业酒保，客人还是比较重要，就跟鸡尾酒本身一样重要，甚至更重要”。

少了调酒能力，鸡尾酒酒保就得不到现有的媒体关注。他们不会因为客人表示有多爱他们调的酒饮，能从个人工作中得到认可。他们不会有机会到其他酒吧担任饮料和菜单方面的顾问，或训练其店员、举办活动、教育大众、参加比赛，或是与品牌合作。说不定，他们还在为了回答“你的正职是什么”的问题而纠结，或至少会为了应对答说“我只是个酒保”而遭受的眼光而纠结。清洁工哪有机会能把事业拓展到手上的水桶跟扫帚之外，获得“废弃物工程师”这种更高的地位？但鸡尾酒酒保不同，他们有门路从自己的工作中获得地位，从吧台后开枝散叶，但这得靠调酒术才能办到。人不在酒吧时，鸡尾酒酒保话里总会淡化“调鸡尾酒”在其职业认同中的分量，但他们的举止却透露出不同的故事。比起精进互动技巧，或是学习改善服务质量，他们会投入更多时间去进修与调酒相关的知识与技术。调酒社群在纽约市内外和鸡尾酒圣会等大型活动中举办的研讨会、教育课程和活动，其中心大多都是在以某种方式讨论、学习更多关于鸡尾酒与烈酒的知识。更有甚者，酒保与顾客在酒吧中的互动，大半也是鸡尾酒建构出来的。

鸡尾酒大教堂

死吧位于东六街的街区中央，夹在第一大道与A大道之间，此地正是时髦的纽约东区。行人总是经过死吧，却不晓得这是间酒吧——在纽约市开业的第一代精调鸡尾酒吧多半如此。奶与蜜酒吧有扇铁灰色的大门，窗上挂着黑色布帘（“M&H”这几个字母就印在布帘上“裁缝修改”的字样中间），外面还有生锈的铁窗，而且这间酒吧只做预约客；想进PDT(Please Don’t Tell，“拜托别讲”)，只能从快餐餐厅克里夫热狗(Crif Dogs)店内假墙上的假电话亭进去，而且得先预约才有位子；雷恩法庭(Raines Law Room)藏身于一处地下室没有标志的门内，晚上大多都是“先到先入座”；小分店(Little

Branch)与勃固俱乐部分别位于大马路上平凡建筑物的地下室与二楼；浴缸金酒吧(Bathtub Gin)只能从精品咖啡店群聚的石街(Stone Street)后方一道假墙穿进门，而且要预约才有位子；死吧也不脱离这种模式，没有窗户，也没有像样的招牌（只有门旁边写着店名的小小门牌）。[43]店的正面就像几道切下来的深色横木板篱笆，沉重的木门上装了精心设计的青铜把手。

禁酒令标志着酒保们歌颂的黄金时代就此结束，想到这点，这些秘密地下酒吧拿禁酒令作为重要主题的做法，看来还真是古怪。但精调鸡尾酒吧的隐秘感只会为酒吧与其酒水更添神秘与高档的特别氛围。虽然这些酒吧几乎都坐落在人声鼎沸的夜生活景致中，却试图与通宵达旦的喧哗打闹保持距离。在丰富的夜生活选项中，鸡尾酒吧是种独特的所在。它们为夜生活文化的快速消费增添了几分文雅与世故。顾客走进店门，也会从典型的夜间场所穿越到一个不同的夜生活体验世界中。[44]

一走进死吧，顾客会迎面撞上一张厚重的黑色天鹅布幔。如果店外正逢华灯初上（死吧六点开门，跟所有鸡尾酒吧一样，都是服务夜里的人群），客人初进门时双眼还在适应突如其来的黑暗，会一时摸不着方向。昏暗的灯火、低矮的天花板与水泥墙构筑出封闭的环境。入耳的是爵士乐声回响、入座的顾客与侍者间的轻声交谈，以及酒保调制鸡尾酒的声响：冰块碰撞、瓶身叮当和大力地摇酒声。吧台内现榨果汁与提味香草的芬芳与从厨房飘来的香气混合起来。[45]大理石吧台与后方酒架上摆满琳琅满目的用具：冰桶里放着小杯的薄荷、橄榄和白兰地酒渍樱桃；一桶桶的柠檬与柳橙；十几瓶分装瓶*和苦精；调酒用的玻璃杯；各种工具（量酒器、吧台用长汤匙、霍桑[Hawthorne]与朱利普两种样式的隔冰匙、木制捣拌棒、碎冰搅拌棒）；以及一排又一排的烈酒与利口酒，而且多半都是顾客不熟悉的品牌。**客人一旦拿了酒单入座，整晚都会坐在自己的位子。酒吧里没有电视，没有点唱机，没人会换桌挪位，没有搭讪，也没有多少机会能跟同行者之外的顾客交谈（虽然坐吧台还是会让顾客有较多机会与陌生人互动）。与其说这里是酒吧，不如说是高级餐厅。

精调鸡尾酒吧犹如一座品味大教堂，是调制与饮用鸡尾酒的圣殿。实践调酒术时的严肃态度构筑出公然饮用的乐趣。业主设计酒吧，提供精调鸡尾酒与饮酒时特殊的内在体验。业主必须支持"以调酒术制作精调鸡尾酒"的理念，否则理念无从发挥，店也不必开了。"要是你好好做，你就会少赚很多钱。"萨莎如是说。"好好做"代表顾客得比在其他酒吧等更久，才能等到自己点的饮料。精调鸡尾酒酒吧必须备齐各式烈酒与利口酒——有些酒要价不菲，如精酿烈酒与苏格兰威士忌，而

---

* 分装瓶 (Cheater bottle) 是酒保为了提升效率，常会拿透明玻璃瓶装满自己最常用的材料，如纯糖浆、柠檬汁与莱姆汁。比方说，假如绿麻酒是酒单上几款人气调酒的材料，酒保就会找个分装瓶装些绿麻酒，然后整晚不断补酒进去。他们会在瓶上贴标签，把瓶子摆在吧台上，或是摆进酒井 (well，吧台后的架子，高度到酒保的膝盖)，方便取用。

** 量酒器：酒保用这种金属小工具，量出盎司或毫升的液体量，确保用量精准。外观上，大部分的量酒器就像两个尖端相对、黏在一起的金字塔，一边大一边小（比方说用来量两盎司或一盎司的量）。鸡尾酒吧会准备各种不同容量的量酒器。

且多数是其他酒吧不会准备的——以及形形色色的苦精。这类酒吧必须费心安排冰块（昂贵的制冰机、大冰块，或是两者皆有），还需要细心的酒保去榨汁、清理玻璃容器与工具及制作糖浆。此外，精调鸡尾酒吧通常得限制同一时间内服务的人数，所以才会有预约制、“先来先入座”和不提供站位等规定，否则工作量会超过酒保所能负担的。业主得处理这当中的各个问题，店内酒保才能以“对”的方式调制好的鸡尾酒。他们必须保护手下的酒保发挥，才能成功。死吧满足了上述的所有目标。

某晚，我坐在吧台，点了没在酒单上的红男爵(Red Baron)，这是一种加了飞行牌金酒、安堤卡香艾酒(Carpano Antica Vermouth)、阿玛卓香艾酒(Ramazzotti Amaro)和玛拉斯卡樱桃利口酒(Maraska maraschino)搅拌而成的鸡尾酒。这杯算是烈酒取向的搅拌鸡尾酒，基本上是用马提尼变出的花样。一伙人同来的两名年轻男子与一名年轻女子，看着当晚的酒保凯特调制我的饮料。凯特身穿纽扣白衬衫与黑色西装裤，裤头系上围裙，上身穿着背心。她摆好调酒杯以量酒器精准量出各种材料的用量，动作一丝不苟。接着，她以吧台匙背面用力敲碎几块大冰块，装进调酒杯。盯了一分钟后，年轻女子问了个问题。

“把冰块敲碎有差别吗？”

“有，”凯特回道，“这取决于你要调哪种酒。我们用这种大块的冰（拿起方块状的冰），自已敲出需要的冰块，才能适当融解。”

“你们有专门的制冰机吗？”其中一名男子问。

“有，我们有不同机型，可压出特定饮料用的碎冰和长玻璃杯用的冰条。”

杯子装满材料后，凯特站到距离吧台一步之遥的位置，一手伸出去，挺直身体，另一手背在身后。她拿同一支汤匙搅拌我的饮料，动作有力，却又稳定流畅。她的手臂几乎不动，只用拇指与两只手指拿着汤匙，活动关节转着汤匙。玻璃杯纹风不动。约莫30秒后，冰块融化了些，凯特拿起朱利普隔冰匙，把我的鸡尾酒倒进冰镇过的高脚杯。等她把我的鸡尾酒在餐巾纸上摆好后，那伙人便回去聊自己的了。

在精调鸡尾酒吧调酒的过程，会让以前没看过这类技术或材料的人想发问，就像这几位客人。大多数的酒保，比方说调伏特加苏打水的酒保，只要拿出杯子（有时还会用杯子当冰匙，直接挖取一般制冰机制出的冰片，节省时间），量都不必量就能调好饮料。他们通常一边直接拿酒瓶把伏特加倒进杯内，一边按苏打水枪的按钮就好。凯特反其道而行之。她一开始先量自己用的调味物(modifiers，鸡尾酒酒保一般会先从比较便宜的材料开始量，像是简单的糖浆或果汁，免得出错)，接着是烈酒，最后才加冰块，以免在达到适当的冷度之前就融化出太多水。她用搅拌来达到所要的溶解度与冷度，比多数酒保（如果他们还会搅拌的话）花上更多时间，动作也更和谐。最后，凯特会拿隔冰匙，把饮料倒进另一只杯子。

吧台的客人常会问这类调酒工序的问题，比较了解调酒术的人提问得还会更深入，如他们为何在某种鸡尾酒谱中使用特定品牌的黑麦威士忌，而不是其他品牌。鸡尾酒吧业主也会故意在体验过程中增添若干元素，以促成对话。酒单上会列出酒饮所用的材料，设想客人会因为从没听过当中某种材料而发问；也会将酒饮分成好几类。比如说，雷恩法庭的人就用“果汁与气泡”和“搅拌与浓烈”等分类；以区别店里的其他饮料。注酒丝带(Pouring Ribbons)的酒单上则有“风味矩阵”，以“清爽”与“浓烈”为X轴的两端，“安适”与“冒险”为Y轴的两端。他们标出店内酒饮在矩阵上的落点，如一杯落在“清爽”与“安适”象限的饮料有可能是水果味、带气泡、非烈酒取向；而有着像苏格兰威士忌与苦艾酒等复杂材料、烈酒导向的饮料，则可能落在“浓烈”与“冒险”象限。这些分类除了提示顾客、让他们了解自己的口味之外，也是为了让客人以不同方式思考自己喝了什么，给他们一套用语来讨论这些饮料。[46]多数酒吧一年内会更换几次酒单，此举通常反映着季节变化。春夏两季的酒单会以淡色烈酒为主角，如金酒、初酿的龙舌兰和朗姆酒，以及朱利普和碎冰鸡尾酒等清新的风格；秋冬两季则由波本、白兰地、陈年朗姆酒等深色烈酒领衔，酒水风格也更浓烈，像是古典鸡尾酒做的变化。

鸡尾酒社群

在本书的四种职业中，鸡尾酒酒保的社群最大，成员联结也最紧密（职业与品味杜群皆然），从城市、国家一路延伸到世界各地。相较于其他城市，纽约的鸡尾酒社群虽然大，但人数还是很少，而且多数成员彼此认识，至少相互有所耳闻。他们会定期光顾彼此的酒吧，造访其他城市的酒吧，还会互相代班，如有人获聘到酒商办的活动担任酒保时会参与曼哈顿鸡尾酒经典节(Manhattan Cocktail Classic)等大型盛会，让他们有机会得以结识来自世界各地的酒保；不过，人在纽约工作，也意味全球调酒群的成员会经常造访他们的酒吧，前来自我介绍。酒保有时也会参加非正式的"酒保交换计划"，不同城市的酒保会交换工作几周，目的是为了宣传自家酒吧，同时也交流调酒知识。

酒保们也有正式的成员组织——美国酒保工会(United States Bartenders Guild. USBG；该机构是国际酒保协会[International Bartenders Association]的成员)，以及教学和认证课程。USBG有好几种认证考试，调酒社群里的老手也推出酒精饮料资源教育课程，提供有关烈酒、鸡尾酒与调酒术原则的五天密集课程，当中内容更包括笔试与盲测。[47]法律上，你不需要这些认证也能在鸡尾酒吧或其他任何一种酒吧当酒保，而且大多数参加课程的人不是酒保，就是整个大社群的成员(如酒类公司职员)。但这些课程也是某种形式的交际，让成员知道如何品酒，如何谈论品酒，教导他们一些更深入的细节，以及与他们所用的材料和制作的酒饮有关的历史。[48]

随着鸡尾酒社群的扩大，有越来越多的人涌进这个产业，在当中扮演某种角色。以鸡尾酒酒保来说，一旦有人并非出于照顾酒吧的热情，而是单纯只喜爱调酒术而从事此行，就会出现冲突。常见的情形是，这些人会短暂担任酒保，接着就成为酒类品牌顾问或品牌大使。我有一回跟杰奎因聊起这些因为对鸡尾酒文化有兴趣而成为酒保、但此前从没管理过酒吧的人。

“这确实是个问题，”他说，“差别在于你是忠于客人，还是忠于酒水。新的酒保确实很会调饮料，如果你碰上从调酒狂热者变成酒保的人，要让他们进一步超越是件非常难的事。有时候，要让他们用有条有理或热情的方式讲述苦精之外的事情，简直是难上加难。这就像……这么说吧，要是客人想知道某场比赛的比分怎么办？你知道是谁跟谁在比赛吗？你知道纽约尼克斯跟布鲁克林篮网会在马丁·路德·金纪念日对战吗？你会注意到这两支球队是同城死敌吗？对不对？”

“对啊。要是顾客对苦精没兴趣，那怎么办？”

“就是说啊！假如客人想知道近期有什么展览开幕呢？要是他们想知道现代艺术博物馆(MOMA)在展览什么呢？你会不会为了想知道有哪些展览而读《村声》？你有没有为了要知道城里的大小事，所以读这本杂志？你有没有四个街区内的六间酒吧或餐厅的口袋名单，而且无论客人心情如何，你都能推荐给他们的？你对这个区域了解多少？甚至是，你有多了解观光区？要是你料到会有很多城外的客人来你店里，你就该晓得曼哈顿中城值得一探的地方，就该知道世贸中心附近广受推荐的场所。这些就是他们永无法领会的细微之处。”

“确实。这才叫最好的服务。”

“假如天气实在很冷，有个像你这样戴眼镜的客人走进酒吧。你进门了，接着会怎么样？”

“眼镜整个都是雾。”

“因为我戴眼镜，我懂，我会这样：当我看到戴眼镜的客人走进来，我第一件事就是抓一张纸巾。他们一站在那儿，我就会这样‘来，给你擦眼镜’。这叫见微知著。我一下子就能让客人晓得，‘我知道你需要什么’。”

“‘这儿有我照顾大家’。”

“你不必开口，我就知道你需要纸巾。你都还没试着从身上穿的四层衣服里找哪一层有干的地方来擦眼镜，我就已经知道你要擦眼镜了。接着，就是递上一杯水跟酒单。我认为这就是差异。一旦有只当过一小段时间的酒保——不超过一年，一旦他们只做过这点时间就去做品牌工作，去开自己的课程，当某个地方的顾问，事情就是从这里开始全盘皆错的。”

杰奎因与其他拥有一流顾吧经验的酒保，正是凭借强调服务对于照顾酒吧的重要性，因而让自己与没有如此经验、单纯只为鸡尾酒文化而追求这个职业的人（“调酒师”）有所区隔。杰奎因的做法也呼应了前面汤姆的看法——调酒术是一种科学，而顾吧是一门艺术。一旦这门学问有了人气和市场价值，酒保艺术家便会宣扬他们服务工作的真正精髓，那就是充满灵魂的人情味。

第二章

蒸材实馏

“禁酒结束！”

——图丘镇烈酒厂的口号，印在了纸箱和T恤上尼克是纽约州立大学纽伯兹分校大学部的学生，学校离图丘镇烈酒厂不远。当初他为了上课方便搬到这个区时，他的叔叔拉尔夫——酒厂的共同所有人之一——问他想不想打工。将近三年后，酒厂里每项工作尼克大概都做过了，但他主要负责装瓶及维护数据库。 一整年下来，他的行程表都会随课业需要而改变。

我第一天到图丘镇上工时，尼克开着白色SUV到公交车站接我。车内超乱。备用电瓶和一组跳线就丢在后座，以备不时之需。我们先去熟食店帮大家买早餐，接着驱车前往小镇贾第纳。

图丘镇烈酒厂在2005年正式开业，成为纽约州自全国禁酒令以来第一间有执照的威士忌酒厂，这中间隔了80年。酒厂主体是两座1788年建成的磨坊谷仓（简直是古迹），在装修后供轻制造业使用。当中一间是商店、游客中心兼陈酒房*，另一间则是厂房。厂房一楼有台磨谷用的阳春电动磨粉机、制作酒醪**的蒸煮槽，以及好几个容量达两百加仑的开盖塑料发酵槽（长得就像迷你版的无顶圆筒形谷仓），用来存放酒醪。槽口稍微用布盖住，以防灰尘与杂质跑进去，外面则贴有表格纸，明列材料和发酵日期。有些发酵槽里的酒醪像汽水一样冒泡，其他的则大致呈休眠状态，偶尔才冒个泡；前者是因为酵母分解了酒

* 陈酒房是用来存放酒桶的仓库。陈酒是种复杂的工序。木桶所使用的木头种类、锯面纹理、木料尺寸、烧灼与 / 或烘烤程度（亦即桶身内壁烧灼与 / 或烘烤的程度）、在陈酒房摆放的位置（底层、中层或上层），以及外部条件（外界温度和空气湿度）都会影响烈酒的陈酒，进而影响其风味。我在本章后面会更深入讨论蒸馏与陈酒。

** 图丘镇烈酒厂单批制作四百加仑的酒醪，平分到两个发酵桶。

醪中的糖，变成酒精，后者则意味着发酵已大致完成。*整间厂房闻起来就像是混合了酸玉米与烤面包的浓厚气味。

一旦发酵完毕，吊在发酵槽上的帮浦会将成品通过管子打到二楼的蒸馏器内，实际的蒸馏过程——通过加热和冷却来澄清液体——就在当中进行。图丘镇有两具特制的罐式蒸馏器，一为铜制，二为不锈钢制，是德国公司克里斯提安·卡尔（Christian Carl）所生产，看起来就像老式潜水器，占据了这座有木桶拱顶的大房间其中一端。楼梯顶上有个小的品尝区和办公室，隔出这层楼的上下空间。蒸馏器旁是通往室外的双扇门，供堆高机由此将刚装好的酒桶送往陈酒房存放。至于这层楼的另一端，则是装瓶和货运站与储藏区。

等我穿上“制服”（胸口横印着手写的“Distilleryman[酿酒人]”字样的褐色T恤）之后，尼克带我来到装瓶区。他先示范如何用高压喷气机，将灰尘与碎屑从一只只酒瓶里吹出来。尼克抓来两个375毫升的矮墩瓶，瓶口朝下，放低，摆到管口朝上的喷气管处。他踩下踏板，气流随之发出尖锐声响。接着他拿开瓶子，将之在工作台上摆好。

“换你试试。”他对我说。

我拿起两个瓶子，模仿尼克的动作，但我的脚没有他那种轻踩的功夫，结果喷出大量不必要的空气，发出刺耳的巨大噪声。“首席酿酒师”兼营运主管乔见我踩得太用力，边说“你踩两下就好”，接着示范如何边快踩踏板，边在喷管上下移动瓶

---

* 发酵需要约五天时间。

图4　改建后的谷仓，图丘镇品牌主要在此运营。

子的手法。[1]他的方法跟尼克的不太一样，非常有效率。喷过十来个瓶子后，我掌握了诀窍，也找到了自己的方法。

尼克继续带我到另一张摆满瓶子的桌子旁边，这些瓶里已注满黑麦威士忌，瓶口塞有已包覆塑料皮的软木塞。

"这些是我昨天塞的，不过你还是拿这锤子敲软木塞，确定都有塞才好。"他讲解道。

我拿起橡胶锤，小心翼翼、慢慢地轻敲，试着不伤到瓶子。尼克说："呃，老兄，要像这样。"

接着他举起锤子，敲得又快又用力，像在玩有时间限制的打地鼠游戏。

"你就拼命敲。瓶子不会破。"

他还示范如何在桌上排好瓶子后再敲，这样才最有效率。

尼克与乔接着带我学习了一遍检查步骤。酿酒师一旦把酒装瓶、塞好软木塞，就会将酒瓶拿到荧光灯下，检查烈酒里是否有没过滤干净的杂质。

"玉米威士忌和伏特加检查起来比较容易，毕竟酒液是清澈的。"乔说，"深色烈酒要是起泡，就很难看见里面浮了什么。你要看看有没有东西沉得特别快，最要紧的是检查有无玻璃碎屑。我们换了制瓶公司之后就一直有玻璃碎屑的问题。玻璃碎屑落下时会稍微反射光线。你可能会看到一点谷类碎屑，不过一点点倒还可以。你就假装自己是来到酒行的消费者，运用判断力快速决定就可以。要是酒里有这个量的杂质，你还会不会买？一点点没关系，但太多可就不行了。要是有哪几瓶没过关，就把酒倒回桶里，重新过滤后再装瓶。"

尼克和乔最后带我做了一遍蜡封。取决于烈酒种类，图丘镇用红、黑或绿色的蜡在软木塞上涂一圈以密封酒瓶。他们有一套相当简单的设备：一罐摆在铁板炉上的蜡，一个能横摆四个瓶子、悬在蜡罐上的金属架，旁边即是用来冷却的水桶。

“这套设备确实蛮烂的，”乔用“烂”字来形容，“不过，这你懂，我们以后会想办法改良。既然现在还能用，就先顶着。”[2]

那罐蜡摆在铁板炉上将近一个小时，已经可以拿来蘸了。做法是拿起瓶子，瓶颈泡进蜡里，但只浸到瓶颈与瓶身的相接处。乔让我观摩他的手法，在这过程中他的手都没停过。他拿两个瓶子浸下去，随后拿起，接着他把前两瓶浸入水中，然后擦干，之后再拿两瓶这么做。他就不断重复这个过程。

“利亚姆的手法不一样，”乔说，“他把检查跟蜡封结合，几乎同时并行，形成他觉得顺手的节奏，而且很有效率。你可以实践看看，你喜欢怎么做都行，只要做好就可以。”我实在跟不上乔的速度，只好一次封一瓶。我把瓶子浸到蜡里三秒，接着取出摆到金属架上，让多余的蜡滴回罐里。我重复三次，直到第四瓶也上了架才停。摆好第四瓶后，我才把第一瓶的瓶口浸入水中冷却，让蜡凝固。等到拿纸巾擦干瓶子时，我才注意到这蜡上得不均匀。有些蜡滴到了瓶身上，有些则从木塞上滴落到一半时凝固，形成一个波浪状的泡泡。乔走过来，看到我在皱眉盯着蜡看。

“我看看。”他边说边拿走瓶子。检查后，他说：“这样就好，很结实了。不必上得很完美。”

尼克跟我随后默默形成了节奏，他拿我先前清洗过的瓶子注满酒、塞上软木塞，我则用蜡封瓶口。我俩构成一条简单的小生产线。我问他："话说，这步骤大酒厂是交给机器来做，对吧？"

他点点头："没错，但我们有两台它们没有的精密机械。"

"真的假的？"

"就是你跟我啊。"

精酿师在本书四个职业中相当特别。他们在厂房里工作，生产有形的商品，但不必递给消费者，因此也很少直接面对消费者。[3]与其他三种职业相比，精酿师与其他人的共通处，在于成为精酿师、开设酒厂的是哪些人，以及独特的哲学是如何支持他们的动机；而差异处则在于精酿师的工作内容，以及他们将产品背后的意涵传达给消费者的方式。

美国近年来出现了一股少量生产、"精工细做"的轻制造业风潮，精酿蒸馏酒正是其中之一。[4]精酿啤酒运动则是其近亲。[5]除了小规模之外，类似的精酿蒸馏酒的商号还有若干特色。它们重视手工生产，也尊重所有产品蕴含的微妙差异。它们通过原材料来源、产品销往的地区，以及/或是利用地方区域作为其品牌认同的基础，唤起强烈的当地感。最重要的或许是它们创造、推动着一种"真材实料"的感觉，亦即产品要全然真诚信实的理念，同时以"真实"作为其品质保证。一种产品之所以能真材实料，是因为出自手作，而且来自某个独一无二的地方。[6]有许多学者已仔细研究过消费者如何认定其消费的物品是否货真价实。[7]不过，制作这些信誉商品的从业者，是如何看待自己将真材实料的品质注满有形产品的劳动过程？对此，我们所知仍然不多。[8]

从谷物到玻璃瓶

"蒸馏"一词既指加工制作烈酒的多个环节，亦指过程中的特定时刻（亦即蒸馏器中发生的反应）。精酿蒸馏的核心奠定于古代习俗。蒸馏已有数千年历史，几乎所有古文明都曾以某种形式投入当中，而其蒸馏之举大都是为了制作香精、香膏与香水，以供医药与宗教之用。早在公元3世纪的埃及，就已有以一根管子相连两个容器的蒸馏甑（alembic，今多称为罐式蒸馏器）。装有基液的容器置于热源上方（最早是明火），蒸气上覆后通过管子凝聚在另一个容器内，而当时的蒸馏甑是铜制的（如今多半也是）。[9]

中世纪可能已有欧洲人蒸馏酒精以供饮用，但蒸馏酒的兴起与欧洲人和近东地区阿拉伯世界的交流有关——该地区的蒸馏技术与实际操作非常成熟。[10]早期的烈酒称为"aqua vitae"或"eaude vie"，意为"生命之水"，是以葡萄酒、发酵的水果与谷类蒸馏而成。[11]基本上，古人会拿手边可用的材料来蒸馏，连酿葡萄酒与啤酒剩下的废料也不放过。许多源自欧洲的传统烈酒——伏特加、白兰地、金酒、北欧生命水（akavit）、威士忌——其起源都能回溯到中世纪晚期与文艺复兴时期。由于技术原始，原料质量低劣，纯化的步骤也很少，早期的烈酒尝起来大半都非常粗犷、直接。比方说，直到19世纪，才有文献提到蒸馏者会掐"头"去"尾"的记载。[12]所谓的

“头（head）”是指单次蒸馏过程中最早凝结的液体。“头”本质上就是甲醇，含有高单位的丙酮和其他有毒醛类，味道非常强烈；而“尾 （tail）”尝起来则相当苦。“掐”头“去”尾，把它们跟“心脏 （heart）”——也就是过程中段凝结、香气十足的部分分开到不同容器的做法，已是今日蒸馏的标准步骤。罐式蒸馏器也随着时代不断改进，如在管内额外加上冷凝管，以助蒸气在第二个容器中凝结，以及采用比直火更容易控制的加热法。[13]

来到新大陆的欧洲移民不仅经常酿造啤酒与苹果酒，也会喝进口葡萄酒。他们还从欧洲带来蒸馏器，以本土食材酿造金酒与朗姆酒。[14]由于美国建国后，公民们开始将金酒和朗姆酒与欧洲的旧秩序联想在一起，加上开垦西部将人从东岸城市带离，上述两种烈酒也就逐渐失去了人气。农人用自种的玉米、黑麦等谷物来蒸馏酒，有时候也用小麦。这些产品成了美国的威士忌，以主材料多半为玉米的波本酒和黑麦威士忌为主。大多数的美国人都是当地农人，制作哪种威士忌，他们就喝哪种威士忌，农人也视威士忌为基本农产品，一如他们贩售的其他农产品。事实上，威士忌本身比用来酿造威士忌的谷物更值钱，因为酒运输起来更容易，卖价也比原材料更高。肯塔基的酒厂利用桶酿——就像欧洲人制作白兰地与苏格兰威士忌的做法——让波本酒于焉诞生。[15]19世纪有像蒸气加热（1816年首度用于蒸馏），以及柱式蒸馏器的发明（1831年），取代了罐式蒸馏器等科技发展；前者让酿酒者更能掌控生产品质，后者则能大量生产烈酒。*美洲大陆横贯铁路使得运输效率大增。烈酒蒸馏走向工业化，威士忌也变成流行商品。许多农人事业做大，开起了威士忌公司，但多数威士忌酿酒者仍是小规模农场的农人。[16]

就像鸡尾酒文化面临的情况，全国禁酒令也毁了美国蒸馏酒产业与蒸馏文化。当时，有超过五百家蒸馏业者关门，其中大多数都把铜蒸馏器与设备出清换钱，成千上万人，如靠蒸馏自种玉米大发利市的农民，也就此喊停。[17]有些公司仍继续暗中偷偷蒸馏，有些则在药用执照许可下合法生产，毕竟当时的医生还是会为特定的小病痛开出威士忌作为处方（这是中世纪的遗风，时人常为治病而服用蒸馏酒）。[18]禁酒期间，一向以某种形式存在的走私与私酿，也在美国蓬勃发展，为这段时期带来多彩多姿的人物百态：穿着双排扣西装、一身利落行头的黑帮，手持汤普森冲锋枪、开车逃离现场的车手，以及在警察面前扬长而去的乡巴佬。此前的美国是属于波本酒与黑麦威士忌的威士忌国度，走私贩在禁酒期间从国外带进来的加拿大威士忌、**苏格兰威士忌与朗姆酒也被美国人接受。进口酒通常都是真正的上等货，而美国本土的烈酒若非稀有，就是质量

---

*　酿酒人使用罐式蒸馏器蒸馏啤酒醪之前，得先去除当中的固态物，而进行下一轮蒸馏前，也得先将蒸馏器里残存的醪（也就是已无酒精成分的剩余谷物）清干净。这两项工作都很费时。柱式蒸馏器由数根高柱组成，蒸馏者可以连续蒸馏，啤酒醪从机器的不同地方进出，而且酒醪中的固态物不处理也没关系。简言之，柱式蒸馏器更有效率。

**　美国人和爱尔兰人称呼他们版本的烈酒时，拼法是“whiskey”（复数为“whiskys”），加拿大人与苏格兰人则拼成“whisky”（复数为“whiskies”），这两种拼法的差别纯粹是因为一开始将这个词的盖尔语音转为英语时出现细微差异，而不是指有两种不同类别的酒。

堪忧。[19]由于地方上（非法）酿造的金酒是种味道中性的谷类烈酒，容易添加植物性风味与其他调味料，因此也大受欢迎（就像把茶包丢进热水，再想想用浴缸来做这种事，就成了“浴缸金酒”）。

1933年，宪法第二十一修正案终结了禁酒令。然而蒸馏酒产业在修正案撤销后并未立即重返禁酒前的荣景，这当中有许多原因。1933年的美国正值经济大萧条，投资资金少之又少，而且许多酒厂早就卖掉了厂房和蒸馏设备。禁酒前，会喝烈酒的美国人偏好陈年威士忌，因此，就算酿酒公司重新开张，马上营运，也得等产品成熟后才能上市；再者，由于经济不景气，拥有可支配收入的消费者也不多。几年后就是第二次世界大战，联邦政府在大战期间规定酒厂必须制造工业酒精，以供战备，蒸馏酒业成长因而受限。禁酒时期带来的口味偏好——调和威士忌（来自加拿大与苏格兰）、金酒与朗姆酒——延续了下来，伏特加也渐渐流行。这几个国家不像美国，蒸馏酒产业多的是可出口的产品。[20]在禁酒时期消失的美国本土威士忌公司，绝大多数再也没有复活。

本书中的四种职业里，就数精酿厂与手工蒸馏运动最受法令冲击，尤其是执照的影响。第二十一修正案除了撤销第十八修正案之外，也赋予各州政府可自行决定如何处理州界内的酒类制造、配送与销售的权力。与啤酒业的情形相仿，多数撑过禁酒时期而且能重新营运的烈酒公司（例如金宾[Jim Beam]、杰克丹尼[Jack Daniel’s]以及后来酿造出野火鸡[Wild Turkey]与美格[Maker's Mark等威士忌的公司]）规模都相当大，财力雄厚，因此能影响许多州，让酒类生产的法律为己所用，如规定每年最低生产量，同时让执照贵得一般人根本买不起。以2000年之前的纽约州为例，不论生产规模，一张酒厂执照一年就要花65000美元，20世纪80年代，有些精酿酒厂开始到西岸的加利福尼亚州与俄勒冈州开业。[21]但多数州限制性的法律仍阻碍了其发展。[22]到了2001年，全美只有24家精酿蒸馏厂。[23]多数美国人只能喝到几间跨国公司所产的烈酒。

纽约州的精酿蒸馏产业是中小企业的推动，再加上运气共同造就的结果。图丘镇烈酒厂的拉尔夫在50岁后买下这座荒废的面粉厂，并在2001年迁入厂旁的房子居住。热爱攀岩的他原本在曼哈顿拥有好几座室内攀岩场，也为商展兴建攀岩墙。他想开展新生意，于是买下距离纽约市向北只有两个小时车程的上州产业，打算在此开设一座攀岩公园，自己也避静乡间。但邻居强烈抵制他的构想（“他们生怕胡士托音乐节的情形再现，让小镇遭到游客占领。”他回忆道），最后，他放弃了开设攀岩公园的念头。但历史建筑物与产业还在这里，于是拉尔夫开始思考其他生意的可能性：“我在研究过程中发现，纽约州去年开始发放A–1蒸馏酒执照，这是禁酒令之后纽约首次发放微型蒸馏厂执照。原本开蒸馏厂一年要六万大洋，A–1执照把费用降为两年1250美元，每年生产量不高于标准酒精度35000加仑的酒。[24]我仔细算了算，算出要是能拿到执照，又能把酒卖掉，差不多能赚350万美元。我想，这是个好主意。”

A–1执照在2000年开始启用。五指湖（Finger Lakes）地区一间葡萄酒厂业主也想制作烈酒，于是他向州议员提出自己的点子，州议员随后在纽约州首府奥尔巴尼（Albany）推动通过。后来推动酒类执照法律修法的人都主张修法目的是要掀起小规模的地方运动、增加就业机会，或振兴州内观光；然而，他们的本意其实并非如此。不过，执照费用大大降低，使得小蒸馏厂得以在纽约州生存，还有潜在的获利可能。

拉尔夫还在找机会改善法律。"这部法律还有好几个缺点，"他说，"例如，这张执照没让蒸馏厂能像葡萄酒厂或啤酒厂那样，有权在厂内贩卖商品。一拿到执照，我首先就是推动这个。"

经过拉尔夫与州内其他精酿商数年来的奔走，纽约州在2007年终于通过了《农场蒸馏厂法案》（Farm Distillery Act）：只要产品原料有75%来自纽约州内，酒厂即可直接将产品售予消费者，厂内也可提供试饮。多数精酿业者早已使用本州所产原材料，不仅是因为希望支持当地同业，而且可以当地名号为自家公司打广告。新法让他们与潜在业主有了使用州内所产原材料的经济诱因；毕竟，直接将产品卖给消费者（例如在品酒间）的利润会比通过经销商销售更丰厚。《农场蒸馏厂法案》一通过，拉尔夫与州内各地的精酿业者便开始推动修法，要求允许单一蒸馏厂拥有一张以上的执照。有了两张执照后，一间酒厂每年便可生产七万标准酒精度加仑的产品，而且无须支付高得吓人的费用。[25]全美各地都有类似的修法与草根改革，也都带来类似的影响。[26]

除了修法，文化因素对纽约州精酿产业的扩大也有影响，而荦荦大者就数调酒文化的兴起。[27]纽约市调酒风气的增长，让消费者沐浴在新的烈酒与风味当中。例如，结束禁酒令后，恢复速度远比波本酒缓慢的黑麦威士忌便是其中一例。波本酒喝起来通常滑顺甘甜，黑麦威士忌却多半辛辣带有草味，比较难单喝。[28]精调鸡尾酒成了推广黑麦威士忌等原料味道强烈的烈酒的手段。此外，鸡尾酒酒保也会不停地寻找新风味，以及背后有故事的产品。而精酿烈酒正好提供了这样的风味与故事。

精酿酒厂也会带着自家产品的酒谱上门，与酒保展开对话。位于布鲁克林的纽约蒸馏酒公司的一位共同所有人汤姆说起公司的由来："我们开始跟其他鸡尾酒专家讨论。他们喜欢什么？不喜欢什么？酒里少了什么？他们希望里面有什么？历史方面有哪些是该寻回的？"由于酒保具备的知识与对新产品的兴趣，因此他们成为了精酿酒厂的宝贵资源。他们同样为精酿酒厂扮演了类似品牌代言者的重要角色——不是以非正式支持者的身份去使用或向顾客提及产品，就是正式被厂商聘为"品牌大使"。拉尔夫的儿子盖伯负责处理图丘镇的销售与营销。盖伯大学毕业后在纽约一家媒体公司上班，收入可观，他大可以此为事业，但他不愿一辈子都在那里工作。几年后，他辞职加入和平工作团。他卖掉了公寓，在出发前暂时搬回家住，岂料原定的派任因为预定目的地的国内冲突而取消。百无聊赖的他开始在自家刚成立的酒厂里帮忙。协助公司营运步上轨道，在做过所有蒸馏工作后，他转去做销售。盖伯提到他们与酒保的关系有多么重要："我们真的很幸运，有人把我们引荐给圈子里许多真正关键的酒保。我跟当中许多人成为好友，他们也大力支持我们。不管是否会用于调酒，他们的酒架上都摆了我们的产品。对我们而言，真正重要的是跟这些伙伴接触，和他们共同建立口碑，成为重视细节的可靠品牌——像是与地方农人合作、尽可能友善环境等。无论是这些人、现今整个酒保业界，还是职业酒保之间的调酒术运动，都很重视这一块。他们希望尽可能地了解自己倒入杯中的产品，一有机会就会向人谈起这些产品。没有他们的支持，我们不过是另一家地方品牌、又一种地方产品，无法真正走出这个地区。我们之间的相处也很融洽，可以坐下来一起喝杯酒，享受一下。"

由于距离纽约市不远，图丘镇也常招待酒保造访酒厂（盖伯说："我已经让好几个国内的顶尖酒保拿充气床垫在我这儿打过地铺了"）。一言蔽之，精酿产业与调酒世界关系紧密，成员经常互动、相互支持，甚至一起工作或互换跑道（酒保变成精酿师，精酿师变成酒保）。

精酿蒸馏产业

从第一代初成立时的业主与从业人员的背景来看，本书提到的四种职业都有类似的模式。[29]简言之，第一拨的业主此前通常都没从事过这些职业或开设过相关公司，[30]但他们有创业精神，也有理念。无论是拉尔夫还是共同所有人布莱恩，两人在创立图丘镇时，对调酒或纽约市的调酒风潮、甚至对蒸馏都一无所知，而且从未认真品过酒。前面讲过，拉尔夫是做攀岩的，想在上州经营自己的产业，而布莱恩则是电视产业的工程顾问。布莱恩在五十多岁时重返校园，取得哥伦比亚大学的MBA，开了家公司。他曾在课堂上以啤酒公司山姆·亚当斯

(Samuel Adams)为题，研究该公司如何运用现有的啤酒生产基础性结构(infrastructure)建立品牌，同时为自己披上微型啤酒厂的外衣。这次的个案研究让他接触到酒品业与小批次生产。布莱恩曾在拉尔夫以前购入的面粉公司的磨坊工作过，于是他联系上拉尔夫，提议重新开业做面粉。“我说服他，说做面粉就像做可口可乐，”拉尔夫说道，“既然已经有人在做，而且东西又廉价，到处都买得到，那何必自找麻烦。”他把纽约州新执照分类和酿酒的想法告诉布莱恩。经过一番计算，加上想起自己曾做过的山姆·亚当斯研究，布莱恩于是同意跟拉尔夫合伙开设精酿蒸馏厂。

这两人虽各有经营与工程背景，但对蒸馏或制作威士忌(这也涉及陈酒)却一窍不通。但他们不担心。“当时我们互看了一眼，心想：‘这又不是特别难’，”拉尔夫回想当时，“那些牙齿掉光、连幼儿园都没上过的山里人都酿得出威士忌。我们俩是工程师、制造商、开发商，又是生意人，在各自产业都爬到过顶尖。我们自认够聪明，能做这个，于是就开始做，做着做着，竟也做出了一半雏形。”

拉尔夫和许多精酿产业中的人一样，都是以没受过教育、脏兮兮、落后的酿酒者的刻板印象为参考与比较的出发点。布莱恩对两人公司初期的蒸馏过程有类似的记忆：“我们全凭本能学习，就直接动手了。伊恩·斯麦利(Ian Smiley)写过一本谈谷物和蒸馏的书。[31]制造谷类威士忌的方法相对简单，但当中有许多技术细节。总之，他从挑选谷粒到酶，再到加热参数，各方面都有谈及，还有最重要的——如何经营。这本书写得非常清楚。市面上没有多少这类食谱或训练手册，更没有《傻瓜蒸馏指南》（*The Distiller's Guide to Rum*）这种东西。斯麦利的书好就好在当中真的把许多事情交代得仔仔细细，让你有足够的背景知识去制作烈酒。至于好不好喝，那就另当别论。”[32]

许多精酿厂业主都走上类似的道路，离开前一个产业，开创新事业。由于全美禁止私酿蒸馏，合法产业规模又很小，因此，精酿运动刚开始时，有意了解小批次蒸馏烈酒的人罕有可学习如何制酒的机会。我遇到的业主中，只有一人以前曾有蒸馏经验。位于布鲁克林的国王郡蒸馏酒公司（Kings Country Distilling Company）共同所有人柯林在三十岁出头时曾经试过。他在肯塔基州西南一个禁酒的郡里长大，少年时期有时会和朋友一道向私酿者买月光酒（Moonshine）。* 他常开车跨过州界到田纳西州，去买酒不犯法的郡。柯林从耶鲁大学毕业后搬到纽约市，一心想进入电影业，结果主修建筑的他却在建筑公司找到方案经理的工作。只要回乡探望家人，他就会从肯塔基带月光酒回纽约给朋友尝尝。最后，他从网络上购入一具蒸馏器，开始在布鲁克林的自家公寓进行实验。

“我之所以这样做，只是因为某个……也称不上兴趣，我想更像是求知欲的好奇心吧，”他说，“你要怎么学某件因为非法所以没人能教你的事情？我觉得这点实在很有趣。”白天的工作虽能糊口，但那不是他的热情所在。柯林注意到老于世故

---

* 月光酒即“玉米威士忌”与“白威士忌”。基本上就是未经陈酒的波本酒。由于第二十一修正案赋予各州决定其执照制度的权力，有许多郡都在金酒另结束后直到世纪末都决定维持禁酒。许多至今亦然。

的纽约客普遍对精酿烈酒有兴趣，认为这是在城里开立第一间精酿蒸馏厂的好机会；于是，他在2010年将之付诸实现。

从地理上来看，精酿是从上州乡间开始的，因为当地房地产比较便宜，酿酒人也更容易接触到农场和原材料。庄稼烈酒（Harvest Spirits）的老板德瑞克是纽约上州第三代的苹果农。种苹果这一行很早就很难获利，德瑞克近年来也注意到自己不能只因为苹果早就从树上落下（他认为肇因是近年气候变迁造成的异常天候），就将越来越多的苹果送往市场；这让他有了大量剩余的苹果。如果他无法直接卖掉这些苹果，就得想办法处理。

"我想要有附加价值的产品，"德瑞克说，"我们果园是有面包房没错，但老早就拿一大堆苹果去做派了。后来朋友告诉我：'你知道可以用苹果酿伏特加吗？'就这么灵光一闪。倒不是我多喜欢伏特加，而是我在当中看到制造具有附加价值产品的潜力。"

德瑞克的状况和成千上万禁酒令之前的农民一样，蒸馏酒能帮助他维持农场主业。其他上州的精酿业者也设法直接与农民联系，这种往来关系对双方都不可或缺。通常，这中间会有中介为酒厂寻找原材料，但现在双方可直接接触，省了中介费。最重要的是，精酿业者能帮助地方农业，因此也能从主打自家产品是"当地""永续"体系的一部分而获益。

有了20世纪前10年在乡间发展出的契机，许多精酿酒厂开始在纽约市里成立。在城里营业会有额外成本，如租金更高；不过，观光客会想看看蒸馏厂，了解其产品及制作，这也使得这些公司因为地点方便游人前来参观，因而抵消了额外成本。土地使用法规限制从业者只能在城内的制造业区开业，这些地方通常与住宅区和商业区相距甚远。纽约市内的精酿厂主要开在红角（Red Hook）、威廉斯堡（Williamsburg）、戈瓦纳斯（Gowanus）与布什维克（Bushwick）等地，这些全都是过去曾为工业区的仕绅化城区，以及布鲁克林海军造船厂（Brooklyn Navy Yard），这地方原归政府营运、持有的单一工业巨头，如今的特色则是有数十间小型私人轻制造业公司聚集在此。先前提过，农场蒸馏厂执照请精酿厂可以设立品酒间，直接向顾客销售产品。纽约蒸馏酒公司位于威廉斯堡仕绅化的时髦城区，周围一片夜生活景致，于是它便利用执照在自家土地上开了一间名为"陋室（Shanty）"的鸡尾酒吧。酒厂与酒吧之间隔着大片玻璃窗，顾客就算没参加观光团，也能看到制造过程，从博学的酒保身上学到些许烈酒知识（这间酒厂生产两种金酒与一种黑麦威士忌）。这正是该公司选择这个地点的原因。

"实在很棒，"汤姆解释道，"我们之所以开在这里，而不是城里其他地方，之所以选择这栋建筑，而不是另外看过的50栋，是因为我们认为这里大众交通最容易抵达，这样才会有人来。消费大众和生意人都是。事情完全如我们想象的一样。酒吧带来人潮，生意真的很好。这地点帮助很大。"

既然先前有过蒸馏实际操作经验的精酿师少之又少，大家会投入这个行业，也有各种理由。最常见的，就是他们渴望亲手用原材料做出独一无二的有形产品。前言里介绍过，利亚姆毕业后到精酿啤酒吧当酒保，他还不确定自己想做什么别的工作。招聘广告上的叙述从好几个角度命中了他对理想工作的期待:"这份工作符合我想做的一切,这不是一个只需体力而不必用脑的劳务。我喜欢动手做事,也确实喜欢烈酒产业。每件事都以永续理念为中心,又能为一家不追求大规模生产和消费的公司工作。而且到一个完全不像大企业的地方,这根本是梦想成真——能找到像这样的地方,简直酷毙了。"

利亚姆和其他精酿师一样,会拿个人的工作与那些自动化生产、更具规模的烈酒公司相比。某天,他和我在拿槌子把酒桶上的软木塞敲掉,好向桶里灌入威士忌时,他解释图丘镇与其他更大的酒厂有何不同:"依我看,杰克丹尼一天可装20000个55加仑酒桶,大概是这个数字,真荒唐!那间公司是光谱上比较大的那端,这当然有大有小。小酒厂四玫瑰(Four Roses)一个人就得做我跟另一位精酿师史蒂夫两个人的工作,但他们非常自动化。这后面有历史、时间的因素,也有改良的部分。他们有让酒桶滚下来的轨道。酒桶啊,我现在做的这些工作,他们都是自动作业。操作者把桶拉到固定位置,插进管子,就会自动注酒直到酒液碰到切断开关为止,这样就完成了。他们的过程大概是……这个量的威士忌几分钟就灌好了。我们手做的正好相反。同样的量我们得花一两个小时。这是其中一项差异。"

就精酿师的认同而言,这当中的关键在于他们在生产过程中何时以及如何运用双手,或在当中加入哪些个人元素,以及自己的产品如何与他者区分。对利亚姆而言,他的产品差异不仅在于与其他烈酒的口味差别,也在于自己亲手装满威士忌桶的事实。尽管此兴趣不会改变产品最终的口感与风味,但在精酿师眼中，这正表明了酒整体的高品质，也证明了个人的工作价值。

精酿蒸馏酒业与精酿啤酒业一样，其兴起也为小厂牌烈酒的生产创造了基础性结构。[33]简单来说，市场上烈酒品牌比烈酒厂数量多得多，因为公司会将产品生产外包，而品牌业主参与产制过程的程度，从积极投入到完全不参与都有，这中间的差异通常会被营销手法掩盖。

一年一度的曼哈顿鸡尾酒经典节，是在春季举行的消费者与产业人士的盛会，场馆散布在城内各地，通常是旅馆与酒吧。经典节是纽约市对调酒圣会的回应。调酒圣会有大批精酿师参加，经典节亦然。我在2010年走过经典节的烈酒展区，现场大概有20家小公司，向媒体、业界人士与消费者提供试饮，阐述产品故事。有些公司代表是酿酒师或酿酒师兼业主，有些则是厂牌老板或品牌大使。我站在禁酒蒸馏厂（Prohibition Distillery）的摊子旁，这家卖的是“私酒贩21”（Bootlegger 21）伏特加。这家公司的名字有误导顾客的嫌疑，毕竟它既不是蒸馏厂，而且严格来说也没有实际生产任何东西——这酒是由图丘镇烈酒厂代酿的。他们是以禁酒时期的诱惑和传说为本，来做营销。桌上摆放的折页传单故意做成20世纪20年代的旧报纸模样，海报则是怀旧风、网点粗糙、褐色调的歹徒与私酒贩照片，图中人在高喊：“开始禁酒！”如此营销手法多少有点不符史实，毕竟美国在禁酒时期几乎没有伏特加，更何况月光酒也不会打广告。[34]私酒贩21在2010年6月才正式踏进市场，目前他们一直在培养地下小团体，以口耳相传的方式传播产品消息。[35]我虽然在图丘镇烈酒厂里帮忙酿伏特加，却没有见过这品牌的老板。于是我向禁酒蒸馏厂的共同所有人布莱恩自我介绍，向他请教公司相关的事情。*

“合伙人跟我都是历史宅，我们终于能好好发挥我俩的历史知识了。我的伙伴有了开公司的想法，问我要不要加入。我原来是做人力资源和薪资出纳的，后来决定不妨试试。你晓得，这酒是图丘镇生产的，我们认为这对双方都可取长补短。通过图丘镇，我们也运用了手工精致蒸馏的下层结构。我们未来会通过批发商酒庄来严选（Domaine Select）和经销。”[36]

一位手拿小笔记本跟录音笔的记者站在我身旁。他问布莱恩：“你们的玉米伏特加与玉米威士忌有什么差别？”

“呃，我还真不晓得，”他答道，“我没有真正经手公司这方面的业务。”

图丘镇一向有承接外包制酒的工作。对于产量未达执照允许量3.5万标准酒精度加仑上限的精酿厂来说，制作其他牌子的产品可以增加公司利润。但不是所有精酿厂都会为了钱就什么都做。图丘镇开始营业后，就没有跟苦艾酒（absinthe）品牌爱德华三世(Edward III)合作，因为图丘镇不愿意在生产品质上妥协。

某天，乔邀我一起试喝苦艾酒。他拿出一瓶爱德华三世和一瓶贴了白标签、签上潦草字迹的透明酒瓶。瓶里装的就是他拿爱德华三世的配方自己做的实验。他将两瓶酒倒入不同的玻璃杯，接着以细长的玻璃量杯慢慢朝杯里倒水。两杯酒都开始

* 本章有两个布莱恩。一个是图丘镇的共同所有人，而此处这位则是禁酒蒸馏厂公司的共同所有人。

自发乳化（louche），但后者乳化得更快，变得不透明、越来越白，仿佛牛奶。乔拿起第一杯喝了一小口，面无表情；他拿第二杯啜了几口，发出满意的声音，接着举杯对着灯。

“我一直对爱德华三世原本的配方很不满意。这杯好喝多了。可惜它从没面世。”

“为什么？”

“我拒绝用他们寄给我的原始配方代酿。他们给的是个烂配方和干燥、粉末状的香草。对方希望我们快速生产，拿点香草跟酒精丢进去蒸馏装瓶就好。但这可没那么容易。他们想要九月就上架。我稍微更改配方，回复给他们，他们也接受了，但后来我说我们不是他们想找的蒸馏厂。”

“为什么？”我问。

“我们不是香草蒸馏酒厂。”

“那你可以做吗？”

“除非我自己种香草。要是我真想酿苦艾酒，就一定要用新鲜香草。干燥香草就在那儿的架子上。[37]这第一瓶酒我绝对不会再酿，我只是帮他们做。但这第二瓶我真的会拿来喝。”乔认为爱德华三世的老板只是想赚钱，想拥有一个烈酒品牌玩玩罢了。苦艾酒有其独特的历史与名声，曾一度不容于法律，据说还会影响饮者的精神状态。爱德华三世这品牌与图丘镇的价值相悖，乔不愿在自己的工序上妥协。

当布莱恩的合伙人约翰与乔接洽时，乔本以为禁酒蒸馏厂和爱德华三世是同一副德行。“我原本以为他也是个为了想赚钱，就把配方丢过来的人。不过我发现他没打算这么做，而且很欣赏我们的工法”。约翰与布莱恩当时分别四十岁过半和四十岁出头，同样为公司行号提供人力资源、薪资出纳等外包服务的ADP（Automatic Data Processing，自动资料处理公司）。但他们厌倦了大公司的工作。“公司里一切都是为了创造数字。”约翰这么说道。他们最初考虑自己开设蒸馏厂，但两人意识到自己都缺乏蒸馏知识，这恐怕不是明智之举，而且两人根本也没那么多资金。约翰于是取得一份从纽约州到缅因州各家精酿蒸馏厂的清单，接着逐一拜访，学习如何蒸馏，并表达自己的理念。“我们决定利用近年发展起来的微型蒸馏的下游。”约翰说。他跟布莱恩把精力用于营销上。约翰两度造访图丘镇，其间相隔六个月；乔对于约翰在这期间的研究所学之多印象深刻。约翰尊重他们的制作程序，乔则尊重他们学习的渴望。虽然只是一种营销手法，但约翰与布莱恩对禁酒时期的研究却很仔细：酒标以禁酒期间的联邦药用酒精处方签为底，瓶身则是依照当时的旧药瓶设计，“21”指的是宪法修正案，软木塞上还贴了过去的酒类印花税票。[38]

精酿蒸馏酒业的人也会支持真正的有志者，如提供蒸馏器给这些人使用，让他们得出自有配方。比尔在成为纽约蒸馏酒公司的首席蒸馏师之前，原本是没有蒸馏经验的。在公司取得自家的蒸馏设备之前，他先去了纽约上州沃里克河谷葡萄酒暨蒸馏酒厂（Warwick Valley Winery and Distillery）钻研配方，并学习酿酒。

“完整的规划是，”比尔说，“我们去那里设法试出我们的金酒要怎么酿。我们大约试酿了30批次，我自己大概就弄了其中20批。一开始，头几批酒我们是在一旁看着。我们在旁边当助手，看沃里克的首席精酿师杰森（Jason）怎么做。接着换我们自己动手，杰森从旁协助。最后终于达到全都由我们自己做的程度，操作大部分设备，由杰森在旁边监督。”

“这不就只是学步骤吗？”我问。

“是啊，还有想出自己的配方。我们在那边也必须酿一些威士忌，大概10批吧。我们把威士忌放在五加仑的小桶里陈酒。我发现自己喜欢做生产。我们建立这家公司、付出个人心力，我爱上的就是这样的角色。我们从做中学。”

出产真实，展现可靠

精酿蒸馏的手工本质，占了这个产业与品牌认同的一大部分。精酿师希望产品能反映出自己的手工的步骤。本章开场白提到图丘镇的酒瓶里有酿酒材料的碎屑，瓶上有多余的蜡，但这既非缺陷，亦非错误。这显示东西货真价实，是人工手制威士忌、装瓶封蜡，因此不能也不应该完美。[39]“适当的”蜡封手法容许结果稍有误差，正好如“适当的”品管也容许酒液内有某些程度的残余物。图丘镇烈酒厂也运用其他几种方法来创造真材实料的产品。某天，我看着乔一边将酵母洒进一批塑料发酵槽内的黑麦里，一边也检查其他发酵情况。我问他，他们跟大酒厂的发酵方式有什么不同。

他回答：“主要关键在于这里是开盖发酵。发酵槽上没有盖子。我们当然有用纸箱、雨衣这类小东西盖着，但只是为了防止灰尘跟脏东西跑进去。我们做的是开盖发酵，但如果是酿啤酒，这样整个就毁了。如果这是啤酒，现在就可以全部倒掉，绝对不会有人想喝。但酿威士忌，我们的确鼓励有一点点污染，因为污染能为最后成品增添些许风味，确实会有影响。以啤酒来说，这样味道会太重，太具侵略性，会毁了啤酒的特色。大多数啤酒跟葡萄酒是精致许多的发酵产物。你喝啤酒和葡萄酒，喝的是真正的谷液与果汁。但我们喝这个是喝蒸馏液，所以工序差异很大。你在这里看到的，没有一样是这整个产业的标准做法。大家各有技巧。有些东西确实一样，但大家多半是用自己的独门方法在酿酒，所以你才会尝到更多差异。"

"不同的做法是怎样的？"

"关盖发酵。不锈钢发酵槽，相当精致、高效、干净的发酵。我们比较粗犷，我没有贬低别人的意思，但我们的做法就跟你看过的拓荒时代的波本酒一样真材实料。现在没人这样做了。大酒厂用一万美金的发酵槽，我们这些才两百美金，这是我们财力所及，而且也很好用。这的确决定了我们的产品是哪种类型，而且也是产品如此独特的原因。我想，这个产业最大的心态问题就是觉得东西可以也应该要一模一样。你晓得《葡萄酒世界》（Mondovino）这部电影吗？看过吗？"[40]

"看过。"

"那人说，到哪儿都能酿出好葡萄酒。[41]硬要做的话，到处都可以，不过，说真的，烈酒、葡萄酒或啤酒的表现，也应该是一个地域的表现。"[42]

"表现酒的产地。"

图5　架上四瓶酒滴下封蜡液。

“从心态上就完全不同。对我们而言，我不能说这是一般人追求的做法；但这就是工作上的必须。也就是说，我们非得这么做不可。我们得用比较便宜的设备；我们得找出办法，用手上现有的东西来做。”

乔在这里提到手工和真实的产物的一个重点——也就是让“出于必要”成为一种美德的看法。精酿师的所作所为，有多少是投入踏实生产时充满自觉的决定，又有多少是因为他们就只能负担这么多？先进的蒸馏设备与装瓶方法能让产品的品质更一致——牢牢粘着的标签、平整包覆的封蜡——而且速度更快，产量更高，但这也很花钱。采用更昂贵的设备制作产品，是否就会让产品没那么手工，因此也没那么踏实？精酿蒸馏酒产业充满以这种问题为中心的激辩。手工精制所含的真实性就跟文化消费行为一样，是一种社会建构，代表着一种浮动的标准。[43]从事这个产业的人，会利用自己公司经营的条件——他们的原材料来源与生产方法——去主张自己的真实性。精酿业者所做的决定无论是有意为之或别无选择，都是其品牌故事的一部分。

最后一个例子与图丘镇的酒桶有关。根据联邦法律，有许多种威士忌必须以特定种类的酒桶陈放特定的时间，才能以特定的名称上架销售。一种威士忌若想合法称为波本，就必须以玉米为主材料（亦即逾50%的原料必须是玉米），且在新的（亦即未曾使用过）、烧灼过的美国橡木桶中至少陈酒两年。从蒸馏器出来的玉米威士忌是清澈的液体。一旦放入桶中，威士忌就会从烧灼过的木头中吸收糖分与若干成分，进而改变自身风味与色泽。熟成两年的标准是以全尺寸酒桶（full barrel）为准，也就是容量约为55加仑的酒桶。酒精与木头接触时自然产生的化学变化会受到酒精量的影响，也就是关乎有多少烈酒与木头接触。换句话说，装在小尺寸酒桶的玉米威士忌由于面积比率较低，会比装在全尺寸酒桶的更快产出（就像把大茶包放进小杯热水，茶会比较快泡好），像图丘镇很早就开始使用三加仑与十加仑的酒桶。

“我们第一个冬天在制作伏特加与玉米威士忌，”拉夫尔回想当时的情形，“一到开春就有产品了。六个月后，我们就有了陈年威士忌。我们一开始用小酒桶时就发现，酒桶越小，威士忌熏（cure）得越快。‘熏’这个字不对。我应该说熟成，酒会更温润、更有色彩与风味，因为我们对酒摆了几年没兴趣。我们一开始就是这种态度，因为小酒厂要是迁就过去80年来制作威士忌的方式，在最初五六年都得花大把时间制作一种产品，这样是没法赚钱的。”

“陈酒太花时间，是吗？”我问。

“如果陈酒真的很重要的话。但我们很快就发现其实不然。有其他方法也能酿出同样高品质的烈酒，跟世上最好的威士忌有相同的风味轮廓，但只需要六个月就能完成，而非六年。”

精酿师所做的诸多选择都有成本考量，选择小酒桶自不例外。等上两年才能销售产品可是很长的时间；酒桶在这期间只能待在陈酒房，无法带来收入。大厂牌有足够的时间与空间这么做。小酒桶让精酿师能更快地将自家品牌带进市场，同时掌握时间，控制生产过程，更能与运用传统生产方法的大公司做出区分。[44]这种经济上的必要性，也能解释为何有许多品牌业主会先从金酒（纽约蒸馏酒公司）与伏特加（禁酒蒸馏厂、图丘镇）等淡色烈酒，或玉米威士忌（国王郡蒸馏酒厂、图丘镇）等新酿烈酒开始进场。纽约蒸馏酒公司的艾伦用桶选择与其他精酿师区做出区分，而他的做法也展现出精酿蒸馏的真实性标准其实是浮动的。“我们第一批黑麦威士忌到现在都还在陈酒。我不想用小酒桶，我不太赞同那些使用小酒桶的公司。我们会拿小酒桶做实验，但不会推出这产品。我们要让酒液在全尺寸的酒桶里以30加仑的量至少陈酒两年后才会装瓶销售。其他酒厂用小酒桶加速产品完成——此举结合了财力与实验性——不然就是制作私酒。但我们边卖金酒，边等我们的黑麦威士忌熟成。我这么做，不过是尊重完整的陈酒步骤。纯黑麦威士忌照规矩就至少得放上两年，虽然我们认为应该要放两年至三年。东西该好的时候就会好，但那至少得花两年时间。”

虽然精酿蒸馏厂属于制造业机构，但《农场蒸馏厂法案》允许精酿厂将商品直接卖给消费者，这等于鼓励业主设置品酒间，规划观光设施。本书中四个职业的从业者，都提倡将工作流程透明化，希望借由展现工作内容来教育消费者，而这通常与其他版本的同业大相径庭。观光就是精酿厂达到这个目标的主要方式。

国王郡蒸馏酒厂位于布什维克，此处是布鲁克林东北一处仕绅化的前工业区。业者在某个改造成艺术空间的旧厂房里租了两间小房间。其中一间有三重功能：存放波本陈酒桶、直接将瓶装酒售予消费者，以及引导游客品酒。另一间房间则是供实际蒸馏用。他们在此烹煮玉米糊、发酵，将之过滤，然后蒸馏两次。他们有五具八加仑、内里镀铜的不锈钢蒸馏器，靠电磁炉加热。他们从这极为原始的制作方式中，每轮可收集大约一加仑半的馏分。每天两轮，每周进行七天，一周大致可制作21加仑的威士忌。无论多么腾不出人手，他们每周还是会为前来蒸馏厂的消费者进行导览。

柯林在三月的某个周六带了一次旅行团。其中一位游客是他白天工作场所的同事，另外则是一对同为波本酒迷的夫妻，他们是从地方杂志得知这间酒厂。柯林一开场就把自己的酒厂与精酿蒸馏的两个关键主题——历史与地点结合起来。

“好，欢迎来到国王郡蒸馏酒厂，”柯林开始介绍，“我们是纽约市最古老的蒸馏厂，大约11个月。”他接下来等大家笑完：“它是这座城市自禁酒令以来的第一间蒸馏厂。这很了不起，因为纽约从那时起就一直没有蒸馏酒厂，这座城市过去有许多酒厂，不管是在这一带还是戈瓦纳斯、醋丘（Vinegar Hill）也有一些——这是很蓬勃的蒸馏酒文化，尤其是政府在内战期间还对威士忌开征自威士忌叛乱（Whiskey Rebellion）以来首次的酒税。他们甚至得找商船队来破坏非法的蒸馏器，才能从人民身上抽到税。这就像是在醋丘上针对酒打了一场惨烈的大战。”

“但在禁酒时期之后，这种传统基本上就没了。而蒸馏酒就像许多城市的诸多产业，多半开始在肯塔基稳定发展，蒸馏也不再是城市文化的一部分，就连去想象似乎都很怪，这个国家的历史明明都是百分之百的城市现象。”

柯林以在布什维克设厂营运的方式，清楚展现国王郡蒸馏酒厂恢复了手工蒸馏生产与城市之间本已失落的联结。他开场的这些说法，显示了精酿师以振兴失去的文化、将自己置于当地环境，过去与当前之间脉络的手法，推销自己的品牌。柯林接着介绍起自家的月光酒、波本酒及其主要原料，也就是玉米和大麦。

"玉米就在房间另一头。我们用的是来自纽约上州五指湖的有机玉米粒。月光酒成分有80%是玉米，波本酒则是70%。这大麦来自苏格兰，是为酿造威士忌而栽种的特殊品种。这些大麦已经出过麦芽，意思是已经让谷烂、稍微发芽。接着大麦在长叶子之前就要送进窖里干燥，赋予种子不同的酶特征。此举是为了增加营养成分，我们喝的麦芽奶昔跟吃的麦芽牛奶球就是这么来的。但蒸馏者与酿酒师之所以都用发芽的谷物，是因为那些酶能将谷粒中的淀粉转化为糖，再经酵母菌消化后就变成酒，而酒才是我们感兴趣的东西。"

那位女子对着先生"哇"了一声，先生回："这我都不晓得。"

精酿师有时别无选择，只能使用非本地的原料，如大麦（纽约州没有催芽场），许多金酒所用的植物在本地并不生产。但整体而言，他们会尽可能购买当地原料，同时向消费者及参加导览者强调自家产品的当地性。柯林接着说，他们也会拿大麦做实验，今天正好就在蒸馏大麦醪（他坦承最近实验曾经失败）。

"等等，那黑麦要用来酿什么？"他的同事问，"我搞混了。"

"威士忌。"柯林说，"叫作……"

"100%吗？"

"不必100%。黑麦谷粒只要超过50%，就可称为黑麦威士忌。波本基本上就是陈酒过的玉米威士忌；至于黑麦，你已经知道了，就是黑麦威士忌。另外还有小麦威士忌、麦芽威士忌——后者是完全以出芽的大麦所酿。”

“那个就是苏格兰威士忌吗？”男子问。

“对，苏格兰威士忌，我相信这种酒都要……苏格兰威士忌有许多不同种类，但单一纯麦必须全部使用出芽的麦子，而且要在同一间蒸馏厂酿造，这我确定——但我说不定也会搞错。我记得爱尔兰威士忌是用没发芽或大部分没发芽的大麦酿的。不过，美国威士忌通常是用玉米，因为我们有种。”

这类交流能让精酿师向消费者提供更多与生产程序及其产品有关的资讯。实验，如拿黑麦实验，对创意发想很重要，精酿师也常跟参加导览的人分享自己正在进行的计划。谈完方才那些之后，柯林领着一行人进入位于厂房一角的蒸馏室。

“这地方看起来就像科学实验室！”女子一进门就说。

柯林提醒大家小心，因为蒸馏器非常烫。随后他告诉大家实际生产过程。

“接着我会带大家稍微走一遍整个流程。现在，大家面前就要开始做醪（指向正在炉火上煮着的锅）。我们会把水煮沸，加进玉米，使它变得像一锅玉米粥。之后等温度降至155度时，会再加入大麦；酶在这个温度最能有效地将淀粉和玉米转化为糖。等降到室温，看起来就会像玉米甜布丁。这时就该加酵母了。这锅东西接着会放进墙边那个容器内，发酵一周（指着放在角落的一大堆塑料桶）。我打开一个桶的盖子，大家可以看看里面是什么模样。”

柯林打开一个容器，指出里面的醪正微微起泡，这代表酵母正在将水中溶氧与糖转化为二氧化碳与乙醇。

“哦，原来酵母长这样啊。”女子说。

柯林接着说，桶内的东西这时本质上就是以玉米为底的啤酒，但他也解释了制作啤酒与威士忌的差异：“里面什么都有，威士忌的发酵比啤酒简单得多，因为啤酒必须非常卫生。由于你真的是在喝麦汁（wort），等于你发酵什么就喝到什么。*我们会把这东西送去蒸馏，而且蒸馏两次之后才会让它真的凑到嘴边。总之，这比酿啤酒有更大的空间。”

精酿师试着以尽量简单的词汇，向参观者说明蒸馏过程。有些人会严格使用科学用词，有些人则以更口语的方式比喻。柯林此时结合两者，既提到酶，也提到玉米啤酒。但精酿师会充分利用手上的工作来展示蒸馏厂的生产工序。柯林继续导览制作过程，谈到实际蒸馏。

“到了周末，这酒精浓度大约是6%，接着我们会拿洗衣袋把玉米和大麦汁液挤进我旁边这个容器，而谷渣就留在袋内。我们会在这些黄色大盆里把谷渣集中起来，送给一位在联合广场农夫市集摆摊的农夫；他每天收摊后会过来带走六盆谷渣，运回去给猪吃。只是谷渣里还有不少残余酒精，所以猪都吃得东倒西歪，不过，它们很开心。

“我们有兴趣的是留下来的液体。左边有四具蒸馏器，我们

---

* 麦汁就是酿酒师在发酵结束后从酒醪里实际拿来蒸馏的液体。就跟柯林解释的一样（乔前面也曾说过），麦汁在酿造啤酒时必须保持纯净，因为喝啤酒就是在饮用麦汁。

会把液体放进其中一具，进行第一次蒸馏，右边那个单独的蒸馏器则是作第二次蒸馏。好！蒸馏器只是一台电磁炉跟一个壶，壶里滚的蒸汽进到冷却柱内，当中有一组塑料管，管内纯粹是备好的冷水。接着会有一台水族箱帮浦让冷水在保温管里流动，蒸汽一旦接触管壁，就会凝结成小滴状，滴进下方的壶内。”

解释完蒸馏过程，也回答过众人的问题之后，柯林带大家回到一开始的房间，跟另一位品牌所有人大卫一同品酒。他们的执照允许他们为访客提供三种酒的免费试饮。他们只生产两种产品，于是就想方法进一步教大家酿酒过程。

“我们特地为品酒制作了第三种酒，这样大家就能稍微了解威士忌是如何从一个阶段演变到下一个阶段，”大卫说，“因为这真的……就像大家以前听的，这中间只有一点点百分比的差别，但月光酒跟波本基本上是一样的酒，只不过波本在酒桶里陈过。”

置身在这个小桶装波本酒的陈酒处，会让品酒更具效果。大卫拿了几个单口大小的透明塑料杯，为参加导览的人倒了一点清澈的月光酒。大家边试喝，他边解释他们为何希望酿出更富风味的玉米威士忌，而非人家说喝起来像“火水（fire water）”的月光酒；他们为此还把酒精浓度降到40%，好让酒更适合啜饮。品尝过后，团员纷纷提到喝得出玉米味。大卫随后为大家倒了点独门产品。

“这款波本我们在一个月前刚装桶，还没熟成。不过，大家可以看到，这酒色已经相当深了。”

“所以这算完成一半了吗？”柯林的同事发问。

"算。但陈酒过程就像是一条渐进线。一个月不到，酒就已经变成这种颜色，也尝得出酒体结构，或者说波本风味。不过它还缺少一种陈酒过后才会出现的醇厚感。"一行人接着试喝"酿了一半"的产品，指出这和玉米威士忌在味道上有何差异。大卫继续给大家倒一杯好的波本，这是他们已经用小桶陈放八个半月的酒液。品尝之后，大家再回头喝一开始的玉米威士忌与介于中间的威士忌，比较这三者的区别。

虽然媒体在这些意义的传播流动上扮演了要角，但只有导览才能让精酿师直接向消费者展现自己真正的酿酒过程。对精酿师而言，品酒是导览的最高潮，参加者能在经历手作生产程序的洗礼之后，品尝出产品的独特之处。通过这个品酒过程，他们串起了原料、工序与产品之间的直接联结。消费者得先看过手工工序，才能体验结果。导览和品酒揭示了一瓶瓶烈酒当中蕴含了多少工夫，而这通常是在幕后完成的。这些让大家能体验到真真切切的生产过程。

第三章

在男人头上动刀

presentable (adj.)：干净、穿着入时或得体，足以出现在公众场合。

——弗里曼运动俱乐部白板上的话

理发师们整天都很忙，顾客等候名单列得老长。五张椅子全部满座，还有六个客人在等。当中两人一个读杂志，另一个刷手机，另外四个则来回盯着房间四周跟地板，顺便听一群人讲话。理发师整天闲聊不断，带动气氛。大家开始交换自己以及朋友之间的故事。鲁本说自己不再吸大麻了，因为他会产生严重的幻觉。他解释，有次醒来时发现自己手中握着刀，还有两次是拿着刀睡着的。他的故事让迈尔斯对着大家提出假设性的问题。

"你们有谁拿过刀捅人吗？"迈尔斯对全店的人问道。

"这我不行，这太人身攻击了，"乔伊说。

"你会叫得跟杀猪一样——啊啊啊！"迈尔斯尖声大喊。

"天哪，那就完蛋啦！"鲁本说。

"怎么说？"迈尔斯回。

鲁本顿了一下，"这我想过上千次……"

"你根本是在找机会下手吧！"迈尔斯插嘴。

"……我想过上千次，拿刀捅人会是什么感觉。捅完心情一定差到爆。可是，如果半夜有人从窗户闯进我家，这可就是切身的问题了吧。"

"我说老兄啊，你怎么连这种事都要预作准备。"迈尔斯说。

"那这个人长什么模样啊？"乔伊问，理发师个个放声大笑，也有几个客人偷偷笑起来。

"我问你，"迈尔斯的声音盖过整片乱哄哄的声音，"有人闯进你家——你跟人打过架对吧？那你有没有真把人往死里揍过，要说真话啊！”

“嗯……没有。”鲁本说。

“所以说，你根本捅不了人。”

“是的，可是……你啊……我不觉得，又不是跟你一样危险，你又不是说……你这……首先，我没遇过有人真从我家窗户闯进来。但要是你闯进来，老兄，我一定会气炸。会比我以前最火大的时候还气。”

“我确定我捅得下去。”

“你会捅人根本是天生的好吗！”鲁本说，店里所有理发师跟大部分客人全都大笑。

假设性的问题、善意的挑衅、嘲弄、叫人到外面解决、虚张声势——这在“弗里曼运动俱乐部”这间纽约下东区的高档男士理发店里不过是日常交流。当顾客第一次走进这里，或许也暗自验证了对“男士理发店该是什么样”的印象——一个让“男人可以做男人”的地方。大家一起戏谑，实现了男士理发店作为兄弟互搏感情之场所的理想承诺。不过，新客人若是稍微留心，会注意到似乎少了什么：在这里，理发师开口，客人不讲话。戏谑是未经彩排的表演，是以理想的理发店的概念为基础，进而引导客人的行为；客人则是来消费这种阳刚、通常属于工人阶级的文化。理发师并未刻意将客人排除在他们的小团体对话外。店内的社交动态，以及这些高档新店面开设地点的社会环境，影响着垃圾话如何进行。

男子气概——亦即“何谓作为男人”——如今正面临危机。男子气概永远在遭受威胁。无论在家、谈恋爱，或是在工作场所，甚至是处于跟其他男人的关系中，男人都担心自己的举止是否像个男人该有的样子。原因是，社会对于男性合宜行为的期待不断在变，为男人“如何举止”带来挑战与错综复杂的信号。男人总是望向自己年轻时，或长辈讲述、大众文化呈现给他们看的旧时神话，以寻求指引。旧时的男人多少都比眼下的自己好，他们更强壮、更坚定，也更有担当。“我现在该怎么行动？别人都怎么做？以前的男人怎么做？”他们自问。如果美国长久不灭的理想阳刚形象是“自力更生的男人”，也就是“能独立生活、掌握自己人生的男人”，那么，“身为男人”就是要为达到这个目标而奋斗不懈。问题并不在于危机中的男人是否觉得自己像个男人，而在于这个“危机”在特定时代的样貌，在于是什么导致男人感觉身陷危机，以及他们如何回应。[1]

历来男人一旦面临如此危机，便会遁入同性社交环境——亦即社交俱乐部和酒吧等供同样社会性别者互动的场域，以成就自己的阳刚气质。[2]这类场所一向重要，因为男人最在意的是在其他男人面前展现自己的阳刚气质。他们认为，最有资格评判自己男子气概的是别的男人。[3]同性社交环境是男人可以“当”男人与“成为”男人、亦即“表现阳刚气质”之所在。[4]至于让男人感受到压力、非得去实践或展现的那种阳刚气质，通常也代表着某种“霸权”（hegemonic）或主宰性的理想型。[5]换言之，看似与生俱来、稀松平常的社会性别，并不会凭空产生。世人通过行为来创造社会性别。他们根据社会对于女性与男性应该如何举止的期待，来像个女人或像个男人那般行事。而诸如种族、文化群体、宗教、社会阶级与性取向等因素，也会影响如何认定上述展现应有的样貌。“实践社会性别”是个持续进行的过程，永远没有完成的一天。人不断试图在自己的日常中“完成”或“企及”成功的社会性别展现。

在一直“实践”社会性别的情况下，理发店就是男人可以上门的同性社交环境，是这种“像个男人”持续要求的一部分。这里不只是能让男人改造自己的身体（针对他们头上和面容的毛发），以达成自认应有的“像男人”的目标与外貌，几个世纪以来，这里也是男人前去与其他男人相处、公开展现其阳刚表现的场所。然而，一旦“男人应如是”的期许、男人能像个男人那样行事的环境，以及男人周围的社会条件发生改变，构成一连串威胁时，理发店也会随之产生改变。[6]

有型，信手拈来

数千年来，世界各地的人常将理发师视为精神领袖，在信仰仪式上扮演着重要角色。中世纪的理发师是有一技之长的生意人兼能工巧匠，在学徒制下形成其行会。时人称理发师为“发匠——外科医生”（barber-surgeons），因为在剪发之外，治病、看牙（如放血、用药草治疗刀伤、拔牙等）都是他们的工作。[7]随着医疗知识与技术逐渐专门化，内科与牙医各自成为专业后，理发师也慢慢将重心放在头发上。他们在欧洲开始向外殖民时，仍扮演若干医疗上的角色；但在18世纪初期，理发师就是大众认为的工人阶层的职业，与仆役相去不远。19世纪与20世纪初，美国理发师开始专业化——如采行工作准则、组织工会，以及创造执照与教育的要求，而理发店也日益受到政府在清洁与预防疾病上的规范。[8]

美国理发店的黄金时代是从内战前后一直延续到第一次世界大战。[9]理发店作为男人“称兄道弟、放松心情的地方”的形象，大半都源于这个时期。城里镇上有闲钱的男人大致与维多利亚时期差不多，他们试图保持干净、庄重与合宜的外表，留着整齐的短发，脸上不是刮得干干净净，就是蓄着细心修剪的胡须。男人会固定上理发店，没工夫拿剃刀自己刮胡的人也会到店里打理自己的外貌，一周数次。发油与生发水、刮胡皂和润肤露等产品由此获利颇丰。男性理发店变成全方位的服务机构，男人不仅可在此让人刮胡理发，还能擦鞋、给胡子上蜡、给头发喷香水、熨衣服（有些店还提供啤酒和雪茄），听人讲政治、生意经与地方上的八卦。

理发师与男性理发店在20世纪期间因为几起事件而逐渐衰落。首先是安全刮胡刀的普及。19世纪有好几种安全刮胡刀，但在销售员金·吉列（King Gillette）在1903年做出抛弃式刀片（常见的双刃刮胡刀片）后，安全刮胡刀在市场上才一飞冲天。抛弃式刀片易于大量生产，刮胡效果也近似直式剃刀，但不像剃刀那样需要保养，毕竟它用完即丢，而且不需刮胡技巧也能使用。由于意识到有些男人可能会把“自己在家刮胡”与女性的美容保养习惯联想在一起，产生潜在的反效果，吉列的广告于是将“男人自己刮胡”的举动营造成等同阳刚气质，是刚毅性格与便利性的象征。吉列刮胡刀先是销量上涨，后来，美国在“一战”期间又把它当成自家军人的配备，使得该公司售出了350万把安全刮胡刀与超3600万枚的刀片，国内外家喻户晓。此后，天天（至少是经常）在家刮胡就成了西方国家的常态。但是，在家刮胡也意味男人不再需要常上理发店。同时，经济大萧条也导致许多理发店关门大吉。当失业率高达25%时，收入能支撑经常理发的男人可谓少之又少。

保守的短发、时髦的庞巴度头（pompadour）和波浪发型让男性理发店在20世纪四五十年代人气高涨。从“二战”战场归乡的军人流行剪特定的短发，如小平头（crew cuts）和平顶头（flattops），这些发型都需要经常修剪维持。但20世纪60年代才是原本随处可见、专业的男士利落造型走下坡的开始。披头士乐团顶着一头蓬乱头发，出现在1964年美国的艾德·苏利文秀（The Ed Sullivan Show）电视节目，引燃了流行文化中的年轻人革命。对于反文化的成员和稳重的专业人士来说，此时蓄起长发才是潮流。上理发院从每两周一次的习惯变成偶尔为之。理发店关门，成千上万名男士理发师没了工作。有些人离开此行，有些则改做发型设计和女性美发。*此时，女性与不分性别的美发沙龙开始蓬勃发展，许多蓄长发的男人也开始上沙龙。

---

* 理发师（barber）与发型设计师（hairstylist）之间的差别，不只是前者剪男人的头发，后者剪女人的头发这样，虽然经常如此（正因如此，理发师多半更习惯处理短发、用推剪，而发型设计师更善于处理长发）。两者需要的证照不同，职业许可规定也不同，举凡需要多少小时的进修（经常是在学校里完成的）、考试性质、允许提供的服务项目皆随各州而异。比方说，理发师在学校不用学怎么修手脚指甲或上发蜡，考试也不考这些技术，法律同样不允许他们提供这些服务。至于拿美容执照的发型设计师则可以提供上述与其他的服务，但法律上通常不允许他们用剃刀修发。详细差异依然随各州而异。

后工业时代来临成了男性理容改变的契机。“成就男子气概”在今日就和在工业时代差不多，同样意味着符合特定的外貌与风格（尤其是在白领男人之间）。然而今日的男性有更多选择（亦即多样的风格），也没那么多规范（亦即服装规定更宽松，对于“何谓阳刚”也有非传统的看法）。[10]新经济中的男性专业人士在职场上感受到自己必须“好看”的压力，认为个人外貌是事业飞黄腾达的一项重要成因。[11]男性美妆产品（业者与消费者倾向用更中性的“理容产品”称之）近年来销量不断增长，非刮胡盥洗品项的销量更是在2013年首度超越了刮胡用品（但后者也有所成长）。[12]

或许，形容男人对待、整理个人身体有如美体工程的“都市美男（metrosexual）”一词，最能捕捉到这种“直男关注自我外貌”的现象。[13]由于社会上对男性对于身体的关注与执着，常以阴柔之举或同性恋文化的面向视之，大众与媒体因此常以“metrosexual”一词揶揄或贬低这些直男。[14]男人爱美之所以好笑或有问题，是因为“真”男人不该这么在意自己（吉列解决这种窘境的方法，就是大力鼓吹刮胡乃阳刚之举）。男人“应该”在日常生活中成就阳刚气质，但过度打理个人外表、关注服装、担心毛发的举动（头发和体毛皆然。男性除毛有时也称为“manscaping”；这个结合man和landscaping［造景、景观美化］的词汇兼具幽默与挖苦之意）却偏离了阳刚气质的“正常”与主宰形式。[15]这些举止威胁了“落实阳刚气质”的正道。

一开始，男性理发店并没有为迎合都会专业男士的造型需求而改变。许多白人专业男性为了因应要“好看”的压力，只能到女性美发沙龙。沙龙造型师能提供他们所需的品质与造型，这是那种拿着剪刀的老人双手颤颤巍巍的一般理发厅缺乏的。但美发沙龙对这些男人来说有其问题。最明显的就是美发沙龙是阴性的空间，是属于女人的场域。沙龙是进行美容的地方，是女人可从外太空八卦到内子宫的地方，也是女人对自己发型、身材与生活表达不安全感的地方（刻板印象如此）。男人在沙龙里被女人包围，男子气概在这里会有危险，而他的阳刚气息也会在美容与美体工作完成时受到威胁。于是，这些男人运用若干策略，维持个人的阳刚气息，反制威胁。他们把造型师对他们身体的作为，明确地塑造成某种与女性美容工作有别的内容。他们之所以心情好，不是因为上美发沙龙，而是因为在这里能和女性进行普通的异性恋模式互动。他们不是付钱让陌生人为自己美容，此举等于把自己的身体变成美体工程的对象，跟女性造型师发展个人友谊，而美容不过是附带效果。最后，他们这么做不是在纵容自己，而是确实需要看起来“有型”，这是专业认同的一部分。男人若想平步青云，外表好看、阳刚有时候的确会占优势，偏偏这在阳刚、同性社交、但服务糟糕的土气理发店是办不到的。换句话说，他们是因为在沙龙与女人有诚挚的关系，又能“好看”、有助于事业发展，所以才从中感到乐趣。[16]他们借此策略控制住对于其阳刚特质的威胁，否认“都市美男”的说法，以保有自己的男子气概。

像弗里曼这种新型的高档男性理发厅，就是对今日阳刚气质所受威胁与压力的直接回应。业主刻意开设这些店面，以作为在“高品质、但阴柔的美发沙龙”与“阳刚、但品质低劣的理发店”之外的第三种选择。这些理发店试图将女子美发沙龙的技巧、风格与服务，与传统男性理发店的男性社交、高度阳刚的环境相结合。[17]上门的顾客既能得到个人在职场与生活中所需的有型外貌，又能免除前往女性空间的困扰。这个时代的男人承受着“要好看”的压力，高端男士理发店可说是一帖对症良方。

弗里曼运动俱乐部的老板山姆并非理发师，他聘的第一位理发师是范。范如今三十有五，他最早在高档女性沙龙工作了八年，接着在社区型理发店做了几年后才来到这里。范通过朋友认识了山姆，对于山姆的理发店构想非常认同。2006年，弗里曼开业时，范成为首席理发师。他形容这间店的哲学：“我们的精神和坚持是这样的：你来这里可以剪到同时兼具理发师的敏锐感和设计师的技术的发型。我以前就像美发师那样跟人收费，剪一次男性头发收75美元，我会像这样（表情严肃、动作谨慎），持续这种架势和动作，好证明我虽然剪的是48美元的发型，但有资格收你75块美元。你上美发沙龙感觉并不担心，你认为你是去请教别人，而不是匆匆赶去匆匆走人，而且还觉得人家是用比较权威的手法在帮你剪。有时候是啦，但不一定都这样。可是你就是不想去美发沙龙，你希望周围都是汉子，不要都是女人、恶烂的电子乐、为小事吵翻天、钩心斗角、两个女的因为某个原因所以讨厌第三个女的——你懂我意思吧？这个，我们在做的这个就介于中间：客人会得到关注、细节和你想要的时间，就跟美发沙龙一样。要是我剪好，结果顾客说他想再剪短一点，可以啊，我没意见，你开心就好，我会剪出你想要的，毕竟我们都收你这个价钱了。但我再说一次，我们是理发师，我们都是爷们。”

高档理发店的理发师认为，不该让男人去应付女性沙龙的威胁，在有型的高品质发型上也不该花大价钱，这跟范的看法不谋而合。因此，这些理发店将目标客群锁定于年轻、重视外表，需要或想要一个安心的地方，能无损自己的男子气概，或限制其展现阳刚气质的男性。高档男士发店以直率的手法，试图为男人——而且无疑是专业男士——夺回霸权式的阳刚气质。上门的男人是来消费可见于传统理发店的工人阶层的阳刚气质，以及众多研究指出非裔美国人，或特定族群理发店拥有的那种一体感。[18]这种理发店的经营模式、装潢风格与主题，为店内的劳动与互动提供以异性恋为依归的背景，有助客人达成这些目标。[19]

弗里曼隶属于一个小小的时髦都会生活风格帝国。除了这间位在下东区李文顿街（Rivington Street）的店面，这帝国的所有权人团体在纽约市西村还拥有另一间理发店，旧金山也有一间，此外还有两间高档男性服饰店、一间酒吧与两间餐厅[20]（这些餐厅、服饰店和理发厅全都叫“弗里曼运动俱乐部”）。这条位于克里斯蒂街（Chrystie Street）与包厘街（Bowery）之间的李文顿街是这个帝国的心脏。其中一间服饰店位于街区中段，坐落在弗里曼巷形成的一个“转角”，这正是几间店名的由来。[21]要穿过服饰店后才是理发店。理发店的窗户对着巷子，若非老派的木制理发店三色旋转灯和招牌告诉行人“店就在这儿”，否则不会有人特别注意到。顾客经过价格不菲的服饰，来到理发店入口旁的接待柜台。这两间店之间隔着玻璃窗与一扇门。走过几间艺廊之后来到巷底就是餐厅，办公室和衣物修改间则在餐厅楼上。有在当地手工缝制的男装店、美国乡村料理餐厅、经典风格理发店，以及每间店里以木质内装与动物标本装饰营造出的打猎小屋主题。这公司志在重振失落的精致手工感与男子气概，提倡阳刚化的“酷”感。

弗里曼和其他高档店面一样，坚守着传统的理发店风格，用传统理发椅和工作台、古典的镜子，墙上还挂着褐色调老照片（一张是无拳套拳击比赛，另一张是海滩自行车赛）。店里有八张木椅，就摆在进门的左右墙边，一边各四张。小小的等候区还有两张皮面填充椅，背对玻璃窗。过了等候区是五张理发椅，进门的左右墙边各两张，还有一张在里面角落。一些标本（鱼和几根鹿角）与打猎小屋风格的斑驳木纹，明确地让人联想到打猎与钓鱼等属于男人的活动。店内架上摆的刊物都是以年轻、时尚、有文化意识的都市人为目标读者，内容从男性生活风格（*GQ, Esquire*）、时尚商业区文化（*Vice, Edible Manhattan*，一直到有深度的（*New Yorker, Wired*）都有。虽然弗里曼这里没有，但有些类似的新店面还会将理发店的传统阳刚空间与酒吧相结合，同时提供酒精饮料与理发，相辅相成（大部分店家通常提供啤酒，但有一间名叫“Blind Barber盲发匠”的店就紧挨着货真价实的酒吧，提供精调鸡尾酒单）。[22]有些店内摆了意式咖啡机和一流品牌的手工咖啡，不输任何新型的高档咖啡店。这些店家的想法是，会花15美元喝杯鸡尾酒、花5美金喝杯咖啡的男人，跟会花45美金理发的是同一批人。[23]他们通常是对的。

但这些店家为男性提供适合阳刚社群的空间所做的努力，也有其矛盾与局限之处。比方说，跟传统理发店不同的是，高档理发店会卖男士“理容产品”——诸如发蜡、收敛水和刮胡膏，这些要么是自家品牌，要么是其他小公司出品。理发师将这些产品用于顾客，自己通常生活中也会使用。这有让男人的身体看来像是“后天造就”，而非“先天如此”的风险。[24]为了降低这种风险，他们向顾客传达的尽是产品的品质、便利性，能有效成就男士的特定风格。也就是说，他们会强调产品的实用性，以免使用产品的建议对顾客来说会显得太过阴柔（或怕被认为是“都市美男”）。

某天下午，一位名叫查尔斯的客人首度光顾。他坐到乔伊的椅子上。查尔斯在征询建议后沉默了几分钟，突然开口问乔伊。

“你头发都用什么？”

“你是说像洗发水吗？”

“对啊。”

“我不用洗发水。我都保持自然。我也只用可洗掉的产品。建议你只用水溶性产品。”

“我得用洗发水。我特别容易出汗。”

“汗就是水。”乔伊说。

“盐水。”

乔伊耸耸肩，“那还是水。盐能溶于水。一冲就冲掉了。你有用发蜡吗？”

“没，”查尔斯的语气带着迟疑，“我该用吗？”

FREEMANS
SPORTING
CLUB
TAILORED AND
SPORT CLOTHIER
FOR TODAYS
MAN

图6　弗里曼运动俱乐部。

“嗯，要是你想让头发看起来有个特别样子的话。我可以给你看一种塑形力强、但没有光泽的产品。不会有人知道你涂了东西。”

等到我跟乔伊对话时，他大赞这间店要让男人的外表看来自然的目标。“我希望不是干干净净，而是尽可能更自然。我不理解干吗要彻底干净。我是说，我喜欢干净，我也可以干净，但那不是我们想做的。就算只是走过这条街，我也看得出那个人的头发是在我们店里剪的。我们完成造型的方式，就是绝对不留痕迹。你知道人家是怎么剪出线条的吗？就像有条线，然后是头发。客人多的大店有时剪出来的线条会非常明显，一看就知道不是在我们这儿剪的。你看得出来他们不知道怎么剪渐层。对这间店来说，不留痕迹重于一切。我们不会留下锐利的线条。这种的我们不剪，就算客人要求也不剪。”对这些理发师来说，头发逐渐短到能看到头皮，会让男人外表看起来更自然。[25]但这种“自然”来得并不自然。“自然”必须由人实现。男人必须努力以看起来自然，理发师会告诉他们“自然”与“看来自然”的风格意味什么（也就是说，使用的发蜡不会让别人看出他们用了产品）。

新型的高档理发店还有一个问题：它们想成为一个能让男人行事像个男人的空间。它们向传统致敬，努力要像传统理发店那样成为同性的社交聚会场所，如工人阶级、街头巷尾、特定族群与非裔美国人去的理发店。它们想成为地方的聚会场所和社群空间，但对顾客来说，这地方并未扮演如此角色。高档理发店位于仕绅化街区，周遭都是其他形态的高价、新潮商店（如餐厅、酒吧、精品服饰店），吸引到的顾客是来自全城人口组成中的年轻都会专业人士与创意工作者。[26]几乎所有来客都是介于二十岁至四十多岁的白人。[27]他们有财力支付这些商家的服务，他们希望成就特定风格（或是感受到得这么做的压力），而且也与这些店家提倡与提供的时髦、阳刚风格合拍（至少有所关注）。然而，大多数顾客都是从这个城区之外的地方特地前来，而且也不会把这里当成聚会场所。许多曾在其他店里工作过的理发师也意识到了这样的现实。

自从十多岁开始帮朋友剪头发后，迈尔斯就展开了自己的职业生涯，到理发师之间称为"家庭理发"的非裔美国人理发店工作。他曾在市内几间这样的店工作，之后才加入弗里曼。肤感渐层（Skin fades）发型在非裔人士之间相当流行，由于家庭理发店的客群特色，迈尔斯因此也成了渐层剪的专家。他到弗里曼来练功学新招，尤其是运用剪刀和剪长发（也就是白人男性的头发）。但他在家庭理发学会的推剪技巧在此却大有用处。"这道理就像是种新的剪发方式"，他指的是白人之间开始盛行的渐层风格。"这种剪法就算至少大概有二十年了，但风格看起来还是比较新。"随着都市白人男性头发开始剪得更短，渐层也成了他们的重要发型。迈尔斯把在黑人理发店里流行已久的这种剪发技术与风格带进了弗里曼。但对他而言，在这里工作也有代价："我以前待的每间店好像总有两三个家伙很会剪，其他人就像是在捡那三个人接不完的顾客。我跟不少我觉得其实不太在乎这门技艺的人工作过，我不喜欢这样。但店里肯定随时都有人在交谈，这感觉超团结，像个真正的共同体。

图7 弗里曼理发师工作一景。

在这里工作，我觉得就好像，嗯，这些跟我一起工作的家伙都是我的家人，但我跟顾客的联结就没了。我是说，还是有几个关系不错的客人，但我看这大概是曼哈顿的普遍心态：忙碌奔波、进门、剪发、出门，‘我不是来废话，我不是来瞎扯’的。”

新型的高档理发店跟迈尔斯年轻时待过的那种家庭理发店完全相反。有客人加入的群聊在这里很罕见，客人通常也互不相识，顾客甚至只认识常帮自己剪发的理发师。店里真实的社交现状不仅跟这些场所主张的社群性互相矛盾，也跟“以理发店为社群场所”的理念大相径庭。

最严重的冲突来自接下来要说的最后一点。顾客上门理发不是为了联络感情和社群，而是为了店家提供的特别服务、结合新式与老派的理发技术，以及男性集体交谊的保证。理发店的服务与技术包括比平均时间久的理发时间（至少三十分钟）和讲究细节的剪法、剃刀刮胡（搭配热毛巾、胡前膏和润肤水）、修胡、以泡过尤加利精油的热毛巾进行头脸按摩，还有为特定顾客做点额外小服务，如修剪鼻毛、睫毛与烧灼（singeing）耳毛。*即使这些理发店不像沙龙会提供洗发或染发服务，但其他高度接触性的个人服务却会因为动作之亲密而带来不安全感，威胁到整个阳刚环境。高档理发店并非“男人可以做男人”、展现阳刚气质、在其他男人面前成就自身男子

---

* 严格来说，新式高档理发店就跟纽约州其余所有理发店一样，在法律上不能使用真正的直式剃刀为客人服务，以免造成血液疾病的传染。弗里曼的理发师使用外形仿造直式剃刀的安全刮胡刀，刀片用完即丢。

烧灼：用可控制的小火烧掉毛发。这种做法源自土耳其，据信其历史比修剪更早，用于耳毛时可在不侵入耳道的情况下除毛。

气概而无须妥协的地方，而是既能用于获致霸权性阳刚气质，却又对阳刚气质的展现带来威胁的地方。纵使这些理发店并非男人的社群场所，但在当中仍会产生兄弟情谊，只不过这情谊是出现在理发师之间，产生于建构并规范这个同性社交环境，并提供服务的人之间。

男人好搞定

几乎所有本书提及的理发师，都是二十多岁与三十多岁的白人男性，而且都住在自己理发店所在城区以外的地方。就这几点来说，他们和自己的客人并无二致。本书的四个职业里，理发师最有可能家中曾有人从事过相关行业，并在他们年轻时引领他们进入这个行业（理发师也是四种职业中最有可能出身纽约市或整个都市区的）。但在多数例子中，他们原本并无意成为理发师，而且/或者他们的父母也不希望孩子以理发维生。

这些理发师多半上过大学，而且/或是在决定靠理发赚钱之前曾从事过不同职业。一开始就在高档理发店工作，从未在他处工作过的理发师相当少。[28]他们大部分曾在其他类型的理发店工作过（如当地邻里的家庭理发店；“屠宰场”——理发师对大量招呼来客、快速理发店的称呼；客群同质性高的种族或族群理发店，如非裔美国人、西班牙裔或俄罗斯裔理发店），或待过女性美发沙龙。在前者工作的理发师之所以跳槽，是因为想到较注重服务与品质的店里工作，为更时髦、更有鉴赏力的客人群体提供有型的剪发。乔伊比较弗里曼和他之前工作的社区店面：“这里的来客对于理发的态度，比较像是他们想要，而非他们需要。我以前工作那儿的客人剪发就是剪发，是因为需要所以来剪。他们不会当你是设计师或理发师，他们就像‘你只是在服务我’这样。但这里不同，客人更尊重你。你为了理发进修，为了理发受训。”

绝大多数的男人总会在生活中的某一刻需要剪个头发，但理发师认为男人之所以选择到高档理发店，要么是因为他们对个人风格自有想法，要么是对塑造风格抱持开放态度；而且他们重视自己的外表，希望将剪发当成一种享受的体验，而不是不得不剪。[29]

高档理发店的经营模式在于高品质的服务和注重细节，这也让店内的理发师有机会精进个人的剪发技术。迈尔斯先前的谈话中就曾提及这种机会。鲁本在先前的职业生涯中待过各种理发店，有些注重速度甚过品质。他说，“我认定我有技术，所以决定全力发挥，要就做到最好。这是我的态度。理发上有些事需要多受重视才对。”一旦理发店像另外三种职业一样，能让其中的劳动者有时间、资源去完成他们的工作，他们也就能在精巧细节中注入个人手艺。在一间高档的店里，置身在尊重从业者、具备风格意识的消费者之间，让从事此行的技巧至臻完美——这些劳动者因此有机会能在当今的服务经济中上升到时髦专业人士的地位。乔伊先前陈述过，顾客经常会听从他们的意见（不时会说“你是专家”），理发师从中就能感受到顾客的尊重。

然而，先前在女性美发沙龙工作过的理发师，起初也是以专业技术为顾客提供一丝不苟的发型。但他们之所以离职，是因为对于剪女性的头发，以及在沙龙阴柔的环境里工作感到厌烦，宁可在理发店做男性理发，而他们之所以不去街坊理发店，而是到新型的高档理发店工作，原因也跟其他理发师差不多：在这里，他们可以充分发挥个人手艺与对风格的理解，同时感受到自己因为这份工作而受顾客的尊重。

乔伊挚友的弟弟拥有一间女性美发沙龙。乔伊读大学时，这位朋友上的是美发学校。见识到朋友能赚多少钱（和能接触到多少女人）之后，乔伊从大学休学，跑去念美发学校，而后开始在沙龙工作。几年过去，他的看法变了。

“我当时实在恨透沙龙，因为沙龙环境跟理发店完全不同。很多时候都在演戏。”

“你是说，你得为了别人装模作样吗？”我问。

“对，我这辈子还没这么做作过。这实在很难，尤其是整天为女人工作。气氛根本不一样。她们空虚得多，你得一直让她们相信，得让她们一直感觉良好。”

乔伊和其他曾在美发沙龙工作过的理发师一样，越来越厌烦在处理女人头发时不得不付出的“情绪劳动”。[30]他辞去工作，念完大学，但他对如何运用大学学位却没有明确想法。既然拥有一技之长，他决定再试试理发，但这回他要剪男人的头发。

“感觉轻松多了。男的就是比较容易不啰唆。几乎每个人都知道自己要什么。你根本不必去惯着他们，单纯跟他们发展很酷的关系就好，而我也可以做自己。这才像话。我以前做头发完全是为了钱跟女人，这根本不对嘛。我很想试着去喜欢，但就是办不到。”

在沙龙工作让乔伊变得不像自己。[31]另外，处理男人对理发师来说就轻松许多。他们清楚自己要什么，而理发师在店里对男人动刀时，又可以“做自己”或“做男人”。不过，让剪男人头发比剪女人头发更轻松的，却不是理发技术。大家都说“头发不过就是头发”，[32]根据有沙龙工作经验的理发师所言，其中关键差异在于社交。在互动与理发工作这两个方面来说，处理男人的头发代表着轻松与自然（范说过，“我们都是爷们”）。范解释自己为何决定放弃沙龙工作：“我看到弗里曼，心想，‘没错，我要做这个，我再也不想帮女人理发了。’除了我老婆，我再也不希望身边有其他女人。我也不想再跟一堆女人混在一起。我也没办法继续跟她们聊天。总之，弗里曼这地方介于中间，有两种工作的好处。一旦大家都是男的，事情就先对了一半，这超棒的。男人最好相处。”相形之下，处理女人的头发得装作一副高大上的模样、付出情绪能量，再加上过多的产品、处理与程序，感觉就会假惺惺跟不自然。[33]

这些理发师认识到男性为了工作与生活，必须获致特定的外貌。他们也相当熟悉这座城市在文化上的时代精神。除了流行的发型，他们也懂时尚、美食与音乐（而且通常也认识这些产业里的人，为他们理发）。许多理发师自己看起来就像店里的理想客人：年轻、穿着入时（弗里曼的理发师在前面的潮流服饰店购物可享受折扣），他们个人的发型与胡子也都很特别。[34]这些理发师对于风格的特定定义与标准或许看法不同，但只要论及男人的发型及服饰风格，大家同样兴趣热烈。他们每个人对于什么样的外貌“好看”都有明确看法，而这种“好看”也同时兼顾了实用性（如发型要平衡，两边要清爽，后颈处的渐层要收得对称）与美学考量（如发型要不落风格窠臼，要酷，或是根据顾客个人外貌特别处理）。[35]随着经验的累积，他们不仅对外表越来越有鉴别力，也越来越能以轻松的心态告诉顾客，他们要如何才是“好看”。三十岁出头的布雷特说得详细：“我想，我久了之后说不定眼力也会越来越好。以前客人告诉我他们想怎么剪，我都会说‘OK’，就算那种发型跟他们不搭，我也会剪出他们想要的样子。久了以后，我现在已经培养出一种能力，可以直接告诉他们我认为这发型跟他们不搭。我之前工作的店和这地方的差别就在这儿。这里更像是男士沙龙：确实成为顾客的外貌顾问。他们想变好看，或是想知道你认为改变外形是不是真的对他们有加分效果。”

除了晓得什么是对顾客“有益”的概念，以及指导他们营造如此风格的专业热情之外，所有理发师一致认为：现今的男人对于自己的身体与外貌“应该”要有一定程度的自觉与骄傲。事实上，他们认为自己的角色并不局限于头发，而是在“从事阳刚”工程。当我问索林，教导每位顾客懂得自己的头发是不是他工作中很重要的一部分时，他不止同意，甚至还补充道：“还有如何当个成熟的人，如何当个男人，做男人该做的事。成熟的成年男性举止就该这样。很多人可不是这样的。我的工作也是要让人知道关于他们自己，但他们自己却不晓得的事。你问问自己，你知道自己的头发是什么模样、什么种类吗？你手放在自己头发上，就知道自己头发是什么类型，但你真的知道吗？

你也晓得，聪明人或许在成长过程中知道很多跟自己有关的事，但还是却缺乏自觉。”

男性领域中的戏谑

弗里曼最鲜明的特色，就是理发师之间的群体戏谑交谈。兄弟情谊的承诺是这家店自我标榜为阳刚环境的一部分。戏谑可由两位理发师起头，接着扩及整群人，或是以某个理发师不经意间发表的看法，或是对所有人提出问题开始（就像迈尔斯在本章开头那样）。在高档理发店工作的理发师眼中，这一点对于理发店应该有的样子，“作为男性联系的场所”是不可或缺的。

群体戏谑看似是在观众面前展演的一场秀，但理发师并未刻意为顾客搬演。戏谑是从他们的个性和相互关系中自然流露出来的，有几个理发师都说彼此的关系“就像家人”（记得迈尔斯之前说的吗？）。[36]戏谑在店里有好几个彼此相关的功能。理发师认为戏谑开玩笑能让顾客放松，也解释了顾客之所以前来光顾的原因（获得一段理想的理发店体验）。戏谑还能让理发师工作时心情愉快，保持轻松，并且维系彼此的友谊。

群体戏谑玩笑还有另一项功用，是为店内进行的私密、情感性的美体工作提供一种阳刚的伪装。就和以女性客群为主的美发师与造型师一样，所有以男性客群为主的理发师也都得从事情绪劳动。但情绪劳动在这些从业者眼中通常是阴柔的展演，演出的劳动者常会觉得这有失尊严。那些与女客人进退应对、挣的钱也比理发师多的美发师，会运用情绪劳动来拉近自己与顾客的社交距离，抵消彼此的地位差距。但此举却会牺牲其技术上的专业性，伤害了他们希望被人以专业人士看待的渴望。[37]男士理发师同样会触碰顾客，聆听他们的问题，为顾客提供建议（无论是他们的发型、外貌，还是私生活）。但他们带起了以阳刚为准则的垃圾话，并提供以手艺为基础的服务，这两者皆有助于隐藏他们展演的情绪劳动。[38]简言之，群体聊天强化了这类理发店有意塑造的社交环境，把注意力从常态性的抚触与美体工作上转移开。而且，不像担任女性美发师的男性那样，他们性别化的展演不会有遭受"误解"或"错误诠释"为阴柔的风险。[39]

对于在高档男士修容店工作的理发师来说，以特定形式呈现、表达特定题材的戏谑或玩笑，能强化一家店作为阳刚环境的身份。在这章一开始，戏谑从讲故事（大麻经验）转移到假想情境（"你们有谁拿刀捅过人吗？"），这两者都是戏谑和玩笑常见的形式。随着对话的进行，群体戏谑玩笑也常会从一种形式转变为另一种，鲜少会以开头的形式告终。至于内容，理发师会彼此挑衅（"我看你根本办不到"），开开玩笑，包括对族群身份进行化约性的评论（波多黎各人很暴力）。由于理发师彼此相熟，又来自不同背景（有意大利裔、犹太裔、波多黎各裔），他们常会以族群身份与刻板印象作为垃圾话的主题。虽然不会冒犯到彼此，但他们的意见却有可能冒犯到不属于店内的社交圈成员，或无法"领会"这些笑话的顾客。[40]理发师最常谈到的其他主题是女人和男女关系、运动、汽车、音乐、食物，以及个人的男子气概。至于群体戏谑最具代表性的形式，则是嘲弄或“瞎扯(talking shit)”。

某个周四下午，我坐在店里，此时理发师们聊的话题以男女关系为主。对话转到了做家务事的责任。店里不是每位理发师都结了婚或跟女友同居，但他们总考虑过男人在交往关系中该如何行事。范说，他让太太处理许多家务事，如账单跟借贷。

“老兄，你都被人骑到头上了。”鲁本说。

“最好是。我让我老婆管我那堆烂事，哪有被人骑在头上？”范回嘴。“她都已经为我们家下一辆货车建好档案了。”

“等等，货车？”马克问。

“对啦，”范语气有点不好意思，“我老婆开货车。”

“结果你居然开普锐斯（Prius）！”鲁本插嘴。

“普锐斯省油啊！我可是要从威斯彻斯特（Westchester）开车过来的！”

范虽然试着辩驳，但也意识到自己现在已是受嘲弄的目标，论点也辩无可辩。他举手投降，一笑置之。随着理发师们开始聊到轮圈，戏谑的主题也转移到车子。

在这段插曲中，理发师们逮到机会，利用范没有掌握家中大权来奚落他。范既没能展现霸权型阳刚气质，又没能展现身为独当一面的男人应有的地位，其他理发师因此抢得先机。在这一轮“瞎扯”的过程中，有许多其他选项的范选择了迎战。[41]然而他这么做，却意外让自己遭到进一步挖苦。理发师们都很了解应该如何展现真正的男子气概（如开特定车款的车），在他们眼中，范的阳刚气质受到的威胁显而易见。不过，“成为嘲弄的靶子”一事，并不会对店内的社交秩序造成结构性的影响。身为首席理发师的范在群体中的地位不见衰落；隔天就换他嘲笑其他理发师了。他不会因为自己生活中的这些事，威胁到他对理想男子气概的持续追求，而在面对其他人时变得“没那么”男人或“没那么”理发师。通过参与，他仍是团体中的有力成员，也为“理发店是个以此类阳刚向的行为（家中大权在握、开卡车）为标准的空间”的概念出了一份力。

群体戏谑就跟聊天一样有其运行规则。[42]受人嘲弄时像范这样“吞下去”而非发脾气就是其中之一。理发师期许目标受到嘲弄时，不仅不会感觉遭人冒犯，而且还能意识到这其实是他们转守为攻的机会。他们会给那些爱生气的人贴上“没有安全感”的标签，因为这种人没有坦然自嘲的雅量，而坦然自嘲正是一个人对自己男子气概感到自在的标志，无论别人指出他们是多么偏离了标准。

某天下午，理发师们开始拿马克取乐，故意夸大他的纽约口音——这事他们常干。妙就妙在马克这时已经出门吃午餐，人根本不在店内。范的客人于是问他，大家是在模仿谁。

“是个我们都喜欢的家伙，但他有一口浓重的长岛口音，讲话又很好笑。（对着其他理发师说）欸，几天前他对某个人说‘你有双漂亮的小脚。我真希望自己也有这种小脚，八号半的。我喜欢娇小’。”范用低沉粗哑的男中音说道。

笑完这个刻板印象之后，鲁本说：“我今天要专门针对他。他完蛋了。”

“我们一取笑他，他就生气。”迈尔斯补了一句。

“因为他没安全感，”乔伊说。“他应该要吞下去才对。”

理发师们知道马克最近暂时搬回长岛的父母家中，同时在城里找新公寓。一等到他吃完午餐回来，他们就拿这件事借题发挥。

范用他的“马克腔”讲话：“妈，你干吗洗这些牛仔裤？它们明明好好的。”

马克面对同事们的嘲弄，常选择以“不变”应万变。[43]他多半会做出龇牙咧嘴的表情，摇摇头，然后无视。但玩笑越开越大，马克只好说：“拜托，我还在帮客人刮胡子耶。”

“连客人都在笑！”杰森说。

“我拿刀抵着他的脸时，我宁可不笑。”

“哎呀，你不会给他割那么深啦。”

“你这个白痴！”马克生气回嘴。

理发师们喜欢马克，也尊重身为理发师的他。他们经常闲聊、共进午餐，工作之余也会出去逛逛。但人在店内、处于群体脉络中，他们却希望马克接受大家嘲弄他的行为。这是群体戏谑的一部分规则，接受嘲弄显示成员之间的兄弟情谊，也可以说是“家庭中的一分子”。[44]因为遭到嘲弄而抱怨，就偏离了店里的文化脚本（cultural script），众人会谴责他对自信与男子气概没有安全感。理发师们趁马克为客人（他并不认识客人）刮胡子时嘲弄他。此时，客人虽然听得忍俊不禁，但不会加入其中。尽管这位顾客谁也不认识，但他了解这种展演及对行为的指责都是闹着玩的。

不过，群体戏谑与理想的霸权阳刚特质之间的密合程度还是有限的。根据过去的研究，若要在典型的同性社交场合展现霸权阳刚特质，男人必须以某种形式互相竞争。[45]戏谑期间“喇赛”的时候，理发师通常会把自己的能力与时尚嗅觉讲得天花乱坠，仿佛自己是全店最强。但在比较个人的对话中，理发师会诚实评价自己与店里众人的才能高低。

经过讨论后，范的手指开始拨弄顾客的头发。这时他问：“你上次是在哪里剪发？”

“就这里。”

“谁给你剪的？”

“就你旁边那位。”

“迈尔斯。”

“剪得很好。”

“对啊，就是因为剪得好，所以我才问。”

这时在角落的椅子那儿，马克问杰森：“欸，礼拜天下班后你可以帮我修胡子吗？”

“为何？”

“我有个朋友是发型设计师，想边看边学。”

“OK，但我不是店里最会修胡子的人。”

“你很会啊。你修得比我好，可以露一手让他看看。”

虽然渗入戏谑的竞争因素是典型霸权阳刚行为的标志，会在“喇赛”形式的交流中显现，不过一旦“诚实”进入对话后，竞争因素便会消失。理发师对于承认自己在某方面没有其他人那么厉害（如杰森的做法），指出谁比自己更厉害（如马克的做法），或是公开互相称赞（如范与马克的做法）毫无障碍。他们会在彼此之间，也会在客人面前这么表现。

除了这种坦然承认之外，高档男士理发店的理发师有时还会在群体环境中相互讨论私人性质的事情。他们会聊感情问题、家庭问题、健康焦虑与其他敏感主题。有时理发师会寻求建议，有时只是想宣泄情绪。总之，他们没有像男性在同性社交环境中所受的期待那样，与情感保持距离。[46]

某个周五，乔伊与迈尔斯在休息时展开了一段关于乔伊友人的对话，而且一直持续到他们进店继续工作。乔伊有位孩提时的老朋友，但后来渐行渐远。这位朋友原本邀请乔伊参加自己的结婚派对，但乔伊对婚礼规划大小事的热衷程度显然不如朋友所期望的，因此他后来把乔伊从名单中删掉。最后乔伊说自己干脆连婚礼都不去了。

"我们有点意见不合，而且我说我不想去结婚派对，但他硬要我去。"

"这样啊，说不定是他女朋友叫他把你删掉的。"迈尔斯回。

"大概吧。"

"什么时候婚礼？"

"下礼拜。现在我根本不想去了。"

"他其实是嘴上说你可以来，但实际上不想你来。"

"没错。我试着找他在城里吃个晚餐，但他一直拒绝我。我们一直传信息给彼此，试着说话。你可知道他有多难搞。"

"不过，你确定是他难搞吗？"迈尔斯说，想提供一点分析。

乔伊显然很受伤，他稍微点头表示自己知道他的意思，但没有回话。他继续准备帮客人修胡子，迈尔斯则开始理发。有几分钟的时间，他们暂停对话，继续处理手上的工作。后来，乔伊打破了沉默。

“他妈以前常打电话给我妈。”

简言之，群体戏谑因为能维持、促进理想的霸权阳刚特质，因此会出现在同性社交行为的理发店，但理发师的局部团体行为却展现出某种意义更为分化的脉络。顾客被排除在外（或说未被纳入）的事实，无意间显露了这间店个人向的性质，而非业主企图达到的社群向目标。虽然群体垃圾话与其象征的男性情谊并非理发师假装出来的，但这两者仍然近似于在观众面前展演的微妙阳刚特质。

弗里曼运动俱乐部的群体戏谑展演有两个明显例外，一是以性别为基础，二是以种族为基础。女人在群体垃圾话当中扮演的角色，让这间店作为同性社交空间的形象有了更进一步的发展。原因很简单：店里唯一的全职女性理发师可可并不参与垃圾话交谈。三十多岁的可可来自东京，在经历一段失望的会计生涯后，她渴望工作能更直接与人互动，于是决定投入发型设计。一向希望和男人共事（她说“女人老是大惊小怪”）的可可，先待过中城一间高价位男士沙龙，后来才加入弗里曼，因为她更喜欢理发店的环境。她跟其他理发师相处得极为融洽，彼此也常一对一或是一小群人聊天。可可自有常客，也会和常客进行友好的对话。只要可可碰上有趣的客人，如对发型有不寻常的要求，或是讲话大嗓门的，大家也常会在客人离开后问她是否还好——他们对彼此都会这样。但可可在群体戏谑期间大多数保持安静，不会抛出假设性的处境，也不会讲自己的故事。她不嘲弄人，也不会被人嘲弄。其他理发师和她讲话时，平常交谈中明显的阳刚特质内容也不会因此收敛——这在有女子进入的男人社交环境中，可是个出人意料的现象。[47]

可可是竞技长跑者，每天都在吃碳水化合物及高蛋白食物当点心。范坐在一旁休息时，注意到可可的大保鲜盒内全是点心。

"老天！这些你今天会全吃光？"

"对啊。要来一点吗？"

"别别别，我吃了会放屁，但还是谢啦。你的假期如何，好玩吗？"

"我的老天啊——"

"那是你第一次放松度假。"

"——不过我还是会跑步，反正放假不就这样。"

"你去跑比赛？"

"没，但每天早上都跑。"

作为对话中经常出现的主题，女人也是理发店社交生活中的一部分。理发师频繁用私人或开玩笑的方式讨论妻子、女友、约会、朋友与名人，借此展现、强化自己的男子气概。可可虽然是个实际在店里的女性，却不会也无法加入店里的阳刚气质展演。不管她人在不在，这展演都会进行下去。[48]

第二个主要例外与一位来找迈尔斯剪发的顾客有关。

休是年约三十的非裔美国人，虎背熊腰，身高一般，稍微有点美人尖。由于迈尔斯对渐层剪经验老到，大多数有色人种的来客都会找他剪，休也是从朋友那儿得知迈尔斯和弗里曼的。第一次来店时，迈尔斯请休坐下，站在他面前，手肘靠着自己的理发台，这是他与顾客讨论发型时惯有的姿势。

“好，你打算怎么剪？”他问。

“欸，我不喜欢别家店给我剪的这个头。现在我这边（指着美人尖）头发少了些，但我想把这跟我的发线连在一起，你懂吗？”

迈尔斯边听、边评估休的要求。“这我能行，但得等到下次剪发。现在发线就像是这边高（指着发线退后的其中一侧），然后下来，接着又高回去，然后你希望发线是直的，我得把这边修平。反正我可以剪，但要等一个月。这样剪你觉得可以吗？”

“该怎么剪就怎么剪。”

迈尔斯穿起围裙，拿起备妥的剪刀开始处理，而休则滑起手机。几分钟后，休问迈尔斯：“你玩拳击？”

“嗯。其实我一直在进行简单的训练。”

“在哪儿练？”

“顺着路走下去就是。”

“哦，这么疯啊。你看过梅威瑟（Mayweather）比赛吗？”

范此时叫我去看他正在帮客人剪的某种造型，我一下没听全迈尔斯跟休的对话。和范讲了几分钟后，我注意到店内越来越嘈杂。

“拳王泰森（Mike Tyson）这人最聪明，也最愚蠢，”休开口就像理发师们那样，声音大又响亮，每个人都听得到。

“是啦，但你知道他对霍利菲尔德（Holyfield）做了什么好事吗？”鲁本说。

“霍利菲尔德？他很聪明，上过大学，”马克补了一句，惹来一些笑声。

“我不相信任何说自己上过大学的运动员。”范说。

“综合格斗MMA（mixed martial arts）那种东西我就不懂了，”休说，“我太老派了。”

迈尔斯表示同意，“那些打MMA的家伙就站个大概三秒钟，接着一下踢啊，一下倒地，等别人跳到他身上。”

“难说哦，”鲁本说。“迈尔斯你这话我就不同意了。看这个，看到没？”

鲁本停下手上正处理的客人，从口袋掏出手机，让大家看一段激烈的MMA比赛。他走到迈尔斯的工作台，给他和休看影片。

“哇！”看了一阵拳击之后，两人一起大叫。

对话不受限地在理发师与休之间流动。休跟他们自在对话，仿佛已经在这家店里剪了好几年头发。隔月，休再度光临。我走进店里时，发现他在等候区等着迈尔斯为前一位客人收尾。迈尔斯还记得他，两人击掌虚抱。

“你觉得怎样？要不要继续？”他问坐定位的休。

“好啊，开始剪吧。”

剪了几分钟后，迈尔斯和休开始聊起食物跟餐厅，尤其是贝果、披萨和各种意大利食物。

“有谁吃过瑞奇湾的阿雷奥餐厅（Areo' s）吗？”休问，声音足以让在场众人都听得到而来回答。

“有，但我喜欢卢凯塞（Lucchese），”迈尔斯说，“对了，斯塔滕岛有几个地方的披萨也不错。”

“乔伊他爸妈毁了我对意大利菜的看法，”鲁本加进来说（乔伊今天不在）。“他们有回煮了家常菜给我吃。（摇头）老兄，那真的是全天下最好吃的菜。不过，吃意大利菜，我喜欢齐乐利（Cirelli's）。”

“但那不是意大利人的意大利菜。”休说。

“对，但有受到意大利菜的影响。”

“呦，你们听过有间叫马佩许（Ma Peche）的店吗？会用很多肥肉当材料的？”迈尔斯问。

理发师因为站在理发椅后，几乎都是对着镜子和客人讲话。通常只有在得回到工作台前取放东西时，才会直接面对客人。这回理发过程中，迈尔斯一直停下手上的工作，不是想拿什么，只为绕到椅子前面，这样才能跟休在对话时直接面对面。他还不时把椅子转半圈，这样他就能面对整间店，而不是对着镜子。

对话内容接着变成，如果有机会，大家想开哪种餐厅。休说自己想开一间专卖高档拉丁美洲菜的店。此时，迈尔斯因为太频繁停下来讲话，头发都还没剪到一半。

“凯撒渐层（Caesar fade）跟高渐层（fadeup）有什么差别？”休问。

“没有凯撒渐层这种发型。但我可以剪渐层。”

有几分钟时间，大家都专心在自己的客人身上。接着对话又转到了电影。

“我认为本尼西奥·德尔·托罗（Benicio Del Toro）是最被低估的演员，”讲这话的鲁本才刚重看了《非常嫌疑犯》（The Usual Suspects）。

“噢！本尼西奥·德尔·托罗！”休说，“他很棒。”

关于电影和演员的群聊又进行了一段时间，其他理发师也加入了话题，直到对话再度沉寂。接着，休重新开启一段群体垃圾话。

“我要去听坎耶·韦斯特（Kanye West）在大西洋城的演唱会，但那里全是一堆老烟枪。兄弟，这我真的受不了。”

“我懂，”鲁本说，“像我虽然会抽烟，但我完全同意。你在纽约的餐厅不能抽烟。”

“我喜欢雪茄跟烟草，但香烟不行。我的公寓也不准抽烟。所以我才会买雾化器（vaporizer）。”

“用起来到底感觉怎么样？”迈尔斯问。

对话就这么顺利地进行下去。我观察到，为数不多的顾客会在群体垃圾话或某个点大声评论，但情况从来不会连续，而且他们也从未开启话题。可是打从一开始，在谁都不认识的情况下，休这位客人却开启了能进行下去的小聊。弗里曼的理发师常会和顾客展开一对一的对话，通常只是简单的闲聊（“周末有打算吗？”“鬼天气，对不？”）。休大大咧咧地直言却轻松地带出更多的主题讨论。

休进门后，弗里曼就成了社区向的理发店——能让顾客同时满足社交需求与理容需求的地方。有鉴于他与迈尔斯的种族出身，最直接能相提并论的场所就是非裔美国人理发店。不过，任何“为”特定群体，或是“为”附近居民营运的理发店，其实皆在其列。这类场所不是只与理发有关而已，它们还是聚会场所，是男性专区，是男人（理发师与顾客皆然）能互相挑战、嘲弄彼此、互相叫嚣、吹嘘，以及最重要的——在其他男人面前展现个人男子气概的地方。就这几个面向而言，这些地方的阳刚特质与其种族或族群特性交织在一起。这些店铺不只让男人能在其他男人面前做男人，更是让黑人（或者多米尼加人、俄罗斯人、华人）能在其他黑人面前做黑人的安全空间。或许是因为熟悉黑人理发店的社交互动，坐在理发椅上听到理发师之间的群体戏谑，再加上为自己理发的迈尔斯一看就是有色人种，休于是感到相当自在，把弗里曼当成了对话可以流动、顾客能和其他理发师及其他顾客互动的共有空间。当其他人在店里时，理发师讲话就和平常彼此对话时一样热情。休可能以为这种有顾客加入的开放对话是这里的常态，但这些对话看起来虽然寻常，其实，却是因为他的到来，才让这间店获得其业主努力想成就的罕见共有感。

第四章

全只尽现

当地。自然。纯肉。

——迪克逊肉铺座右铭

吃真食。

——布鲁克林厨艺学校（Brooklyn Kitchen，肉钩[Meat Hook]肉品店开在这儿）屋顶上，面对布鲁克林——皇后区快速道路东向车道的广告看板上用红字写着这三个字。

周二是迪克逊的运货日。司机乔驾驶冷藏货车前往奥巴尼以西12英里，距离纽约北方两个半小时车程的双L牧场（Double L Ranch）载全只屠体。双L是家庭经营的小型屠宰场，为迪克逊肉铺屠宰来自附近农家的牲口。[1]根据不同周别与季节，迪克逊每周会收到五头到六头阉牛、八头到十头猪，以及四到六头小羊。[2]猪跟小羊会在运货日前一天先宰好，沿脊椎剖成两半。阉牛则在两周前就已宰好。这些牛肉在载送前已先在双L的冷藏区经过干式熟成，送来时已切分成四大块：先沿脊椎处剖开，接着再分为肩部与后臀部，至于肋骨部分则独立切除（想象天花板上高挂着巨型链锯，屠体分割工作就是以链锯完成的）。*

星期二早上大约十点半，乔开着卡车回到十六街的下货区。我帮詹卡洛、奥尔多与JM（约瑟·纽曼[Jose Manuel]的缩写）一起开箱。我们几乎整个早上都在准备这批货——帮袋子印标签，将上周剩的货塞满展示柜。除了吊着的肉，卡车里还有好几箱内脏，是屠宰后立刻摘下的。**我们把各部位拿进冷藏库。接下来几天，屠夫***会进行分割。冷藏库在周末过后相当

---

*　干式熟成过程需要把牛肉吊在接近冰点的温度数周，让水分从肌肉中蒸发，肉品风味因此浓缩，酵素也能破坏坚韧的结缔组织与肌肉，让肉更加柔软。干式熟成的成本更高，因为肉品需要更久的时间才能上市（就像陈年烈酒），而且肉的重量会因为水分蒸发而减轻，这表示屠宰场与零售点若不提高价格，消费者购买干式熟成肉的费用会比现宰肉要低。

**　内脏（offal）就是动物体内的器官，如肝脏或心脏。迪克逊肉铺会贩售这些东西，也会用来制作狗食。

***　本书中“屠夫”（butchers），指的是将全只屠体进行分解、切割的人，而非宰杀牲畜的人。

空，但今天结束时会爆满，货架上满是真空包装的初分肉与边肉。*运货日这天也是牛肉日，我们把牛体的大部分部位搬进冷藏库，再拿两块到分割区。每个部位都非常重，而且就算几近结冰，还是非常湿黏。血水弄脏了我们身上的屠夫白袍、围裙与手套，连帽子都沾到些许油脂。冷冻库内的肉块滴出一小滩血水。轨道上吊着四分切之后的两块后臀部肉，全店都能看到。奥尔多这时问："准备好了吗？"手边正在磨利短弯刀的JM点点头。两人拳头碰拳头，抓起肉钩，开始工作。

另一位实习生梅根和我正等着屠夫从屠体切下初分肉，把肉朝我们这边扔过来。三角上盖（Tipcap）、后腿眼（eye round）、牛腱、侧腹、沙朗、里脊、上后腰嫩盖（culotte）。后臀部处理完毕后，他们拿出肩部继续切。牛腩、提贝里欧（Tiberio）、肩颈肉、普拉塔尼约（platanillo，牛的二头肌）、顶板腱、肩背。梅根和我将各肉块分别塞进一只袋子，啪一声贴上标签，真空封妥，再摆到一旁，准备送进冷藏库。肉块种类这么多，我们有时会无法正确分辨。我试着记住肉块的特色：肩颈肉（大块，一侧有罗纹）、顶板腱（top blade，长、扁、厚，顶上有一层脂肪）、西耶拉（sierra，形状有点像不规则四边形）、肩胛（大块）、牛腩（也很大块，但上面有很多脂肪）、

---

* 初分肉（primal cuts）是屠夫分解动物时切下的整块部位，如后腿（内侧、外侧）、腰、肩颈与肋等。这些都是大的肉块（cut）。屠夫之后会再将之切割为零售分切肉（retail cuts），如牛里脊或是后腿肉。边肉（trim）是在切零售分切肉时从初分肉上切下的碎肉与肥油。边肉会另外处理以制成牛绞肉或汉堡排。

复合肌（complexus，小，一袋可以塞很多）。*袋子上的标签有“W O”或“S WA”（公正有机［Wrighteous Organics］与威廉·安格斯爵士［Sir William Angus］的缩写），或是特定牧场的名字，另外还有代表宰杀时间的字母“K”（下面写着上上个星期二的日期），代表包装时间的字母“P”（今天的日期），以及代表食用期限的字母“U”（从今天起两周）。

店里的顾客被这些作业过程吸引，全凑过来看，拿起手机拍照。就连店外经过切尔西市场广场的人也停下脚步，眼睛盯着，开始拍照。孩子们一脸瞠目结舌，他们一旦看到什么没见过的，经常就是这副表情。

分割一小时后，泰德带着坏消息走向JM。

“有个客人想买一磅的上臀腰肉，还有两磅纽约客——要剁碎。”

“他是来找麻烦的吗？”JM停下手边的割肉动作，一脸嫌恶。

---

* 肉，尤其是牛肉的命名方式，会随国家、地区，甚至店面而有所不同。例如，迪克逊肉铺把顶板腱分出的肉称为翼板牛排（flat iron steak），而布鲁克林另一间精宰肉铺“肉钩”，则称之为板腱牛排（blade steak）。后者把肩背心（clod heart）称为翼板牛排。这种现象有个很有名的例子，就是以纽约名餐厅命名的戴尔莫尼科牛排（Delmonico steak）。大家都不晓得这间餐厅一开始使用的究竟是牛体哪个部位切出的肉，只知道肉质软嫩，有漂亮的大理石纹，这表示可能是肋部或腰部。有些肉店称自己的无骨肋眼是戴尔莫尼科牛排，有些则称腰条牛排（strip steak）是戴尔莫尼科牛排，还有一些店完全不用“戴尔莫尼科”的名称（或用于牛其他部位的肉上）。另外，有些人用“腰条牛排”，有些人用“纽约客牛排”（New York strip steak），还有些人用“堪萨斯城腰条牛排”（Kansas City strip steak）来称呼从牛前腰切下的同一种无骨肉块（如果骨头留着，则称为丁骨牛排［T-bone steak］或红屋牛排［porterhouse steak］；这两种牛排的差别跟上面留下多少里脊有关，但是要留多少，却也众说纷纭）。

“不是，他是认真的。”

“天哪！”

“那样是很多吗？”我问。

“对。”

精宰肉店之间的差异跟屠夫的经验与偏好有关。有些屠夫会将整块大肉块保持完整，有些则分割为许多小块。例如，迪克逊的西耶拉与羽花牛排取自介于肩颈和肋部之间的肩部，但其他肉店有许多屠夫却不晓得可从初分肉中切出这些肉品独立贩卖，或是倾向将这些肉留在肩颈或肋部上，让这些部位能有更多肉。

这些差异还会延伸到其他国家。动物的解剖构造当然不会随地方而异（无论在哪里养，什么品种，所有的牛跟猪都有四条腿、腰部、肋部等），但不同品种自有其独一无二的特色（如比较肥、脚比较长），不同地区也有其独特环境（如牧草、水、气候），这些都会影响动物的生长。尤其是不同文化自有其饮食与传统，对于使用哪种部位、如何分解初分肉、如何运用（如是作为一道菜的重点，或仅是其中一种食材）以及如何烹调（如烘烤或炖煮）都有其偏好。由于迪克逊肉铺的屠夫JM是墨西哥人，店内展示柜就会出现墨西哥常见的肉品部位与名称，如普拉塔尼约（牛的二头肌）与北方牛排（bistec norteno，取自后腿，在北墨西哥很受欢迎）。本章后面会提到，JM有着非常丰富的分解全只屠体和去骨经验，墨西哥屠夫一般都会把整个部位与初分肉分割成许多更小的部分，对迪克逊肉铺来说，这是非常重要且（对多数美国人来说）不寻常的多样性。这种独特切分与各种命名法的结合，会为精宰肉店的柜台人员带来许多特别的挑战。我会在第六章与第七章详细探讨这些问题。

JM热爱分解全只动物，可以整天都做这个。这张很耗时间的订单打乱了他的日常工作，让他觉得麻烦。他走向展示柜，到冷藏库取来所需的肉块，接着抄起两把小刀，一大一小。大的那把在右手，沿着刀刃的曲线前后来回推切，仿佛在剁碎蔬菜。左手则用一般的方式拿刀，不过是将肉片离。这两把刀的刀尖相对，他在片肉时，刀刃会轻轻相碰，发出电影中斗剑时会有的那种铿锵声。他的动作如行云流水，现场观众看得目不转睛。

“这刀工实在太厉害了！”一名和丈夫一起逛街的女子说。“我以前从没看过。你是怎么学的？”

JM停下动作，看看四周，露齿一笑。

“在墨西哥学的。”

“哦，所以墨西哥人都是这样切肉吗？哇哦。”

“没错。”

“真的很厉害。”

“谢谢你。”

新式的全只屠宰肉店已经随着“吃货”运动的兴起而出现。其实，整个饮食业都是美国“职人”与精制做法出现的重点领域。食物是社会地位的象征，而法式高级料理（包括软嫩的菲力）一直控制着饮食高雅品味的发展。[3]但在当今这个文化杂食性的年代，高雅与低俗文化的界限日益模糊，内行的消费者会把眼光深入探向单一食材的来源，如制造者是谁、如何制

图8　挂在冷藏库的牛肉。

造、在哪儿制造，以及这些食材究竟是如何出现在自己的盘子里，借此划出品味的界限。[4]餐饮业者与特色食品店业主在自家产品上运用“精制”“匠作”“手工”“真实”“小批次”和“当地”等词汇，而这些词汇当中全都隐含着“品质”的概念。他们以此作为商业策略与品牌认同，并借此展现其品味。全只肉铺重新定义了屠宰业，而全只肉铺正是能观察上述食物生产方式与品味转变的众多零售点之一。

从头到尾

自从欧陆移民首次踏上北美海岸以来，美国就一直是个肉食国家。这些拓殖者引进的牲口在广袤肥沃的土地上繁衍众多。一开始，肉类消费多半是季节性及地方性的，毕竟，牧养的动物唯有在牧草茂密时才会达到最理想的宰杀体重。但农民开始善用自己生产剩余的谷物。与其面对将谷物全数销往市场的不确定性，他们选择将之喂养牲口，养肥它们，转为回收更快的利润。[5]美国到了内战时，这种以年为循环的喂养方式已经遍地开花。大众会在物资相对短缺时食用，或是设法运用全只牲口。头肉冻（Headcheese）、脑、内脏、蹄，牛头汤都是常见的食材与菜肴。*

不过，一旦肉品产量因生产效率而增加，再加上大众迁居都市、财富增加，他们的饮食喜好也随之有了改变。有些肉块

* 头肉冻用的是猪头肉。“Pluck”一字通常跟“offal”（内脏）同义，但有时只指动物的心、肝、食道、气管与肺。

与部位——例如，在盘中仍维持原有样貌的头、器官与蹄——逐渐被人视为那是比相较于可切片、剁碎的内肌来得“下等”的食物。方便取用的红屋牛排与腰条牛排、火腿、烤牛肉与羊肋排因为文雅，成了“上等”的肉块，而且肉质越嫩越好。* （所以才会有用“high on the hog——吃猪上半部”来指生活宽裕的俚语，意思是可以吃里脊肉，而非吃猪蹄膀、猪肚和猪脚。**）到了19世纪末，美国人已经习惯有质佳、便宜且大量的肉品可吃的生活。[6]

工业时代的都市成长将畜牧业朝西推进，深入美国浩瀚广阔的大草原，在此蓬勃发展。全国铁路网的诞生与冷藏技术的进步（尤其是冷藏列车）让农民与市场间的距离越来越远。[7]西部的农民可将动物或屠体运往都会区的肉品包装场，在那儿分割，供当地销售。由于屠宰工作会有血水流窜、废料恶臭的脏污问题，这些公司常会在城中集中于一处，形成单一工业区（例如纽约市的肉品包装区［Meatpacking District］，芝加哥的堆放场区［The Yards］与旧金山的屠宰城［Butchertown］）。肉品成为工业时代的基本商品，是举国高效生产体系的一部分。牲

* 嫩肉块（tender cuts）通常来自牛甚少使用的肌肉。想象一下，草地上有一头牛，它整天四处走动，低下它沉重的头部吃草，体重大半都摆在前脚、肩与胸。这些肌肉最强壮，因此也是最韧的肉块。身体后臀部动得没那么多，位于肋部与后腿之间的腰部动得尤其少。正因如此，里脊肉（菲力牛排就来自这个部位）才会如此受人欢迎。（由于我们人类直立行走，因此会使用腰部，人肉若吃起来恐怕不像牛腰那么软。）如果牛不是在草地上吃草，而是喂养谷物，其肌肉整体都会比较弱，也比较肥，这会带来不同的肉质。本章后面会讨论这一点。

** 猪肉（尤其是猪脚、猪肚、猪肠或小肠）还带有种族意涵，因为白人会把猪肉跟非裔美国人（尤其是美国南方）的饮食联想在一起。

畜饲养在西部，在专业化的城区分割，美国大众大多自20世纪起便跟肉品生产过程完全脱节。

不过，战后的若干科技革新与肉品产业内部的转变，却改变了上述的生产模式。早在20世纪初，独立经营的农场就因为制造业的兴起、劳工离开农场转往大城市寻求工厂的工作机会，因而开始衰落。战备工作让氮基化肥与农耕机具有了进步的发展，进而带来更科学化及技术化的农耕实作，以及单一作物栽培和大量谷物剩余。大型农企采用经过小农创新，实践了两个世纪之久的基础饲养方式：将牲口集中在育肥场饲养，以便宜的谷物喂食，好让牲口迅速增肥。不过，随着婴儿潮世代以来的人口不断增加，美国人的口味喜好偏向速食与更便宜的肉品，谷物价格又迎来历史新低，大型农企于是扩大上述的生产模式，将之企业化，生产过程工业化，产量也因此腾飞，带来庞大获利。肉品公司变成农牧业专家，以经验选出最能符合其生产程序与消费者需求的品种，如安格斯牛与约克夏猪——这分别是高、低体脂肪量的牲畜，适应力佳且肉质柔软（美国人普遍喜欢脂肪量低的猪里脊，却又认为牛肉有大理石脂肪油花的才是上等）。这些公司也开始对动物施打抗生素，以预防因过早喂养谷类与其他密集饲养可能造成的疾病，并使用生长激素，加速增肥过程。[8]

为了大幅提升效率，农企巨头还改变了肉品业的地理分布与产业结构。各大公司将肉品包装从都市迁往更靠近育肥场的乡间，回避强大的工会组织，并把“肮脏活”完全迁离人口密集的都市环境，此举也顺应了新的都市意识。[9]它们也开始将从宰杀到分解的所有肉品生产活动集中于大工厂式的加工设施内。这类设施将宰杀与分割细分成一连串流水线般的重复工作：工人在一个工作站点将牛电晕，下一个割开牛的喉咙，再下一个剥除牛皮……诸如此类，直到将销路最好的肉块装盒，其余部位也依其用途分门别类摆好。[10]此举造就的结果就是工作费时更短，产量更高。与此同时，拥有肉品产业的公司数量越来越少，但拥有比例却越来越高；屠宰场数量下降，但却负责为全美消费者宰杀绝大多数的牲口。[11]

肉品的销售点也随着产业转型而有了变化。新崛起的超市成为美国人最爱的食物购买场所，导致街坊邻里型的肉店数量锐减。有了超市之后，民众购买肉品的方式开始变得跟购买其他食物一样：要包装、标价，而且源头多半不详。"白人群飞"造成工业城市中的族群街区衰落（如"小意大利""小波兰"与犹太城区），独立肉店也纷纷关门。都会区里仍有一些旧的族群肉店与贩卖顶级高价肉品的老铺，此外也有迎合更晚近移民的新店（如拉丁肉店，以及供应穆斯林群体的清真肉店）加入此行列。*由于这些改变使然，像纽约市的肉品包装区这样的旧工业区，也就与以往的样貌大相径庭。[12]由于与富裕的西村和切尔西区接壤，现在的肉品包装区已是有精品服饰店、餐厅与

---

* 美国农业部（U.S.Department of Agriculture，USDA）管理美国国内所有的肉品生产。出于对肉品包装场的要求，USDA 检查员会根据一套大致以肉的脂肪含量（所谓的大理石花纹）与动物生理年龄（或身体成熟度）为基础的标准，为厂商生产的肉评等，一共有八个等级，最高级的是极佳（Prime）、特选（Choice）与上选（Select）。

酒吧入驻的仕绅化街区。

这些产业中的改变也深深影响了美国屠宰业，有些屠夫技术衰退，而且/或者完全关起门来工作。如今无论是初分肉或更常见的零售分切肉，绝大多数都是以冷冻真空包装，装在纸箱运送到零售点，大众对于经验老到的屠夫的需求也随之变少。没有肉品柜台的超市通常是直接订购预先包妥的冷冻“商品肉”（commodity meat）——亦即工业生产肉，直接送到店内贩售。即便超市有肉品柜台、雇有屠夫，他们的作业多半也是在后场进行，不见于消费者。他们将送到店里的肉块处理成零售分切肉，如分割初分肉、绑肉卷，或是单纯为零售的分切肉除去多余肥油，用自己的风格将之陈列于展示柜内。这些屠夫通常不会与顾客互动，而且只处理超市选定的肉品。邻里族群型的肉店（意式、犹太式、清真式）通常则专精于符合其群体成员口味，或适合其文化特有料理的肉块与产品。一般来说，超市与邻里肉店卖的都是受当地居民欢迎的肉品。它们不收全只屠体，不卖不常见的肉块，而且屠夫也无须认识分解全只屠体的繁复手法。除零售点外，屠夫也会在城市里尚存的肉类批发商和包装公司工作，在此将屠体分解为初分肉与零售分切肉，进行干式熟成，并将产品分送到餐厅与超市。最后，也有在屠宰场工作的屠夫。后两种情况中的屠夫工作高度重复，管理严格，而且是公众看不到的（尤其是在屠宰场工作的屠夫）。[13]由于屠夫通常在定点工作，整天分解屠体，动作可以非常迅速，但他们不会跟消费大众分享自己的知识，分割的屠体也多半来自育肥厂。

在今日消费者好奇心旺盛、重视食物的大环境中，在何处购买食物就变得非常重要。例如，遍布全国各地的农夫市集便提倡了食物的当地感，让消费者能跟农夫和实际栽种出其食物的人互动。[14]整体上，与产品生产者面对面，甚至亲眼看到产品制造的地方，如精酿蒸馏场，已成为当今大受欢迎的消费者旅游模式。民众对于自己消费的食物和产品究竟来自何方、如何生产，以及是由谁生产，也都越来越感兴趣。产品源流、生产透明度与这些高品质新定义日益重要，大众对食物也越发着迷，再加上名人饮食文化的崛起，这些都让全只肉铺等场所完美地增添了今日的高档零售风貌。[15]

工作者支持全只肉店所做一切的，是其独特的哲学，一如调酒术之于精调鸡尾酒酒保，真材实料生产之于精酿蒸馏师，阳刚风格之于男士理发师。类似迪克逊肉铺这种店家的员工，就抱持并宣传着一种肉类的好品味哲学。这种哲学包括几项道德原则——肉品“应该”来自何处，“应该”如何制作，这又带来动物应如何饲养与宰杀的问题——并针对何谓肉的“好”品味提倡其观点。肉的地位不再以一向受人推崇的嫩切菲力牛排或顶级肋排等传统看法为依归，而是根据动物来自何方、如何宰杀与分割，以及肉块的独特性为标准。精宰肉店的哲学反映出这些关于肉品的理念，而肉店及其员工则重新建构了决定肉品品质的价值体系。

符合这种哲学的手工肉店以小规模经营，而其贩售的肉品则来自遵循特定伦理实践的独立农场。特定伦理包括牲畜应在草地上饲养，以牧草喂养，不施打任何非必要的抗生素或激素。肉店业主同样保证动物是在符合人道的小型屠宰场中宰杀，而且全程通常是在“当地”进行。简言之，他们想避开工业化肉品体系。迪克逊肉铺的所有人杰克以历史为脉络，解释“当地性”对精宰运动有多重要：“从肉品观点来看，当地食物不算老派的东西。纽约的肉品百年来一直是靠芝加哥的屠宰场供应。在此之前，市内仍有屠宰场，而牲畜则是用火车从芝加哥运来的。说这些店是回到过去，其实完全不对。我们创造了某种全新的东西，‘我们’是指我们迪克逊、肉钩（Meat Hook）和马洛父女（Marlow &Daughters）这三家肉店。[16]我相信有当地成分是必要的，因为整个主流商品产业的文化已经跟大家的期待相距太远。目前的做法已经有点过头，我们需要当地成分，才能问责。我们在这里做的和屠宰本身或许是一门老派的手艺——像是我们使用全只屠体，五十年来都没人这么做过——但事实是，我们结合了传统技艺和当地肉品来源，这是全新的建构。”

杰克也提到，如此哲学还有两项元素：一是使用全只屠体，而非只卖最受欢迎的部位；二是过程透明，也就是尽可能让人看见，在店里、在客人面前运用传统技术将全只屠体分解为初分肉。柜台人员泰德解释了这些元素的重要性：“这是要让顾客到店里看全只屠体。因为超市处理肉品的方式就跟其他产品一样，把你跟动物分开，动物放在塑料泡沫盘里用保鲜膜包着。这种处理方式就像在处理鲫鱼或是薯条。最尊重动物的方法就是别杀它，但若是要杀，最尊重的方式就是全数利用。”

精宰肉店基于这种哲学，主张要卖“好”肉。有许多纯味觉之外的因素也共同决定了肉的品质。杰克提到当中若干分别："你可以到超市或洛贝尔肉品店（Lobel's）。买等级极佳的肉，入口必然美味，但那都是育肥场的牛肉。*都受过不人道对待，用了激素、抗生素之类的。我觉得，消费者一旦意识到这些牧场——我根本就不想称之为牧场——跟他们的农业理念差距多远，就不会想要这种产品。要是他们看到宰杀方式，以及整个产业的宰杀规模，根本不会想买。这些店家利用这种理想来销售，卖这种上等牛肉，我觉得就有问题。对我而言，问题关键在于人道对待动物。你找得到高品质的上肉，但通常找不到受人道对待的高品质肉品。"

肉的品质好，意味着你食用时会觉得美味。但这也意味动物要以人道方式饲育、屠宰，并以适合的方式分割。[17]这些元素——以人道方式当地饲养及宰杀的动物，以专业手工技巧仔细分割屠体——就汇聚于精宰肉店的肉品中，使之与其他店家贩售的肉品有别。曾在迪克逊肉铺当屠夫的纪引用他意大利师父达里奥的说法，解释道："达里奥认为，一只动物需要公道四要素：好生、好死——死得有尊严、好屠夫，还要有好厨子来完成这个循环。[18]身为真正爱动物的人，在我看来，我确实有能力让这只为了充当人类食物而死的动物得到提升。它的出生有其目的，但不是仅为一片肉排或排骨，而是有一部分要去这户人家、一部分要去那户，而你能让它确实成为一段非凡的体验。

* 洛贝尔是一间纽约市的肉店，已经营了数十年。店就坐落在富裕的上东区，是在超级市场兴起后依旧存在的高价肉店代表。

这只动物必须是某种非凡的东西，是其他动物或许无法成为的东西。”

而屠夫只是这个循环中的一节。他们掌控自己的工作——也就是如何处理肉，并通过处理方式表示对动物的尊重。“在整个光谱上，有许多东西都能对肉的品质有所贡献，对吧？”曾在迪克逊肉铺工作的杰夫说。“我觉得，这关系到你追寻的是什么，对身为消费者的你来说，什么才重要。如果你认为大理石花纹这类脂肪量重要，那你可以买一块来自中西部的肉，你知道，就那种盒装牛肉，每次品质都一致，USDA极佳级，那也很好。不过，烂屠夫也能毁了这块USDA极佳级的肉块，对吧？有可能农场很棒，肉品很棒，结果屠夫却把这都毁了。”

食品公司以“当地”“职人”与“永续”等模棱两可的形容词来宣称产品品质。它们常利用这些词汇，将自己与产业的其他做法划出区别（如泰德对自家肉店哲学的评论，便让这间店与超市有别），但这一切大有问题。有些定义在精宰社群中是有争议的。以纽约为例，“当地”通常是指来自上州，而非生产大多数肉品的中西部（多半来自育肥厂）。迪克逊肉铺的观点是，从农夫、屠宰场到店面的整条供应链不可超过400英里。为了提供透明的肉品资讯，迪克逊肉铺在展示柜内挂上写有农户名字的小牌子，告诉大家这肉品来自何人，以及该所当地与肉店的距离。顾客可以看到供应牛肉的是距离迪克逊肉铺187英里远的公正有机，而235英里远的威廉·安格斯爵士则供应猪肉与小羊肉。

不过，其他肉店虽然也认为自家贩售的是“当地”肉品，但他们的供应链却长了许多。实际距离并无客观标准。如果肉品来自上州，肉店工作人员便能拜访供应肉品的农夫；这既具教育性，也能加强问责性。肉钩的老板兼屠夫头儿汤姆强调，私人交谊对于肉品业和他的生意有多重要："这讲起来我会像是个控制狂，但我真的不是，我只是喜欢从头到尾彻底了解，完全掌握。谈到食物，这跟我们成长时学到的完全相反。我们每年会关店三四天，租一台小巴士，载着所有员工、实习生和几位熟客，去我们合作的农场住上几晚。到了农场后，我会教大家怎么挑选活牛，了解要看哪里。如果有一群外表各异的牛，你会看到某一头长得漂亮得不得了，某一头看起来却跟屎没两样。就好像'OK，这只看起来棒透了，因为背部有棱有角，体格结实，下腹部有许多肥肉，尾巴末端还有油脂块。'基本上我们会看它们的生长情况，要求按顺序宰杀。如果长得还不够好，我们会希望把牛再养个四周到五周才送宰。总之，这大概就像，'OK，一号先，再来68号，接着33号，然后67号。'我们跟我们农夫的关系就是这样，这对我们非常重要。我们不会根据价格或漂亮话来买，而是根据品质和对口的人是谁来决定买或不买。我们想跟这些农夫建立私人关系。"

若非距离够近，这样的关系与随之而来的肉品品质就不会有实现的可能。不过，传承肉铺（Heritage Meat Shop）却认为不应该只找当地肉品；他们认为"当地"未必就代表"品质"。店经理丹解释："我常跟顾客说，我们店并不'当地'。我们的确有条当地供应链，店内之所以贩售这条供应链的肉品，是因为许多纽约人的确喜欢。但是，养了各种稀有品种，而且饲养量足够、做法也适当的农民都在堪萨斯、密苏里和美国中部。我们对当地的立场是，我们认为自己的东西比大多数当地的都来得好。总之，如果你只注意和你离得近的地方，这对顾客来说没有好处。”

传承肉铺的人承认，流行的“当地”一词有其力量，认为那是一种营销形式。但这间肉铺目前之所以能有如此重要的地位，是因为农民以合适的方式饲养独特品种的牛。“好”意味着肉品来自这些农场，而不是农场在哪里。对他们来说，“距离”不仅不是,也不该是影响品质的因素。

精宰肉社群偶尔会有不同的意见，跟以牧草养牛有关。育肥场的牛吃的是全谷类（通常是便宜的玉米），因为能迅速增肥；以牧草喂养的牛整天低头在原野上吃草，使用的身上肌肉与只待在牛栏里的牛不同。谷饲牛可比草饲牛更快进入肉品市场，长得也比较大。贩卖、食用“草饲牛”的做法，已同时成为定义“正确”做法的道德选项，和食品界营销的流行用语。若不卖纯草饲牛，恐怕会有偏离肉品哲学中反育肥要素的风险。迪克逊肉铺卖的大多是“草饲谷终”（grass-fed，grain-finished）的牛肉，亦即农民放牛吃草，直到牛寿命的最后几周才改喂农场内的有机谷物。（店内也卖纯草饲的牛肉，供应者是不同的农夫。）迪克逊肉铺的店员为“谷终”的做法发声，理由是产出的肉品品质更为一致，而小农进行饲育的方式也很人道，与育肥场有别。迪克逊肉铺前屠夫头儿乔丝琳说：“我在林迪与格兰迪（Lindy and Grundy）工作过，那里卖的都是草饲草终的肉品。[19]完全不喂玉米，完全没有。后来我到迪克逊肉铺的时候姿态很高，像是（以目中无人的语调说）‘抱歉，我只对草终的肉动刀’这类的话。但农夫马丁饲养的方式，他最后用玉米饲养的做法，老兄啊，我想不到更好的说法，嗯，我好像也会用同样的做法。这很好，没什么可怕的。你想想看，大家认为牛就只该吃草，这就像是说人只能吃羽衣甘蓝。是，我也想吃薯条啊。大家都想吃薯条。从长远来，这样的喂法才会让肉更美味。”

不过，也有其他肉店认为只卖草饲牛有其道理，这不只符合他们提倡的道德做法，而且也没有牺牲掉口味。肉钩的莎拉解释：“通常大家都认为草饲比较好。这话对也不对。很多人认为这对食用者比较好，我们也这样想，而且对动物也比较好，诸如此类的。草饲牛吃起来确实跟谷饲牛肉不一样，真正上等的谷饲牛肉非常美味，这不是什么坏事。我们不会宣扬什么，或是让顾客感觉自己在食物的选择上有错。我个人觉得，谷终牛肉多带了些许奶油味，通常一般人比较习惯这样的口味。草终牛肉吃起来多一点铁味，也多一点……我想，不能说肝脏味，但总是有点不同。这肉颜色比较深，肌红蛋白比较多，因为牛更常四处走动，所以进到那些肌肉的血液也比较多，这有点霉味。我会说，谷终牛肉是那种典型干净的牛肉味，也就是多数人预期想象里会有的那种味道。”

精宰社群中最重要的争论点，是在何处分解动物——是在屠桌上，还是吊着屠体分解。这争议点在于何种做法比较“手作”，或者说，比较“职人”。在桌上切分是比较传统的做法，而吊着切的手法较新颖，速度也更快。吊切在现今的屠宰场与肉品包装厂比较常见，在任何一种风格的零售点则不是这样（毕竟零售点通常根本不会进全只屠体来挂着）。乔林斯过去学艺时是学桌切，但到了迪克逊肉铺也得学吊切。“他们在轨道旁切，我在桌上切。”他说。“他们用肉钩，用重力。我喜欢从肌理的缝隙下手。我的方法让速度慢很多，非常多，但我认为自己的方法更精准、更细致。”如果最终目的是把动物分解为初分肉，那么把肉摆在桌上或吊在天花板上显然都一样。不过，有些精宰屠夫认为，在桌上切肉能在自己跟动物间赋予更多亲密性。对乔林斯而言，桌切让他能碰触到屠宰业的传统：“有时这扯在一起是有点夸张，人类以肉为食或许已有一万年，但分割动物的方法大概五六千年都没什么改变。在迪克逊肉铺工作时，我问杰克我能不能早一个小时到店。因为我晚上有事得处理，那我能不能早点来，然后稍微早点离开呢？其实我来的时候都没有人，我会打开音乐听威尔第或古典乐，接着慢慢切肉，这就是我的时空胶囊。这就是我的儒勒·凡尔纳（Jules Verne）时光机。”

一旦繁忙工作日的经济现实与桌上慢切的传统文化相碰撞，获胜的会是前者。桌切对每天得卖出一定肉量的店铺来说并不实际（就生意立场而言，很难维持），因为屠夫就是切不了那么多。吊切更有效率。

其他的精宰屠夫倒是认为吊切更讲究技术，一方面是因为重力，另一方面则是屠体在切割过程中会一直被推开。此外，由于采用吊切法的屠夫一般会切比较多的肉，这让他们有更多机会去运用、磨炼个人的功夫。奥尔多在墨西哥学艺时学的就是吊切。后来他搬到纽约，在布鲁克林一间肉店找到的工作却需要桌切。

“那间店是走桌切路线，有点老派。我在那里学到许多切肉技巧。桌切不算是很好的做法，但我还是从他们身上学到东西——切美式肉块，各种切法都学到了。”

“为什么说不算很好的做法？”

“你刚学的时候当然好，因为那间店不是特别忙。他们一个星期大概只切一头牛，偶尔再加上四头猪。店里的屠夫上工，切点肉，接着就是四处转转跟客人讲话。如果你真的想练好功夫，得在迪克逊肉铺工作。”

屠宰的学习关键在于反复练习，奥尔多的前东家虽然让他学会更多桌切方法与美式肉块的知识，但无法帮助他精进刀工。此外，这些屠夫都说大多数吊切其实仍是在桌上进行。迪克逊的屠夫只会用轨道来辅助分解大块屠体、四分的牛与剖半的猪与小羊。他们从屠体上分切肉块后，也是“啪”一声将肉块摆到桌上，进行更仔细的分切。好的屠夫应该这两种技术都懂。

尽管细节仍有争议，但精宰社群成员对整体的肉品哲学仍有共识，行事也遵守其中的大原则，而且谴责育肥场与肉品生产的工业屠宰模式——不过，这正是美国大部分地区的实际现况。肉品方面的文化杂食性正是实践这种哲学的结果。精宰肉店贩售传统上的高档（菲力牛排、带骨肋眼）与低档（邋遢乔三明治［Sloppy Joe's］与热狗）产品。店内的高档产品因为遵循透明的哲学，标榜肉品来源和生产方式，因而有别于其他肉店与超市贩售的肉品。同时，精宰肉店也会将低档文化起源的产品重新包装成讲求真材实料的罕见商品。比方说，他们会卖拉丁美洲料理普遍使用的肉块，像是需要不同烹饪技巧的蝴蝶排（palomilla）与普拉塔尼约，位置就摆在大家熟悉的美式纽约客与珍贵的法式菲力牛排旁边。同样的新式高档肉店也会贩卖肋眼牛排等肉块与高级牛肉干，向顾客呈现的方式也同样高级，一样是“好肉”——因为肉品来源清清楚楚，产品更是以独一无二的工序创造出来的。

全只肉店的世界

出身企业世家的杰克一向知道自己有意创业，2002年从康奈尔大学毕业后，他在美国运通当了六年的业务员，望梅止渴：“我有点像是在寻找自己希望从什么开始。我不知道那是什么。我对食物充满热情，大学时也曾做过一点厨房工作。我在想，食物会是做点小生意的好起点，因为我真的很爱吃。我到处寻找，想知道该做什么。同时，身为消费者，我也对肉类做了大量研究，学到不少。某天我起床后想到，‘我无肉不欢，但从如何畜养牲口到肉怎么上到餐桌，我却一无所知。’等到我展开全面研究，我被这过程吓到了。我学到的越多，就觉得吸引力越低，也越想找到更好的选择，但就是没有。要么饲养方法好、但肉质糟糕，要么就是肉质好、但饲养方式很糟，甚至养得糟、肉质也糟。真正做得好的人很少。有一天，我告诉自己，‘你要是能想到怎么把这事情做好，那么这生意一定大有可为。’”

于是杰克辞去了大公司的职位，改到农场工作。他待过双

L屠宰场，以及明尼阿波里斯（Minneapolis）的一间小零售店。他在这段过程中学到了肉品产业的大小事，也明白自己想从哪个地方切入。杰克在2008年创业，向他认同的农家购买产品，继而在城里的农夫市集转售。由于全国规模的食物供应链模式使然，再加上来自美国中西部的竞争过于激烈，纽约上州的农夫多半已不再养牲口供宰杀。但吃货文化在纽约市兴起，加上消费者想要“当地”且人道的肉品，这才让上州又恢复了饲养牲口。杰克变成零售商，坚守特定原则，然而他的生意规模不大，过程不见于公众，也少了一点人气（双L的屠夫负责分割、真空包装、将肉块冷冻，再由杰克转卖）。不过这是个起点。“我从一开始心里多多少少知道，农夫市集不是我想久待之地。最好的地方是像现在这样的零售店。我们可以推出最多样的产品，我也能跟顾客密切沟通，把我的理念、正在尝试的事传达出去，同时获得重视。”

2009年，杰克在切尔西市场开了自己的店。[20]他在迅速成长的美馔重镇和充满居民、专业人士与游客（令人艳羡的综合饮食顾客群）的富裕城区找到了好地点，这让他得益甚多。除了市场徒步区川流不息的人流，这个空间没有多余的装潢，天花板很高，后面还通往卸货区。这让杰克能打造出他想要的体系。

精宰肉店的劳动分工相当弹性，未必一眼就能看出个中门道。一间店贩售的肉量越多，店内的角色分工就越明确。对于走进迪克逊肉铺的顾客来说，这地方就像个蜂巢，店员拿着一盘盘肉到处穿梭，与顾客对话，烤热狗，进出店门，操作大型机械。由于店内贩售的肉品体积与数量使然，这间店自有以工作内容为基础的分工，强调空间运用，而当中同时还有族群的元素。店内分为三个区，进行不同类型的活动。

第一区，顾客从市场徒步区穿过玻璃门进店后的所在，亦即称为“前场”的柜台区。长约四点五公尺的大型封闭式冷藏展示柜，将整个空间从中分成两半。顺着生肉、熟肉难以区分的气味，顾客会马上看到左侧的展示柜像条路一样在面前展开。右侧沿墙摆了吧台椅和长桌，让顾客能坐下来吃东西，架子上则放了一些贩售用的调味料和其他包装商品，像是洋芋片、辣酱、烹饪油。架子最顶端摆了一些关于牲畜、肉、肉类加工品的参考书，这些书是非卖品，但顾客可以翻阅，员工也常拿下来读。

柜台店员在大展示柜后工作。这一区摆了价目表、切肉纸、砧板、几把小刀、一大台烤肉炉，及一台放了三明治、瓶装水与汽水的冰箱。店家还在靠徒步区的橱窗前摆出烤鸡，用保温灯照着，还有一小台电烤炉来加热热狗，吸引过往行人。收银机摆在一张小桌上，就夹在一大一小的展示柜之间，而小展示柜则采取开架式，摆有预先包装好的新鲜产品，如猪肉酱、鸡肝酱、蛋。

第二区是切肉区，也就是屠夫与实习生工作的地方。一大张附轮木桌隔开切肉区与前场，但顾客能完全看到此区的情况。屠夫站在这张木桌后工作，面对前场。上方吊有三盏明亮的灯，营造出一种展示屠夫与肉、甚至如同表演的舞台效果，同时也带来充足的灯光供屠夫工作。灯旁是用来吊挂屠体的钢轨。顾客若是幸运地在切肉日上门，就能见识到整个过程。但分解结束后（屠夫大约到五点半就不再切分），大多数顾客仍会留下来看屠夫将零售的分切肉放进展示柜，或是处理他们点购的肉，有兴趣的话还能跟屠夫聊天、问问题。这种刻意的设计，移除了前台与处理肉品的后台之间的阻碍：屠夫在店的正中央，分解屠体、处理肉品的后台肮脏活。[21]沿着左右两面墙还放了两张比较小的屠夫桌、两台大型绞肉机、一台真空封装机，以及一整排小刀、汉堡排压模、橡胶槌等工具，以及塑料盒袋等耗材。

选择来精宰肉店担任柜台、屠夫或实习生的人，有些是在还没到店里工作前，就已经抱持与这间店相同的肉品哲学与肉类知识（亦即烹饪技术）。他们对肉品所知甚多，对食物也有强烈的兴趣与热情。他们选择这间店，这间店也选择了他们，双方的哲学一拍即合。其他员工则对食物有其品味，有鉴别食物品质的能力，但未必抱持该店的肉品哲学，也不见得具备大量的肉类知识。在店里工作时，他们会同时学习这两者。就说安迪吧，他在大学时开始重视饮食伦理与食品体系，那时他曾短暂吃素。他在毕业后到了夏威夷与马里兰的两座小农场工作，后者的工作机会是通过世界有机农场机会组织（World Wide Opportunities on Organic Farms，WWOOF为志愿到小型农场工作的人媒合的组织）找到的。“我毕业时就知道自己想做的事必须符合永续性，或是与食物有关。”他回忆道。在某份工作落空后，安迪搬到纽约，睡在朋友家的沙发上，对于想做什么工作没有明确概念。他从自己的饮食朋友圈中得知迪克逊肉铺，于是成为店内实习生。店里的工作让他学会肉类零售与肉品知识的技巧。由于没有其他工作，安迪每周实习三天，而不是通常的两天。以切肉工作为主的两天他都会来，累积了一些经验后，他开始用第三天做些基本的切肉工作。安迪非常喜欢在家做菜，立志要将展示柜里各种肉品都尝试一遍。他很投入，也从实习生转成有薪水的柜台正职。他从切肉区得到的经验这时派上用场。“一般来说，他们喜欢雇用有点肉品知识的人，而且倾向雇用是在迪克逊肉铺学到或自有一套道理的人。如果你做柜台，这些知识会有大的帮助，因为切肉方式和烹饪建议占了我们柜台工作极大比例，做柜台就是要告诉客人该怎么煮。超市的肉跟这里完全不同，他们会把肉切得很薄，你也只是负责把肉从柜台递出去。比起超市的做法，你最好从零开始。”

迪克逊肉铺的屠夫所学背景彼此各异，这和他们各自的社会背景有关，也跟工作态度有关。店内五名屠夫中有两人来自墨西哥的普埃布拉（Puebla）。（两人其实来自普埃布拉的同一区，但到了迪克逊肉铺才认识。）有十五年从业经验的JM是屠夫头儿，七年经验的奥尔多则是他的副手。他们俩原先都是从墨西哥的肉品包装厂和大型超市工作中学习的，如沃尔玛（Walmart）、索里亚诺（Soriano）与沃尔玛持有的沃德嘉·奥雷拉（Bodega Aurrera）——分解全只屠体在这些超市仍然普遍（他们也都有在纽约市较小型的超市和肉店的工作经验）。由于JM与奥尔多过去在这些地方工作时处理过大量的肉，有时甚至整天都在处理全只屠体，因此能以高超的水准快速作业。他们也喜欢这种做法。JM想起过去转职到小超市当经理，“真无聊。”他说。“我以前都在处理牲畜，分割屠体有八年经验，可是超市肉品是装盒送来的。”不过，如此经验也让JM学到如何将展示柜补得恰到好处，这对他来到迪克逊肉铺工作也有帮助。

他们俩和多数移民一样，为了多赚点钱而搬到纽约。奥尔多年轻时曾和家人住在纽约与达拉斯，但后来只身回墨西哥重新学习屠宰知识（以前他对此稍有涉猎），之后决定再搬回纽约。JM与奥尔多和前场员工、其他屠夫和实习生不同。相较于店的肉品哲学，他们俩更重视品质、手艺与工作量。奥尔多因为年轻时曾来过美国，英文非常流利，只要有需要，他有时也会到前台帮忙。JM略懂英文，但不大愿意讲，只有当顾客提问，像是问他在切什么时，他才会跟客人讲话，不然他都待在切肉区。杰克与店经理比较喜欢灵活变通的员工，像是肉切得好、又能主动开口与顾客互动的屠夫，但JM与奥尔多认为，店员手脚快、能满足工作量要求才是最重要的。精宰技艺在美国已经式微，但墨西哥能提供精宰肉店迫切需要的技艺。[22]

店里另外三位屠夫都是三十多岁，也都受过高等教育：詹卡洛出身科罗拉多，在医学中心当了几年经理后转职；布莱恩来自密歇根，做过营销工作，后来自己开了香肠公司；还有来自纽约市的莱娜，她先做了八年营销工作才转换跑道。除了喜欢肉跟食物、受屠宰手艺吸引，这三名屠夫也提到店的哲学是自己工作中的重要面向。他们不是只想当屠夫，而是想成为精宰屠夫，在像是迪克逊这样的店里工作。詹卡洛最初是在纽约上州的认证学程学习屠宰，布莱恩是在制作香肠与料理私宅晚餐的过程中自学如何处理猪肉，而莱娜则是在纽约几间小型精宰肉店学到肉品的处理方法。然而，这三人全都是在迪克逊通过处理远比以往更大量的肉品，并在JM与奥尔多的指导下精进了个人技术，也都视两人为师，尤其是JM。由于出身背景不同，他们的切肉经验和速度都比不过这两位墨西哥人，但他们以英语为母语，而且身怀肉品哲学与知识，因此常在前台和客人互动，并在肉店对外的教学课程中讲课。[23]

由于学艺背景使然，JM与奥尔多比其他屠夫更重视效率。对其他人来说，品质、细节，以及推广精宰的原则要比数量与速度重要。

"我再怎么样都不可能跟JM一样快。"詹卡洛说。"他切肉和分解全只屠体已经16年了，我才两年，根本没得比。不过我还是有点进步。我没打算练到那么厉害。我可以练，也想和他一样厉害，但只要我还希望自己未来能创业，就没那么多时间可练习。就是没时间，对我来说，知道JM每件事怎么做未必一定有好处。"

精宰屠夫们都想精进技艺。但对他们而言，这门技艺也包括在人跟肉品之间创造关系，与其他人讨论肉品，以不同的角度从事肉品工作（如娱乐与教育），以及不断学习（且有意愿学习）更多与牲畜及其肉块的相关知识。然而JM跟奥尔多对自己的工作却有不同看法。

"老实说，我现在对自己当屠夫的看法是，我没法再学什么了。"奥尔多说。"是，我是学到一些，但这些事……怎么说呢，这些事好玩，因为我现在在迪克逊肉铺做的跟在墨西哥时相比，真的简单很多。对我来说，这就像在玩。真的，跟玩一样。这是我的工作，我很严肃看待，但我知道我已经懂了。还能怎么样？还能学什么别的吗？对我而言，或许是多学点顾客服务，看该怎么告诉客人肉要怎么处理、如何烹调之类的。”

奥尔多认为屠宰就是切肉，从工作速度来看，他已是炉火纯青。但顾客服务与互动则是另一回事。不过，其他屠夫对精宰的概念却融合了切肉、互动与学习，而且是打着肉品哲学之名进行。

第三区则是“后台”，也就是厨房。这个区是两位主厨与两位助手进行“增值”工作的地方，方法则是料理现做午餐（例如冷肉和手撕猪肉三明治）、电炉烤鸡肉、猪肉熟食（charcuterie，指培根与风干猪颊肉［guanciale，是萨拉米（salami）的一种］等即食肉品）、大骨高汤与香肠等商品。厨房也是搬运工清理脏污器具之处。厨房跟切肉区以一扇推门隔开，更里面则是高耸的储藏架与大型冷藏库。主厨与副主厨都是美国人，主厨是白人，副主厨则是华裔。助理是西班牙裔（危地马拉人、墨西哥人和古巴人），搬运工的族群出身则各不相同。[24]

相较于其他新型高档肉店，迪克逊的肉品销售量相当多。只要上述三个区域合作无间，就能帮助迪克逊坚守其肉品哲学。[25]全只肉店有个基本但关键的问题，就是要将全只屠体尽数销售完毕。超市与多数肉店通常是向大盘商整批购入，没有这种问题。杰克这么解释：“对我来说，我的经济考量完全不同。我得把整只卖掉。所以我得为了一种肉块而多进许多种，我的意思是，每种肉块都算我的。要是我把价格提高，结果人家不买，那我就亏死了。我不能说，因为我有卖五盒纽约客牛排的市场，我就进五盒来卖。我得买下整只阉牛和整头猪。”

多数美国人在成长过程中，都是到超市或一般肉店买肉，因此也预期店家会准备他们想买的部位，像迪克逊这样的地方等于是为顾客带来购物上的挑战。客人一进门，看到大型展示柜和当中不寻常的部位与古怪名字（如提贝里欧、普拉塔尼约、西耶拉），经常会睁大眼睛，带着惊讶、迷惑与恐惧的神情（有时三者兼具）。他们也可能找不到自己认识的部位。柜台的查理表示："一头牛只有两块横膈膜内排（hanger steak），你懂我意思吧？我们不会一下子就有30块横膈膜内排可卖，没这回事。"某个部位要是卖完了，那就真是卖完了，而接下来的重责大任就会落到像查理这样具备肉品知识的柜台员工身上，由他来解释展示柜的奥秘，说明不同部位的相似和相异处，以及可以怎么烹煮。[26]店家为了经营下去，就得卖掉够多的罕见部位。如果少了柜台员工和他们的知识，这些部位恐怕会销不出去。

实用美学

在传达这间店的肉品哲学上，柜台人员是通过言语，而屠夫则是借由动作。他们的工作目标是一种"实用美学"，亦即以结合清洁、自然与怡人的表现，加上最高等的味觉品味、为顾客备料时的轻松写意，同时还兼顾食物实际营养目标的方式来处理肉品，以供展示或满足特定订单的需求。[27]他们必须通过关乎美学与技术抉择的特定技巧，将这些品质灌注于肉品中。他们认为，肉品的特殊之处就建立在这间店的哲学与美学目标上（形式），并主动强化肉品的易烹煮性与味觉风味（功能）。这么说来，精宰屠夫等于是通过其劳动，将文化性与物质性生产交织在一起。[28]

屠夫就像雕刻家，从一大块原物料开始，利用所学技术与细密感官考量（亦即肉的外表、口味与口感），将硕大的肉块逐步切割，修整成更精致、独特的部分。屠夫常提到一块肉看起来"该是"什么样子，或者"应该"如何处理，才能让它看起来是应有的样貌。关于这几点，不同肉店与屠夫的看法各异，而店家希望肉块呈现的外貌，也影响了屠夫的工作。[29]屠夫经过多年实作，已学到落实这些要求所需的功夫，分解屠体处理肉块，让肉品上得了台面，消费者也容易料理。[30]他们实际运用的手法五花八门，重视如何落实个人功夫，但无论如何都得依照店家或顾客期望，切出特别的产品。乔林斯说，师父教他在运刀时要"无畏、无恙"，也就是落刀时要信心十足，也要仔细精准，否则就会有糟蹋那块肉的风险。信心是习惯落实的结果，而习惯则来自专注与反复。

由于原物料是天然的，肉在不同的时候看起来、尝起来都会不同。实用美学的目的便在于运用特定技巧，将品质灌注于肉品，以反映肉品之"优良"，不受上述事实影响。屠夫们尤其专注于将实用美学应用在展示柜上。当他们彼此相互提点时，此中意涵便会浮现。

某天，詹卡洛在为羊腿去骨、绑肉卷。迪克逊肉铺之所以除去腿骨，是为了烘烤羊腿时能让肉平均受热，这是很常见的处理方式。他沿着其中一根骨头周围开始刮肉，接着将肉块与腿骨分离，尽可能从骨头上取下最多的肉。奥尔多就在他旁边做事，给他提示。

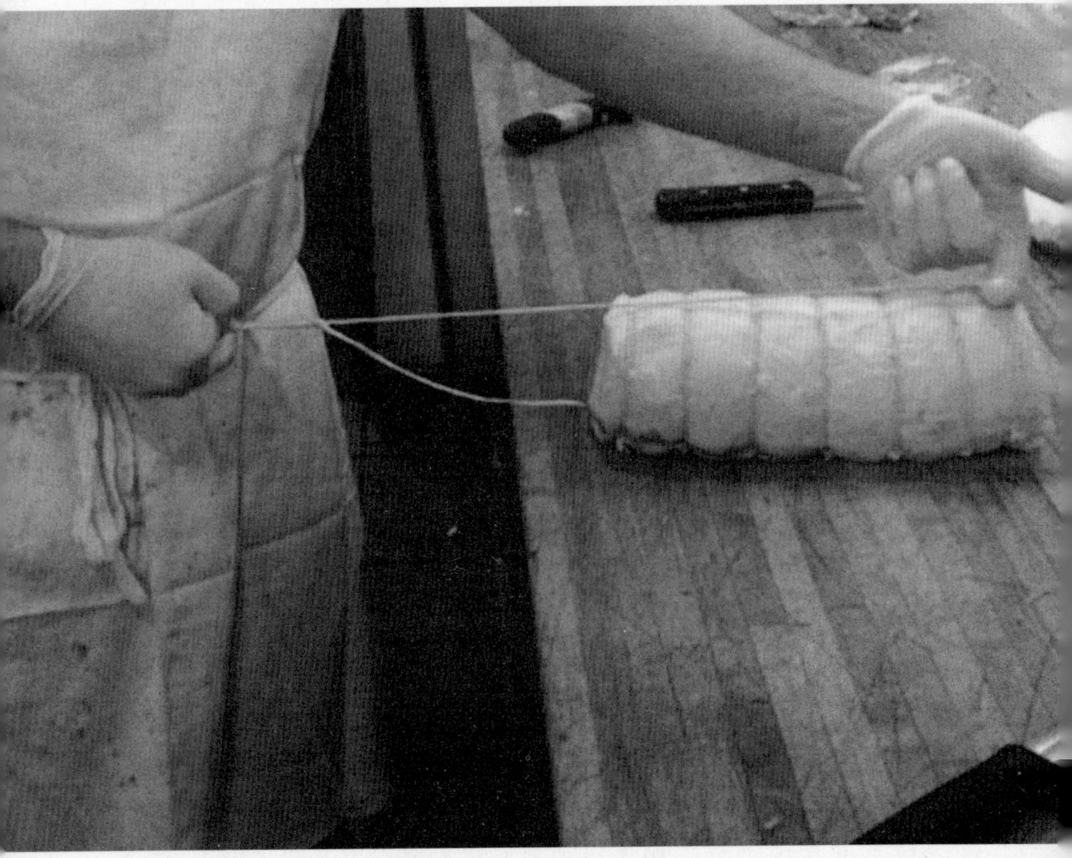

图9　詹卡洛正在绑猪里脊。

“我该从这边取出骨头吗？”詹卡洛问。

“对，一定要从这边。”奥尔多答。

去骨后，詹卡洛将肉块皮面朝下摆平，去掉多余肥油，只留少许。他接着卷起羊腿，以细绳绑住定型。羊腿是肌肉、脂肪、肌腱与其他结缔组织的综合，也就是说，一旦去骨，就会软成一摊。把腿捆绑成卷状会好看许多，也能确保其结实固定，有助烹煮均匀。这绑法是在腿的几处紧紧用绳系住，先从中段开始，接着绑两端，最后再将这中间空的地方绑满。詹卡洛动作缓慢，过程一丝不苟。

“绑快点，别像是在跟它打架。”奥尔多说。

“你是怎么绑紧的？”詹卡洛问。

奥尔多随后示范打了两个结——第一个绑紧了卷肉绳，第二个结则固定住第一个结的位置——也让詹卡洛晓得手要摆在腿肉何处。“我会这样绑。你要把肉绑紧，但又不能太紧。你不会想挤到肉。”*

詹卡洛绑完后，我跟他聊起他的表现。“我以前没处理过羊肉。要绑好卷成那样的肉真的很难。你边绑肉会边挤出来，就像是在绑水球。”

迪克逊肉铺羊腿的特别之处在于其来源（由当地独立农场以人道方式饲养），而奥尔多教导詹卡洛去骨和绑肉的方式，既是为了让肉方便料理，也是为了让顾客觉得美观。但精宰屠

* 奥尔多说“挤”到肉，意思是不要绑太紧，免得绳子把肉割破。

夫运用的技巧，也会因为肉会腐坏的本质而更显重要。他们制作汉堡排的方式就是个关键的例子。

周四早上我走进店里，詹卡洛说等我换好工作服，他有话要跟我说。我换好衣服，回到切肉区。

"你做的汉堡肉糟透了。他们要我告诉你，你上周做的汉堡排跟绞肉放不了几天就得丢掉。肉整个颜色变得超黑。可能是你让肉离开冷藏库太久，手在肉上的时间也过长，所以肉也快速变得不新鲜。"

我道歉。我原本以为自己已掌握制作汉堡和绞牛肉的诀窍。我知道牛肉一旦升温，肉的红色色泽就会消失；我也尽力确保肉不会在我手上待太久，而且只有在已准备好要绞肉、制作汉堡排时才从冷藏库取出边肉。

"别担心，"詹卡洛说，"这不是什么严重的事情。记得别让肉在外面摆太久就好，手拿肉的时间也别太久。没事没事。"

迪克逊肉铺的屠夫希望确保汉堡排跟展示柜里其他肉品一样完美，仿佛红色的冰上曲棍球。虽然颜色不再红润，变成咖啡色的肉还是能吃，但店家不会摆出变色的肉，因为他们不认为顾客会想买。肉品一定要能传达出品质。屠夫会运用几个步骤，以确保汉堡排好看又可口。首先，他们会铺好几层方形垫子（他们称之为"尿布"）吸收盘中的血水。由于要让消费者能直接看到肉品，展示柜层板会有个朝下的角度，但底部可不能积出一摊血水，甚至滴血。接着，他们会用两层切肉纸包住这些垫子。要做汉堡肉，得先把牛边肉绞过一次，跟切块的培根边肉混合后再粗绞一次（这比例是八成牛瘦肉跟二成肥培根）。这两者一定要混合均匀，好让较肥的培根跟较瘦的牛肉能均匀分布。接着，他们会拿秤量出半磅重的肉球，再用模具压出外型完美的肉排。肉排每三个一叠，中间以裁成方形的纸隔开，在盘子上排成四排，每排三叠。

詹卡洛解释过，上述工作的重点在于迅速完成，因为肉不能离开冷藏库太久。我也不希望自己动手处理肉球的时间太长，因为手温只会加快肉的"黑化"过程。总之，我尽可能加快动作。奥尔多停下手边工作向我走来。他注意到我在做的汉堡排有问题。

"不对，不对，不对。你得把它压实。看到这些洞没？你一煎肉，就会散掉。所以要压紧，就像你两只手弄个圆形(他两手的姿势就像握着一颗棒球)，然后压紧。"

我照他的话做，把肉压实。"我不想拿着太久。"

"对，没错。所以一定要用力到底，而且要快。你要压快一点。"

我快速将两手之间球状空间里的那团肉尽可能压紧，而且还不能让肉溢出来。他点头表示满意。接着，我将肉球固定位置，把压肉机压紧。

"要更用力点。"

我再试一次。

"用力，用力"，他觉得我还不够用力。

压完后，我拿给他看。

"看起来很好吃！给我来三块！"

从全只屠宰业的大架构来看，制作汉堡排真不需要什么了不起的技巧。迪克逊肉铺的汉堡排经常交由未经特别训练的实习生制作。汉堡排之所以重要，是因为这是人气商品，而且是利用没有其他用途的肉（即边肉）制作的。但汉堡排就和店里贩售的所有从高级（羊腿）到低阶（牛肉干）的肉品一样，必须保持特定样貌（颜色红润，脂肪均匀分布）与完整结构（压实不留空隙，方便烹煮），并结合肉品独一无二的来源（反映店家的肉品哲学），进而为产品创造特定风味（有可能次次不同）。屠夫们一再实践并试图赋予的，正是这样的一致性。

从前面的片段中可发现，屠夫之间的对话大多会以工作的实际内容为主，而非肉品背后的特殊意义——例如，吃当地生产或可靠肉品的好处，或是他们卖的商品有什么特质。一旦忙碌起来，或是履行例行职责时，他们可以纯粹“当个屠夫”，凭本能行事，也有信心将个人知识付诸实现。[31]整体而言，他们重视如何有效地结合形式与功能，并且对自己使用的肉品品质之优越信心满满。受过训练的人能辨识出肉品来源（如油花纹路等级表示这头牛是纯草饲或全谷饲），但对一般人来说，肉品来源的特殊之处仍然隐藏在肉品当中，而屠夫则力求让肉品外表一致。

有些肉品大公司也会把精宰肉店的元素当成经营模式。但提倡如此哲学的高档肉店之所以有别于前者，关键特色仍在于店内的工作人员。最重要的是，这些店员乃是实践如此哲学的重要角色。在其他地方，如屠宰场工作的屠夫所用的许多技巧，与精宰肉店的屠夫并无二致。但精宰屠夫之所以与他们不同，除了怀抱肉品哲学之外，还因为肉店的环境——全只屠体、罕见的肉品部位、展现刀功，以及高高在上的文化与“料理”资本地位——让屠宰功夫得以提升到“精宰”的层次之故。[32]

第二部

我在第一部各章都只聚焦于一种职业，但第二部的四个章节会以共同的主题为基础，进行跨职业的分析。我志在跨越这些不同的职业社群，呈现其中的劳动者如何通过其言行，诠释自身从事的产业、工作与日常职场生活的各个面向，并解释这些意义对于理解今日的劳动而言何以如此重要。我在各章中都会探讨这四种职业，唯独第七章例外，因为第七章的重点是服务消费者，因此我省去了无须从事服务的精酿蒸馏师。

第二部的内容会讨论：是“谁”得到这些独特的工作？他们“如何”得到这些工作？在这些工作中“从事什么”？以及他们如何在职场上保持卓越？几个章节分别涵盖这四个独特的主题。首先，我会指出劳动者在追求这些典型低社会地位工作时采取的途径，而且过程中不会感觉那是向下的社会流动。其次，随后两章将深究这些劳动者展现的文化套路——也就是他们的职人意识在其工作中扮演的角色；他们如何想出办法，将这些施作中的若干面向诠释成“创意”实践；以及他们在将杂食性的品味传授给消费者时采取的一套服务工作实践。最后，我会分析他们如何在其职业社群中自信满满地展示出这些文化套路——以及为何有些人无法适应。在这几章里，我的理论目标在于综合几个截然不同的实例，提出行为解释，但同样也会指出个案之间的分歧与变异。

第五章

中产阶级的孩子何以渴望劳动阶级的工作

每年六月，纽约市酒吧暨红酒展览会（New York City Bar and Wine Show）都会在曼哈顿远西区的雅·维茨会议中心(Jacob K. Javits Convention Center)举行。“吧酒展”是一场集酒吧、餐厅与夜店产业为一体的盛会，参展厂商在会上推销的产品有灯光、音效与保安系统；苦艾酒酒泉（absinthe fountain）；附有一口杯专用架的塑料托盘；当然，也有红酒与烈酒。酒商雇用模特儿穿上几难蔽体的服装，在自家摊位前请人试饮（端着有一口杯专用架的塑料托盘）。某间派对巴士公司把产品停在摊位后，远在一百英尺外都能感受到音响的重低音。天分过人的酒保在此较量身手。

纽约的鸡尾酒社群成员近年来都会在这场活动中工作，主持研讨会，为酒商调制鸡尾酒，或单纯毛遂自荐。美国酒保公会（USBG）在现场也设有摊位和一小块展示空间。2010年的吧酒展上，好马杰克酒馆（Jack the Horse Tavern）的年轻新秀酒保麦斯威尔站在临时的酒吧后调饮料，而身兼USBG与自家顾问团队“鸡尾酒上师”（The Cocktail Guru）两主席职的乔纳森则站在一旁，讲解调酒步骤与所用的材料。乔纳森得确保自己说出赞助商提供的产品名称（如调制这杯酒所用的图丘镇四麦波本酒）。酒展的入场观众有产业中人，也有消费者，大家排坐在折椅上。只要等得够久，就能品尝到麦斯威尔调制的鸡尾酒。

我站在人群后方看着。我在右手边川流不息的观众之间瞥见哈尔，他正朝我走来。哈尔穿着衬衫，系上领带，搭配背心与牛仔裤，背着他的皮质多功能酒保包（由名酒保吉姆·米汉[Jim Meehan]设计)。[1]哈尔告诉我,他刚结束USBG进阶酒保测验,考了经典与现代鸡尾酒和烈酒,这是专家认证课程(Master Accreditation Program)的一部分。他对自己的考试表现得胸有成竹。

我是在去年一场由巴伦坊蜂蜜利口酒(Barenjager Honey Liqueur)赞助的比赛上结识哈尔的。他从那时起就不断深入精调鸡尾酒世界,目前已有大幅进步。哈尔出身长岛,大学毕业后开始在财务公司技术部门工作。2005年,他到熨斗酒吧(Flatiron Lounge)和人约会。"我现在根本不记得是跟谁约会,但我就这么爱上了调酒,"他提到当时的体验。"我是喝山崩(Mudslide)、长岛冰茶和劣质啤酒长大的。"约会那晚喝到的酒和他过去尝过的完全不同。

此后,哈尔便开始上网寻觅其他鸡尾酒吧,亲自走访。他也慢慢打造起自己的家中酒吧,增加鸡尾酒知识,精进调酒技巧。他开始结识城里各处的酒保。等到对酒吧、鸡尾酒与纽约的品酒风貌有了大量认识后,哈尔开始为朋友推荐城内值得一访的酒吧和应该一尝的酒饮,朋友则鼓励他将个人的评论发表出来。2009年年初,哈尔开设了网络个人主页,撰写自己上酒吧的经历与在家中调酒的实验。后来,开始有酒品公司联络他,寄来产品请他品评,也请他以该产品创造新的鸡尾酒。跟酒保与同类博主相聚、相处、串联,以及撰写个人的探索经历成了哈尔的热情所在,但能平衡收支的还是他的正职工作。

"我正在写金酒的系列文,"哈尔在我俩相识后某场十二月的活动中告诉我。"有几家厂商寄了金酒给我,让我写点东

图10　乔纳森在酒吧暨红酒展览会示范调制鸡尾酒，哈尔看着他。

西。现在我在格雷格·贝姆（Greg Boehm）的公司研究、品尝这些酒，[2]马上就会写完。我希望这可以做到让我辞掉白天的工作，但目前还不到时候。”

2010年年初，哈尔报名参加了单日的BAR（“酒精饮料资源”）快捷课程，其中包括一场需要尝出材料为何的考试。我在课程前一晚的活动中遇见他。那时他没什么信心。“我们几个人昨晚花了点时间研究。我很担心酒谱，因为我得尝出当中的正确比例。我像个狂热分子四处到酒吧尝酒，我是靠风味认识这些酒，而不是凭经典的酒谱，也不是靠实际调酒。”鸡尾酒有其分类，同类酒在材料上比例相近。多数酒保和其他报名课程的人会抄捷径，从鸡尾酒分类下手。但哈尔不然，他靠填鸭式背下数十种酒谱。最后他依然通过了考试。

来年春天，我和哈尔在纽约公共图书馆总馆入口大厅聊天。此地正是一年一度的曼哈顿鸡尾酒经典节开幕式的地点，业界盛会就此展开。我们俩在开幕式上都有工作要做。这场活动基本上就是个超大型派对，现场有数十个赞助商的摊位，酒保们调制一桶桶的材料，名厨上菜，还有DJ大声播放夜店音乐，这些全发生在这个纽约市最安静的室内场所。开幕式前几个月，哈尔开始在各种活动中和乔纳森的顾问团“鸡尾酒上师”合作。开幕式当天，他也和乔纳森一起调酒。哈尔告诉我，他获选了参加由BAR的专业酒保开设的五天密集课程。此外，他在随后的鸡尾酒圣会中，也会参加酒保实习项目。我一边恭喜，也一边提醒他实习课程简直就是人间炼狱。实习生得帮研讨会准备调制特色鸡尾酒的材料，不仅要跟研讨会主题相关，而且得使用该场研讨会赞助商的产品。他们得整天东奔西跑，榨汁、准备装饰，调出一批批酒饮。实习生会分身乏术、精疲力竭，就像在酒吧后面不停轮班。

"我知道，他们说过，但我不在乎，我得去学如何能更快速进行酒保工作。只是，我很好奇BAR对我会有什么影响。我的意思是，这个课程对我得到酒保工作来说会有什么实际作用吗？"

哈尔问的这个问题并没有明确答案。当我俩并肩站在会场时，我想到他这一路走来的进步。此时他才刚参加完一场认证，告诉大家他对烈酒与鸡尾酒谱颇有心得，也晓得如何调酒，接着又准备参加第四场测验，还要抄起家伙为蒙特莱昂酒店与法国区一整周的忙碌和活动准备一桶桶的鸡尾酒与冰块。哈尔比先前更接近自己的目标了。不过才一年多，他已从一位鸡尾酒狂粉，开始靠着网络个人主页引起大公司注意，通过调酒界的认证课程取得门票、适应业界文化，并且在活动中工作，这些全都是为了有朝一日自己能以酒保为业。

"我爱死这了！"他环顾整个会场，话里指的并非特定的人事物。

"你爱它哪里？"

"一切。"

我点点头。几分钟后，哈尔上台示范调酒。

对于拥有时尚品味的都市年轻人来说，这些工作场所透露着一股酷味。在他们看来，为了精调鸡尾酒与独一无二的小批次烈酒而走访隐秘的酒吧，为了剪出经典发型与老式刮胡而前往有如打猎小屋的阳刚理发店，或者为了购买当地饲育肉品的罕见部位而光顾当地肉铺，这些皆是都市生活的基础。对于个人为休闲所购买或从事的事物具备特定的敏锐度，对于商品制作与服务过程有一定程度的意识与要求，而且又有一定数量的金钱可用于这两者的人来说，他们会在城市的众多选择中，找寻这些新型的都市奢侈。相较于来客更多的运动酒吧、嘈杂夜店、大厂牌酒饮、便宜快剪店，或以保鲜膜封在塑料泡沫盘上的肉，那些选择代表了有趣、酷、都市性。在这些地方工作想必很酷。

在讨论新经济体系中什么是“好”与“烂”的工作中，“酷”工作占有相当独特的地位。[3]“酷”工作就算同时是份“烂”工作，也拥有一种令人难以抗拒的特殊光环，足以克服或掩盖其本身的负面条件。[4]特定产业中的“酷”工作就是比其他产业多，如文化产业里有明星音乐人、艺术家与时尚设计师，为这份事业增添一抹特别的光芒。不过，音乐、艺术与时尚等文化产业的从业者，就算不是一线制作人，也是幕后枯燥行政工作的从业者，依然承认自己的工作有种“体制性的魅力”（institutional charisma）——亦即深植在结构中、令人不得不服的吸引力。[5]尽管工作枯燥、低薪（或无薪）、低利润（甚至没有利润），他们仍然会因为能自己跟塑造文化的集体努力沾上边，而认为自己很特别。[6]本书中几种职业所属的产业——夜生活、酒精、理容与造型，以及食物——都算今日都市中最时髦、人气最高的产业，在都市的时代精神构成中扮演着重要角色。[7]长久以来，夜店、时尚与精致餐饮一向代表着魅惑人心的都市生活。然而，从事这些产业的体力劳动者一直到近期，才能跟都市中的名流精英共享些许关注，让自己也成为独特的精英。[8]

消费者一再对这些从业者说，他们的工作想必很酷，因为做这行要有创造力，而且工作又有趣。消费者亲眼看到从业者为人制作、提供特殊却又实用的商品与服务。他们看到从业者享受工作，也读到生活风格与社交类媒体如何以“明星酒保”“吧厨”“调酒师”“蒸馏大师”与“文艺青年”（hipster）[9]等词汇，将这些从业者形容成各自领域中的明星。在这些体力活摇身一变、提升到新精英阶级的过程中，“酷”这个要素可谓举足轻重。大家之所以会追求以此为职业，想必是因为做这行看起来很酷。

“文青”一词在媒体版面四处可见，也渗透到大众对于这些职业的想法。至少“反讽”这个当代文青的特色渗透了这一切。一般人认为，文青把每件事都当成天大的笑话看待。比方说，虽然受过良好教育，出身中产阶级，但文青却认同廉价啤酒和卡车帽等工人阶级文化的符号，而此举既是为了展现自己的“酷”，也是为了玩群体内部地位的游戏。“文青”一词经常带有负面意涵：“文青”的次文化角色形象举止既不诚恳，也不可靠。[10]对抱持如此看法的某些人来说，你大学毕业，却决定从事传统上实属工人阶级的工作，穿着老式风格的衣服，从事手作劳务，这种念头本身就是文青文化的缩影。

但是，怀旧之情或许也对这些劳动者与工作场所的“酷”有所贡献。这些工作场所与品牌采用的主题与样式、工作习惯与某些从业人员的外貌，都能唤起一种失落的、美好的、受人渴切怀想的风格。[11]地下小酒馆与经典旅馆酒吧、禁酒时期的朗姆酒走私、木造打猎小屋与经典理发椅，以及桌上摆的砧板。手榨果汁、罐式蒸馏、直式剃刀、全只屠体分割。背心与袖环，锁子甲与刀鞘。以怀旧的眼光单独看待这些面向，便能将它们从原本的历史时代抽离，让当代版的它们更显优越。[12]比方说，超市内以塑料泡沫盘和保鲜膜封装的牛排，就是比不上由功夫了得的屠夫以旧日手法从吊挂的屠体上现切的部位。让失落的世界重新降临的，正是这些新精英劳动者。

但是，鲜少有人会因为单纯觉得这些工作很酷，便投入其中。虽然浪漫的往昔在他们工作场所的风格中，有时甚至在劳动背后的文化中发挥着一定的影响力，但为复兴失落的文化而投身这些行业的人，甚至比因为觉得“酷”而从事的人还少。在绝大多数情况下，工作内容、职业形象与历史关联中的“酷”跟“潮”等因素，对从业者最初会选择从事此行并无影响。他们也不会把大众对其工作内容精髓或核心的想象纳入考虑，而文青的招牌反讽不仅对他们的选择没有影响，在他们的日常工作与职业认同中也不具任何地位。

一般人之所以从事特定领域或特定产业中的工作，背后多有常见的社会机制，如社会地位与名望、家庭影响、教育分流过程，但这些也无法直接套用在他们身上。[13]有些学者主张，中产青年做“烂”工作（如零售业）是因为身份认同与消费之间的关系，或是因为他们认同店家品牌，想跟自己的朋友与“酷”同事相处。[14]这些解释也无法说明本书所谈的劳动者。那么，这些劳动者何以会以此为职业，他们又何以不会把从事这种职业视为向下的社会流动？

这些劳动者从事酷工作，但不是因为工作酷，或他们想变酷。对他们来说，从事其中一种酷工作，是他们在寻求工作意义，寻求因工作而受人认可（同时得到消费者与职业社群的认可），寻求一种能安身立命、为自己提供目标的职业的结果。[15]这既是他们拥有得天独厚的自由、以个人意愿选择职业的表征，也是他们有能力看出当今城市文化潮流，并且运用这种能力的结果。这些特定职业绝非仅是生活风格的相关工作，从业人员也不认为是“烂”工作。[16]这些职业要求从业者展现文化套路（以职人意识加上理解、沟通特定知识的能力为基础的技巧），而这些套路既能达成提供意义的目标，也能让从业者不会将从事这些工作视为向下的社会流动。一旦决定以此为职，这些劳动者都是将自己的工作视为某种召唤或天职。[17]

有好几条路能让他们达到这一步。正如许多主厨是“跌跌撞撞”踏进了自己目前的职业，书中若干劳动者亦然。他们多经历过一段在各种职业中浮沉沉的时光，不清楚自己有意追求的职业生涯，而后才发现现职。[18]对这些曾经的职场飘荡者来说，有几种原因领着他们踏入了这些领域，如师父引进门之后反而离不开这个社群，或是发现了支撑着这些职业的奥秘。最后，这些劳动者中还有少数人确实欣赏这种酷文化，或是在年轻时便浸润于这些职业的精英版本中，这让他们有别于时常换工作与转换职业跑道的人。对于若干劳动者而言，这些工作不过是漫长职业生涯上的临时站。这几种途径不会互斥；劳动者通常会沿着多条途径，成就个人的职业生涯目标。一旦他们找到天职，便会努力创造某种在这些产业中前所未有的职业生涯。

浪　迹

某个悠闲的周一夜里，我坐在死吧的吧台边。杰奎因边和我闲聊，边细心调制“创意奔放”（Fancy Free，材料有波本酒、樱桃利口酒、柳橙与安哥斯［Angostura］苦精）。两名年近三十的男子进到店里，先是停步让自己沉浸在这个刚踏入的新环境，随后慢条斯理地坐到吧台。杰奎因招呼他们，递过酒单，这时其中一人说：“听说这里的调酒术不是盖的。”

杰奎因嘴角上扬，点点头，目光低垂。他常听到这类评语，于是以某种套路化的应对词来回答。而后，他对我说，“我们是酒保。‘调酒术’这名字实在烂透了。应该要有人帮那些不懂酒保在做什么的人想个其他名称，而且要用‘酒保（bartender）’称呼我们才是。人家称呼你‘酒保’，这感觉才有分量，才有尊重。我们没必要被人称作‘吧厨’。”

以这些工作为职业的路鲜少能走得一帆风顺。最常见的途径其实很难称得上是条“途径”，反而更像是始自各式各样的起点，在途中得到各种指引，最后才找到这份工作。职场飘荡者在新经济中居于独特的位置。他们是典型的大学生，却在知识经济底层就业，像是做入门等级的工作，或者完全不在经济体内，但费尽心思想入行。杰奎因走上这条自称为“酒保”，而非更撩人的“调酒师”或“吧厨”的道路，是从大学时期开始的。

“我是我们波士顿那区一间酒吧的超级常客。那酒吧叫白马，一间大学城的小酒吧，是走学院风、爱尔兰风和路边小店风。因为我经常去店里，他们一直想找我做正职。总之，某天我答应了。一开始他们让我做了快一年……嗯，应该一年多的外场吧，然后拉我上去做吧台助手（barback），吧助做了很久后才开始当酒保。*

“我很幸运，能在店里跟一大堆了不起的酒保工作。他们或许不是一流的酒保，但手脚利落，做事有效率，而且真的很懂常客跟酒吧之间的互动方式，顾客也很棒。他们都知道怎么照顾人，晓得如何能让你宾至如归，那几个酒保在这方面真的很厉害。他们款待、招呼客人的敏锐度实在好到难以置信。只是，我后来觉得在那地方是工作没错，但不是事业。”

在各自产业中，本书四种职业里就属酒保和理发师最可能在较典型的工作环境里就业（如邻里酒吧与理发店、美发沙龙，以及盈利全视工作量多寡的地方），扮演着较为典型的角色。有许多酒保是从大学时期便开始从事此行，或是更上一层楼、到纽约的夜店或外烩公司工作，以支持自己心心念念的歌唱、音乐或演艺事业。他们在吧台工作，但对自己端出的酒饮品质或由来其实没什么想法。杰奎因在他那间波士顿爱尔兰风小酒吧倒啤酒，倒一口杯，开酒瓶。白马的酒保缺乏鸡尾酒知识与技术，但当时这对杰奎因来说不成问题。不过，他很重视这段在小酒馆的经历。杰奎因从同事身上学到担任酒保最重要的特质，也就是款待之道。他学会了酒保五花八门的工作内容：服务来客，照管酒吧。鸡尾酒酒保们都强调，相形之下，在个人职业生涯路上，调制精妙鸡尾酒的酷炫知识与文化不仅来得

---

* 吧台助手就是在吧台打杂的人。

晚，而且也比较不重要。

杰奎因在大学毕业后来到纽约市，对未来的工作没有具体想法，许多年轻人都是这样。当时2005年年初，他27岁。他觉得，不管再怎么样，自己总还能做酒保工作。过了一段苦日子之后，他终于在找办公室职务之际，觅得在一间位于特里贝克区（TriBeCa）的意大利小餐厅的工作。

"我心想，好吧，这我可以做，同时也再找找有没有其他比较受人重视，或是更能让家人开心的工作。所以我试着投非营利性组织的补助作者职。你懂吧？我想让英语文学学位有点用处。但我缺乏相关经验。每天花八小时写求职信，寄履历，但全部石沉大海。"

杰奎因因为工作没有进展而闷闷不乐。他四处打零工，在各家酒吧与餐厅间辗转，结果却在接待客人的过程中发现快乐。曾经久待爱尔兰酒吧与底层酒馆的他，开始造访城里较为高档的酒吧，这些地方都是他从服务业圈子和媒体听得的。他在《美食与红酒》（*Food & Wine*）杂志读到名酒保奥黛丽·桑德斯在苏活区开设的勃固俱乐部开幕了。杰奎因在这间酒吧里灵光乍现。

"我记得第一次去勃固时，只点了一杯曼哈顿；你知道勃固那种盛况和桌边服务。你点完酒，会拿到酒瓶、滴管等小东西。*我忘不了在那儿的感觉，'哇，我以前绝对没喝过像这样的曼哈顿。'我还记得自己在想，'好，我还有很多可学'，想着

* 勃固俱乐部是以为顾客提供一盘小瓶装的苦精与果汁等少量调味剂闻名。顾客可自行用这些调味剂调节饮料口味。

‘靠，我连利登豪斯（麦酒）是什么都不知道，我该搞清楚才对。’我还意识到花12块就能买一整瓶利登豪斯，结果刚刚那杯调酒就花了我14块。但那杯调酒还真棒，我完全不认为自己被宰了。真的好喝。感觉就像‘哇，我调不出这种酒’。我从没看着一瓶12块、不算贵的酒，心想自己也能用它调出这么好喝的饮料。我真的心服口服。就像是‘妈啊，我还得加把劲才行。’于是我才用自己的方式朝这个方向努力。在勃固的初体验，绝对是让我大开眼界的一次经验。”

杰奎因随后两年在城里得到大量的酒保与服务经验，还自学了更多关于烈酒与鸡尾酒的知识。他在一间经营不善的南美餐厅管过酒吧；新鲜果汁、蛋白与皮斯可酒（pisco）都是他在店里会用到的材料。但酒保调制的饮料会反映其酒吧的文化。杰奎因意识到，除非他到某个想制作精调鸡尾酒的地方工作，否则他永远无法以酒保为职业。经过八年服务业的历练，他深深渴望得到文化知识与业内技术，以搭配他在白马工作后便持续精进的待客之道。杰奎因看到新开的高档鸡尾酒吧有工作机会，于是前往应征。由于他的人格特质，他获聘成为死吧开店的元老员工。知识与技术之后再补。

“直到我得到死吧的工作，而且再过一两年后，事情才真正开始顺利。我的家人在那当下才首度意识到，‘好吧，或许这一行不是我们原以为的死路一条，也许你也不是在浪费时间。’从那一刻起，我才能更理性地和他们真正聊起我在学什么、见过谁，这为什么重要诸如此类的。”

杰奎因就和许多先前已有同产业经验的从业者一样，认为自己早先的工作与如今的事业是有分别的。前者未必全然具备他在后者当中追寻的元素。我问杰奎因："你认为，如果你工作的地方比较注重服务，或者说，比较不重视酒水品质，你还甘愿在那样的地方当酒保吗？感觉还会一样吗？会不会像'现在这个就是我的事业？'"

"我觉得不会。了解我背后酒架上所有东西就是我的工作，这就跟知道饮料里用了哪些材料一样重要。是事实没错，但我觉得，这跟我之所以热爱死吧让我见识到的没有多大关系。我的工作就是要能回答我做的每件事背后有什么原因，但我认为这跟我们确保自己在这杯酒里加了几滴苦精倒没什么关系。不过你也晓得，我们比较像是'我没有你刚刚点的那牌子的威士忌，但我知道那牌子怎么样，知道它的酒醪成分，也知道背后这47种美国威士忌有类似的酒醪，而且我还能告诉你，为什么你该改喝这种，为什么我提供你这种，而不是那种。'我认为这跟钻研、调制完美的酒饮没有太大关系，反倒跟这个地方有关。你在这里就是得了解一切，因为这是你的工作。我想，这才是我喜欢这里的原因。这里需要动脑袋，你得了解这些东西是什么，我喜欢的是这部分。"

杰奎因搬到纽约时，带着一纸英语文学文凭、服务的窍门和些许酒保经验。他缺乏写字维生的运气，浪迹于不同的服务业工作赚取温饱，却偶然在过程中发现能满足他所追求的工作意义的世界。显然不是每个背景与杰奎因相同的人，都能铁了心不再寻找传统上更"好"的工作，转而以酒水服务业为职业。但杰奎因担任酒保的经历，以及服务时感受到的喜悦，引领着他走上了这条路。杰奎因和其他在无意间以这些工作为业的劳动者一样，他发现只要酒保工作能结合服务、技术与知识（也就是文化套路），他的内心就会充满热情。

学习的环境

学者会运用“实践共同体”（communities of practice）的概念来讨论那些能够进行学习的非正式社群。[19]实践共同体代表一种持续进行的学习过程，群体成员在当中交流理念，并且在有意识与无意识的层面上相互学习。只要通过彼此互动，就能学习。本书所提的各种工作场所都呈现出实践共同体的样貌，它们不只是零售、服务与制造业，更能促成雇员之间产生有意义的互动，而这种互动就具备学习交流的作用。

学习有时会以正式的形式出现在师父与新手之间。但在多数情况下，经验丰富的资深工作者就是师父。一旦新人明白了自己想做什么，并且让自己置身于做这“什么”的环境中，一对一的指导关系也就于焉成立。

理发师杰森今年34岁，全身几乎都是刺青。他常跟客人聊起自己身上的刺青，当其他理发师的客人征询该怎么剪时，其他理发师也常指着杰森利落的侧分线上梳发型。杰森曾在马萨诸塞从事建筑业多年，后来才在2007年搬到纽约与女友同居。

“那时我在做建筑业，但对干建筑就是没热情了。尤其在纽约，感觉有点沮丧。我在马萨诸塞州的乡下长大，那里大概每个人都在从事建筑业这行。我有车，可以放工具。在纽约工作就像是场不同种类的球赛，工作忙碌，几乎没时间做别的。我得背着工具。

“我就在纽约干了三年建筑。但过去这一年我一直在做理发。这两个感觉就像同样的事情，你懂吗？一堆朋友，气氛也很像刺青店。兄弟们进来串门，我当然也喜欢。我完全没办法当刺青师，因为我不会画画。我喜欢男士俱乐部这种东西。怎么说呢，这就像我经过一间理发学校，心想‘我想做这个。’”

但杰森不想真的去上理发课。他想在理发店的自在环境中学习如何剪发。愿意花时间训练完全新手的理发店不多。杰森的朋友向他提过弗里曼，他也听到店里在招人。

“我觉得自己很走运，能跟这些家伙工作。我没在其他店做过，甚至没上过理发学校。[20]是他们教我怎么剪头发。有天我走进店里，看到他们在招人，其实是前面在招人卖衣服。接着我就跟范说，大概是‘你们收不收学徒？还是有缺扫地工吗？’他的反应大概是，‘现在没有，但之后一定会收。你就常过来，让大家都认得你。’我大概很烦人吧。我一直来一直来，某天，他们就给了我一份工作。”

“你会只为了串门就来店里？”我问。

“（发出‘嗯……’的声音。）问问题、观摩，有点像当学徒，但不是真的学徒，不算正式。有天我一进门，范就说，‘你想要工作？’我就回，‘当然！’”

弗里曼因为想训练人把头发剪“好”，所以常会收学徒。杰森常上门聊天，展现出自己对于学习剪发的认真态度，相处起来也随和，于是他成了店里的一员。他领薪水做的是前台接待，工作内容是招呼客人，安排每日预约排程、销售产品、收钱和接电话。接待也得清扫地板上的头发，折围裙，替理发师跑腿，还要确定理发师的工作台上有他们需要的东西，像是热毛巾与剃刀。这类工作占据了杰森白天大部分时间，但在早上和傍晚店里清闲时，他会替朋友和从网络招募来的人免费理发。他通过观察店里每个人、和大家闲聊来学习。不过，范后来成了他的师父。“尽力做就对了。我以前不会用手指梳头发，但现在我不必看都能办到。说真的，我真没办法用手指整理头发，感觉很别扭。范的教法是接手过去，等到我搞懂怎么做这事后，他会在我收尾时处理，像是让我看看哪里做错、哪里做对。”

杰森恰好有人际关系，让他得知弗里曼的事（一位朋友），他的外貌恰好能让他受雇担任接待（亦即刺青与穿衣风格），而他的态度对于成为理发师学徒也恰到好处。[21]他努力学习理发手艺，休假日也来，而且早到晚退，最后开始在正职理发师没上班或午餐休息时，以半价为客人剪发。经过五个半月的学徒生活后，弗里曼给了他一张椅子。理发店阳刚、同性社交的工作环境与“男士俱乐部”的氛围，让早已习惯用双手工作的杰森深受理发的概念吸引。接着，他为自己的个人风格找到合适的文化环境，也找到一位帮助他学习技艺的师父。

除像范之于杰森这样的一对一指导外，工作场所的同事也能集体指引这些从业劳动者，让他们适应环境，获得这一行所需的知识与技术。比方说，酒保常会问同事正在调什么饮料，蒸馏师问别人如何让整批酒得到特定的风味，理发师与屠夫也会在工作时一直偷瞄别人的成果，想找出能带来丰硕成果的做法小差异。新人身处周围皆是老练的实践者的环境，从中学习，沉浸于工作场所中一再反复的活动。

如果以调制鸡尾酒的技术与知识为标准，杰奎因不会是死吧那份工作最好的候选者。店内其他获聘的酒保都有曾在勃固俱乐部与熨斗酒吧工作的背景，这两间都是名店。但杰奎因知道，和这些人工作，他能学到追求自己职业生涯所需的技术与知识。

“我受的训练一直是‘顾客永远最大’，所以基本上我就是闭嘴听比我厉害的人讲话，一如既往。你给我闭嘴，听菲尔和布莱恩怎么说（这两位是经验更丰富的同事）。我就学。‘你为什么拿那瓶苦艾酒？这瓶跟那瓶有什么差别？好，我们来尝尝。我没听过那种经典鸡尾酒，怎么调？没问题，等我写下来。’我第一年就像块海绵，拼命吸收。我恐怕得花一辈子才能为酒单加上一款调酒。我根本不敢拿酒谱给菲尔看。我知道自己是个还不错的酒保，但没有他们几位的背景。我没有受过茱莉（茱莉·瑞纳）或奥黛丽（奥黛丽·桑德斯）的训练。我不晓得谁是萨莎（萨莎·佩特拉斯克）。[22]我没听过这些人，那我就闭嘴，闭嘴干活。在这里工作你要开心，别把事情搞砸，态度要大方亲切。这些人从他们以前待的酒吧把常客带了过来，可别失去这些客人。就算你没办法用同样的方式回答问题也没关系，就把不懂的全写下来，研究透彻。头一两年在死吧差不多就是这样。”

对出于偶然而开始从事这些工作的劳动者来说，体力劳动自有其魅力，但那只有在体力劳动结合了文化品味与专业技术时才算数；至于文化品味与专业技术，则是在共同体内通过实践来学习的。

哲学指引

其他劳动者在入行前，或许已对自己想走的职业道路怀有强烈认同感，但并未在相关产业工作过。相较于酒保和理发师，精酿蒸馏师与全只屠夫更是不大可能有过相关经验，能领着他们在年轻时就走上这条路。有些劳动者之所以开始踏上走往这些职业的路，是因为早已接受并支持着这些工作的哲学，而这些特定的职业，不过只是几个有可能实践如此哲学的工作选项而已。

乔来自密苏里西北，就读大学前曾短暂加入美国陆军。他在大学毕业后到堪萨斯城当学徒酿啤酒。大约此时，他对美国当今的食品产销体系，如农企与超市，开始抱持批判态度。“永续性”与设计可永续经营的体系才是乔真正的热情所在。他曾在加州与纽约州的小农场工作过六年，在后者与布鲁克林威廉斯堡的公寓之间通勤往返，而布鲁克林则是他与艺术家和其他创意工作者相聚的地方。乔和爱人搬到上州，在当地农场与一间啤酒吧当差。尽管没有任何酿酒经验，但一听到图丘镇招人，他便决定应聘，因为这份工作能让他更深入自己关注的议题。向来健谈的乔特别喜欢解释精酿烈酒与当地小规模农业之间的关联。某天早上，他在短暂的休息时间拿起图丘镇的玉米威士忌酒瓶。

“这堪称月光酒的理想化身。你以后还会更了解这支酒。我脑袋真的是炸了。我刚来时，他们就有这产品，我的反应像是‘是很可爱啦，可是……OK，你们不会拿月光酒去卖吧。’结果我错得离谱。这支酒超轰动，现在真的是红翻天。美国最好的酒保爱死它了。一下子，大家都说‘我们卖光了，还需要大量进货’。所以我就酿了八个批次。八批月光酒耶！我们这才开始赶紧生产，因为大家喜欢这款酒，太棒了。喝起来真纯。这款酒在市场上声誉很高，炙手可热。另一方面可以教育消费者，一方面又能回馈农民。你认真去品尝、细闻这款酒，它闻起来就像玉米。我的意思是，它闻起来就像爆米花，奶油爆米花。”

“确实有透出味道。”我说。

“这又是一件能帮助将事情向更整体、更完善的做法；更丰富的遗传多样性（农业方面）等都是。农民通过我们可直接受益。我们酿酒，所以怎么样都赚钱。我们大可在酿造时加糖，这对我们来说最省钱，然后酿出跟大多数人一样的垃圾赚到大钱。”

从乔的角度看，图丘镇烈酒厂与其他精酿厂直接向附近农民购买蒸馏制酒所需的农产，对维持当地经济颇有贡献。真材实料使用当地农产的精酿生产过程，让精酿师与农民建立起直接的关系。这一层关系代表精酿厂得到的农产品，通常会比向大盘商取货的原物料来得特别，而农民则能获得经济收益。

“农民一向得看市场吃饭。除非当下的市场价格高于他们的预期，他们才能赚得比一般多，但有时甚至会达不到预期。不过农民要是直接以同样价格卖给我们，就能省去中间人。

“这跟CSA*是一模一样的概念。农民提升收入，能获得务农需要的资金。他们不必去借钱，也不必等市场决定农产价值。要等上八个月是很可怕的。虽然很多人同情农民，但大家不管怎么做其实对他们都没有实质性助益，因为不是直接向他们购买。我觉得，唯一能做的，是当地层面采取行动，像我这样直接向当地农民采购。这是唯一能带来影响的事。”

因为有潜力成为体系的一部分，同时强化这个体系，农业背景出身的乔才会受到吸引，投入烈酒蒸馏这一行。随着时间的就近，乔学会如何蒸馏，对烈酒的味蕾也变得更敏感。乔有这么多可能的出路能实现个人对于永续性的热情，而他选择了蒸馏制酒。要是少了这个哲学，他未必会成为精酿蒸馏酒师，而且很可能完全不会。但蒸馏酒只是其次——只不过是他成就远大志向的途径。凭借烈酒精酿，乔得以挑战主流的食品体系。

四种职业里，全只屠夫与肉店柜台员工是最有可能先对自己从事的产业——食品业——保持坚定的热情，而后才来做这份工作的。重视食物的吃货浪潮不仅改变了涉及食物的公共论述，让人质问食物如何制作，将食物化为大众文化中固定会出现的一环，还激发了众人想成为产业一部分的热情——无论是以专业人士或业余爱好者的身份为之。不论是屠夫、柜台、厨师和实习生，到肉店工作的人是因为他们对食物世界的某个面

---

* CSA是“社群支持型农业”（community-supported agriculture）的简称。CSA计划让消费者跟当地农民购买农产份额。消费者可凭份额得到一定数量的农产品，像是一箱箱的蔬果，通常是以周为单位，农民则能直接将农产卖给消费者。

向已怀有强烈好感。肉品有时甚至不是他们对食物的信念或喜好的重心。有些人的关怀围绕着永续食物的社群，而新式职人肉店的哲学正符合他们的性情。[23]食物，尤其是肉品，在某个时间点变得重要到能引领他们在这个产业中追求一份工作——但追求的只会是较高阶的工作。

"你有办法切肉干但不切到手指吧？"詹卡洛某天在店里问我。我上周才刚在学切后腿肉时把自己的小指切掉了一大块。那时我忘了屠宰（也可说是用刀）的基本规矩：一定要清楚你另一只手摆在哪儿。

"我有点紧张，不过我想再试一次。这样才会进步。"

"没错。去拿块后腿肉吧。"

我拿出冷藏库里剩下的最后一块后腿肉，回到切肉间。我小心翼翼试着从肉块上单单切掉肥油，而不切到任何肉。几分钟后，我桌上已经有一大堆肥油。詹卡洛过来检查。

"这算边肉还是垃圾？"

"嗯，都是？我还没把它们分开。"

"你切肥油时夹带太多肉。你不会想浪费掉这些肉的。你知道一头牛得吃多少谷子和牧草才能增加一磅体重吗？"

我耸耸肩，知道他意在反诘。

"可多了。我们希望尽可能少浪费。要确保切掉的只有肥油。"

詹卡洛来自科罗拉多的普韦布洛（Pueblo），他在科罗拉多大学波德分校（UC Boulder）取得经济学学位。"我多花了点时间才念完。有几堂课忘记修，结果少了几学分，而且我对念书也有点厌倦了。"他在丹佛一所医学中心担任管理职，这份工作最终也让他疲乏。为一份没能带来意义的工作劳心成了推力，对食物与肉品的热爱和兴趣则成为拉力，这两股力量让他做出了改变。

“我年轻时就喜欢下厨，只要跟食物有关的事都喜欢，而肉品始终是我的最爱。我很好奇，很想知道我的食物是从哪里来。你去超市会看到塑料泡沫盒上的那些东西，或者你看到YouTube或关于动物的纪录片，就知道他们会在牛耳朵上挂小牌，一直喂它们吃激素那类东西。这会让你不禁怀疑。你不会想吃那种肉，而且那些动物都窝在自己的屎堆里。”

因为对食物与肉类的好奇，詹卡洛辞去医学中心的职务，找到一份熟肉店的工作。由于好奇心太盛，后来他更是到一家小屠宰场从事宰杀工作。[24]“我整整一个月不吃肉”，他谈起那段经验。虽然事后证明屠宰工作深具启发，但他并无意在此久留。不过，到屠宰场走一遭却让他对这个行业有了兴趣。他存了些钱，搬到美东，到上州的纽约州立大学科博斯吉尔学院（SUNY Cobleskill）研习“肉类加工与食品安全”的职训计划兼认证课程。[25]这个课程除了让他得以精进刀工，也了解了从肉类温度到灭菌等领域的食品安全。毕业后，他在2012年往南搬到纽约市，他的女友当时正开始攻读纽约大学的食品研究博士班。拥护肉品伦理的詹卡洛开始与当地提倡相同主张，而且愿意教他如何从事屠宰业的肉店联系。“我想去类似老派、传统肉店的地方工作。把全只屠体拉进来，分切。”杰克给了他“助理屠夫”的职位。事情既成，詹卡洛才解释，说他打算慢慢了解这个产业的其他领域，进而成为这份工作的不二人选。他回想这一路走来:“我想开辟自己的路。我觉得,这个产业、服务业里那些成就非凡、最后开了一大堆餐厅的人,都是从洗碗工起家的。”

“一路往上爬。”

“对,然后他们开始做准备工作,开始切菜。接着他们准备当厨子。他们进厨房当二厨,接着变成副主厨、行政副主厨,最后走向前场当经理。”

“没错。从基层做起。”

“就是说啊。这么一来,你才会面面俱到,什么都懂。我就想这么做。我想往回走,所以从做香肠开始,烟熏香肠那种,然后去屠宰场。我想用这种方式去了解我若要从事屠宰业,那会做什么。”

追求一份能满足“永续性农业”“道德饮食”等既有价值观的工作,就像是种专注的漂流,指引心中并未怀抱特定职业期待的人去从事这些工作,这些他们可将之化为事业的工作。但既有哲学会引领他们朝特定方向前进。詹卡洛的“洗碗工到店主”模式,反映出“从扫厕所到大老板”这类的商界传奇。这种事在食品界并非前所未有。[26]但在这几种职业的劳动者中,传奇毕竟极为罕见,只能说非常浪漫。大多数人都不是从其工作场所或产业中最底层一路干上来的,这些工作场合的助手——吧台助手与肉店搬运工——通常都是少数族群出身,不仅不会升职进入这些新型精英工作,而且绝不会一路走下去、开起自己的店。詹卡洛虽然不是一开始就当屠夫,但他在产业中的第一份工作却是在某间特别的熟肉店——这也不是最底层；他的第一份屠夫工作又是在迪克逊这家高档全只肉店，而不是一般超市或肉品包装厂。指引这些劳动者去从事这些工作的哲学（如道德肉品哲学），最终会带领他们去追求产业中的精英版本。这些有志之士的“最底层”，并非吧台助手，甚至不是邻里酒吧的酒保、蒸馏厂工人、快剪店理发师，也不是肉品包装场的搬运工或屠夫。这些劳动者的“低出身”，其实地位与影响力仍然相当高。

在每一个顺流漂向工作的例子里，这些劳动者都是在前进的过程中精进在其职业里蔚为特色的文化套路，渐渐通过实践与师父、支援社群与哲学的指引，达成自我实现。他们早年的个人经验，以及进入产业前和身处产业中的工作经验，共同塑造出他们迈向眼下工作的进路。除了少数例子，他们至少都有一点大学经验可依靠，而且无须担负养家的重责。不过，这种未经计划、随波逐流、以低地位职业为事业的道路，并非他们唯一采取的途径。

转换跑道

扬斯敦是俄亥俄州东北的一座小城，位于马霍宁谷（Mahoning Valley，又名“钢铁谷”［Steel Valley］）的心脏地带。这座小城在钢铁业鼎盛时期发展蓬勃，在20世纪30年代达到17万人的人口高峰，却在制造业惨痛的衰颓中土崩瓦解。扬斯敦如今象征着美国中西部工业经济的崩溃，废弃资产、失业、贫穷与犯罪皆达到难以承受的程度。扬斯敦目前人口只有6.5万人，而且还在持续减少。年轻人只要有能力，都会离开这座黯淡的城市，追寻更开阔的天地。

“我来自一个非常蓝领的地区。”罗伯说。他站在理发店“盲发匠”附设的鸡尾酒吧吧台后，等着预约客的到来。罗伯常跟客人聊起自己的出身。他的祖父在扬斯敦如日中天时担任技工与铁路工，父亲则是理发师。根据他的描述，他父亲的生活就好比一首蓝领工人的牧歌：收入可观，有栋不错的房子，每年都能度假，每五年到十年换一辆车，平常生活都还过得去。他以七块钱的价格为当地警察、消防员，以及汽车、铝罐与几间仍在营运的钢铁工厂的工人剪发。剪出的发型几乎人人相同。放假时，街坊的老太太会送他一盘盘饼干和烤派。罗伯的父亲教他剪发，高中毕业后，他就去理发师学校念书。但他晓得，想脱离扬斯敦，就得读四年制的大学。

“所有同侪朋友都读大学，让我觉得自己也该去读。我的确有机会，也搬到哥伦布读俄亥俄州立大学。那感觉很挣扎，尤其你在这么蓝领的地方长大，无论爸妈或爷爷奶奶，大家都是辛苦工作，只为了多给你一点。上大学就像异想天开，但你终于做到了。我寒假都会回我爸店里帮忙，你知道，就是做那些工作。我一直很喜欢这一行，但就连我父亲的态度都像‘你不会想站一整天的’。”

除了放假时给父亲帮忙之外，罗伯在学校时偶尔会当理发师赚点生活费，也会帮朋友剪发，不让技术生疏。他在学校的资讯系找到工读机会，负责线上教学。罗伯在毕业前夕得到正职工作，后来又搬到纽约市，在布鲁克林闹区的纽约大学理工学院（Polytechnic School of Engineering at New York University, NYU–Poly）找到类似工作。

“那样的转变对我来说太可怕了。我在办公室工作，一大堆教职员都非常抗拒科技。做线上教学的老师也不是真的全线上教学，而是摆摆幻灯片。我几乎不会遇到任何教职员或学生，所有事情都以e–mail沟通。这也是一种消极抵抗的方式。你会觉得自己好像没有建立真正的联结。话说回来，如果我坐在隔间里通过e–mail做事，或许留个语音讯息——大学或企业的文化气氛都是这样，大家根本不会合力做点什么。我们都在各自独立的部分上费心费力，但这些片段永远不会组合起来。我觉得，只要你看看蓝领工作里一些有形、实际的部分，就连文化都不一样。啊，我这话不是针对你……”

我意识到罗伯本想讲些跟学术工作者有关的事，但怕冒犯到我，便挥挥手说没关系。他接着说。

“但要是我去帮教职员处理问题，就得用很不一样的讲话声调跟态度，完全不像我跟维修工人打交道那样，只要说‘跟你说，这堂课有台投影机得换灯泡。我们就别浪费时间，动手吧。’这么基本的工作很快就能解决，根本不必经过15封官僚派头十足的e–mail。一段时间后，这种情况实在让我招架不住。

“我猜，这对我就像是：我真能试着坐在办公桌后、赚到六位数薪水，但感觉很不踏实；或者，我可以到别的地方做点什么，虽然少赚点，但感觉更充实，也跟我的工作更有联结。这并不是说我在学院里共事的人都很糟。但我会想，在通用或福特汽车生产线上组装汽车的人会有什么感受。他们会说，‘告诉你，我们一天就能做出40辆Cobalt'，感觉车子每个零件都是为了打造出这个有形的东西，是你能触碰、能感觉到的东西。你可以建立伙伴情谊。我就是想做蓝领工作，想知道这究竟意味什么，对我而言究竟有何意义。我可以打造某样东西，而且不止跟我服务的对象，还有共事的人建立起伙伴情谊——我想，这种想法对我才是最大的转变。

"可以朝九晚五，拥有真正的福利和休假，还能用黑莓机或iPhone看e-mail，感觉很幸福——但我也觉得自己虽然完成了工作，却没法真的碰到、看到或感觉到。我觉得一天过后，整个人真的很空虚。我有固定收入，这很好，有稳定薪资当然好。但有时我也许打着领带、穿着卡其裤去上班，却会觉得下班搭车回家的那个人不是我自己。除非我能做自己，不然我不想让任何人看到我，你知道这种感觉吗？能用相当合理、实在的价格去创造某种东西，或提供踏实的服务，借此获得收入，这样很好，这跟我领死薪水、怎么做都没差别的情况完全不同。"

罗伯从蓝领工人阶级出身学得的价值观，与他认为现今的经济中自己"应该"以什么维生的想法有所冲突。他上大学，成为高等教育机构中资讯单位的专业人士，搬到纽约市，得到该领域里的"好"工作，穿着体面的衣服。他走在一条职业生涯道路上，有朋友与家人支持。罗伯也承认办公室的全职工作确实有些好处让人颇为享受：高薪、准时入账、医疗保险，以及假期（简言之，安稳）。但他就是不喜欢。

在"二度职业生涯者"（second careerist）中，罗伯不是孤身一人。这样的人曾做过全职工作，领固定薪水，在特定环境中作业，拥有特殊技能（总之是份“好”工作），却出于个人意愿决定离开本行，改做本书讨论的任一职业。[27]记得开场白里面提到的哈尔吗？哈尔是个转职者（career changer），他在将近三十岁时初识调酒文化，而且深深爱上。他慢慢想办法进入这个产业，以能够辞去平日的工作为目标，后来也真的实现了。他成为酒保、品牌顾问，以及几家威士忌公司的品牌大使。就罗伯的案例而言，他当过理发师——作为工作（job），而非事业（career）——后来也决定重操旧业。对于内动工作，罗伯的态度有点矛盾（不妨回想詹卡洛在前言里说的话：他不想在“小隔间里工作”）。许多转职者表示自己喜欢办公室全职工作的安稳，但在工作上又感觉不踏实。他们不喜欢窝在办公隔间里做事，与他人隔开，而且工作成果只存在于数字科技的乙太网络中。

罗伯以及其他因家庭而跟产业有所关联的人（多半是理发师）可说是独一无二；因为他的蓝领背景影响了他对工作的期待。不过，虽然他渴望特定工作中的具体特质，却未必要在如像扬斯敦这样的蓝领环境中工作。罗伯选择到纽约东村一间潮店工作，而不是工人阶级街区的当地小店。身为具备时髦都会品味的大学毕业生，类似盲发匠这样的地方，就能同时满足罗伯在文化与技术上的工作需求。并非所有劳动者都抱有个人在成长过程中学到的体力劳动价值观：站着工作，以双手创造某种有形之物，为他人服务。即便如此，对于离开知识产业转做体力活的人而言，“用自己的身体与头脑与物质世界互动”依然具备强大的吸引力。

斗士与文化追求者

杰奎因、乔、詹卡洛、罗伯与哈尔都是三十几岁，他们在20世纪90年代与21世纪初期读大学时，各自从业领域的精致文化还不像五年到十年后那么广为流行。由于文化潮流让他们得以借着人际网络、传统媒体及社群媒体保持流动，加上工作机会也随专业栖位的扩大而增加，有些职业中的劳动者才能在年轻时发展出对该职业文化的热情，并积极求职。

锡拉库扎（Syracuse）出身的妮可在下州的曼哈顿学院（Manhattan College）主修化学工程，并在2006年毕业。她在大三、大四时曾担任“工程导论”的教学助教，在课堂上协助教授示范如何酿造啤酒。由于她对这过程颇感兴趣，于是思索如何才能将之化为事业。

“后来我突然想到，酿啤酒跟威士忌中间只差一步。蒸馏是化工的最核心，烈酒蒸馏的微妙之处其实跟其他化工蒸馏相去不远。这说得通，感觉是很自然的过程。我从没考虑搬去肯塔基州，当时的想法就像‘哇，这不是很酷吗？但我不会真有这种机会，那我得去其他地方。’我曾经想过到百威啤酒（Budweiser）工作。我还真的去面试过。”

妮可毕业后在一家环保服务公司谋得职位，让她得以留在纽约市。当时是2006年，城里还没有任何烈酒蒸馏厂。随后几年，妮可尽己所能阅读跟烈酒蒸馏有关的资料，与美国蒸馏酒协会（American Distilling Institute, ADI）的人讨论蒸馏，也讨论哪儿有可能找到她想要的工作，过程中也听到有少数几家蒸馏厂计划开设在纽约五行政区，这里正是她想久居之处。妮可在纽约蒸馏酒公司创业之初得知这家公司，当时该公司正和上州几间酒厂合作实验自家配方，同时打造自己的空间，于是她联络了老板。

“我对他们做的事印象非常深刻。他们财力雄厚。这是一份工作，是可能的职业生涯选择。于是我寄了e-mail给业主，他非常礼貌地说‘我们还要再一段时间才会有实际作为，但咱们保持联络。’我挺失望的，不过还是觉得有机会。总之，我先把这件事搁到一边。”不久后，妮可得知国王郡蒸馏酒厂在布什维克开张。

“我在他们办月光酒试饮时跑去自我介绍：‘我是你们最新的员工。很高兴认识你们。我会一直站在桌子旁，直到你们愿意跟我面谈。’我在那儿站了一会儿，他们同意了。我接连去了好几天，心想‘我愿意免费工作。只要能成为其中一员就好。我想学这一行。’大家都明白我的意思，事情就这样了。我纯粹是因为‘有人在纽约做这个’所以很兴奋。我不必为了自己这辈子都想做的事情，牺牲自己在纽约的生活。”

国王郡是家小公司，这让妮可有机会直接参与酿酒的各个过程，从中学习烈酒蒸馏。她一直很想体验这种动手做的本质。

“还有一件事情让我不想搬去肯塔基，就是我在百威的面试经验。如果是为大规模生产者工作，那么我绝对接触不到每一件令我迷上酿酒的事。百威已有多年传统和专业酿酒人，很清楚自己在做什么。他们有自己的配方。如果在百威工作，就是要负责确保酵母始终维持在华氏76度之类的……他们没有玩的空间，没那么有余裕，也没什么职人创意。就是典型的化工。”

等到生意越做越大，妮可终于能辞掉白天的工作，成为国王郡的“调和大师”，而且充分运用个人专业，成为其他精酿烈酒厂的顾问与纽约州蒸馏师公会（New York State Distillers Guild）主席。若说有谁早在大学时代便已浮现对一份工作的热情，那么，妮可就是例子。小批次蒸馏酒的梦想种子一旦在她的脑海里播下，便开始指引她去追寻。至于其他劳动者，领他们走向那份工作的，则是他们对工作本身的文化、包括围绕其历史的浪漫故事所怀抱的热情。

“我会告诉你——但除非你出书了，不然你都不能告诉别人。等你出书之后，我就已经是老油条了。别，别，我很认真。这是我不可告人的秘密。”

傍晚时，杰瑞米和我坐在死吧分享鸡尾酒。我跟他是在雷恩法庭认识的，他是那家店开张时的首席酒保。如今，他是俄罗斯斯丹达伏特加（Russian Standard）的品牌大使。杰瑞米经常穿着全套合身西装，搭配他的骨感身材，头戴费多拉帽（fedora），袜子色彩鲜艳。他还神气地蓄着克拉克·盖博（Clark Gable）那样的胡子，两耳耳洞用黑色小栓稍微撑大。我点了一杯黛西·布坎南（Daisy Buchanan）——这是死吧的原创调酒，以泡了洋甘菊的黑麦威士忌、干苦艾酒、艾普罗香甜酒（Aperol）与黄荨麻酒调制而成——杰瑞米则啜饮黑麦古典鸡尾酒。我问他怎么会从事酒保这行，结果他要我发誓保密。

“我绝对不会告诉任何人。”我保证。

“这故事和我对美国文化的兴趣有关。我爸是传教士，我常跟他一起出国，去了好多东南亚和非洲国家，之后又回到美国。年纪越大，我就越怀疑美国文化其实非常虚。这让我难以接受。于是我开始研究美国文化。我在研究所时有一次和班上同学激辩。我选了一堂谈各国诗学中“悲痛”议题的课，是一门研究悲痛的实作课，结果我们为美国的悲伤吵成一团。我就说，‘美国人不懂如何悲痛。我们就是不懂。而且我们——我就这么下断言——‘我们根本没文化。’一个朋友马上说，‘那棒球你怎么说？’你能想象吧，‘不是有脆杰克（Cracker Jacks，焦糖爆米花花生）吗？不是还有？’你知道，这感觉就像……全都是流行文化。我就说，‘这不算。这些东西都是很表面的冲撞，是用来刺激文化发展的方式。’我们的文化从源头、从最开始就是一团混乱，从来没有稳固的东西。这也正是为何我们今天会拿像是‘全球化’这样的东西来帮自己忙，为什么我们会把全球化当成工具，而非结果的缘故。

“千万别误会我的意思，我不是种族主义者——看，我太太是亚美尼亚裔俄罗斯人。这与民族主义完全无关。可是每当夜深人静我躺在床上，想来点小小幻想时，我想的都是这样的美国——有自己的民族，有自己五百多年的文化，其他民族的文化之后才在这里流行起来。也就是说，鸡尾酒的存在是因为其他民族进入美国，而我们暴露在他们之间所造成的。总之，我深入研究美国文化，就是深入研究我们如何运用别人的文化，研究这些文化对我们有什么价值。”

杰瑞米开始阅读，研究美国的经典人物，如赫伯特·亚斯伯里（Herbert Asbury）作品中的角色。*他迷上赌徒、爵士乐手与枪手，也意识到自己（以不会伤天害理的方式）唯一能胜任的角色就是酒保（他会弹斑鸠琴，但只是弹着玩，觉得爵士音乐界竞争太激烈）。他在酒保工作中看到有发展潜力的事业。

“我讲这些，是要铺陈我那见不得人的秘密是什么：我是从2008年一月之后才真正算个酒保。在这之前，我只是个教科书式的酒保。所以呢，我进这行的过程就很像哈乐戴医生（Doc Holliday，知名赌徒、枪手兼牙医）投入枪战的过程。他原本不是枪手，但他想当枪手，于是偷偷在牙医工作结束后去练枪法，你知道，他的牙医事业挺失败的，之后就成了枪手，甚至还为自己制造传闻。我成为酒保有一大部分跟他挺像的。

“不过，网络文章有许多关于调酒术与当酒保之间的辩论。我同意其中一种特定立场，那就是：在背后支持整个酒吧的人是酒保。许多人认为‘调酒术’是个比较了不起的称呼。但我不觉得。调酒术谁都能练，你也可以练调酒。他做的事情（他指着吧台后的杰奎因）只有他能办到。他是酒保，他照管这个酒吧。这可比调酒术不知要难上多少倍。调酒术就是调饮料，那只占他工作中的四成。他得确保气氛舒服，确保每个人都有杯水，饮料都很好喝。调酒术不过是调饮料的技艺。表面功夫嘛，是吧？”

---

* 赫伯特·亚斯伯里是20世纪初新闻人兼作家，他除了《纽约黑帮》（Gangs of New York，1928年）与《法国区》（The French Quarter，1936年）等知名作品，也曾在孟肯（H L.Mencken）的杂志《美利坚信使》（*The American Mercury*）上面写过知名酒保杰瑞·汤玛斯。汤玛斯1928年版的《调酒师指南：如何调饮料；又名讲究人士指南》也是亚斯伯里编纂的。汤玛斯的个性与19世纪粗犷的地下社会完美吻合，这时代正是亚斯伯里擅长的时间点。

杰瑞米在密尔斯学院（Mills College）研究诗，取得硕士学位，接着到纽约一间建筑公司做营销。他有空时会写诗，研究鸡尾酒历史，还开始大量囤酒，打造出拥有超过300瓶酒的家庭酒吧，当中有17种苦精，有些还是他个人的配方。“我拥有皇后区最棒的酒吧，也舍得在上面花钱。”他说。对营销工作开始厌烦后，他上网觅职，在人力资源网站输入他的梦幻词汇“调酒术”。当时新开的雷恩法庭征求酒保的广告跳了出来。

“他们隔天就有一场可随到随谈的面试。我翘班过去。走进店里，因为完全没有经验，所以我有点吹嘘。我拍下家中酒吧的照片，一进门就把照片秀给对方看，说‘你看，要是我来这儿工作，你可以跟人打赌说我不管调哪种酒，都是用我自己的时间、花我自己的钱调过的。这我敢打包票，因为这酒吧都是我一个人搞出来的。’我就跟他们讲这套话。奶与蜜酒吧的迈克是这份工作的顾问，总之，当时他跟店老板都在，而我引起了他的注意。我说，‘我就想干这行。’后来，他们离开之后，他向老板推荐由我当首席酒保。他们雇用了我，我也拟定了当年的酒单，那酒单店里到现在都还在用。”

杰瑞米没有酒保工作经验，也不是从基层一路爬上来，但他依然在一个名声响亮的地方得到了首席酒保的位子。他并非浪迹于酒保工作，并无服务的敏锐度或对品质的哲学，甚至跟这份工作或行业也没有个人的联结。他跟许多从业者一样，原本的工作很不踏实，但他对美国文化与传奇酒保的兴趣促使他考虑以酒保为业。杰瑞米“不可告人的秘密”也很关键。他有意表现出鸡尾酒酒保之间的共识，也就是“酒保工作”（照管酒吧）与“调酒术”（制作酒水）是不同的。杰瑞米绝对是在自家调酒时学会调酒术的。他在演得像是个酒保的同时，也深知自己缺乏经验的事实会让他在调酒界成为众矢之的；其他三种职业中，没有经验的人也会遇到同样的对待。这些职业在转变为“酷”工作的同时，对大学毕业、先前没有行业相关经验的年轻人来说，就会变得更富吸引力。杰瑞米真心热爱酒保工作当中的浪漫成分，他不是为了参与振兴老行业才决定成为酒保，而是因为了解美国历史经典文化中的酒保工作，才对这份工作培养出真诚的兴趣，进而决定自己卷起袖子来做。[28]

长路暂憩

这些工作场合中，并非所有劳动者都会如此投入某种很“酷”的工作，将之视为事业去追求。每个工作场所都需要有人扮演支援角色，而这些工作的内容没那么有魅力，所得回馈也不比主要工作中的活动。诸如吧台助手与酒吧服务生（几乎都是女性）、精酿酒厂的品酒间与礼品店员工、理发店柜台接待，以及肉店柜台与搬运工……都是这样的角色。必要时，酒保会清洗酒杯，理发师也会自行清扫地上的落发。但这些脏活通常会落到专职劳动者身上。

对于某些支援劳动者，如在酒吧洗杯盘的吧台助手，以及肉店的搬运工来说，工作就是工作，通常是在幕后完成，而工作场所也无意训练他们爬到较高的职位。支援性职员在这些工作场所中扮演的角色，会遵循一套族群、种族式的劳动分工。

负责与来客应对的劳动者（如理发店接待、鸡尾酒吧女服务生、肉店柜台员工），跟新形态精英劳动者及他们所服务的顾客都来自类似的背景：以白人为主，多半受过大学教育，娴于文化，跟店家的风格合拍——他们“看起来对，听起来也对”，这与前人对审美相关工作研究呈现的结果一致。[29]后台工作者跟顾客的互动有限，甚至没有互动。他们多来自少数族群，学历不高，对工作中的文化套路也没有明显兴趣。一旦某个工作场所训练某个出身支援性角色的人，使其成为新式精英体力劳动者，接受训练的这个人，几乎也都跟既有成员来自类似的背景，拥有类似的审美观（如在弗里曼从接待做起的杰森）。

某些支援性职员不只得跟工作场所的审美观相符，业主也会期待他们能跟新式精英劳动者一样，熟悉主要工作相关的文化套路，甚至对此怀抱热情，因为支援性职员经常得和顾客沟通。他们必须担任这些劳动者的延伸，承载这些套路，代表这些商家。有些人或许会学到主要工作，一路爬升，就像从弗里曼的柜台工作做起的杰森。就算做不到这点，这些工作场所能提供支援性职员的也不只是一份零售或服务业的工作，还有学习机会与联系渠道，可供他们在离职后发挥作用。

查理年近30岁，在格林尼治村长大，他父亲那方的家族在纽约的历史至少可上溯到19世纪中叶，而且都在曼哈顿发展。查理大学读的是流行设计学院（Fashion Institute of Technology），毕业后在广告公司谋得一份设计工作。“我做了一阵子。因为对办公室厌烦，所以开始自由接案，在家工作。但后来我也不想老是独自作业，所以我选择做蓝领工作。”

查理原先在苏活区的苹果专卖店短暂做过业务和维修工作，后来有朋友告诉他三区（3rd Ward，位于布鲁克林的东威廉斯堡，是一间艺术集体企业，经营展览空间，提供价格合宜的工作室供艺术家租用）有间新的餐厅在征二厨。[30]查理当时的兴趣是在家煮饭。反正无事可做，而且又有美术背景，常跟艺术家混在一起，于是他决定试试。查理对食物与烹饪从这时开始兴趣大增。某一次，他跟室友在三区顶楼举办夜烤派对，吸引了超过两百人参加，此后他就开了名为“布鲁克林闹”（Brookly nauts）的地下晚会社团。他跟伙伴很快便开始主办活动，到城内各地为派对与募款餐会做外烩。他还加入了法式料理协会（French Culinary Institute），精进自己的食物知识与烹饪技术。

三区的餐厅后来在2011年歇业，查理转而到其他几间餐厅当厨师，接着有两个月找不到工作。之后，他在餐厅与食品零售工作的线上论坛“好食征才”（Good Food Jobs）看到迪克逊肉铺在征柜台员工。他以前就想过要到肉店工作。

“这很搞笑，我看到广告的前一周才刚和朋友走过切尔西市场，我朋友那时在附近的小艺廊做了几天策展工作。我说‘哈，在那间店（迪克逊肉铺）工作感觉很酷。’我跟布鲁克林厨艺学校和肉钩的人是好朋友，但我不想在跟别人有朋友关系的地方工作。[31]

“在迪克逊肉铺面试时，我很谦虚。我对屠宰一无所知，所以态度就像是‘我想学。’这显然管用。但我也晓得，这份工作对我而言只是暂时的。我知道我将来会经营自己的事业。当时我知道还不是时候。杰克从第一天就知道这点。他说，‘我没指望大家会一直待在这里。因为你手上同时有别的事情在做，所以我们才雇用你。这里每个人都不是只有一个面向。'"

查理和迪克逊肉铺一拍即合。迪克逊想寻找对食物有热情、有知识的人，而查理想在高端食品界工作。他在苹果专卖店的工作经验有助于他接待购买高价商品的顾客。迪克逊知道查理需要再多学点有关屠宰的事情，而且大量学习后，他终究也会离开这家店。

"我从一开始就能够跟顾客聊该怎么料理肉品，这轻而易举。'我想买块肉做炖肉用。'我知道他们需要什么。我会切肉，但当我看着一头牛，情况就像'这个嘛……。'我有基本概念，但没有十足把握能帮分切肉贴标签，你懂吧，就像这样（弹了下手指）。不过事情都是这样，只要你必须懂，你就会学得很快。说起来，在餐厅的工作经验确实有帮助，因为在餐厅工作都要手脚利落。"

柜台事情不多时，查理常会到切肉区观察屠夫工作，问他们在切什么、做什么。他也常到后面的厨房跟大厨和助厨聊烹饪方法。在店里工作一年多后，查理在忙碌的假期旺季结束后就继续走往下一站，为自己的餐厅计划努力。查理的故事告诉我们，对相关产业抱有其他志向的人来说，这些工作场所多半同时是工作与学习经验的地方。在他们眼中，支援性的工作通常不只是一份零售或服务业的工作，还是他们走向更长远的职业生涯路上刻意停留的一站。

有些支援性劳动者会试图往上爬升，进入其中一种精英工作，却意识到那并不适合自己。他们跟工作场所与工作内容在各方面都很登对，但就是少了热情。2011年秋，西蒙开始在弗里曼当接待。他来自百慕大，在加拿大念大学，后来搬到纽约写小说与编剧。西蒙又高又瘦，像根瘦竹竿。他的休闲时尚感跟这间店很搭。他常穿着合身T恤或宽松衬衫，搭配卷起裤管的长裤，和一双经典款Converse球鞋。西蒙也很好相处，他经常整天跟理发师们讲垃圾话，互相揶揄。在弗里曼这样的店做零售工作，让他在经营个人的写作事业时能有点收入，还能置身跟他的个性和风格匹配的时髦闹区环境中。

某天，西蒙把毛巾浸到尤加利精油水里，接着将之取出放进烤箱；他之后站到迈尔斯身后，听他跟客人讲解何谓“牛舔毛（cowlick）”。“其实不是真的有‘牛舔毛’这东西，那只是让头发表现出某种它不想要的样子。”迈尔斯说。迈尔斯讲解发旋与各区块的头发时，西蒙一脸好奇。范注意到了，于是问他，“你终于想学怎么剪发了吗？”

“好奇一下而已。”西蒙说。他这时已在店里工作好几个月了。

“我们会帮你找个洋娃娃来练习。”范嘲笑他。

随后几个月，西蒙多多少少学了一点剪发技术，但理发始终不是他来弗里曼想做的事。他只是想在很酷的环境里做一份有弹性的工作。当理发师们正在剪最后几个客人、即将换班时，西蒙站到鲁本、范与迈尔斯身边，三人教他怎么剪。

“兄弟，我有一天在修胡子，感觉超紧张。修自己的胡子很简单，毕竟我知道要用多少力，也了解我自己的毛发。但我不知道在别人脸上要用多少力。我得用两只手来做，觉得自己在发抖。剪了超久。”

“你动手是因为‘有何不可，既然人都在这了’吗？”我问。

“没错。我每天都来，或许我也可以学学。要是我在这里工作却从来没帮人修过胡子，那我一定会后悔。”

一个月后，我问西蒙剪发学得如何了。

“我没剪多少。我的意思是我很少剪。我就是不像这些家伙那么有热情。”

对西蒙来说，在弗里曼工作是跟在别的地方（如更典型的理发店）当接待不一样。他在文化上与社交上都跟这群理发师与客人很合得来，而他的时尚敏锐度以及对建立友谊的兴趣，也和这家店的哲学非常吻合。但他的热情是在写作，而非理发。以精准技术剪出一丝不苟的发型是弗里曼的服务宗旨。在这里工作的每一天，都能勾起西蒙对学习剪发这门技艺的兴趣。但对他这样的劳动者而言，这些工作场合仍然只是个人曾经待过的一个酷地方，仅此而已。

第六章

科学与艺术

在死吧时，有个坐桌位的客人向服务生点了杯马提尼，女服务生将单子交给今天的酒保亚历克斯。“他有说想怎么调吗？”他问。

她摇摇头。亚历克斯自个儿点了点头，开始调酒。他拿出普利茅斯金酒（Plymouth gin）与多林牌（Dolin）苦艾酒，前者量两盎司，后者一盎司，接着倒进混合杯，加冰块搅拌一分钟，空出来的手就背在背后，目光朝下，越过鼻尖盯着杯子。完成后，他过滤酒水，削果皮加上装饰，再将餐巾纸摆在服务生的托盘上。由于马提尼可用各种方式调制（用金酒或伏特加，苦艾酒比例可以相当悬殊，摇制或搅拌皆可，杯子可选高脚杯或矮杯，添上橄榄或果皮削花——如果改用醃洋葱，那就是吉布森［Gibson］，另一种类似的饮料），于是我问亚历克斯，他们是否每次都用同样的方式调制马提尼。

“对，只要是端出去给客人喝的，我们都用同一种方式调。你必须坚持自己调制的版本，因为那就是最好的版本。不过，要是在吧台点酒，就一定会有讨论，因为马提尼有太多种方式能调，大家都有各自的喜好。我们没办法帮桌位客人这样改，除非他们有明确告诉服务生。”

星期四下午，我在利亚姆蒸馏时从旁协助。我们先把酒醪送到楼上的蒸馏器。我拿开发酵槽上的盖布，用大塑料桨搅拌。东西还有点起泡。

“可能还在发酵，所以才会产生二氧化碳，”利亚姆说。“但这槽已经摆了一周，应该差不多好了。”他先测量白利糖度

（brix）——也就是液体中的固态悬浮物，这是测试糖度的方法——接着，我们在槽边挂上帮浦，好将液体打上蒸馏器。我们放入两百加仑的酒醪，之后会蒸馏出30加仑至35加仑的烈酒。利亚姆与蒸馏师每天会将发酵过的酒醪放进第一具蒸馏器两次，早上一次，将近中午一次。第一次蒸馏后，烈酒会转到另一具蒸馏器再蒸馏一次，作为调整。我们今天制作的是玉米威士忌，今早的第一批蒸馏物马上就要进行第二次蒸馏了。液体缓缓滴进30加仑的不锈钢桶。接下来，利亚姆会进行他所谓的“切中间”，意思是酒滴了一加仑多之后，他会看看自己是否喜欢接下来的酒。如果喜欢，就继续让酒滴进桶内。若不喜欢，他就开始去尾。他取来两只矮脚大肚玻璃小杯，装了些滴落的酒液。他将一杯递给我，我们开始闻香小啜。

“喝起来酒精味很重。”我评价道。

“我同意。那味道本就该这么明显。尝起来也有点像湿布。我们很早就要去尾，这是美国威士忌与苏格兰威士忌的不同之处，因为苏格兰威士忌陈酒时间更长，所以可以等久一点再去尾。酒尾味道会很烈，但陈酒能让它变得温醇。美国威士忌因为通常不会陈那么久，我们会比较早去尾，把尾跟头合在一起再过馏一次。”

过了一会儿，利亚姆说：“你看，现在出来的液体更混浊，更像牛奶，不像之前那么透明。混浊是因为脂肪酸与油，而且含量很高。这样你就知道这是最后的部分了。”

“要是有人拿照片给你们看，你们大概不会高兴吧？”一位客人坐进迈尔斯的理发椅，讲了这句话。经常有人这么问理发师。来剪发的顾客会因为若干理由，认为理发师不喜欢参考照片——也许觉得照片没帮助，或感觉像作弊。其实不然。理发师很爱看照片。“图片是最好的解释。”鲁本如是说，毕竟客人通常无法清楚表达自己想要什么。照片最好是客人自己的，这样理发师才能看出客人希望多短，想要何种风格。但有时他们会拿杂志上模特儿与名人的照片。这种视觉帮助也很有用，但他们会警告顾客。

“图片超级好用。”迈尔斯说。“唯一不管用的时候，是他们希望看起来像图片里的人。我碰过有人上门，坐下，秀出照片说‘我要剪成这样。’我就说，‘你看这张照片，里面这家伙人在海边，跟美女同坐在漂亮的海滩椅上，还拿杯饮料，那才是你想要的。你想要的才不是那个发型。’不是说那种发型不好看，但我可以盯着你，告诉你，你要的不是那种发型。”

碰到这种情况，理发师会先打量顾客，把拇指摆在照片中人的脸上，将发型的部分独立出来，如此一来，比较好想象这种风格是否可行，然后进行评估。这一回，迈尔斯的客人是拿杂志上流行模特儿的照片。幸好，这位客人适合这个风格。

“好，你头发因为电剪推短过，现在有点太短。两侧完全可以做，但你头发还是有点短。我可以先作点处理，下次再来就可以剪出那个发型了。”

早上十点，肉店才刚开门。我拿着咖啡走进店里，看到奥尔多站在书架边，随兴翻着从架上拿下的《全只屠宰》（*Whole*

Beast Butchery）。[1]

“你工作时参考过书吗？”我问。

“有时会，当时我刚开始工作。书很有用，很有学习价值。有一本我以前用过、很简单的书，我记得我们有。”

结果他没在这座迷你图书馆里找到，而且也记不得书名。奥尔多继续翻书，指出他觉得当中有错或自己可以做得更好的地方。他翻到一张法式羊肋排的照片，指着说图里骨头两端还有肉在上面。*

“你看到没？过来看看。”

他拉着我到展示柜前。

“那些是带骨牛小排，但你能看到这骨头多干净。我们处理得很好。”

调出“最佳”版本的经典鸡尾酒，仿佛祖传秘方，判断烈酒何时蒸馏好，想象发型风格与适合程度，以及利用适当技术切出“好看”的肋排，各种职业的劳动者都有“职业美学”，亦即对于“工作应该如何完成”“产品与服务应有的外貌”，以及“成果应有的质量”有其是非观念。[2]正是这种“职业美学”，让各种职业的劳动者成为一定程度的艺术家。本书中这四项职业的从业者自然也不例外。他们对于“对”与“错”的看法，深植于其栖位工作的文化套路当中。这些从业者施展文化套路，而套路的中心则是专业与职人的自觉。这是一种有意识聚焦于

* 羊肋排的法式处理（frenching），就是把骨头两端的肉、肥油与结缔组织清干净，让它们有干净的外表。

其劳动技术层面的自觉，而且跟他们学习到、用于交流的文化知识密不可分。这种自觉通过他们的技术展现出来，在他们的工作场所构成的社交世界中占有核心地位。劳动者公开展示手艺，此举既是为了透明，也是为了引发交流。[3]但他们也都相信"做好自己的工作"有其价值，就像他们会强调那些顾客其实根本不会注意到的小细节。[4]

这种职人意识的样貌如何？职人又如何展现？这些劳动者都认同自己的工作有些部分是超乎个人可控制的——也就是有他们必须尊重原貌、遵循特定程序（科学），以及要仰赖他们投入之处（艺术）。了解这些部分的边界——也就是了解科学与原貌要在何时、何处、如何结束，继而让创意接手——就是成功、自信展示的关键。

尊重原貌

某个送货日过午之后，在后面厨房吃完午餐的JM进到切肉区，继续分割牛肉。詹卡洛和布莱恩此时已从冷藏库又拿了两大块屠体挂上肉钩。JM来回磨着刀，一转身看到面前的屠体，他睁大了眼。

"哇，你看看，"他说，"极佳级的肉。"

"你怎么看的？"我问。

"看脂肪。"

当天稍晚，我观察莱娜在分解桌上的牛肩。

"这很老。"切下来的肉她连看都没看就这么说。

“你的意思是，这块肉在冷藏库已经摆上一段时间了吗？”我问。

“不是，是说这只老牛。”

“你分得出来？”

“嗯。肉都沾在骨头上了。”

有经验的屠夫光是看一眼吊挂在面前、分解成大块的屠体，就能答出许多关于这只动物的问题。它生前多半吃什么？是好动，还是温驯？遭宰杀时是否惊慌？答案都在身体里。由于草饲牛不像谷饲牛那么肥，因此不容易从中得到极佳级的肉块，毕竟肉品等级多半是以脂肪量（或油花）为标准。最高级的全只肉店通常只想拿到特选级的肉块，比极佳级次一级。JM之所以惊讶，是因为他很少看到这么肥的草饲牛。当然，他在之前的屠夫工作中常看到肥牛。

这些劳动者职业生涯中的某一刻，总会有几个劳动过程中的面向不受其掌控。大自然会同时创造一致性与不一致性。屠夫之所以能学会如何分解动物，是因为动物有着相同的解剖构造（肌群都相同），然而动物也是形色各异的有机产物。屠夫的屠宰工作必须有效率且一致，才能让他们贩卖的肉块尽可能一致。但最终产品的一致性是难以企及的目标。更有甚者，精宰肉店的屠夫还把这种捉摸不定的特质归因于肉品源头（草饲或草饲谷终），他们的肉品哲学因此也带有不确定性。换言之，把他们对于“好”肉品的看法，跟对于“好”屠宰技术的概念合二为一，就是他们的职业美学。

“我认为，‘当地小农场’这种模式的妙处，在于肉品会有非常多面貌。”杰夫解释。“某几周送来的肉有美丽的大理石油花，某几周来的肉质却有点松垮。但只要你在乎的是‘这很当地’‘这很永续’，还有‘这来自小型家庭农场’，这情况不见得有影响。你会容许肉品有一定程度的差异。这种模式不像超市那种地方的肉有一致性。我们的顾客大多不会抱怨肉的‘品质’有这样的差异。我刚来实习时很惊讶。”

由于这间店贩售的产品出自手工，而非量产——有品质的肉品“就该”这样制作——所以顾客“就该”接受外表与味觉有一定程度的品质差异。但这种状况却显得矛盾：屠夫的目标在于加工出外型与口味品质一致的产品，同时却也意识到自己处理的天然产物经常存有差异。小农场草饲的牲口在外观与味道上不时会发生变化（与育肥厂完全相反，育肥厂能更有效监控牲口的成长与饮食习惯）。全只肉店的劳动者认为，许多消费者把“极佳级”等同于高品质都是因为主流肉品产业的灌输使然。对店里的人来说，顾客不会抱怨肉的差异，就是这间店道德观的明证，也证明店家有能力成功教育大众。

从这个例子来看，体力劳动者工作中属于“科学”与“自然”的这一面，为他们通过体力活来做生意的过程带来经常性的紧张感：他们总是受制于一定程度的“不一致”，这是他们经营的根本之一，但剧烈的不一致却会危害生意，毕竟现代消费者已习惯预期自己能买到品质一致的产品。屠夫无法控制大自然对牲口的影响，只能明智地选择自己合作的牧农（如果有意亲自走访农场，也能选择自己要的牲口），并把焦点放在自己的屠宰功夫上。“就新鲜肉品来看，我觉得牧农素质对肉品品质的影响占了八成，二成则是屠夫分割的能耐。”杰克说。“不是说肉好就不会因为屠夫烂而毁掉，但我认为，产品之所以特别，多半还是因为肉的品质与牲口的饲养方式。”

这种矛盾、紧张，以及对“事物超越自己所能控制”的顺从，以不同的方式存在于本书谈及的四种职业当中。鸡尾酒酒保与别种酒保无异，都会使用大量生产的品牌。他们会避开几个知名大厂，如灰雁、百佳得（Bacardi）、金快活与孟买（Bombay）。但鸡尾酒酒保可合理期待自己使用的大多数烈酒与利口酒在风味上是一致的。烈酒产业也像肉品产业，有技术可确保其产品的风味一致。“调和”就是个例子。在装瓶前先混合多个批次的烈酒，无论是出自木桶或其他容器中。这跟熬汤很像，混合多种材料能克服任何不完美之处。许多大型烈酒公司除了聘用“蒸馏大师”之外，也会延揽“调和大师”，因为调和对风味一致性的影响并不亚于蒸馏。结果鸡尾酒酒保反倒因此感到压力——他们有可能毁了“原本”*已经很好的材料。

“对于造就这瓶酒的一切，我们可是毕恭毕敬。”杰奎因说。“我们跟蒸馏大师见面时，当下真是感恩赞叹，能见到实际酿酒的人。超棒！他们的品味无与伦比，功夫了得。我们只能告诉他们，‘我们试着不去破坏你的工作成果。我们努力不用一大堆没必要的酒，来掩盖你的毕生心血。我们试着让那些酒瓶中的风味更显饱满。我们试着带出韵味，充分展现’。而你达到这些目标的方式，就是明智地为你的鸡尾酒选择烈酒，调每杯酒

* “原本”指从源头上。——编者注

都按步骤精确执行。每回有客人对我说‘哇，你真厉害！’，我大概都回：‘要知道，我不过是用当天榨汁的调味剂调酒，再把这些酒倒进杯里，实在不值得这么多赞美。这些东西已经帮我把累人的活儿都干完了。我提供的只是口感与温度。这些家伙才是为你带来所有风味的人。’那才是美妙之处。”蒸馏师此时就成了大自然，而大自然无论如何都是完美的。鸡尾酒酒保毕竟无法控制这瓶小批次烈酒跟下一瓶的味道，也控制不了自己使用的柑橘品质（他们能做的，只有调酒前的榨汁）。由于小型精酿厂还在实验（不同配方、不同酒桶，或是不调和），或是还没固定配方，每批酒的风味都会有变化，精酿厂因此常会将产品销给能清楚意识到这一点的市场。针对使用精酿烈酒的鸡尾酒，酒保只能在调酒前先试喝，按照酒谱，接着在必要情况下调整改变物（modifier），以达到他们期望的风味。这些产品就代表他们职业生活中超乎其控制的不一致性。

精酿师则把自己的成品归功于农民，农民才是种植农产、供其蒸馏所需的人。跟他们合作的农民不只养牛、猪与羊，还得处理有机农作物。精酿师同样倾向以小农场为主要原物料的来源，这也让产品的不一致可能随之升高。更有甚者，就算材料品质一致，蒸馏过程本身也充满变数。

“你处理的是天然产品，因此会有许多变因。”妮可说。“像是玉米生长季如何，存放多久。每一株大麦都不同。还有酒桶——每棵树都不一样啊。你也没有办法真的控制蒸馏厂的气温。变因太多了，就算你想调控、管理每一件事，也总会碰上超棒和超烂的酒桶。风水轮流转。”

对高档男士理发师（以及所有理发师）而言，工作中碰到的科学因素则是人体构造。人的头发（直发、卷发、波浪、油性发质、干性发质、发线后退）、头型（大头、小头、扁、宽与不规则）与长相（圆脸、长脸、大耳、窄额头）就摆在眼前。理发师无法选择顾客长什么样子，或是大自然给了他们什么条件。头发决定了他们的可为与不可为。经验老到的理发师已经学会如何听任、顺从、尊重顾客想要的样子；没有反抗的道理。对理发师来说，处理科学这一面的困难之处，就在社会与文化因素造成干扰时——也就是顾客要求他们违逆自然、无视个人头发按基因生长的走向（如因发旋而往特定方向生长）或本质（如直发、细发）。无论如何，人类的生物差异始终是影响理发师工作的因素，或好或坏，而他们也经常公开讨论。

周三傍晚，一位身着西装的亚洲人在范的理发椅上坐定，他想在下班后修个胡子。此君虎背熊腰、脖子粗壮，但胡子并不浓密，下颌轮廓也不明显。一开始他就摆明不想聊天。回答完范的提问（“你以前听过直式剃刀刮胡吗？”“你会逆着毛发方向刮吗？”）之后，他马上闭上眼休息。范开始刮胡，试着让动作慢条斯理。他边工作，边将新用的刮胡膏挤在手上，举起来给迈尔斯看。

“就这坨？”迈尔斯问。

“超好用，而且一块钱大小就够。”

我都还没意识到，胡子就已刮好。那人向范道谢，给了小费后离开。

“也太轻松了。”我说。

“超简单。”范说。“他是个大胖子。而且他的发质很杂，大概是菲律宾还哪里人。日本人的胡子最难刮，因为他们的毛发又粗又直。直发断面形状是个圆，卷发或大波浪像椭圆。刮的时候扯到的都是直发。我刚刚刮了多久？有十分钟吗？”

范的这位客人对理发师来说简直是梦寐以求。撇开他实际的族群出身不谈，他的毛发混合了直发与卷发，而且胡子并不浓密。特定的族群与种族体有其基因型的倾向，造就其外貌模式（与刻板印象）。理发师若表现出对特定外貌的偏好，似乎是种歧视，但他们其实是在表达人类基因如何影响其外貌的看法。这位客人的体型——尤其是他和缓的下巴线条——意味着没有棱角。他脸部与脖子的皮肤在视觉上没有什么分别，范等于是要刮一个平缓、连续的表面（就像是脸颊很长）。对刮胡子来说，微曲面容易得多。这种种因素相加能使得这次刮胡子又快又简单，范再怎么装模作样都没有影响。

运用感官，掌控时间

由于“自然”的影响使然，学着控制、利用自然——尤其是在工作过程中何处、何时，以及如何控制——也就成为这些劳动者工作中的重要面向。他们强调训练自己的体感，以得知何时需要控制与如何控制，也强调自己有运用这些感官感受的潜力，以及操纵时间的能力。对这些劳动者而言，“时间”既是限制，也是不可多得的奢侈。时间建构了他们的工作，[5]每一种职业都会遭逢某个片刻，从业者在当中会感受到必须尽快完工的压力。这个时间点有可能是上下班时间，如下班后的人群走进酒吧时；或是一周中的某个时间，像是周五与周六的理发店：抑或一年中的某个时间，比方逢年过节的肉店。[6]但这些商家业主会设法规划作业方式，让劳动者有余裕完成该做的事，以制作高品质的产品，提供高品质的服务。虽然他们的作业速度比业界其他版本的从业者慢得多，需要更多时间才能完成主要目标（调酒、制作烈酒、理发、切肉），但他们的目标并非“慢”，而是以“正确”的方式完成工作。

每一种职业都需要劳动者具备经过充分历练的五官感受——视觉、听觉、嗅觉、味觉与触觉。鸡尾酒酒保需要全数运用上述这五种。味觉的重要性或许最明显。鸡尾酒酒保如同厨师，旨在让自己的味蕾更为敏锐，以辨认材料的风味轮廓。这既是为了发掘新饮品的组合，也是为了向顾客清楚说明在调酒里放了什么，以及入口为何会呈现这种味道。酒保训练计划主要强调的就是味觉。当然，味觉也少不了嗅觉。鸡尾酒酒保会随着时间培养出自己的味蕾与味觉记忆。他们借由不断试喝产品，精进个人的嗅觉与味觉。

“我们一直在试酒，让自己的味蕾更敏感。”PDT（“拜托别讲”的缩写）的约翰说。“你尤其会看到酒保这么做——我们只要人在吧台，随时都会拿瓶酒来闻，好充分记忆某种酒的气味，这对我们搭配东西很有帮助。就像‘嘿，我记得闻过某个跟这很搭的东西。就是这款紫罗兰酒，搭我在调的酒肯定天衣无缝。’所以，我们会以某种方式将气息与味道铭记在心。要记的东西可多了。我们吧台里有56瓶还是60瓶酒，每一种彼此都大相径庭，尤其是金酒、苏格兰威士忌与美国威士忌。它们之间有许多差异，像老奥弗霍尔德（Old Overholt）是种草味比较重的黑麦威士忌。所以说，你脑袋里如果清楚这些差异，知道怎么配，会对设计饮料很有帮助。总之，我们一直在试酒、混酒。”

在酒保工作中，听觉、触觉与视觉（当然不只是看自己在做什么的能力）的角色就没那么明显。酒保手持金属摇杯大力摇制调酒的声响与画面，是鸡尾酒吧主要的魅力来源。一旦声音响彻空气中，客人全都会停止交谈，望向吧台后那充满张力、甚至堪称激烈的表演。当酒保采用独门的摇酒风格（有时会因为手肘与肩膀受伤、酸痛而改变风格），美学也就有了实用功能。他们将材料混合均匀，敲碎冰块以增加水分（水是关键材料），以及制作调酒用的小冰粒，让温度下降。他们听着冰从大块碎裂成小块（声音会从沉重的声响变成轻轻的窸窣），感觉手中的金属越来越冰（有时甚至会结霜），凭借这两者就能晓得摇杯中的鸡尾酒何时“完成”（他们都晓得，以标准摇法摇到最后，材料必然已混和均匀。除非是用了蛋白、奶油或浓稠的糖浆调饮料——这几种材料都得摇得更用力、更久）。以戏剧效果十足的重摇方式闻名的布莱恩，解释了自己的做法：“我要是有什么时候想起我正在摇，那一定是搞砸的时候；是我把摇杯撞掉，或是量酒器敲到玻璃杯缘的时候。摇酒是种内化的机制。就算是大块的冰，也有可能摇过头，把酒调得太淡。你会有那个‘内在时钟’——我以前会数自己摇了几下，但现在经验够多，就像内心有个声音，我就是知道酒何时摇好。摇酒也像跳舞，而且有时我也知道自己的摇摆何时得停。比方摇的时间太短，摇得还不够多,但我手累了,肌肉僵硬了,我就提早停下来。”

等到鸡尾酒保把酒摇好或搅拌好、倒入玻璃杯之后,他们一贯会试喝一点(用塑料吸管),以管控品质。如此一来,他们就能知道有没有做对——有没有掌握平衡:量要正确,混合要正确,溶解也得正确,而且酒要够冰。谈到视觉,视觉不时会在鸡尾酒的新美学中扮演要角。有时因为酒保使用的材料使然,视觉也无用武之地,但他们还是希望调出的酒看起来漂亮。有时候,他们会结合材料,调出鲜艳色彩,用装饰物带出引人注意的强调与对比。

鸡尾酒酒保是以“酒需要调多久”,以及“倒出来之后的样子”去思考时间。调酒过程必须有策略,才能确保调制的各款鸡尾酒,以及每次调同一种酒时都有正确的冷度与溶解度。经过练习,酒保能同时控制两者,还能保证鸡尾酒口味符合预期。

奶与蜜的服务生卡拉把一张写了五款调酒名称的单子搁在吧台边。米奇拿起来看了一秒,随即将单子摆回吧台,用橡胶垫压住。这张点单上的酒有四种要摇,一种要搅。他把四个摇杯比较小的那半,跟一个摆在垫子上的调酒杯排成一排。米奇先调那杯要搅拌的“绿点”(Greenpoint,曼哈顿的变化,是米奇的发明)。量好之后,加入材料(依序为安哥斯苦精与柳橙苦精、甜香艾酒、黄荨麻酒与黑麦威士忌)。他用吧台匙用力敲下几块大冰块,加进玻璃杯中,搅拌约五秒,接着放开汤匙,让汤匙直挺挺立在杯中。米奇迅速瞄了一眼在他左手边的单子。四杯摇制的酒里有三种需要果泥,于是他抓了些草莓放进摇杯,又抓了些黑莓放进另一个,第三个则放了蔓越莓。他依序捣泥，又快又用力。接下来加的则是每杯酒需要的材料，诸如莱姆汁、柠檬汁和纯糖浆。他加完材料之后又看了看单子，把酒按照特定顺序排在吧台上（单子由上往下写，他就由左往右摆），不想漏掉什么。那杯绿点他又搅了五秒。接着他朝每只摇杯里倒入烈酒：波本、金酒、金酒、波本。他迅速拿了根吸管试喝绿点，轻轻点头，在调酒杯上摆朱利普隔冰匙，将饮料倒进一只从冰箱取出、冰镇过的宽口杯，将杯子摆上吧台。他在前两只摇杯里加入大冰块，用力摇，一只手摇一杯，然后对另外两杯依样画葫芦。此时，卡拉已经取出米奇需要的鸡尾酒杯——两个洛克杯（rocks glass）跟两个柯林杯（Collins glass），杯里都放了形状适合的冰块——开始准备装饰物。米奇抓了几只霍桑隔冰匙（一种饮料用一只），开始一杯杯地倒。接着，他在果汁类鸡尾酒中加了点苏打水。两人联手在酒上摆装饰，把酒全放上托盘，让卡拉端去桌边。

鸡尾酒酒保要确保调酒的品质与一致性；对他们来说，每一张单都是挑战。米奇第一眼看到单子，就先从搅拌类饮料着手。不光是因为搅拌类的酒要让冰块溶解、温度降低的时间比摇制类更久，还得盛在高脚杯中、滤掉冰块，以免顾客饮用时继续稀释（毕竟酒温会越来越高）。他知道得把这杯酒摆一会儿（如果单子上只有这杯酒，那就得搅久一点）。其他四杯的准备方式类似，也就是说，米奇必须快速处理，同时调制四杯酒。

对精酿师而言，味觉与嗅觉最是重要，这一点与鸡尾酒酒保相同。蒸馏过程中，他们在许多阶段都会试饮，如发酵与陈酒时（以确认酒是否“可以了”），以及在蒸馏过程中掐酒头、去酒尾、切酒心时。大酒厂多半会使用电脑自动掐头去尾，如凭借测量蒸馏器温度，以确保一致性。但精酿厂是人工作业，全由人决定何时为之。从业者有自己一套方式评估何时切取，像是观察已凝结量、从蒸馏器出来的凝结物颜色，以及最主要的试饮。精酿师一直试喝，喝自家产品，也喝别种厂牌。我请利亚姆说明他如何决定何时切取酒："你可以在酒头中尝到那种很臭、几乎像是燃料的东西，像是去光水，而且口感很干、有白垩口感（chalky）。等到越接近切取的时间点，你会尝到越来越多，幅度很小，但你会注意到相当明显的白垩酸味，接着是甜味，甜味带白垩口感，然后白垩口感消失，只剩甜味，你会晓得那就是你要的成品。酒尾尝起来有点像湿布，或者你在最后又会尝到一点甲醇味，只要这味道一回头，你一定能尝出来。当然，这也跟你蒸馏的东西有关。如果是没有要进酒桶而是直接装瓶的白威士忌（玉米威士忌），你对这些风味就得保守一点。如果要把酒装桶摆六个月到一年、两年、六年，你就有很多余地。不同酒类会随时间而有不同的氧化状况。"

试喝与试闻虽然有一定程度的主观性，但仍然是精酿师维持产品一致性与控管品质的方法。国王郡酒厂的人将一瓶自家的月光酒留在架子上，瓶上贴了一小段纸胶带，写着"黄金标准"。经过无数次实验与比较，他们决定自家的白威士忌尝起来就该像这瓶酒。他们用这瓶酒来比较从蒸馏器出来的东西。最后，由于精酿师在四种职业中属于制造者，有着从开始劳动到产品诞生之间最长的时间线。前面提过，他们操纵时间的主要手法，就是利用小桶来陈酒。

图11　烈酒从图丘镇的蒸馏器里流出来。

高档男士理发师与全只屠夫主要皆仰赖视觉与触觉，这两种感官之间的关系尤其重要。两种工作都需要高度的手眼协调，才能顺利进行，避免受伤（毕竟两者都得动刀）。他们得自我训练，以十足的信心使用其工具，“体会”他们运用的原物料（头发与肉品）。有时候，这些要素只要有细微变化，就会造成影响。

弗里曼的理发师每隔两个月到三个月会磨利自己的剪刀，时间间隔视各自使用的品牌而定。他们全都由一家设在加州、叫BW波意德（BW Boyd）的公司代为磨刀。理发师把剪发工具寄去，该公司一周后再将之寄回。他们这么做的价格比以往找当地公司处理贵了两倍，但理发师们相信BW波意德的品质，不在意花费与等待时间。而波意德在磨刀期间会提供“代用”工具供理发师使用。

某天，范在剪发时大声脱口而出：“该死！”

“怎么了？”迈尔斯问。

“没事，我只是剪到自己的手了。”

他停下手边的工作，去冲洗左手手指上的伤口，贴上创可贴。

他为耽误了时间向客人道歉，接着继续工作。没过几分钟，他又说：“噢不，对不起。”

“这次又怎么了？”迈尔斯问。

“我稍微剪到他的耳朵。”

“什么？你今天在干什么？”

“都是代用剪刀啦。我不习惯它这么锋利，还有长柄。”

范窘迫得很，他向客人郑重道歉，对方则说根本没感觉到，没关系。伤口非常小，一分钟后就没再流血。

日子一久，剪刀、电剪和剃刀都会变成理发师双手的延伸。眼、手、工具相互协调，才能剪好头发，成就风格。只要有一样没跟上（像是不同套的剪刀），理发过程有时就会受到影响。

理发师跟时间打交道的方式分为长期与短期。长期而论，他们会跟顾客建立关系，了解他们的头发与生活。也许几个月，也许几年，时间一旦久了，理发师会找到适合客人的风格，客人也会渐渐信任理发师对他们头发的处理。还有，有些造型需要上门剪过几回后才能完成，单次理发只是长期计划的一部分，是一连串工程中的一步。短期而论，理发本身就是个过程。由于高档男士理发师有时间可专注于理发，因此能运用其他类型店的理发师不会采用（有时是无从采用）的技术。别家店的理发师必须迅速完工，目标也不是剪出独一无二的造型。我从各种角度与距离拍下迈尔斯理发的过程，等他剪完头发之后作访谈，讨论他的手法。[7]头几张照片里，迈尔斯正在喷水和梳头。

“我只是想把头发里的东西全弄开。如果头发上用了什么，我就试着把那些弄开，这样抓头发时手才不会觉得油腻。你晓得，只有把那些产品清得差不多，这样在梳理头发时，梳子才不会扯到头发，让客人不舒服。喷水可以帮忙把东西弄掉。我知道他在头发上用了一大堆定型力很强的产品。”

迈尔斯已经从经验中对顾客的头发有了“体会”。不过，理发师在跟客人讨论完后，一开始还是会先以手指或梳子梳过客人的头发，好体会对方的头发（发流、发质等）。对于头发的“体会”就像对造型的“眼光”，需要花时间才会成长。

“这时我开始剪他的头发。”迈尔斯看着下一张照片说。

“OK。你从前面开始剪，对吗？”

“这算我个人作风。说起来还挺好玩，我理发的顺序跟别人完全相反。我是自学，这对我来说比较顺。我想，这跟我是左撇子也有很大关系。你知道，如果男生头发比较短，人家通常都会叫你从后面跟两边开始剪。我喜欢直接从头顶开始剪，感觉这样速度快很多。”

“是说这样你比较好想象还是怎样？”

“这个嘛，这样我只要做一遍就好。要是我从后面和旁边开始剪，还是得从这两个地方剪到头顶，接着又得把比较细微处修好，就好像无论如何都得剪到最底。所以我干脆不从下面开始，你知道我的意思吗？我就全用一个步骤做好。”

接下来的照片是迈尔斯开始剪顾客前面的头发，然后往后剪到头顶正中央。他的风格相当特殊——他自己跟店里同伴都这么说。但对这些理发师来说，不管从哪里开始动刀，都只是为剪其他地方预作标记而已。

“前面，当你剪出第一条线——我照片上就是在剪这个——这条线就是后面所有头发的基准线。不是说前面的头发最后就会是那个样子。”

等到他剪到后脑，越靠近脖子根部，头发就剪得越短，因为客人要求两旁跟后脑的头发比较短。接着他回到头顶，先理出一条中线，作为长度指示，然后再剪两侧的头发。

“所以，你这当下是在想手头上正在做的事，还是你就像……”

“我剪这么久了，这就有点像肌肉记忆。大多数时候我脑

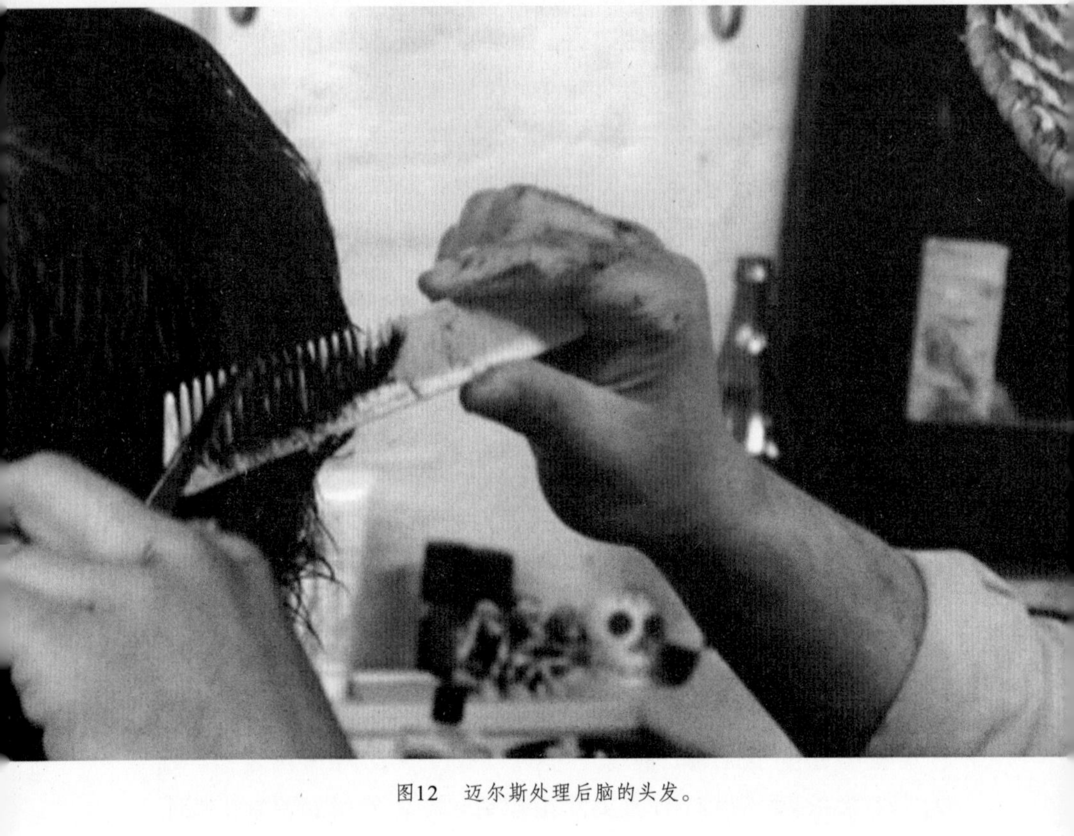

图12　迈尔斯处理后脑的头发。

袋想的，大概是我要买哪些杂七杂八的东西，你懂吧？就是各种肌肉记忆。"

除了要训练自己在整段过程中去体会、去看之外，迈尔斯也是在帮这位每次都要求剪出同一种简单发型的常客理发，所以他很清楚要怎么做。迈尔斯随后把两侧与后脑中间的头发剪齐，接着开始剪去梳起来量多的头发。我接着给他看一张他在耳朵周围快修的照片。

"这时候我只是在清理边边角角，确保轮廓干净。大家去剪头发的时候都会看到这种剪法。"

"你如果是在不同类型的店工作，刚刚所有的步骤里，有哪一步是你不会去做的？"

"那我全都不会做。"

我大笑。

"好啦。如果我是在那种比较街坊邻居的店面，如老式俄罗斯理发店或类似的店，就不会这样剪。他们剪一次大概收12块钱，我剪一次则收40块钱。所以他们赚的没我多。好，其实他们也能赚这么多，但他们剪的头是我的两倍。但他们之所以可以剪两倍人数，是因为这些客人一进店里就叫他剪自己想要的发型。他会解释怎么剪，然后客人说'没问题。'理发师会拿四号定位梳直接推侧边，理过耳边、后脑，用剪刀剪头顶，一次完成，然后说'剪好啦，12块钱'，把客人赶出门。因为他们没时间，你也晓得。"

接下来的理发工作是由更仔细的处理构成的。

"我这是在清棱角，让形状比较好看。"

我给迈尔斯看了一系列照片，照片中的他拿了把羽状剃刀（锯齿状刀刃的直式剃刀）在梳子上刮。

“这是在处理所有头发，确保整体看起来不那么工整。因为我知道自己剪得很完美。看来整齐的头发其实会很怪，所以你会让头发看起来有一点点乱，这样才能带出质感跟特色。”

“要怎么做，用剃刀？”

“基本上用剃刀是为了减少发量，同时增加起伏。因为这把跟直式剃刀很像，不会把头发全理得整整齐齐。你会理出像是没动过刀的发丝。整体长度不受影响，但你又能彻底减少那种重量跟一大团的感觉；这样剪，头发会散会蓬，看起来更轻盈，也更有质地。”

就技术而论，迈尔斯和其他理发师剪的确实是完美的发型。他们拥有额外的时间能处理细节，为客人打造独一无二的风格。他们充分发挥这个优势。

屠夫跟理发师非常相似，学习精准运用工具是他们的重中之重，以求工作品质与安全。屠夫力求效率，但下刀不能鲁莽。就像理发师，这也需要手眼协调，精准的身体动作，以及对屠体的体会。

布莱恩在这店里工作已经好几个月了。他出身密歇根，在俄勒冈州念完大学之后就搬到底特律，之后在波特兰住了几年。他和一位朋友合开了香肠公司，对猪肉与分解整猪了然于心。但他才刚开始认识牛肉，詹卡洛今天要让他看看如何分解牛肩。

“这是手肘，”他指着自己的手肘对布莱恩说。“你顺着骨头边缘，把肉分离开。这是肩里脊，这是牛腩，这是肩背肉，这是普拉塔尼约。专心看切下来的肉块。”

布莱恩边点头，边看着刀子慢慢顺着肌间缝隙划开。

屠夫对动物得有所体会，这部分意味着得去学习肌间缝隙的位置，才能获得他们想要的不同肉块。屠夫通常能以各种方式取下，或说“顺隙切下”动物的各个部位。各自独立的整块肌肉，或同一块初分肉中的不同部位，都有肌间缝隙可循。肉店与屠夫头儿决定零售分切肉的样貌，屠夫则对其他肉店与屠夫的决定感兴趣。

某天晚上，我在给肉钩的莎拉向一小群消费者示范时充当助手。莎拉为大家分解半头牛，进行时顺便解释过程。隔周，我跟迪克逊肉铺的屠夫们谈到这段示范，以及肉钩店里切的不同肉块。

“我还挺想看他们是怎么个切法。”詹卡洛说。

“他们切的肉块跟我们的有点不一样。”

“例如？”

“丹佛牛排。”

“呵呵，”他说，“丹佛就是去骨的肩胛小排。”

“他们的比较大块。还有戴尔莫尼科是从肩部切出来的。我想那就是我们这边的羽花牛排。”

“嗯……JM，戴尔莫尼科在哪个位置啊？”詹卡洛说。

“通常是肋眼跟肩部之间。”

“那他们的听起来就像老式的乡村肋排（country ribs）。”

JM想了一秒，接着点头表示同意。

“感觉啦，”布莱恩补充，“他们的戴尔莫尼科听起来像我们的羽花牛排和西耶拉。他们似乎让这些部位维持连在一起。”

“他们好像也把我们的蝴蝶排变不见了，”詹卡洛说。“感觉他们就是把好几个肌群合起来弄出单一大块肉，像是你说的戴尔莫尼科跟丹佛。”

“而且他们称我们的翼板是板腱。”我说。

“他们用‘翼板’这个名字称呼另一种肉块。”

“哪一种？”

“我也不懂。”

“呦，这就怪了。”

无论是刚进店里工作，或刚进这一行的新手屠夫，得学着一看到展示柜中的分切肉，就知道这块肉在动物身上的样子。学会之后，就得开始学习如何以适当的方法把肉切下来。

这天稍晚，詹卡洛开始处理嫩角尖沙朗（tri-tip）——这个部位来自后臀部（包括嫩角尖、上后腰脊、后腰脊柳和上后腰嫩盖）。这个部位切起来相当棘手，因为屠夫用刀时会把屠体推离，但同时也得把这个部位用钩子朝自己的方向拉，而且肉很重。詹卡洛从屠体切下肉时，JM注意到他的用刀方式。

“喂，你是白痴吗，这头牛又被你多杀了一回。”

詹卡洛把肉弄下来，啪一声摆到桌上。

“吼唷！”JM迸出口。

厨师戴夫正把几个袋子真空封装，一脸好奇地看着这一切。

“告诉我哪里有错。”他拜托JM。

JM带他到吊挂的屠体处。

“你看，要将侧腹切下来的线，应该切在这（指着吊着的屠体）。但没关系，我也不要那么多侧腹肉。”

詹卡洛接着动手把仍在屠体嫩角尖部位的板油（suet）再多切一点下来。JM边看他切边摇头。

“这样切哪里有错？”我问JM。

“之前就该把油切下来。因为你之前是把肉切下来。现在你得分开来切。”

换句话说，詹卡洛错失机会，没有在用肉钩把嫩角尖拉下来时顺便除去板油。他现在得一点一点慢慢地把油片掉，这很浪费时间。而且，他在取下嫩角尖时让肌肉缝隙跑掉了，结果刀子在侧腹肉上切得太深。詹卡洛本该有能力想象肉块的模样，但他没有，结果店里就多了一块小的侧腹肉得卖。寻找肌肉间隙与想象肉块的样子，都是屠夫通过经年累月操刀学到的技巧。

除了想象肉块、找到间隙之外，屠夫还要学习如何贴紧骨头表面切肉——目的在于将骨肉分离，而且骨头剃得越干净越好。如此一来，他们既能取得最多的肉，又能保持肉块完整。要练就这番功夫，屠夫必须学习控制持刀，让刀像是从双手长出的锐利手指。

“要不要来练一下刀工？”某个优哉的周五早上，詹卡洛问我。

他从冷藏库取出一块猪背脊，摆在切肉桌上。

“你将它去骨，弄出一块烤猪腰用的肉。”

他自个儿动手把里脊从肉块上切下，摆到旁边。

“第一步（把肉的那一面朝下），你要用这把去骨刀沿着剩余的肋骨在周围划。动作要很小心，尽量不要切到肉。不要切到腰肉。顺着骨头划。也别切到自己的手指。”

“我只做过一次耶。”

“记得不要切到腰肉。”他重复。

“接下来，你要从肋骨下面切，分开骨头跟腰肉。你得一根接一根去划，（沿着肋骨方向）划一刀，然后把骨头跟腰肉切开。之后再把肋骨往上拉，先用刀，再用手指，就能一直分到骨头根。”

猪背脊看起来就像一架有血有肉的迷你钢琴。屠夫得去骨，才能把背脊弄成烤肉用的肉块。这个动作的目的是肉块去骨之后要能在上面看到骨头位置的凹痕。我开始沿着位于肉块边缘的肋骨切，试着将骨肉分开。由于肉块外型使然，下刀时必须有个波浪状的动作，顺着骨头圆弧上上下下，动作要很仔细。

“拜托哦，博士。”詹卡洛说。我显然在骨头上还留了点肉。

我终于顺着骨头把肉切好，开始在每块肋骨之间划一道口子。詹卡洛示范如何拉开第一根肋骨。我第一次尝试时，骨头上还留了点肉，但不多（可是还是比他的多）。之后的操作渐入佳境。等到肋骨跟肉都脱开，我才能沿着骨头根部划，把骨架跟肉块完全分开。我让詹卡洛看看我的成果。

“OK，还不错。把肉清一清（除去多余肥油与白色的筋），卷起来绑好，但别绑太紧。缠绳子时要交叉，但不要把肉挤到变长。还有，要确定别把结打在肉平整的那一侧。”

我将绑好的成品拿给詹卡洛跟JM看。他们点了点头。我将肉放进展示柜中另一卷肉旁，接着把里脊肉真空包好。

店里忙碌的程度会影响屠夫的作业速度，这跟其他三种职业是一样的。JM与奥尔多这两位墨西哥屠夫曾经待过工作量很大的地方，他们嘴上老是喊着分解全只要快，而且习惯揶揄其他屠夫的手脚慢（但两人私底下都知道其他人都还算新手）。但对屠夫来说，速度是相对重要的。有鉴于迪克逊肉铺销售量之多，屠夫在进货日当天确实得手脚迅速，比在销售量没那么大的店家中工作的屠夫更快。他们设法把分解屠体的工作分成几天来做，一方面减少进货日的工作负担，另一方面也让全只分解能进行一整周。屠夫因此努力控制时间，让日子轻松一点，也让更多的顾客能看到分解过程。他们也会因为安全考量，而不用自己所能的最快速度做事。

“你去过亚当开的店吗？”实习生诺亚问正在桌上切肋排片的JM。亚当是迪克逊肉铺原来的屠夫头儿，后来离职开了自己的顾问公司和肉店，位置在下东区的餐厅集中地，是面向马路的店面。

“没，他受伤了，”JM说。

“我有听说。你知道他多久不能工作吗？”

“我猜要几个月。他这几只手指不能动，”JM抬起手，比出左手的后三指。“他切到自己手臂上的韧带。”

“他切得太赶。”奥尔多说。“你不能那么赶。要是我像那样切到自己，手废了，我就辞职。到此为止。”

“他切得太赶？是说他粗心大意吗？”我问。

“是啊。”奥尔多答道。

“所以你不会切到自己，你有办法避免？”

“你会有些小口子（他做出在自己手指与手臂旁边快速动刀的样子给我看，假装他正在切东西）。但只要你觉得自己轻划到自己，或是有切到一点点，你就要把刀拿开，然后停住不动。要是你切太快（接着他摆出动作很快的架势，把刀刃靠到自己手腕内侧），那你是想干吗？像我之前因为站得离桌子太近，结果割到自己的腿（他用那天切到自己时的距离站着）。现在你看我在去骨时都退得比较远。”

“所以，你希望动作快，但不要太快？”我问。

“对，就是这样。”他说。

奥尔多去年在替猪肩去骨时，手上的刀在自己大腿刺出一个洞。一开始他完全没意识到，后来觉得有什么温热的东西流过脚边，一看才发现自己血流如注。他得送医，而且有一段时间无法工作。奥尔多承认自己粗心，站的位子不对。此后，他调整自己切肉动作中的这一点，就算他现在切歪或是刀滑了，也不会伤到自己。如今他可以高效作业，不必担心刺到自己的腿。

我后来向JM问到关于亚当和他切得太赶的事。

“他切到自己的时候，伙伴正好有拍下来。”他说。

“有影片吗？”

“嗯啊，我看了。但在他切到自己之后就不拍了。”

亚当有时候喜欢录下自己切肉的样子，这样他才能看自己手脚多快，缩短工时。

“他老是想快、快，还要更快。”JM说。“在工厂里你快是快，但你有护具，手臂跟胸口都有金属挡着。我在墨西哥的工厂工作时，全身都要穿护具。要是你不穿，就不能切得那么快。”

要有创意：样板和即兴

某年，我在鸡尾酒圣会上参加了一场叫“如何像个疯子那样飞快调酒”的讲座，主持人是菲利浦·杜夫（Philip Duff）和杜珊·扎里克（Dushan Zaric），两人都是老资格的酒保与鸡尾酒吧老板。产业中的座谈会和整体讨论会将酒保抬举到艺术家的层次，但两人的讲座却有意反对这种看法。他们主张饮料必须要有高品质，但酒保也得诚实地面对自己。他们的谈话与幻灯片内容走经营向，首重达到效率，但不牺牲品质。活动过了一半，菲利浦骂起那些酒保，说他们在酒端上桌前花了太多时间来品酒，雕琢鸡尾酒，试图企及某种程度的个人完美。

“我们可不是受尽苦难的艺术家。接下来我要从历史里再抓个家伙出来。我觉得这人讲得真好，简直前无古人后无来者。”接着他切换幻灯片，引了帕特里克·加文·达菲（Patrick Gavin Duffy，黄金时代的鸡尾酒酒保）的一段话：

酒保是门古老、受人尊重的行业。这不是什么高深专业，对于那些想让这一行变得不像样的人，我完全不赞同。称酒保为“大师”或“调酒师”的做法根本是胡来。[8]

“这是一门受人尊重的古老行业，一点儿不多，一点儿不少。”菲利浦接着说。“就跟制帽或水电工一样。你可以看到帕特里克对当时某人、某个把酒保叫成‘大师’或‘调酒师’的人有那么点不屑。但他说得没错：酒保是门行业。就像木工，量个两次再一刀下去，然后继续过自己的生活。”

这些劳动者没有一个会自我标榜为艺术家。多数人认同的是自己这一行最基本（“我是酒保”）而非最高级（“调酒师”）的标签，称之为自己的事业（career）、专业（profession）或职业（occupation），而非天职（calling）。当然，他们对于工作背后的技艺与功夫都很有意识，无论有没有人注意，他们都会尽力做好自己的工作。这种行业与职人意识以及其工作蕴含的创意潜力（是他们文化套路的一部分）对于他们从工作中获得的意义，以及他们把工作当成事业追求的渴望来说都至关重要。比起自诩为艺术家，这些从业者更重视自己所作所为“当中的艺术”。

从事这些行业的“艺术”，意味着学习如何去遵守、变通，有时甚至是打破其职业社群所遵奉、强制的一套规则。每一种职业都要求其从业者根据一套样板来工作。刚入行时，这些从业者得训练自己，学习这一行的样板。“学习”代表他们得了解身（如何做）与心（做什么）两个方面的技术。前者牵涉到“第二本能”的发展——也就是能轻松发挥文化套路的技术面；后者则必须在内心掌握、记忆自己的基本动作。一旦他们对样板了然于身心，就能操纵样板。他们可以即兴发挥。不妨说，这些劳动者就好比爵士乐手，努力学习许多乐曲的共通模式，一旦学成，就能演奏出自己此前从未演奏过的乐曲，甚至在当中添进新元素。[9]

鸡尾酒酒保根据既有酒谱调制鸡尾酒或创造新酒谱时，目标皆在达到平衡。一旦成功，就意味酒中不会有任何一种材料掩盖了其他材料，或是能娴熟运用某一种材料（调和或加强之）来创造新风味。*饮料不能酒味太重、太甜、太苦或太稀。调制风味平衡的鸡尾酒，要有好几种既有样板可循。

“想达到平衡，”托比说，“就得满足黄金三角，也就是烈（酒味）、甜与酸，三者你都要兼具。如果三者当中有一种在饮料里太过突出，就无法达到平衡。所以，要是你用两盎司酒，四分之三盎司现榨莱姆汁或柠檬汁，和四分之三盎司的纯糖浆，那就会达到一比一的比例，你会调出完美平衡的饮料。道理就是如此。如果你要调德贵丽（Daiquiri），调螺丝锥子（Gimlet），都可以套用这个样板。等你开始摇出这黄金三角——例如你要调玛格丽特，你晓得君度橙酒（Cointreau）不像纯糖浆那么甜，那你就要多加一点，或是其他东西少加一点。这些细微的小动作在调酒时都是关键。一旦你记住了，就知道怎么做，那么你就会调酒了。”

“你可以做调整。”我说。

“没错。而且增减什么都要一点一点慢慢来，有时候十六分之一盎司，或者你就‘啪啦’一声加这个加那个的，但你还是在那个样板里。接着，你就创造了一种风格。有些酒谱我看一眼就能告诉你那是谁想出来的，因为我知道大家都有个人的小技

* 我提到的后面这一点，指的是使用材料不多的鸡尾酒，尤其是古典鸡尾酒——只有一种烈酒（传统上是威士忌）、若干苦精、一种甜味剂，以及水（来自溶解的冰）。烈酒显然主道了这种鸡尾酒。运用甜味剂与苦精的目标在于调和以及/或是加强烈酒的风味。由于烈酒种类与品牌之多，加上甜味剂与苦精类型之广，古典鸡尾酒基本上有无限种可能的组合。要是烈酒太突出（亦即其风味未经修正、创造出某种新风貌），或是太不明显（也就是太甜、太稀，或是味道因为加太多苦精而消失），那就是杯“烂”古典鸡尾酒。

巧和喜欢的玩意儿。就像某一晚我在死吧，不知是谁提到某种饮料里用了利口43（Licor43）。*布莱恩脱口就说，'那是托比的酒，不是吗？'因为我超爱利口43。我单纯觉得这种酒味道棒透了，这酒我用得很多，是我的招牌风味。比起安哥斯苦精，我更喜欢裴乔氏（Peychaud's）苦精，所以有好几种一般用安哥斯的调酒，我都会改加裴乔氏。有心人就会发现这些小细节。"

菲尔把鸡尾酒酒保这种做法称为"蛋头先生"（Mr. Potato Head）："我想，我们之所以是优秀的酒保，是因为我们钻研经典鸡尾酒，我们知道如何调制经典饮料，而多数现代调酒不过是花样更多的经典调酒。你学会怎么做经典调酒之后，要做的就是将之拆解，再拼回去。就像样板：你学了那些经典样板，接着抛开样板，把这拿掉，添进那个，加进来之后就会产生别的东西。调酒时有两件最重要的事，一是口味，二是平衡。但这有利有弊，因为没有好的平衡就不会有宜人的口味，所以平衡恐怕才是最重要的。"

今日的鸡尾酒酒保要背下许多酒谱，但搞懂样板、了解特定饮料何以"行得通"背后的惯例，却远比死记硬背酒谱来得重要。对他们来说，"即兴"指的是替换、新增材料，以及调整比例。创意则源于在样板中即兴发展独特的风格。

"每种东西都是在向另一种致敬。"杰奎因说。"而且是每一种。每种调酒基本上都是区区几种经典调酒的即兴乐段。你调出的每一种都是。天底下没有新鲜事。大家都在选用的材

---

* 利口 43 是一款柑橘味的西班牙利口酒，用了 43 种水果、药草与香料为材料。

料上发挥创意，但大部分情况都是套用同样几种基本公式。真正的艺术在于公式的微调，让你的饮料变成真正特别且自成一格，堪称创新，不论其原始灵感来自哪种调酒，它自己就是一种鸡尾酒。我在调'拉丁区'（Latin Quarter）的时候，知道自己调的是以萨凯帕朗姆酒（Ron Zacapa）当底、添加少许巧克力苦精的萨泽拉克（Sazerac）。我调的就这样，我心知肚明。但这在好几个层次上都会带来不同，跟萨泽拉克已经是不同种的酒。味道没那么辣。但以鸡尾酒来说，这能否行得通？当然行。我老调重弹吗？才没有。我调出一种很棒的酒饮。这才是你最能发挥创意的时候。"

精酿师和鸡尾酒酒保一样得处理材料与配方，但他们的"平衡"就更主观了。精酿师志在调整材料与配方，以达到自己追求的风味。酒保的工作要是就像第一章的汤姆所说，比较像烘焙的话（少了精准的度量，面团就发不起来），精酿则更像烹饪。烈酒的配方（如酒醪成分，亦即不同谷类的比例，以及金酒中的药草比例）是精酿师自创的样板；烈酒蒸馏虽然也有许多前例与习惯，但要确保精酿过程能精准复制，当中仍涉及太多因素。

"我认为，这之所以跟直截了当的科学大不相同，反而有点像门艺术，是因为纯粹的化工方法对威士忌来说根本行不通。"妮可说。"光是选用蒸馏过程的热源就堪称是门艺术了。是什么成就了好的威士忌？你得对工序应有的样貌有所体会。你可以按配方做，但你真的得知道该有什么样的感觉才对。这很艺术。"

由于化学过程与复杂机制使然，精酿师可说是四种职业中最能调和艺术与科学的职业，而且他们也强调两者对自己的工作皆不可或缺。精酿酒厂营运的日子是感受与测量、试喝与实作的相互作用。创意便从发明配方、建构工序，以及根据试喝做出决定的过程中浮现。

“我认为科学才是基础。”比尔说。“艺术和试喝非常关键。说起来，只要威士忌好喝，谁管α—淀粉酶发生什么事？但反过来说，基础打得好，知道发生什么事，才能让你真正做出有创意又合理的决定。事情要是顺利，那当然完美。试喝一下，你会说‘好，尝起来真棒。’但是，如果出了什么问题，你的感觉和直觉可没办法帮你多少忙。背后有这种认知做基础，才能让你揪出错误，解决问题，让你提升效率。做生意嘛，酿酒的艺术跟功夫会让你酿出非常优秀的产品。一旦产品优秀，也卖得起来，突然间你就得有效率，因为你要做生意。如果对科学的认识让你能以特定的方式增产，如果你因为了解糖对淀粉的转换率，所以一下子发酵效率多了2%，这样的跃进可是意义重大。根据这些理由来看，科学认知确实很重要，尤其是你要让产量提升到有意义的程度。你得明白事情是怎么进行的。”

有很多因素能影响最终成品，如蒸馏用的材料品质、发酵过程（像是开盖、关盖发酵的差异以及外界温度）、陈酒用的酒桶材料，以及比尔所说的精酿师的品酒功夫。精酿师的创意来自他们能在蒸馏过程各个阶段当中控制、下决定，即便这些决定会带来无法控制的结果。他们就像鸡尾酒酒保，会以材料与配方进行实验，有时则遵循既有样板。他们可做的决定包括选择不同品种的主原料（玉米、黑麦、大麦、小麦），或是不同组合与比例的植物药（botanicals，如杜松子、小豆蔻荚、茴香种子）。精酿师决定发酵技术、蒸馏器类型、蒸馏次数，以及掐头去尾的时机。他们还能选择酒精浓度、用水（用来煮酒醪，以及调整酒精比例）、酒桶尺寸与种类（亦即烧灼程度）、陈酒时间长短，以及是否需要调和与如何调和。对酿酒人而言，当中每项选择都代表了创造独特产品的不同方法，但多数决定也会为品质带来一定程度的不确定性。

理发师与屠夫就跟鸡尾酒酒保与精酿师不同，他们不必在材料与配方上下功夫。添加物质性的东西不是他们工作步骤中的一环（除了理发师在剪完后用发蜡定型，以及屠夫用绳子绑肉块）。他们对样板所做的即兴，与替换或调整材料无关。他们的样板是以个人所学，以及对所处理的物质性产物（尤其是人发、头型与全只屠体）累积的经验为基础。日子一久，他们会建立起对这些样板的认知，并精进个人运用样板、即兴发挥的能力。

我也拍下了鲁本为客人剪发的照片。有一回，他忙着为许多客人剪发，我们直到一周后才有时间看照片讨论。我知道他参加过理发考试，也累积过许多经验，于是，我们坐在店外用笔电看照片时，我开玩笑地问他，是否还记得照片中这回剪了什么发型。

“当然记得。”他看着第一张照片回答。

“你记得？”我很惊讶。

“对。这是很一般的发型。”

鸡尾酒酒保跟精酿师有酒谱跟配方，理发师也有样板，可让他们根据工作程序、顾客天生外貌与要求为基础，去创造风格。我在鲁本理发过程中拍的第一张照片，是他拿梳子梳起客人右耳上方这区块的头发、用电剪推的样子。根据照片内容判断，这是一连串步骤的第一步，而他看到的是客人最初的发型（从头后方照的角度）。鲁本身为经验老到的理发师，“记得”这一步，还能解释随后的所有步骤。换句话说，他能在脑海中让自己再置身于之前曾经历无数次的情形。

“你要做的第一件事，是搞清楚分线在哪里。”鲁本谈起这类剪发方式。“看分线通常很简单。你先看牛舔毛，再从牛舔毛就知道头发的生长方向。你把可能的部位缩小范围。只要你搞清楚，就会知道这头发会怎么长，也知道我在对这家伙的头发做了什么。侧边用的是三号半电剪梳，你就在这里（头的侧边）拉一条看不见的线，这条线一定要比牛舔毛的区域低，因为要是你把线往上拉，头发就会卷，所以你得尽可能避免这线划得太高。接着你就整个头划一条漂亮的渐层线。从这边的太阳穴开始，划到另一边，在另一边的太阳穴结束。”

鲁本当时是按找出头发分线和发流方向的工序在进行。每个人的发流都是天生的，而且不会变。头发的生长方向和过程中出现的情况（如长度、发质、头秃的位置）则因人而异。照片里虽然没有显示这些，但鲁本在看出部位之前就已经知道发型设计的方向。理发师必须“清楚客人想要什么”，或是帮助他们了解他们想要什么，或是什么“适合”他们。有了这些资讯，理发师就能选择依某种风格的样板来动刀（或者客人怎么说就怎么剪）。风格样板的运用情况会因顾客而异，因为每个人的头发、头型、长相都不同，而且还有个关键——对自己想要的发型，人人看法各不相同。这些因素有时会起冲突，如客人的发质属于某种特定类型，却提出与自己类型冲突的要求。[10]鲁本从第一张照片看出自己正在剪“一般发型”：两侧与后面短，头顶较长。他用三号半的定位梳开始推，这让他知道自己正打算剪的是哪种发型，因为定位梳决定了头发的长度。

弗里曼风格的外观整体较偏“自然风”，如渐层剪，而非剪出明显的线条。以一般发型来说，鲁本知道要用最大号的定位梳从太阳穴开始推出基准线（真的推出一条线，但最后他会将之剪得和其他头发合而为一），随着渐层推往后脑与颈部，定位梳也会越用越短，最后让头发消失于皮肤，仿佛一首音量渐弱的曲子。由于鲁本当时是拿三号半定型梳开始推，一看照片他就马上对自己是按什么风格样板去剪有了概念。三号半的定型梳不会让头顶的头发与两侧和脖子形成强烈对比。比方说，要是用一号梳推一圈，风格就会大不相同（即所谓的侧分线上梳）。这位客人显然不要那么强烈的风格，他想剪一般的发型。

理发师的创意来自几个互有关联的源头：经常为那些发质、头型与长相独一无二、带有个人风格的人理发；根据上述差异，在风格样板中运用一系列的技术即兴发挥，以及发展自己的风格。

“每位客人都不一样，”盲发匠的艾瑞克说，“所以你不可能给大家都剪一样的发型。你对每个客人都得做点变化，创意就在这里。更何况大家的头发都不一样，发流跟模式也不同，你是从他们既有的条件去着手。你也知道，有些人就是比较敢尝试，愿意让你从不同方向下手，更信任你，而且也不想剪简单的发型，他们想要更有型或更前卫的。那你真的可以放手挥洒创意。”

理发师在实践共同体中工作，经常相互学习实用的新技术。

“我学到用梳子搭配剃刀刮，是刚开始在这里工作时跟范学的。”乔伊说。“现在大家都用这招。因为之前没人这样做。范最先开始。这有那么点凌乱效果。现在店里大家都这样做。鲁本还开始用直式剃刀做头发分线。他做理发已经很久了，而他的态度就像‘现在就这种方法最容易分线。’我看到杰森现在也会这样做。”

理发师先学基本，再到学校学习专业的剪发技巧，终究对理发会有十足信心。一旦有了信心，就会逐渐发展出个人在样板中即兴发挥的风格。对理发师来说，有个人风格算是更上一层楼。负责招募弗里曼西村店员工的布雷特，就借着比较不同的理发师来解释这个概念：“有些来这里工作的新理发师训练有限，想掌握一些更高级、更有创意的技巧。有些家伙学的净是些超短的发型——一般的理发。像我留长发，他们就不会剪。我是说，他们当然会理发，但他们没法真的动刀，或者投入其中，因为他们不懂该从哪儿开始剪，剪到哪里该停。实做练习几种简单的技巧，会让他们已具备的技巧更有效率，确保一切干净利落。我周一面试过一个人，那人来，剪了几个头。大致剪得不错，外形跟设计都可以。但你得注意细节，收尾的地方——像是颈部线条那些——那才是让你得以与众不同的关键。理发技术自然要好，但发型每个部分都要处理得很棒才行。有些人确实有能耐把耳朵周围清理得很干净，颈部线条平整，但整个头发里面却是一团糟。偏偏一般人来看会觉得很利落。总之，你会希望这里看起来很清爽。就是要让头干干净净，但型要出来，要好看。”

弗里曼的理发师们能看出某个路人的头发是在他们店里剪的，因为他们理发时在技术面上一般是共通的（如自然渐层）。说不定连常客也看得出来。但理发师通常还能分辨是自家哪一位同事为这人剪发，因为在技术细节之上还有风格的细节。前者是标准，但后者有时需要时间才会浮现，如得等到理发师了解某位客人、了解他的头发、经过多次理发建立信任后。细节的实例包括运用直式剃刀加强或创造分线（鲁本），或是用羽状剃刀创造凌乱的模样（迈尔斯）。细部与遵照风格样板无涉，反而跟个别性的决定大有关联。

“某天我人在餐厅，”安东尼说，“我一直盯着大家的头发看，接着有个家伙走进门，我一看就知道他头发剪得很好。这么说吧，技术上真的非常优秀。但我也看到理发师对哪些部分做了我不会那样做的决定。不过这没关系，因为那是他的风格。我的做法不一样而已。”

一国的肉品文化与肉店的选择，通常塑造了屠夫遵循的样板。动物的解剖构造显然放诸四海皆准。（“牛就是牛，”奥尔多说，“又不会多长出一条腿或两颗头——这颗头不能吃，那颗可以。”）但是，不同文化偏好的动物部位也不同，这就影响了屠宰场工人与屠夫分解动物的方式（比方说，要把比较多的五花肉留在肋部，或是用更多五花肉做培根，要把肉多分一点给肩部还是肋部）。世界各地的肉店有不同的初分肉、次分肉

（subprimal cut）与零售切分肉，丢弃与使用的部位也各不相同（对各部位的用途也不一）。美国的屠夫有可能得以意大利、西班牙或墨西哥的切法为导向，反之亦然。

“我一直想了解不同的肌肉与肉块。”詹卡洛说。“之前，有一天我就从JM那儿学到后腿肉顶端有块我原本不知道的肉。”

“是什么肉？”我问。

“我们都讲西班牙文名字。念作‘piñón（庇尼甕）’，长得真的很像‘庇尼甕’的子，也就是‘松子’。”

“哦哦，好。”

“那是后腿肉顶端一块柔软的肌肉。我以前老是把它切掉丢进桶里当边肉。但你如果好好清理，让肉好看点，会是一块很适合用来烤的嫩肉。”

总之，动物本身对屠夫来说就是基本样板（牛、猪与羊彼此各不相同），但文化（国家或地区的文化）与肉店的偏好也提供了其他样板；正因如此，迪克逊肉铺的屠夫才会对肉钩的人如何分解牛肩部感兴趣。创造力，或说屠宰的艺术，源于你如何利落地动刀切肉（包括顺肌肉缝隙分解、修边与呈现）。杰夫解释：“你知道，像是下刀方式错误、锯的动作太慢、去掉太多肥油，肉看起来就像被蹂躏过。这不应该。我看过某些肉店和农夫市集摊位，卖的肉看起来面目全非、饱受摧残，真的，很可怕。要是你拿块品质不怎么样的肉，好屠夫是能让它变得漂漂亮亮，提升一定程度的。”

创意同样来自你能在动物身上发现什么。一旦屠夫习得这些样板，有时便能想出如何从初分肉与次分肉中顺着肌理，切出新的零售切分肉。

某天我问莱娜："再说一次，翼板是从哪里切出的？"当时我们到在特里贝克的"好物多"（All Good Things）摆设的柜点值班。[11]要学这么多不常见的肉块，我常会趁闲暇时找屠夫问这类问题。

"板腱连接肋骨与肋眼的地方。"她说。"你想不想看个还没有起名、也没人卖过的肉块？"

莱娜带我到冷藏库，取下一块正在干式熟成的肋部——屠夫会从这里锯下肋眼与腰条等人人喜爱，而且价格不菲的零售切分肉。她把肋部摆成直的，让我看这个部位是从肩部何处切下来的（另一端原本则是连着后臀部）。

"蝴蝶排（指着底部）跟翼板（指着顶部，位置就在带油的上盖肉下面）就收在这边。你一眼就能看出这些肉块收在肋部的哪个位置。我们把这块肉切下来做绞肉，但这其实是最好的肉。你生吃也没问题，味道超棒。但这块肉只有半磅，每只牛身上又只有两块。"

"那为什么不往肩胛骨多切一点？"

"因为大家都切在第五根骨头上。这是美式做法。肋部能卖更多钱。我很想帮这块肉取个名字。要想名字真的很难，我得想个拉丁名字来用。"

美国人最爱肋排和培根，这说明了美国屠宰场与屠夫为何会用这种方式分解牛与猪。但莱娜凭借思考分解牛的不同方式，发现了一块只要她有机会就会想卖的肉块。因为她在迪克逊工作，以迪克逊肉铺的方式切肉，所以只能向屠夫头儿和店老板建议。通过寻找隐而未显的肉块，屠夫学到以新方式从动物身上取肉，带来不同的风味轮廓与烹饪步骤。他们的创意来自学习如何操作自己已学会的样板。

第七章

服务式教育

某个周四的下午，一名年近四十的女子走进迪克逊肉铺。她完全没看展示柜，径直走向柜台，盯着查理与泰德这两位柜台员工的方向看，但不是看他们中的任何一人。查理问她是否需要什么。

“是的，”她说，“我想买猪里脊，谢谢。”

查理滑开玻璃门，取出盛放猪肉产品的盘子。他拿起里脊给她。

“我只要那块的一半。”

“要不要我称给你看多重，还是直接从这块切中间？大概五磅。”

“呃，你切半就好，我两块都买。我先放冰箱，之后再煮。”

查理转身将里脊摆上柜台，对切后包起来；这时客人走到一旁，看展示柜里还有什么肉。

“什么是‘红公鸡’（red cockerel）？”她问。

“那是我们专卖的鸡，是很古老的品种，长得很高，所以上下腿肉很多。鸡胸跟鸡翅比较小，有很多深色肉。风味十足，煮汤或做烤鸡都很棒。”

女子睁大眼睛，点点头，付完里脊肉的钱就走了。接着一名年轻男子走进来，一直低着头，视线固定在展示柜上。他脚步缓慢，一直盯着柜子。泰德对他说，“要是有什么要帮忙，可以跟我说。”男子视线稍微朝上，往他一扫，嗫嚅着说好，又盯着柜子看了一分多钟，不发一言便离开了。又一位客人进门——是位年轻的南亚人，他慢慢向泰德走去。

“呃，有羊膝吗？”他声音犹疑地问。

泰德从展示柜取出羊肉盘，盘上有四只羊膝。他问客人要几只、想要哪一只。他挑了两只，问道："这是肥油吗？"

"不是，这是骨头，是周围软骨，不会影响你烹煮的味道。"

"你可以把它切掉吗？"

"这我没办法。店里的带锯今天故障。旁边这里我倒是可以修掉，"泰德指着羊膝的那个地方说。

"那没关系……这样……就好。"他说。

"确定不用？"

"嗯，我可以自己处理。"

"真的没关系啦。"

"那好，"他笑着说，声音感觉松了口气。

每当有人第一次进到店里，所有的酒保、理发师与屠夫都会面临两难。[1]他们无法单凭自己的经验就能百分之百确定顾客想要什么，但他们得找出那是什么，才能完成自己的工作。有些零售业劳动者，如收银员，在消费者购物经验中扮演的是被动角色。这种劳动者有一套固定台词，是雇主（如大企业）规定他们必须讲的。[2]但相较于他们，酒保、理发师与肉铺店员整体上会与客人有更多互动，都会跟顾客与客户面对面，互动过程也会影响消费者购买什么，及其消费经验的走向。

新型精英服务业的从业者面临的两难，还要更上一层楼，因为当下的情境影响很大。由于媒体形象与价格定位，消费者对他们的期待会多过对于类似商家的店员。比方说，一般酒吧的酒保对于客人点的东西就不必操太多心。他们提供的是店内现有存货——瓶装或现打啤酒、选择不多的红酒、基本的烈酒品牌——而且客人对于会喝到什么通常没有疑问，酒保也不必

图13　泰德正在服务客人。

向客人说明有哪些选择。顾客不会期待自己的酒饮蕴含什么高深知识，也不期待酒保精通调酒术。[3]酒保的注意力反而需要摆在顾客的其他需求之上，比如他们的水杯是不是空了，或者是不是想聊天。[4]大多数的理发师与屠夫也相去不远。有些理发店会提供店内可剪的发型清单（正式或非正式），将咨询与讨论简化。屠夫也可以只备货、贩售店里决定进货的肉品，鲜少需要精深的屠宰技术。

不过，会去鸡尾酒吧、高档男士理发店以及全只肉店的顾客，经验通常比一般人更丰富，也希望得到更多。他们拥有杂食性品味，渴望独特的产品与服务。对于自己消费的产品、得到的服务，以及中间的过程，他们都想了解，想要体验前所未有的经验。那么，新型精英服务业从业者在面对消费者时额外感到的两难，即供应这些欲求，满足这些期待。这些商家的老板会倾全力创造特定的经验，像是通过装潢与气氛，为旗下雇员提供在反映杂食品味而制作产品、提供服务时必备的条件——工具、材料、支援者与作业时间。学界对于杂食性消费已有大量研究，但焦点不是摆在消费者本身的意义与态度，就是其出现在媒体上的形象与论述。[5]但创造、传播杂食性品味的关键场所——欲望得到满足，未知得到澄清，故事得到讲述，品味得到传授的地方——仍然是在销售点，在于服务业从业者与消费者的互动中。

这些互动与制作产品、提供服务时投入的心力，都是一种遵循、执行文化脚本的劳动者所做的展演。更有甚者，除了做自己的基本工作，提供酒饮、剪发、卖肉之外，劳动者还得努力教导顾客与客户培养个人品味，让客人有信心去认识自己喜欢什么，最终将客人引入维系其商店与职业团体的品味社群当中。我将他们通过实践以达成这个目标的做法，称为“service teaching——服务式教育”，亦即通过服务来教育。这些独特商家进行的服务业工作，绝非仅是为消费者提供某种事物；杂食性品味正是凭借这些工作得到灌输，为新型精英服务业从业者形成其职业认同打下重要基础。

消费者类型

这几种工作场所的劳动者会依据多层次的信息，将顾客与客户分成不同类型。他们对顾客与客户的诠释，影响了他们展演的服务与制作的产品，而互动过程则会强化若干诠释。各个类型彼此并不互斥，劳动者也能根据交流进行的方式重新分类消费者。类似上述迪克逊肉铺三位消费者的互动，就非常典型，其他两种工作场所的消费者也与此极为相似。

老经验

第一种类型是经验老到的消费者。有些消费者就像第一位顾客，走进店里，知道自己想要什么，以自信的姿态点购。这位女子知道自己要买猪里脊，一种相当简单的商品。柜台职员以进一步的问题回应这种直截了当的点单，如问顾客想要多少量（个案中是整个或半个肉块）。鸡尾酒酒保与理发师也会遇到这类知道自己想要什么的顾客。

我是在某个周日傍晚首次与杰奎因相遇的，死吧店内在那个时间段位子还相当空。我以前只去过两次。他向我打招呼，边递酒单给我，边将黑色的鸡尾酒纸巾摆在吧台上。我稍微确认他们有什么可点，但要喝什么其实我心里早已有谱。

“可以给我一杯内格罗尼（Negroni）吗，装高脚杯？谢喽。”

“行。你比较喜欢哪种，金酒味要重一点儿，还是比较均衡的调法？”

“金酒味重一点儿好。”

“没问题。”

他转身开始工作。鸡尾酒酒保大推经典的内格罗尼，因为简单明快。标准的酒谱是“一兑一兑一”，也就是等量的金酒、金巴利、甜艾酒（各一盎司）。[6]这种酒杰奎因以前调过许多次。我用直接点一款经典鸡尾酒的方式，暗示他我有可能略懂鸡尾酒。但这些新型精英服务业劳动者需要消费者透露更多信息，纵使对方知道自己要什么亦然。这些信息也许只是猪里脊的重量或大小（或是，假如有一半比较肥，那就得知道消费者要哪一半），或是对某款经典鸡尾酒的制作要求。内格罗尼属于特定的调酒类别（金酒底、搅拌、苦味）。但顾客不需要对鸡尾酒或个人口味有多少认识，也可能知道内格罗尼，会点来喝。杰奎因还需要更多信息，才能为我调制“正确”版的饮料（标准酒谱，或金酒加重）。另一位鸡尾酒保亚历克斯之前就说过，“在吧台点酒总是会导引出对话，毕竟酒有那么多方式可以调。每个人都有不同诠释与偏好，这是常有的事”。对理发师来说，这种互动会发生在咨询讨论时，有时还会延续至整个理发过程。

索林一脸倦容。此时正是周五的傍晚，店里通常会挤满为了周末打扮而来剪发的客人。剪完一位客人后，索林拿起精油热毛巾，摊开来甩甩降温，为自己擦个脸。擦完脸后，索林看起来像是重新又上了发条，他看到下一位客人是常客，精神更是振奋。

“最近怎么样啊，兄弟？”他边说边跟对方击掌，顺势来个拥抱。

索林带客人到自己的理发椅坐定，为他围上围巾，过程中稍微闲聊。

“好，我们要怎么剪？”索林问。

“两边要削，比平头长一点，上面留长。”客人答道。

索林点点头，开始做事。他们互问彼此夏天过得如何，有没有出游计划。索林知道他已经成家，于是问起他的家人。削完两侧头发后，索林在客人头上喷水，开始梳理头发。客人希望上面留长，但索林还是会稍微修剪。之后他剪起一边，随后却停下来。

“不好意思，”客人正在讲自己可能会重新装潢住宅，他只好先打断客人讲话。“我只是想确定上面剪这样是不是够了。”

“行啊，长度恰好。”

一旦顾客要求两侧推得比平头长些，理发师通常需要知道到底是多短。索林的客人知道自己要怎么剪，而且又是常客，所以索林知道他说“比平头长一点”是什么意思。即便如此，他还是会问客人，自己为上面保留的头发长度是否刚好。理发师在理发时常会来个状况确认（或是一连串的状况确认），诸如问“这边可以吗？”或“长度行吗？”才会继续进行。表面上，对于有经验的消费者，如知道自己想要什么的常客，似乎很容易应对，但对新型精英劳动者来说，仍需要将注意力放在他们身上。其实，正因为常客对自己的品味很有信心，对这些商家提供的商品与服务也很熟悉，所以常对这些劳动者带来需要他们全神贯注投入的挑战，或是劳动者得时时了解最新产品与风格，让常客尝鲜。即便是老经验的消费者，也是可以再教育的。

好奇心

第二种类型是“好奇型”消费者，亦即因为不寻常的产品、服务与技术而被挑起好奇心的消费者。劳动者因此得到机会，能教他们一些新东西。这类消费者表现出渴望接受引导、进入品味社群的样子。迪克逊肉铺的第一位顾客（问红公鸡的那位）所问的问题，暗示她或许既有经验又很好奇（这两者常同时存在）。新鲜的红公鸡肉看起来就像鸡肉，因为那就是鸡肉，但迪克逊肉铺故意标成“红公鸡”，是因为晓得某些客人对此并不确定。好奇就会发问，问了就是给劳动者提供了能解释的机会。

肉铺的展示柜几乎都摆在店内的前方与中间，但鸡尾酒吧业主会决定如何呈现自家商品。杰奎因说，“我们用的材料全都一目了然摆在这里，是打算引发对话：‘哇，老天！看看那些草莓！是要用来做什么啊？’‘这个嘛，看情况。你想喝加草莓的朗姆调酒吗？想喝加草莓的龙舌兰吗？没问题，我调给你喝。’然后开始捣草莓。这是引发对话的方法。”

我都还没拿起内格罗尼小啜一口，杰奎因便削了一小圈柳橙皮，从吧台上的透明玻璃烛台里拿了根火柴。他划亮火柴，小心地将火苗靠近果皮，沿着表侧烧了一圈。接着他快速顺着火柴绕的方向捏起果皮，结果冒出一点儿小火花。

他叹了口气：“没达到我想要的效果。”

“原本是要怎样？”我问。

“唉，这是功能性的炫技。只要你把果皮拉到火上，果皮中的精油就会焦糖化，加进饮料中会带来很棒的烟熏风味。原本火花应该更大的，看起来会很酷，但这边是店里死角，有风在吹。店里有几个死角会让火苗被吹熄。”

在这个情况中，我是那个好奇的顾客。鸡尾酒吧里的功能性炫技——像是烧果皮、同时摇两只摇杯，或是一口气搅四杯酒——既能达到风味目标，看起来又酷。[7]这么做，就是为了吸睛与开启对话。无独有偶，好奇的顾客也常会在剪发之际问理发师关于不常见的技术、产品或他们所用的工具。

一位三十多岁的男子坐进迈尔斯的椅子，想剪基本的发型。剪了一半多，两侧头发推完、上面以剪刀剪过之后，迈尔斯拿出他的打薄刀——外型就像直式剃刀，但刀刃边缘有齿。[*]客人没注意到两者的不同，以为在头顶部位用直式剃刀是种不寻常的做法。

“话说，那把直式剃刀是要做什么用的？”好奇的顾客带

---

* 第六章图 12 中，迈尔斯用的就是打薄刀。

着不确定的音调发问。

“这把是打薄刀，”迈尔斯说。“我用它来打薄你的头发。我想让发量减少一点，但保持长度，这样头发会有蓬松感。你只能用打薄刀削薄微卷的头发，用直式剃刀削全直发。白种男子一般都适用这种手法。”

总而言之，这三种商家贩售的产品与服务，以及这三种从业者所用的工具，皆同时具备其形式（或审美）与实际功能——这是足以引发好奇心，吸引人想知道更多的议题。而这些知道自己想要什么、想深入了解的老经验、好奇型顾客，也能让劳动者感受到乐趣。他们是其品味社群（也能说是“内行人”）的既有或潜在成员，让这些劳动者得以汲取自己的文化知识财富，运用自身的沟通与专业技巧，在交流过程中深化互动。

迷茫

最后一类是“迷茫型”消费者，亦即品味社群之外的人。迷茫型消费者隔绝于外、蒙昧不明，欠缺高品质风味与风格之光的指引。至于劳动者会因为什么原因认为消费者迷茫，则视职业而异。上述第二位光顾迪克逊肉铺的顾客——也就是只盯着展示柜、却不发一语离开的那位，就是迷茫类的例子。全只肉店的员工认为，这类客人的沉默是他们被店内大量陌生选择震慑的迹象。“人是习惯性动物，而且对烹饪为之却步，”空闲时与我同站柜台的泰德如是说。“你以前也进过店里。那感觉就像这四公尺柜台里的肉全是他们没见过的，除非他们是做餐饮的。”肉店员工从自己去超市买肉的经验出发，觉得迷茫型消费者害怕自己不了解的东西。他们不了解自己想要什么、喜欢什么（一旦买了也不知如何处理），而且/或是不了解自己以为喜欢的东西其实“不好”。鸡尾酒酒保也有类似看法，认为这些人的消费行为其实是出自习惯与无知，认为这足以解释迷茫型消费者为何会点知名品牌的酒与饮料。

“营销跟习惯，”菲尔说，“让大家一直喝烂酒。像是最受欢迎的酒，管他是培恩（Patron）、孟买蓝宝石（Bombay Sapphire）、灰雁，还是金快活，都是最烂的例子；它们品质最糟，价格却很贵。这一仗我们非打不可。要是有人点培恩，我会说‘你赚到了，我们这里没有培恩。你今天不用喝那种龙舌兰啦。’”

理发店的客人跟酒吧消费者一样，都会讲一点关于“自己想要什么”的信息。偏偏有时他们的回答其实等于沉默，如他们要理发师“你想怎么处理”就怎么处理，完全交给专业。在理发师看来，以如此方式应对的顾客显然对理发店作业的方法缺乏理解，对自己的头发缺乏认识，或许也缺乏个人风格，甚至对自己的外貌感到不安。“我会跟这些人说，我要把他们整颗头剃光，因为这对我来说最简单，”范说。“我要是全剃光，不必剪，赚得更多。我这么一说，他们都会一脸惊讶。接着就开口啦。”鸡尾酒酒保与肉铺店员工有时也会碰到这种听话的客人。这类来客通常是用问问题的形式表达：“你最喜欢的调酒/肉品部位是什么？”但酒保与肉店员工都不喜欢这种问题，因此会用“这不重要。我们来看看你最喜欢的调酒/肉品部位是什么吧”之类的话来回答。

破窗

店员与那位购买羊膝时没什么信心、后来又对羊膝骨头和软骨感到焦虑的第三位客人之间的互动，就跟问起红公鸡的第一位客人的情况类似，两者皆提供了柜台员工去吸引顾客的注意力，教育他们有关肉品知识的潜在机会。第三位客人虽然对自己买的东西不好奇（他似乎从没听说过羊膝），但还是向泰德提问，这让泰德有机会说点关于肉和烹煮的事。这些新型精英劳动者等待的正是这种契机，能在消费者的品味之窗上寻找缝隙，好将这扇窗再打开一些。好奇的顾客对学习抱持开放态度，迷茫的顾客则不知道自己要什么，或不知该如何表达自己要什么（或表达时缺乏自信）。这两种都“有机可趁”，而为老经验的客人提供的机会，通常能让从业者施展更进一阶的知识与技术。这些劳动者的目标在于推广自己的品味文化，将自己的品味传授给他人（即便是以潜移默化的方式），并将他人领进自己的品味社群当中，而这些都是通过点单/咨询、后续互动与工作展演而为之。

杂食品味制造者与杂食性消费者皆鼓吹品味的认知应当触及普罗大众。他们对自己的产品与服务，以及对只要有机会就有办法让大众如己般领会品味胸有成竹。

“让大家睁开眼看世界，是我们的工作，”菲尔说。“这可以说是我们工作中最重要的部分。比方说，要是有个爱喝伏特加的人进来，说‘我讨厌金酒’，那我会告诉他，你不是讨厌金酒，你只是不知道自己喜欢金酒。你从来没用正确的方法喝过金酒。所以，我们要让大家对自己不喜欢的东西更加了解。一旦有人说他们不喜欢什么，那可真让我兴奋，因为这是一种能让他们了解自己其实是喜欢的挑战。”

“迷茫”就好比伸手不见五指，这些劳动者知道自己有义务去开窗引光。就像菲尔上述的暗示，许多人相信，这道光早已在消费者心中，只待有人让它透出来。

迪克逊肉铺的人都知道，许多客人不会在首度光顾时就和他们有相同的品味，或是掌握同等的肉品知识。因此，他们希望能与顾客分享自己的肉品知识，如此既有文化因素，也有经济因素。

“一开始实在很困难，”杰克说。“我们当时得训练顾客改以不同的方式购买，现在他们已经娴熟于心，很能接受。我们已经找到能平衡价格与数量，以及‘训练消费者行为’之间的做法，就是以相当一致的价格销售，所以我们一般不会剩太多肉卖不掉。”

“你说‘训练他们’的意思是？”我问。

“顾客吗？就教育喽。你晓得，就是教他们有关肉品部位的知识。要是某种肉块卖完，就得知道如何形容另一种肉块，做交叉销售：‘这种你可以用同样的方式煮。两者的不同之处有这些。’这是前场员工需要非常自信的原因。我们要找非常能言善道的人，这类人不会只把这当成工作，而是当成某件自己真的很热衷的事。”

到超市购物的人习惯认为他们想买的肉品就跟最爱的谷物片一样，不会售罄。杰克意识到，早早告诉客人店里的原则相当重要。这么做同时满足了文化上的必要之举——分享他们在“优质”肉品背后的理念，也满足了经济上的不得不然——必须卖掉全只，以免倒闭。雇主与员工假设一般顾客都需要协助，才能理解他们的肉品哲学。他们假定顾客需要“受训”。

一位年约二十岁的年轻男子上门。他笔直地向当时独自站在柜台的莎拉走去。二十多岁的莎拉大学刚毕业、搬到纽约后一直就在迪克逊肉铺工作，已经一年多。

“我要做鞑靼牛肉。”客人说。

“好的。要帮你剁碎吗？”

“不用，不过，你可以挑一块最新鲜的菲力吗？”

莎拉稍微停顿，往下看了看展示柜，接着说：“要不要试试无骨沙朗？”

“哦，味道更好吗？”他问。

她点头。“是啊，风味更足，适合做鞑靼牛肉。”

“好。你能切一块新的吗？”他在她从展示柜取出肉时说。

“这块非常新鲜，屠夫才刚切好。”

“你该不会只是想让我觉得这块比较好吧？”

“哪有，才没有，他们才刚切出来而已。”

当天稍晚，我向莎拉问起这次互动。“我注意到你设法不让客人拿菲力做鞑靼牛肉。”

“我看得出来他不想花钱，所以我想让他知道他还是能买到好东西的。我还会试着不让人买里脊。我的意思是，买菲力没那么好。肉嫩归嫩，但你若是要剁那么多次，像做鞑靼牛肉，肉质原本多嫩根本不重要。”

“对于自己想要什么，什么东西好，一般人脑袋里早已有想法？”我回问。

她点头。“他们很怕，而且不会煮。一般人要么老是用同一种方法做同一道菜，要么照着别人给的食谱动手，而且不会想试试其他方法，就怕自己糟蹋了食材。我试着让他们有信心。”

柜台员工有着自家肉品品质更胜零售商的坚持，对于肉品和其调理方式也具备相当多的知识。他们以这些信念与知识为本钱，举止充满自信。他们的目标是同时将肉品的形式与功能传授给顾客。只要谈到顾客的渴望、需求与品味，他们就认为自己能“解读”顾客。客人所点的东西就是起点。例如，第三位客人要的羊膝就是非常特别的部位，无法以其他部位取代。于是，泰德虽然只跟他谈羊膝的物理外貌，以及软骨在烹煮时不会影响风味，但他仍提议去掉软骨，毕竟客人看起来有点在意。

莎拉的那位客人倒是让她有机会去开拓他的品味。她“解读”出这位来客点菲力是出于习惯，或是因为他认为菲力是高档部位，抑或有点畏惧尝试不同部位；此外，莎拉也看出他其实不想花钱买这么贵的肉。如果他说的是“我想买菲力，谢谢”，莎拉八成会直接问他要几块，然后结账，就像查理在顾客点猪里脊时那样。但他明确表示自己要用菲力做鞑靼牛肉，等于让知道鞑靼牛肉“该”怎么做的莎拉晓得：眼前的此人对肉有点了解，但不多。他提供一面有裂痕的玻璃，让莎拉打破。通过指引迷茫的顾客知道自己能买到更适合的部位，柜台员工觉得自己让顾客更具“信心”，不仅成为更优质的消费者，而且还是更好的厨子。员工运用个人对知识的自信，以及与顾客互动的能力，将“训练”顾客视为自己的目标。鸡尾酒酒保与理发师虽然不会用“训练”一词，但他们也有志于教育顾客与客户，让客人对他们的品味社群略知一二。

某个周三的夜里，一位年轻人走进奶与蜜，坐到只有四席的吧台，就坐在我隔壁。米奇是当晚的酒保，他老家在北爱尔兰的贝尔法斯特。他在大学时开始认真涉猎鸡尾酒与酒保工作。米奇一得知奶与蜜这间酒吧，就决定迁居纽约，以便能在此工作。他招呼客人，问他想点什么。

“我还在等朋友，但我绝对会点。我想喝伏特加吉布森。”

“抱歉，我没有伏特加，也没有腌洋葱。你有没有喜欢的别的风味？”

“呃，来点薄荷味的？”

“没问题。要不要加点淡色烈酒，像是金酒？”

“嗯……我对金酒不熟。”

“那我用金酒调点什么，但金酒味道不会太强烈。”

“好，没问题。”

米奇正要开始调制饮料，那个人的朋友也到了，随之坐下。两人闲聊几句，米奇请这位友人点单。

“先生晚上好。您以前来过吗？”

他摇摇头。

“好的，我们可以口头点单。所以，我需要您给我一些提示或线索，告诉我您喜欢的味道或烈酒，或是不喜欢什么，这样我就知道明确的方向了。”

“这样啊，我通常喝伏特加，但他说你这里没有伏特加。”

“对。您一般怎么喝伏特加？”

“简单的伏特加汤力水。”

“好，所以是气泡类。喜欢覆盆子吗？”

“喜欢。但别太甜。”

“那我想，要有香甜的气息、但不是甜味。”

“好啊，听起来很棒。”

米奇调出两杯酒，接着把酒端上来。

“我给您调的是东岸瑞奇（East Side Rickey），里边有金酒、苏打水、现榨莱姆汁和薄荷。而您的是覆盆子菲克斯（Raspberry Fix），加了覆盆子泥、金酒、柠檬汁和一点儿纯糖浆。两位请用。”

鸡尾酒酒保通过提问，运用数种策略，为顾客找出了合适的饮料。这一晚，米奇以奶与蜜的标准开场问题起头：您以前来过吗？（米奇用这个问题问第二位，没问第一位。）假如来过，他们对于自己喜欢、想喝的东西应该会有点概念。否定的回答让他知道：这几位客人对精调鸡尾酒或这间酒吧恐怕很陌生，也就是说，他得再深掘才能找出适合他们的调酒。他通过点酒逐渐搜集“客人喜欢什么”的信息。[8]

米奇采用了数种常见的提问套路。他问客人喜欢何种烈酒或风味，以寻找“提示或线索”。鸡尾酒酒保可从客人说出的烈酒或风味，掌握客人的口味。例如，金酒，金酒是种淡色烈酒，若干朗姆酒与龙舌兰亦然，与大多数威士忌与陈年朗姆酒等深色烈酒不同。由于陈酒效果使然，深色烈酒味道偏浓郁，风味也比浅色烈酒复杂。鸡尾酒酒保思考某种调酒时，会遵循这些一般的烈酒分类。他们不希望让不熟悉精调鸡尾酒或烈酒的客人尝到太强烈、复杂的味道，否则，恐怕会把他们从品味世界中吓跑。

“我老说‘慢慢培养出的品味，是投入带来的应有回报’，”菲尔说。“就说苏格兰威士忌吧。这种酒很烈，风味确实浓厚，你得费一番工夫才有办法喝。可你一旦下过功夫、喝得动了，那感觉就像惊天礼赞，或许啦，可以说是最复杂的一种烈酒。从不同的苏格兰高地威士忌到艾雷岛（Islay）*——艾雷岛产的泥煤味实在很重。艾雷岛堪称烈酒奇迹。但你别想马上直接跳去喝拉弗格（Laphroaig）。如果你是第一次直接喝不掺水的，大概会觉得‘恶，难喝得像屎’。这酒其实不难喝，你只是做错了决定，竟然一开始就喝拉弗格，而不是先试着喝酒味重的金酒调酒，然后波本，然后一路往上爬到苏格兰威士忌。”

换句话说，本着人人平等的精神，品味确实需要时间培养，但它可通过努力而获致。鸡尾酒酒保不想跳过这努力的过程。

米奇的第一位客人点了伏特加吉布森，第二位客人平常则喝伏特加汤力水。有鉴于伏特加无味、无色也无香，这种酒在淡色烈酒中可说是淡中之淡。对于喝伏特加的人来说，金酒可能是比较容易的替代品，毕竟金酒多半也无色，味道可以很温和。是夜稍晚，两位客人离开后，我才向米奇问起这个顺序，以及他何以选择这几种调酒。

“伏特加吉布森是非常烈的伏特加调酒，”他说。“他一说自己喜欢薄荷，我就晓得东岸能合他胃口。他对金酒不大有把握，但

---

*　艾雷岛位于苏格兰外海，以泥煤味 / 烟熏味威士忌闻名，风味非常强烈。岛上有九家烈酒厂，其中拉弗格生产的威士忌或许是最强烈的。

金酒在当中味道不太重，而且他都喝过味道算烈的吉布森了。另一位喜欢气泡和水果，那我就调别的清爽型金酒饮料。”

米奇以这两杯饮料当“门道”，打开客人的好奇心之“窗”，为他们搭配出合口味的产品，借此让他们一窥调酒术的世界。[9]喜欢酒味重的伏特加调酒与薄荷风味，以及喜欢气泡伏特加饮料和柑橘水果风味——这两种口味对米奇来说轻而易举。

最后，他要处理“甜味”的问题，于是向客人解释自己会怎么调，好让饮料不太甜，但当中仍有甜味。根据调酒术的大原则，一杯成功的鸡尾酒必须风味平衡。米奇的意思并非调制加了糖的饮料，而是让调酒有甜味元素或“特性”，如使用某一类烈酒或利口酒。尽管酒保常运用各种调味剂，如甘味剂，让口感圆润，但有时这杯调酒也会被归为酸、苦口味，而非甜味，端视酒谱中的材料与比例而定。一旦知道客人喜欢甜甚过酸，鸡尾酒酒保就能锁定特定的调酒类型。

这几条询问的台词，就是鸡尾酒酒保“解读”顾客的着手处。每一个问题都能为“要调什么饮料”缩小可能的范围。客人若是喜欢伏特加，酒保会避免用深色烈酒。假如他喜欢水果调酒，他们就调摇制的酒饮。对鸡尾酒酒保而言，顾客点的东西不是他们被动接收的信息而已。他们会把点单视为一种交流，从中了解如何为客人提供独一无二的品尝体验，同时让客人窥见调酒术之妙。点单对那些迷茫的顾客最是要紧。杰奎因说过，“我会请客人告诉我他们想要什么，他们大概会讲五样东西。或许第三样或第四样才是他们真正的意思，只是他们自己还没意识到。”

全只肉店员工常采用非常类似的手法。莎拉的客人原本知道自己要什么，但员工会问客人通常会吃哪种肉、一般怎么煮，以及打算做什么当晚餐（“今晚想烧哪几道菜？”）。肉店顾客跟鸡尾酒吧客人一样，他们的回答能向肉店员工透露自己的品味（亦即他们是老经验、好奇，还是迷茫），在员工推荐适合的部位时减少选项。比方说，如果只煮个人分量，不想麻烦，店员会建议适合煎的部位。整个点单过程中，店员都在判断顾客的品味与烹饪技巧，据此提出建议。

最后，理发师也有他们解读与教育客人的独到方式。不过，鸡尾酒酒保与肉店员工通常偏向跟顾客对肉品、调酒的品味与知识打交道，但理发师却必须处理男人对外貌与自己身体的看法——这是个更敏感的问题。此外，他们还得真的碰触自己的顾客。这些因素会为咨询带来额外的挑战。

一天下午，名叫达米安的年轻人坐进范的理发椅。达米安发色深棕，耳边头发疏于整理，不是那种非常在乎的风格。范先自我介绍后，请达米安坐下，为他围上理发围巾，接着问出自己常问的第一个问题。

“好啦，咱们怎么剪？”

“我想把两边剪短。”达米安答道。

“你上次剪发是多久前？”范这时也穿上围裙，站在达米安身后用手随意梳拢他的头发，望向镜子对着他说话。

“大概一个月前。头发长得真的很快。”

“所以剪回上个月那样的？”

图14　范在咨询顾客。

“嗯，尤其是两边。超蓬的。”

“会蓬是因为你用洗发水洗头，”范说。“我才碰过你头发一次，就能感觉出你一周至少洗几次。”

达米安有点惊讶，他点点头，范继续说。

“头发生长的速度人人相同，都是后面最快，然后这里（指着达米安的两侧头发），然后这里（抓起达米安头顶的头发）。血液从后脑上来，接着到两侧。你发量很多，但又没那么厚重。你有用过什么产品吗？”

达米安一脸不对劲，像是他不确定范的话中所指的“产品”是什么意思，或者这问题让他有点不悦。“没，我喜欢简单一点。”

“这样的话，就别用洗发水，是不是很简单！试着减少一半。”

范如此指示，达米安看起来很能接受。范已经在达米安的头发上喷了水，一边梳一边说。

“你头发之所以会这样，是因为洗发水。你的发流很顺，流动感真的很棒。你用哪种洗发水？”

“我不晓得……是绿色瓶子。”

“好，要是你有时想洗头，我建议用保湿洗发乳。”

简单的发型有很多种，就像直接开口点猪里脊和内格罗尼一样简单。顾客讲清楚想要哪种发型，理发师听清楚之后就问几个基本问题（例如，想用几号的定位梳），接着动手（如果是常客，理发师等于已经知道他想要哪种发型，要怎么剪）。但有些客人很棘手。客人会喜欢剪“好看”的发型，对他们来说也是很享受的经验。理发师的目标在于帮客人剪“好看”的发型、教育风格意识，但根据客人种类不同，理发师会面临两种相互拉扯的阻碍，妨碍他们达成目标。

在理发师眼中，许多客人既对个人外表没有安全感（这未必等同在其他生活领域缺乏自信），也不确定希望头发是什么模样——至少不知道如何表达自己希望的样子（无独有偶，鸡尾酒酒保与全只肉店员工也觉得顾客不知道自己想要什么，而且/或是不知道如何表达）。理发师就像鸡尾酒酒保与全只肉店员工，同样主张顾客若是对个人外貌没信心，不确定如何清楚表达自己所想，他们都能“解读”出来。某天，我问索林是否能分辨某个顾客是否缺乏安全感。

“我的老天爷！当然。这简直难以置信，难以置信的不安全感。下次你来的时候注意看。我有个客人就像这样。这样讲很残忍；你根本没法帮他理发。他真的从头到尾看起来都像这样（头低低的），一直不抬起来让我看。我只好说‘头抬起来’，我跟他讲话都像在跟小孩讲话，像我跟来店里的小小朋友那样说，那种六岁小朋友。‘现在你可不可以直直看着镜子，看镜子里面的你？放轻松，直直看着，保持姿势哦。’我很想跟这个三十五岁、已经结了婚，马上就要有小孩的家伙这样说。‘老兄，别紧张。’我知道那就是没有安全感，就是别扭。超怪的。”

有鉴于某些顾客对自己的外在没信心，理发师虽然不认识他们，但还是会扮演照护者的角色，协助他们提升对个人外貌的感受。[10]理发师身为专业人士，对自己的业内与社交技术都有信心，他们觉得自己能运用既有的专业，以不会吓到或冒犯到客人的方式，去感知、补足客人缺乏之处。[11]理发师还认为，顾客对自己头发希望的样貌其实通常已有想法，只是多半缺乏能力将之表达清楚。布雷特说明向顾客提问的重要性:“有人一进来就说,‘我想把两边剪短’‘侧分线’,类似这样。但你得试着了解到一个程度,‘你想剪短?’或‘你真的要剪这么短?你希望看起来清爽,有比较清爽的样子?’我觉得最后都会是我问问题,因为他们真的不知道。他们知道自己要什么,但又不是真的知道要什么。要试着深入地问,‘你想把这里剪短?要多短?你想用电剪推短,短又有点亮泽,还是用剪刀剪整齐清爽就好?’你很难决定要问得多深,毕竟你得知道该问什么,还有如何诠释。你得看他们进门时的样子,还有外表看起来如何。”

布雷特说“诠释”,指的是同时通过直接和间接手法,既理解客人在表达想要什么时是什么意思,也“解读”客人的生活与人格特质。“我们有很多客人是第一次上门,”迈尔斯说,“你多少会打量他们一番——这人怎么样?——尽你所能观察。有个男的告诉我他是律师,是从肯塔基搬来的。他或许是个单纯、一派轻松、随和的家伙。他完全不想走极端,不想太过醒目,就只想要简单、清爽、经典的发型。”

“典型的律师,看起来在大企业工作什么的,”我补了一句。

“没错。他有时可能会说,‘啊,我想稍微犀利一点。’他的‘犀利’意思就是在头上抹点产品,你懂我的意思吗?”

“就还不到飞机头那类的发型。”

“没错,完全正确。还有些上门的小子就像爱时髦的学生或摄影师,而且这人其实没在工作,或是自由职业,这让他可以爱怎么剪就怎么剪。他坐下来,你可以想象,他的短裤比什么都短,而且显然曾经是条牛仔裤;他身上有数不清的刺青,就是真的很酷、很前卫的那种，你懂吧？你知道对这些兄弟下手可以随意点，几个地方留得超级长，几个地方特别短，他也会很满意，因为他想要极端的外表。反正就是打量人，没别的。”

就算来人是常客，每次都剪相同发型，理发师还是会问他们想怎么剪（对常客，简单一句“老样子？”就够了）。以前例来说，范问完“好啦，咱们怎么剪？”这句万用问题之后，接着又问达米安上回剪发是多久之前。面对理发师解读为“不确定自己要什么”的客人，这是个很常见的问题，因为客人的答案能让理发师知道该剪去多少头发（或者“短”是指多短）。平均而论，头发一个月大约长半寸，所以在范看来，“剪回上个月那样”或许就能让客人满意（只要他喜欢上次剪的发型）。范一开始就先碰触了达米安的头发。他跟其他用这招的理发师一样，是为了让客人放轻松，一边问问题一边开始碰触头发，客人甚至未必会注意到（等注意到时，早开始剪了）。

在上述个案中，达米安在咨询过程中为范带来明确的难题：他觉得自己两侧头发太蓬。理发师强调要对客人诚实，并且直接、迅速地指出他们头发的问题，像是糟糕的分线与开始落发的区域，或是他们提出不可能的要求时。例如，先前提到的理发师超爱客人拿自己的照片给他们看，好完全了解客人的需求。但有时顾客会拿别人的照片，如名人的。我问迈克怎么处理这种情况。“我认为，只要你诚实以告，他们不会觉得不舒服。他们就不是那种发质，你也做不来，我们又不会改造基因。你可以用化学手法弄直头发，但改变不了头发的原貌。跟发质妥协，然后在常理范围内尽你所能。”

理发师对自己的专业程度有信心，认为顾客应该接受自己对他们头发的正确看法，同时听从建议——要是顾客希望“好看”的话。不过，除了像先前那样诚实以告，范还夸奖了达米安的头发浓密，而且流动感很棒。理发师希望客人了解自己头发的优缺点，了解如何强化或处理前者，以及降低或避免后者。更有甚者，范还向达米安保证：听了他的建议，就能让自己的生活“更轻松”。对理发师来说，改善顾客的生活，像是让他们更好看，同时简化达成有型外貌的方式，是工作中重要的一部分。他们想为顾客提供风格，而且是客人能天天自己轻松再现的风格。迈尔斯在理发收尾时会对客人说，“你可以分线，但我剪过之后就不需要分了。”

理发师除了告诉客人他们头发的情况，还会让他们知道如何在许可的条件下自己照顾头发。

马克的椅子上坐了一位客人，此人一脸浓密胡子，说想修剪。

“行。你希望我怎么修？”

“我不知道。我喜欢这长度。我是希望胡子看起来没那么……狂野。”

“好。我看到这边特别厚（指着颌线）。但我们等等看，两周后两颊的胡子也会明显冒出来。不过我可以用剪刀处理一部分。我会在这边稍做处理，之后我们再看。”

他接受了马克的建议。马克把头枕摆到椅子上，将椅子放斜，开始修剪。

“胡子怎么留最好啊？”客人问，这时马克才刚开始剪。

“看情况，”马克回答。“要是你希望胡子干净利落，就用机器修（他拿出电推剪）。如果希望看起来自然，就拿剪刀剪。但这要多尝试，有错再改。你如果喜欢现在的长度，那就像我现在这样用剪刀。这样吧（把椅子稍微回正），你可以看看我怎么做。"

马克继续为客人修胡子，当他修到客人脸上胡须特别浓密的部位时，他会指出来让他看，特别解释他如何去做"造型"。前来刮胡子或修胡子的顾客多半是将之当作放松，偶尔为之。有些客人蓄胡，像是马克这位客人，却不知道如何打理。他来寻求建议，给了一扇透明的窗，让马克打开进去。对理发师来说，修整与其他服务都是潜在的教学时刻，理发师示范"干净利落"与"自然"之间的差异让客人看，同时也教他们如何照顾自身的毛发。

我们可以想想这些例子，问个简单的问题：这些劳动者对于这些顾客及其品味的诠释是正确的吗？有时或许是，有时或许不然，但答案并不重要。这些劳动者一举手、一投足，仿佛自己对顾客与客户行为、思考与品味的看法不会有错。他们以自信的表现影响客人，塑造其消费经验。

创造常客

我在某个周三傍晚走进死吧，那时他们才刚开门。菲尔跟我打招呼，帮我点单。几分钟后，艾弗里·格拉瑟（Avery Glasser，苦精匠Bittermens的共同创办人，这个公司专门制作小批次苦精）进来和菲尔打招呼，拿了个小药罐给他，里面装满了自制的葡萄苦精。菲尔向他道谢，两人聊了一会儿，接着艾弗里才下楼找死吧的老板戴夫讲话。他请菲尔帮他保留三个吧台位，菲尔说好。几分钟后，一对三十多岁的情侣进门坐到吧台边。

“我能为你点些什么吗？”菲尔问男子。

“这个嘛，我想来点不同的。我想来杯能让我想起地平线起起伏伏、天地连成一线的调酒，就像你在沙漠里开车所见的那样。”

菲尔没以任何特定方式回答。他眼睛往上看，想了一秒，接着问女子想喝什么。她点了水牛战士（Buffalo Soldier），是一款酒单上的波本调酒。

调完后，菲尔将这两杯酒放在这对情侣面前摆好的纸巾上。

“水牛战士。还有，这杯给你，是我想办法做的特调。”

的确，那杯特调仿佛云翳，折射的吧台烛光为它带来某种特别的波浪感。菲尔诠释客人点的饮料时，把目标设定在掌握视觉描述上。

这张单出乎我的意料。鸡尾酒酒保通常不喜欢客人的要求不明确，比方说能让他们回忆起某种感觉或视觉情境的饮料，就像这杯酒。有其他酒保曾告诉我，说他们讨厌这种点单，所以我原以为菲尔会回类似“这我没办法调。等你真的想好要点什么再告诉我。”但我后来才从菲尔那儿知道，这位客人是常客。身为店家的常客总是有点特权。[12]鸡尾酒吧这行除了格外注重客人，围绕着自家独特的产品与服务之外，在这一点上也不例外。劳动者与常客之间的关系也是双向的。菲尔一般不会接受这种不寻常的点单，但他会为常客调，常客则得回馈对新调酒的看法。[13]

这些劳动者以创造常客为目标，觉得这是得到别人的信任，从而教导之、塑造其品味，引领其进入品味社群时的重点。鸡尾酒酒保通过为顾客调制恰到好处的饮料—— 一开始就要对，而且得一直对下去——来获得顾客的信任。所谓的开始，可从一杯入门调酒开始。正如西奥的解释："假如他们没去过鸡尾酒吧，有些调酒他们会不习惯。你知道一定有某几种饮料人人爱喝。比方说，从淘金热（Gold Rush）开始。*喝过第一杯之后，你就可以调些稍微复杂的饮料。'要不要再来一杯波本类的？'你端出纸飞机（Paper Plane），材料是苦甜酒（amaro）、波本酒和柠檬汁。**接着一路往上。那些未曾体验过鸡尾酒的人会如何去体会？观察他们的进步实在很有趣。"

对这些劳动者而言，"一路往上"是他们的服务式教育发挥作用的迹象。鸡尾酒酒保希望用一晚甚至好几晚来建立这个顺序，从一种调酒再到另一种，直到顾客对品味有了新认知，习得新词汇来讨论品味，并且有望再度回到酒吧为止。酒保先从特定鸡尾酒家族的饮料开始，接着由此开枝散叶，到达用料更复杂的层级。这当中的关键在于信任。托比说过："你的酒吧里受过熏陶的酒客越多越好。先试着精确拿捏他们想喝什么，如果他们点了某种你不见得觉得好的饮料，还是为他们调制。但他们下回若再来，等你得到多一点信任后，就能试着推他们一把。接下来他们就是你的了。我想我能代表所有曾经共事过的酒保，一旦有人对你在做的事情感兴趣，想学习，那感觉真是妙

* 淘金热是种加了柠檬汁与蜂蜜糖浆的波本底鸡尾酒，清新简单。

** 苦甜酒是加了药草的意大利利口酒，通常又苦又甜。纸飞机里面也有加艾普罗，这种意大利餐前酒同样带苦味。发明纸飞机的人是奶与蜜的酒保萨米。

不可言。这种人是你能遇到最好的顾客，你得让他们知道往哪儿走，尤其是已经准备好要走自己的路的人。”

获得信任、创造常客所需的时间会因职业而有所不同。通常酒客一晚不会只喝一杯酒，有时候会喝到三四杯以上。于是，酒保在与客人未来或许不会再相见之前，确实有几次突破口，能教导他们、塑造其品味。要是一夜过去，他们能将喝伏特加的人变成喝威士忌的人，可是能令他们自豪不已的。但大多数人不会每周都去剪发。有人一个月剪一次，有人两个月，甚至更久。新客人一旦剪完发，理发师不会知道他日后是否还会再度光顾。因此，理发师通常会为初次上门的客人剪出相当中规中矩的发型。但要为客人的发型精雕细琢，就得来个好几趟才行。

“第一次剪就搞定当然很好，”迈尔斯解释，“但要是他们进门说，‘你上次帮我剪的发型我超爱，可是有一些地方我想调整’，那真是酷毙了。应该说，这才叫完美，因为我们现在对你想要什么至少有点儿底了。‘你想剪的是这样，你是这样告诉我的，我也照做，但你的意思其实是想要……’有点像做分析，类似半成品。等到剪第三次，我绝对可以清楚地知道你想要什么。”

理发师在解读初次来客时（比如，他似乎喜欢冒险？他从事哪种工作），会相信自己的直觉，也会力求贴近新客人的要求。这么做，是为了建立与顾客的信任，期望他们会喜欢这种发型，回流，甚至成为常客。许多理发师对迈尔斯的“三度剪发说”深信不疑。他的意思不是说第一次理发在技术或风格上不好。不过，既然目标在于创造适合客户的风格，甚至推动他们突破平日的风格，理发师因此需要时间去了解客人的需求，以及他们的头发能与不能“做”什么——毕竟每个人的头型、长相与发质都有差异。同时，顾客也需要渐渐信任理发师，相信他们了解也能理出客人想要的造型。理发师的经验与自信越是充足，就能越快为客人提供风格更不同、更具实验性的发型建议。

某天，鲁本为他的常客马特剪完头发，这是马特第三次来剪了。两人在剪发过程中交流融洽。马特留着一头基本款的重量线（weight line）风格发型：头顶长，两侧稍短，头发在头左侧自然旁分。除了鬓角与后颈之外，鲁本都是以剪刀修剪。

“谢啰，鲁本。”马特掏小费给他时说。

“没问题，兄弟。下回搞不好我们可以来点什么（稍微停顿）不同的。”

“哦？例如？”马特问。

鲁本看了看他的头发，想了一秒。

“或许在后边做点花样，因为你现在留的方式，要么留长，要么就原样。你好像有一两处牛舔毛？可以用来做分线。”

“我应该只有一处，这边。”他指着说。

“下次我们把这边弄湿弄散，梳开看看是不是还有其他分线。”

马特同意，然后离开。大概六周后，他再度上门，但要求剪同样的发型。再下一次却有了变化。

“我觉得很腻，”鲁本一边帮马特围上围巾一边说。“我对你的发型很腻了。”

“那我们可以试试不同的。”马特说。

鲁本随后不停地梳着马特的头发，一下从镜子里看，一下子到他面前低头看。

“你试过改谁的分线吗？”他问隔壁剪头发的乔伊。

“有啊。怎么样了，他有假分线吗？”

“我觉得有。”

鲁本随后把马特的头发全数梳往另一边，好让自己有点新想法。他一边梳一边检查，自言自语，“不，问题在这儿。所以你才会这样剪。”

开始理发后，两人聊起音乐。几分钟过去了，鲁本开始用电剪推两侧头发，过去几次他都没这么做过。

“那个，你用的定位梳是三号吗？”马特问。

“四号。到最最最底层才会用三号。之所以拿四号，是因为我不希望这边（他指着新分线那一侧）出问题。拿四号比较不容易出错。”

理发伴随着有一句没一句的对话继续进行。鲁本完工时，拿起手持镜让马特从不同角度看后面与侧边的头发。由于鲁本用了电剪，侧边头发现在短了许多，分线也换到另一侧。他利用电剪改变分线，避开问题区域，创造出更多渐层，让马特的发型改头换面——虽不算剧烈，但很明显。

“帅哦。”马特说。

“我把底推得超短。”

“我注意到了。”

“我原本有点担心，不过只要你留着这条新分线就行得通。你仔细看，这整个轮廓多顺、多利落？只要上面头发够长，其他地方就可以短些，而且这发型不必抹东西。”

马特在鲁本扫地时起身付钱。当马特回头拿小费给鲁本时，鲁本摇摇头。

“改分边。我不敢相信自己竟然这么久才想到。”

“是啊，你这废柴。我没法相信你竟然这么久才想到。”马特故意说反话。

“哦，对啊，我花了一年才想到。但你头发一辈子都长在你头上。现在是谁比较废？”

两人一起大笑。

等到剪第三次时，鲁本已经将马特视为常客，而且也掌握了马特头发的特色。鲁本身怀十年理发经验，对于自己的能力，以及与顾客建立关系该从何处着手都有信心。这种情况对他们俩都好。鲁本如今能提供马特真正想要的，他也假设马特信任他，认为他能持续提供自己想要的发型，对自己诚实，驱策自己超越现有的风格（只要他真有好奇心，想让人驱策——这不是所有常客甚或其他行业店家的任何常客都能接受的），又不会走偏了风格、失去自我。马特放手让鲁本推自己一把，进而证实了鲁本的假设；鲁本也让马特有了自己喜欢的发型，从而证明他选择信任鲁本是对的。鲁本得以运用自己的功夫与风格意识，马特则获得新发型（与新的风格意识），也学到如何重现这个发型。虽然将近一年剪了数次头发才走到这一步，但毕竟还是发生了。

屠夫要获得信任、培养出常客所需的时间，介于鸡尾酒保与理发师之间。顾客得回家煮了肉之后才能评价其品质，品评这肉是否好煮，以及屠夫告诉他们的信息（尝起来如何，怎么调理）实不实在。他们不见得隔天就会回来光顾（有些人会），甚至未必会在一周内回头再买另一块肉（有些人会），但只要他们喜欢，或许不会像理发间隔那样，过了四周到六周才来。屠夫在创造常客的过程中，会运用与鸡尾酒酒保和理发师非常相似的技巧与言词。迪克逊肉铺在特里贝克好物多市集的临时柜就是绝佳例子。由于柜点不大，销量也不多，现场通常只会有一名员工值班。我在某个周四加入了莱娜的行列。

“我刚来这里值班时，杰夫和黛娜告诉我只卖里脊就好，因为大家都会买里脊，”莱娜一边说一边切去里脊肉上的一些棕斑，好让肉更显红润。“他们叫我别期待能卖掉侧腹横肉或其他肉。现在呢，我有卖侧腹横肉、羽花，甚至连骨髓都卖，只是大家买骨髓多半是用来喂狗。”

“你是怎么突破顾客只买同一种肉的想法的？”我问。

“跟他们讲话就对了。只要他们信任你，你就能让他们尝试新东西。‘有一位客人买了这个……’说些能领他们入门的东西。”

一整天过去了，三位接连进门的客人让肉店员工展现如何创造常客，以及一旦来者成为常客后如何与他们互动的技巧。

一位中年女子走向柜台，点了两块肋眼和一块猪肋排。冷藏柜里有两块肋排并陈，骨头相对，看起来就像左右括号。

“我有两块。你想要靠肩膀的，还是靠腰的？”她问。

“嗯……”顾客发出犹豫的声音。

“靠肩膀这边比较肥，靠腰那边瘦一些。”

“那我买腰这边的。”

一名推着婴儿车的女子来到柜点前，盯着展示柜。

“想问什么问题吗？”莱娜问。

“我试着回想上次我在这里买的肉。那块你说四边都要煎过的肉叫什么？是上后腰嫩盖（Culotte）吗？”

“不是，那叫肩里脊内侧（Zabuton）。但上后腰嫩盖是很好的里脊替代品。”

“会比较肥吗？”

“这么说好了，肩里脊内侧大理石油花比较多，上后腰嫩盖则有肥上盖。就脂肪来说，这是两者唯一的不同。上后腰嫩盖是上后腰里脊的上盖肉，纹理跟纽约客非常类似，是取自牛的后腰部。肩里脊内侧和这边的去骨小排（她指着展示柜）的肉有种伸缩口感，但上后腰嫩盖不像这样，比较紧实。通常超市买到的上后腰嫩盖都还连在上后腰里脊上。但肉块的质地差异很大，上后腰嫩盖虽然来自上后腰里脊，可是味道也很不一样。”

女子点点头说，“那我要两块上后腰嫩盖。”

华裔中年男子梅尔也是莱娜的常客。他也来到柜点。

“上次的培根如何？”她打完招呼之后问道。

“美味。”

“你怎么用？”

“煮意大利面。”

接着两人聊了些食物的事，尤其是比较肥的肉品。他们讲到猪的直肠跟大小肠，以及华裔和拉丁裔料理这些部位的不同方式（莱娜是华裔和古巴混血，对两者都有经验）。

“那些东西我没那么喜欢。”梅尔说。

“有些我喜欢，有些不喜欢，但不喜欢是因为味道，而不是因为模样。”

对话渐渐飘到他们喜欢与不喜欢的中式点心，直到另一位客人上门才稍停。莱娜招呼完来客后，两人继续方才的对话。

“羊肩排跟前腿排差别在哪儿？都是瘦肉吗？”梅尔提问时，目光同时扫过展示柜。

“肩排比较肥，风味更浓。我喜欢味道重一点的。”她说。

“我也是。那我买三块肩排。”

这三位客人各自身处“引进门”的不同阶段。莱娜通过提第一个问题的方式，教导第一位客人不同类型猪肋排的些许知识，客人看起来并不知道。说不定，她觉得肋排就是肋排。这位客人从未想过要问这个问题，而莱娜就此提供信息。运气不错，这种额外知识让客人进了门。莱娜后来告诉我，第二位客人以前来过，而且尝试过像是肩里脊内侧这类少见的部位，是莱娜介绍给她的。莱娜为她详细解释肩里脊内侧与上后腰嫩盖的差别（比对一般客人更详细），也跟纽约客等常见部位做了比较。这名女子显然按照莱娜上回建议煎肩里脊内侧的做法，但忘记部位名称反而让莱娜有机会更加深入。最后一位客人则已经引进门了。[14]他懂肉，知道如何料理，对罕见部位也很好奇。他每周至少光顾一次，跟莱娜一样热爱食物，而且有共通的族群出身，因此建立起了轻松的朋友关系。莱娜没有像先前讲解肩里脊内侧与上后腰嫩盖时那样，对梅尔提供羊肩排与羊腿排差别的详细信息。这些信息对常客来说不见得有必要。

“创造常客”能让这些劳动者有满足感。但最好也最常见的奖励还是“情感小费”，也就是劳动者因为产品与服务而得到的好评。[15]这是内在的奖赏，对他们的工作也是一种肯定，而且可以得自任何他们服务过的人，无论来者是常客或首次上门。这三种工作场所的劳动者在谈到满足客人需求而获得的感觉时，都有类似说法。我问这些劳动者最喜欢个人工作中的哪个部分。他们的回答都围绕在与顾客互动时，对方因为得到特别服务与文化知识的反应。酒保杰森说，“第一次尝到你为他们调制的饮料时，他们都会有个耳目一新的片刻，眼睛都亮起来了。他们会说‘哇！这才叫好酒。’这一切都是为了追求这个瞬间。”我问杰夫，他喜欢屠夫工作的哪一部分。“我最喜欢的是帮助顾客特别是切出他们需要的部位。像是他们来找我，知道自己打算怎么煮、怎么吃，或者有多少人要吃，知道自己希望上桌时是什么样，但不知道自己确切要买什么。这时我会回答‘噢，好，就你想做的菜来看，最合适的就是这个部位，我会这样帮你切。’这工作从头到尾都是客制化，真的超酷，跟我卖展示柜里早就切好的肉的感觉很不一样。我要是跟顾客对话，内容就像‘我不是很确定要买什么，但我想慢炖，要做给几个人吃。牛肉猪肉都好。’是这部分让人兴奋。我会开始想，冷藏库里有什么？哪种肉可以让这位客人的宾客刮目相看？肉要何等大小才适合他的炖锅？就是为客人量身设想如何烹调或怎么吃，这些部分都是。”

最后，我也问布雷特觉得最喜欢理发工作的哪部分。“也许是让大家对自己更有自信吧。大多数时候，他们会自信满满走出店门。他们想看见自己最好的一面。这大概是我开始当理发师的原因——我有把握能让朋友更有自信。理发就是要让人对自己感觉更好，所以才会有句老话说‘外好，内就好’。你确实有了自信。走出家门，买件新外套、新上衣，就会觉得自己心情好。像你的头发，不管衣服怎么穿，头发一直都在你头上。你可以穿最高档的时尚品牌或牛仔裤T恤——只要头发好看，就能与众不同。知道这一点，正是让人自信十足的原因。他们有自信，是因为他们好看，而且知道自己好看。去分析某些发型，把头发剪到让他们看起来最完美，或是感觉最完美的地步。”

也就是说，让客人开心的不只是产品或服务的品质。这些劳动者将“产品与/或服务之所以高级”背后的道理传授给自己的顾客，而这种道理对他们的好心情也有贡献。

因应挑战

这些例子显示，劳动者与顾客的互动性质虽然看似私人，交换过程中传递的也是更为量身打造的产品与/或服务，但劳动者的行事依然遵循着某种脚本。然而，这种脚本并非企业的行为准则，而是劳动者根据品味社群中的哲学，为自身职业社群与店家营运所建立的文化脚本。鸡尾酒酒保有许多必须牢记在心的酒谱，然而客人一旦表达自己想喝什么，酒保还是会仰赖屡试不爽的调酒（亦即许多口味类似的人都会喜欢的饮料）与既有样板，为客人调制。理发师会在一开始讨论与提供建议时，明确指出顾客头发与头型的特性，但许多发型都得遵循同样的理发程序，而大多数发型都需要一套相同的步骤才能剪成。屠夫会摆出数十种肉块，但客人如果说自己晚餐想煮什么，以及/或是想如何料理时，选择就会立刻减少。情势有时会限制他们按脚本做事的能力，如特别忙碌时，或有客人坚持来点特别的东西（就像老经验的顾客）。[16]不过，他们通常还是能按部就班运用脚本，一边服务一边教育。这些劳动者身为博学多闻的专家，自然有其自信与地位。他们期待跟顾客的交流能轻松惬意，尤其是和那些不确定自己口味，或不确定自己想要什么的顾客。换句话说，他们期待顾客在互动式服务展演中扮演好他们的角色。要是顾客不按照脚本走，挑战他们的专业，不听他们的话，他们也会感觉受到挫折。这类举动对他们身为专业劳动者的自我认同是一种挑战。

一名女子走进迪克逊肉铺问查理，“你们有熟鸡肉吗？”

“有，这边有烤鸡。”

“是有机的吗？”

“不是，是全天然、没打激素的，来自本地农场。但不是有机。”

女子脸上挂着担忧又困惑的表情。“那是什么意思？”

“这答案既可以详细，也可以简短。简单来说，农民一开始做有机农业，大家对‘何谓有机’也各有规则。后来政府说，‘有机好啊，咱们就来做吧’，把农民定的规则搞得复杂上千倍。很多小农不想花钱搞认证。至于详细的答案，我得看书才知道。”

“噢。所以这些鸡肉的品质好吗？”

“非常好。”

女子看来还是充满疑虑。她往后退了几步，视线朝下看着展示柜里的肉，稍后便慢慢走出店门。查理望向我，摇摇头。我问他，是不是常有人问他这个“有机”问题。当时我才刚开始实习，所以这个问题我还是首次听到。

“每天。有些人连我们说的都没听完就走了。”

“‘有机’这个词这么有杀伤力吗？”

“对，只要听到我们没卖有机产品，他们就走了。这种人根本没概念。某些喜欢烹饪的人会接受新想法。你也知道，有些人就不是这样。他们只是想用买来的肉去做烤肉。这种人没救了。”[17]

对于整体肉品产业，以及食品世界里类似“有机”这种可能造成误导的标签，迪克逊肉铺的人抱持的是批评态度。全只肉店以小农为其贩售肉品的来源，但小农无力负担昂贵的USDA“有机”认证标签。对这些肉店的劳动者来说，一纸标签毫无意义。了解农民、了解他们如何饲养牲口才是一切。但是，无论对每位顾客的品味真实感受如何，他们都得用传递知识的方式与顾客进行互动，而非批评。就这一点来看，他们就像身兼文化专家、知道何谓好音乐的职业音乐人，尽管讨厌听众的品味与要求，但还是会演奏同样的流行歌给大家听。[18]肉店职员期待顾客在听他们解释这间店支持的理念时能虚心接受。那些“没概念”、没有在互动过程中适当扮演其角色的顾客等于“没救了”；他们会继续保持不良的饮食习惯，对肉品有错误看法，品味也很“糟”。

跟肉店一样，鸡尾酒吧也会碰到“没概念”、不照点酒脚本走的客人。这种客人也会试着“鸡败”（out-cocktail）鸡尾酒酒保。比方说，我一直到当晚之后才晓得，菲尔那位点了调酒，说要让他想起沙漠中地平线的客人其实是常客。他未按脚本点单，所以我一开始很讶异菲尔面对这种愚蠢的要求，竟然没有反唇相讥。是夜稍晚，我在奶与蜜和米奇聊起这件事。听完我方才目睹的故事后，他翻了翻白眼，摇摇头。“这真烦，老兄。跟我说要甜要酸不就得了。我也不喜欢客人要我像1916年那样调杯鸡尾酒什么的。”

每当接受口头点单，或是顾客要求酒单上没有的东西时（这里有各种叫法，有人叫“酒保特选”，也有人叫“丢硬币”），酒保可以表现得就像把上百种酒谱背得滚瓜烂熟。客人给一两个提示——“我喜欢波本”“我不喜欢苦味”——接着，酒保就变出了一杯调酒。由于鸡尾酒酒保周围总有天花乱坠的夸大言词环绕，他们因此也予人一种似乎知晓各种鸡尾酒的印象。不过，酒保虽然在反复调酒的过程中记住许多种酒饮，利用这些作为变化的起点，也研读相关书籍，但还是免不了得抄捷径和找救兵。他们会轮换几种基本调酒，通常也就是他们觉得多数人喜欢的入门饮料，也会看书、看笔记，甚至是存在手机里的小抄，还会问其他同站吧台的人。要是忘了某种饮料、酒谱，或者需要建议，他们甚至会传简讯问酒保朋友。但有些顾客会刻意挑战他们所谓“万事通”的专家身份，而酒保最讨厌试图为难他们的客人。在PDT工作的酒保约翰想起自己遇到过的某个客人。“我跟其他酒保对罕见的鸡尾酒有相当广泛的知识，但就是会有那种客人上门，而我只记得酒名的状况。像之前有个客人想点某种日本鸡尾酒。我知道要用卡帕诺（安提卡香艾酒）跟黑麦威士忌，但想不起比例。结果那家伙不爽。我说，‘等等，我有萨伏依鸡尾酒手册（Savoy Cocktail Book），让我翻一下。'他说，'不！你不该看书。你应该用脑子记清楚才对。'我回，'是的，真抱歉。我对调酒知道的算多，但我想不起精确比例。我知道里面有哪些材料，也能调出我觉得该有的味道，但我宁可帮你调出一杯名副其实的饮料。所以，先让我看个一秒钟。'那家伙居然发火了。"

网络上这么多调酒相关资料可找，酒保太容易碰到客人要求点罕为人知的酒饮。客人此举跟点单行为背后的文化脚本相冲突，还会削弱酒保的权威。约翰试图为客人调出比例正确的饮料，对酒保而言，他这种做法比背下所有饮料的酒谱来得重要得多。

理发师能传授客人许多事情，如在剪发时谈他们的发型、如何让他们自己重现造型，以及提升个人整体外貌。但理发师会从两方面遭到客人的抵抗。由于男人的自我观感与外貌上的自我期许会在理发店产生作用，理发师常会面临客人的古怪要求，或是他们认为出现在客人头上会不好看的要求。他们会尝试将顾客的想法引导到比较好的方向。生物学在此常能发挥效果，甚至构成种族基础的身体特征也是。迈克之前就说过，"我们又不会改造基因。"

"事情分我办得到跟办不到的，"索林说，"我认为自己很能表达这一点，但还是有人不想听我讲。有些人就是不想听。我讲个例子给你听。之前有个亚洲人来店里，他每次上门都会给我看瑞恩·高斯林（Ryan Gosling）的照片。我说，'老哥，这样太困难了啦。人家是白种人那种细软的高加索发质，你的是钓鱼线。'他头发真的就跟钓鱼线从脑袋上长出来一样，但这完全没问题。他有一头浓密漂亮的黑发，而且不会秃头，完全不会变，会一直黑黑亮亮到他一百一十岁那天。但他一辈子都不会有那种白人头发。百分之百不会。可是他每次都要挑战。我只好说，'好吧，我试试'，真是哦……但不可能就是不可能。"

"结果你怎么剪？"我问。"你要怎么克服问题，试着让他们了解，比方说……？"

"我努力让他满意我剪的发型。其实我应该说服他剪其他款，但就是行不通啊，他就是听不进去。他念法学院，我敢说他自我感觉超好，大概认为自己聪明绝顶吧，我也没打算要他改变态度。他也许真的聪明，但很多事情根本不懂，等他年纪渐长就知道了。他大概二十三四岁，就是不懂。我试着跟他妥协，你懂吧？我尽我所能看他喜欢什么风格，用他希望的方式来剪，试着把他的头发按照他认为会好看的发型来弄，不然呢？说真的，我觉得他看起来像个疯子；这人疯了。这意思就像你（他指的是我）上门，然后说'我要黑人卷，我要黑亮黑亮的头发，我要弄超卷的小卷。'我只能告诉你，'没办法。这种发型我就是剪不出来。这样吧，你也许可以去某些沙龙，人家可以用化学方式处理你的头发，染啊、烫啊搞出那些名堂。重点是，我没时间，我也不想管那些，而且你留起来会超难看。"[19]

客人若是第一次来，理发师会剪基本型，主动提出的建议也有限。人家越信任你，你讲话才会越直接。不过，就算面对的是新客人，只要对方提出的要求或多或少是不可能办到的，通常理发师也会直说。他们能感觉出是什么导致顾客不听话，不愿接受建议。以索林的这位客人来说，他觉得是"自我感觉良好”加上“年轻”的关系。客人通常很能接受理发师在讨论及剪发时所提供的知识与风格建议。理发师对于客人“应该”如何处理自己的头发可说是专家，但有时还是会感觉到客人拒绝他们的建议；此举既伤害他们身为专家的地位，也强化了他们认为客人没有安全感、犹疑的看法。

某天下午，一位名叫克里斯的高瘦男子坐进范的理发椅。

“好，咱们怎么剪？”范问。

“我希望看起来清爽点。两侧跟后面剪短，上面要打薄。头发感觉都纠成一团了。”

范站在椅背后，一边从镜子里看他，一边系上围裙。他用手指拨弄克里斯的头发，马上问：“你是不是天天都用洗发水洗头？”

“对。”克里斯说。

“所以才会揪成一团。那不是你的头发。你头发又粗又卷，因为你天天用洗发水，这上面的头发才像菜瓜布。我接下来要跟你讲实话，我要是不告诉你，我还能多赚十块钱。但我要讲的能让你日子过得更轻松，所以非得告诉你不可。”

范接着为克里斯讲了一段洗发水与用洗发水洗头的历史，并且解释：因为他的波浪卷发有鱼鳞状的毛面，应该避免使用洗发水，免得洗去天然油脂。他还会用“是死是活”来形容头发——让头发自然生长，那就是活；要是用太多洗发水，那就死。范以一个问题作结。

“你有头皮屑吧？”

“有。”

范拨开克里斯顶上的头发。

“你的头皮因为氨、酒精、醚、硷水、硫酸盐的刺激，整个都红起来了。我极度建议你别用洗发水，这样的话，大概过个三天……”[20]

“完全不用吗？”克里斯不可置信。

“完全不用！你这辈子都不需要洗发水。但你的头这三天会超痒。大概到第四天，你接着会开始有头皮屑。很小块那种，不是一大团、能用指甲抠下来的那种。你会有一点点关皮屑，大半个头都会有。接着，你会开始结一点点痂，因为你的头皮已经受损太严重了。你应该一直用去屑洗发乳，对吧？”

“我用海飞丝。”

“所以嘛。头皮屑是干燥的皮肤，你因为有头皮屑，所以用海飞丝。海飞丝每一款都是两倍重的洗发水。普通洗发水把东西洗掉，海飞丝洗掉的更是人家的两倍，导致你整个毛发鳞片完全干掉。就是这样你的头皮才会这么红肿，因为你用了两倍的洗发水。不用洗发水试试，只要一个月，你的头发就会变得很完美。你再也不必用洗发水洗头。剪发间隔时间可以拉长两倍。你不用担心打薄，你头发很浓密，这是好事，但它们会服服帖帖，看起来会很完美，感觉会很水润。之后给你的感觉才像头发，跟菜瓜布完全不一样。你现在如果还是想洗，可以每周洗一次。但以你的头发来说，我不建议。”

“为什么？”

“因为你头发的鳞片层已经外露，都翻起来了，洗发水很伤你的头发，会给你制造麻烦。如果你想洗头，需要的只有这个（对着镜子举起梳子）。用这个跟水就好。”

“那，比方说，造型产品怎么办？”

“一样，大多数造型产品有90%都是塑料，所以你的头发看起来才会像你开始在上面加料之前的样子。但大多数的产品都可溶于水，总之你不必太担心这个。”

“塑料？”

“塑料啊。好，我知道这些话听起来像是疯了，但我敢说，有10%到20%的人都觉得我脑袋有问题。但我说的绝对不会有错，要是我不这么说，那才是错的。”

克里斯全程都盯着镜子里的范，表情介于担心与不信任之间。范开始剪他的头发，几分钟的沉默就这么过去了。

“我以前从没听人这么说过。”克里斯摇摇头。

“当然没，你怎么会听过？”范说“我以前在切斯伯勒——旁氏（Chesebrough-Pond’s）做产品研发，帮他们开发产品：染发霜、洗发水、润发乳，通通都有。旁氏几乎什么都做。人家不只生产化妆品，你吃的食品、买的衣服有一半都是它们做的。*那些杂志、电视节目、电影最大的赞助商就是这些大企业，它们旗下最好卖的产品有些完全是吹出来的。这生意是好几十亿人在卖，洗发水跟美发产品这些都是。杂志投广告最多的就是它们。所以它们怎么会告诉你？人家就等理发师告诉你，像我这样，反正我这样做只是损失钱而已。讲实话跟赚钱冲突，但至少我良心过得去。我觉得你这样做才会开心。”

几分钟后，克里斯问：“头会痒多久？”

---

*　旁氏生产凡士林、旁氏身体乳液、棉花棒和“Ragu”意大利面酱等商品。联合利华（Unilever，跨国消费性产品巨头）在1987年收购了旁氏。

“大概一个月。”

“我非常怀疑。”

“哪里怀疑？”

“不知道。我从来没听过这些，完全没听过。”

“听我的，这些话我又不是只告诉你，”范说，“我们整天、每一天都在跟客人讲，这也是为什么我们会有口碑。因为来这里是要帮你、而不是要卖给你产品。很多地方是开来卖产品的，因为卖东西比剪发更好赚。那些是轻松钱，剪头发我们还得耗费体力。我们是要告诉你，不必买那些产品。”

头发一剪完，克里斯就说他会考虑放弃洗发水。

“你得坚持；这不是一周就能解决的事。”

“我试试。”

几分钟后，范的椅子上坐了一位名叫内特的客人。范把关于避免使用洗发水能如何改善发质的类似对话又讲了一遍，但没有像他给克里斯那样讲那么多的细节。

“理查，最近怎样？”跟客人讨论完后，范跟我打招呼。

“还行。你的前一个客人呢？”

“你看，我讲了这么多，结果他让我多沮丧？他一讲‘我非常怀疑’（以抱怨的语调），我都想拿刀往他耳朵捅下去了。”

“呵呵，他很怀疑。”我说。

“你是在玩我吗？都讲那么多了！所以我就尽量不讲，像你刚看我开始跟他讲洗发水那样，我觉得自己没办法再讲一次，结果他也说‘我不相信你。’你说你不相信我是什么意思？我不要卖给你洗发水。不卖啊！我是不让你给我钱啊！”

“我猜，他太习惯有人叫他一定要买什么了。”

“就是这种人真的让我超恨，超恨人类。好啊，你从电视上看到的就一定是真的。有专业的人士跟你讲，他就是疯子啊。我掏心掏肺的，你觉得我干吗这么做？因为我知道他不会相信我。但我的态度还是，‘不行，我要改变这家伙的想法。’‘我非常怀疑。’好吧。白痴。”

理发师会试着让客人的生活更轻松，范就是希望克里斯也能这样。范既有理发经验，又有开发美发产品的背景，一旦顾客的头发因为洗发洗出问题，他常会跟他们分享自己对于洗发水的知识。范意在让客人了解，他们既能有更具风格的发型，同时还能减少在上头所费的工夫。他的建议与这间店的阳刚气息相符：男人没必要因为过于打扮而损及自己的男子气概。不过，这也与店里产生的情绪劳动相违背。理发师身为充满自信的专业人士，他们认为自己通晓可行与不可行的头发处理方式，以及顾客该如何照顾头发，才能达到他们渴望的外貌。客人不相信或拒绝接受建议时，理发师多半耸耸肩就算了。但在这个例子中，范没有放弃，他直接与之对抗。不过，即便成效不明显，也不会影响理发师以同样的方式对待后续的客人，就像范对紧跟着进来的内特那样（只是讲的内容没那么详细）。他们的信心依旧未见动摇。“没成功”反而会让理发师把不相信他们大好建议的客人重新分类。以这一回来说，客人从“迷茫”变成“白痴”。（无独有偶，查理也将那位不听他对“有机”一词解释的客人重新分类成“没救了”。）

许多服务业劳动者的沮丧、怒意与任何负面情绪，乃源于必须处理个人或是其顾客的情绪，抑或源于工作的“烂”条件。但这些新型精英劳动者不然，他们的负面情绪来自自身权威与专业遭到质疑与挑战，来自建议遭到无视。在独特工作场所购买人道肉品与消费精调鸡尾酒等产品，以及完成精心设计的发型等服务——对这类劳动者来说，这一方面是销售、给予顾客，为顾客而制作，但另一方面也是为顾客而进行的展演。既然这些劳动者必须对自己的文化套路很有一套，顾客同样也得是同等“识货的消费者”。这些劳动者有时能成功教育、训练顾客与客户，让他们知道在品味世界中应该如何行事与思考，然而劳动者有时也会失败。精英劳动者对于自己销售的产品、提供的服务与灌注的知识之“好”、之“正确”拥有绝不动摇的信心，正是这种信心才让他们不断通过服务来教育顾客。

第八章

进门之后

“你耳朵太贴，我推不出直线。”杰森跟客人开起玩笑，但口气紧张兮兮。

弗里曼为剪一般发型预留的最少时间是半小时。方才那半个小时里，杰森一直试着帮客人（刚好是他室友）剪头皮渐层，也就是用电剪推出短发渐层，头发逐渐隐没，直到颈部。修完客人头顶和前额的头发后，杰森的电剪开始从客人耳尖“嗡嗡嗡”地绕过后脑，理出一条线，但这条线果然不直。他紧挨着那条线再试一次，还是有点歪。这下子，他室友的后脑就有两条歪掉的线了。

“你把头发剪烂了。”迈尔斯说。他在店里的位子恰好在杰森的斜对角。

迈尔斯一边照顾自己的客人，一边用眼角的余光从面前的镜子扫向杰森那边，不时更直接转头看。理发师鲜少会在还有客人时品评彼此的工作。要是这么做，就表示椅子上坐的是理发师的朋友，而他们希望自己的评论有建设性。迈尔斯运用店里的潜规则提供协助，杰森对自己的表现感到难堪，便也接受了。

“用点的！电剪点到为止就好。”

“我不会点。迈尔斯，你得让我看看怎么做。”

“把电剪翻过来。”

杰森于是把电剪翻过来，开始换个方向推，效果看起来确实比较好。

“沿着线推。”迈尔斯提点他的同时，还剪着自己客人的头发。

“所以，是从线开始做渐层？”

“不然你怎么剪渐层？”迈尔斯以一种“你在跟我开玩笑

吗？”的口气说，撇头以示强调。

“我又没你那么强。”杰森的口气半玩笑半认真。

迈尔斯搁下自己的客人，走向杰森。杰森把手上的电剪交给迈尔斯，迈尔斯则让他看看如何顺着线轻推。迈尔斯是左撇子，动作迅速又细腻地制造出高频的嗡嗡声与嗞嗞声。他站开一点，好让杰森可以细看。

“就这样弄一圈。”

范一直在收银台那儿看着；他举起手，手指敲敲腕上那只隐形的手表。

“我还有一小时了！”杰森用这句话回应范挖苦人的“时间就是金钱”的手势。

迈尔斯给手边的客人剪完头发，走到我旁边。他向我解释说渐层的起点太高。杰森这时注意到我们。

“什么？你们在讲我？”

“哪有？好了，是的。我在跟他解释你在做什么。”

“怎么是跟他讲，跟我讲才对！他要写书，我在学剪啊。”

迈尔斯和我靠近些，他仔细指导着杰森。杰森问了许多问题，不停表示有这么多人在看，他会紧张。

等到终于剪完，他吐了口大气。“好啊你们，我回去刷油漆好了。”

隔天，迈尔斯和我在隔壁餐厅喝咖啡闲聊。我提起杰森剪的头发。

“他为什么会剪不好？我是说，他看起来就像……”

“杰森完全是新手，才初出茅庐。我记得他剪发时间总共才六个月。”

“哦，哇。”

“这不算久。六个月，全职，站着工作，处理一个接一个的客人。他之前是实习生。[1]他会整天在店里转来转去，晚上剪一次头，或许两次。这有点像健身。比方说有人叫你做25个俯卧撑，你做得动。但25下做三组可就有难度了。”

“当然。”

“他现在经历的就有点像这样，对吧？总之，他来到店里，试着跟我们打成一片。接着他在店里工作，时不时就出点错。这很奇怪。我还记得那种感觉，就像你刚起步、不想把事情搞砸，尤其像我这种个性的人。杰森是个很棒的理发师，我认为他会成为了不起的理发师，因为他对自己的技艺非常认真。他做这行不是为了钱，是真心想把头发剪好。但只要你开始注意到自己对某种发型失去掌握，就会越来越紧张，偏偏紧张又会让你搞砸，你说是吧？”

“有点像一下雨就是滂沱大雨，大概……”

“就是。不知道你有没有发现，我一站近，他就说：‘我现在就想回家。’”

“是，没错。”

“他没在开玩笑。”

“他准备好要走人，才会说像是‘就这样，我要回去刷油漆了。’”

“没错。”

“我很过意不去，”我说，“跟你说，我只是想看看发生了什么事，但我觉得自己这样看他，害他又更紧张了。”

“哪有，主要还是我的关系吧？更何况，他在剪的发型是头皮渐层。”

“也是。”

“头皮渐层可能是最难剪的发型。或许我又让他有的额外压力了，因为我还跟你说以前我在家庭理发店剪的全都是头皮渐层，你懂我的意思吧？就只剪头皮渐层，头皮上梳，都剪得直直的。所以我练得最多的就是这个。当时我确实觉得这很容易，因为我练了很久。反过来说，长发我大概就没那么擅长了，因为我很少剪长发。但范一辈子都在沙龙，所以呢，杰是范的徒弟，范展现了他的强项。杰现在对长发真有一套，但他也想练好剪短发。他每一种都想学好，你懂吧？但范的态度像是，‘这行的精髓在长发，不必担心短发，短的那些容易啦’，所以他从来没有真正练过。杰森喜欢剪短发，一旦他搞砸，尤其是搞砸自己朋友的头发……还好是他朋友。”

“真的，还好是他朋友。也是，那家伙感觉挺淡定。”

“对，对，嗯哼。他只是有点吓到。只是，有时候特别丧气，还得继续做下去，对吧？头皮渐层很难剪的。”

四天后，我在杰森的工作空当儿向他提起此事。我还是觉得要跟他道歉，并非故意站近害他更紧张的。他愣了一下，才想起那件事。

“啊，不是啦，当时因为是自己朋友，我又剪成那样，就慌了。再加上我跟他同住，得天天盯着他瞧，结果上礼拜我就真的一直盯着他的脑袋看。其实看起来倒也还好，只稍微推高了一点点。没事啦，不是你的错。不过迈尔斯也让我分心，因为他会盯着我，我又想试着去看他是在看哪里。你知道，我还是新手，无法面面俱到。我帮室友剪发老是会出状况。”

“你常剪吗？”

“帮他剪吗，对啊，因为他想要超级短的渐层，我也希望他发型完美。我对自己很严格的。”

本书四种职业中的每一种，需要的都不只是“看起来好，听起来对”。[2]一旦这些劳动者得到工作机会，决定将之当成事业去投入，他们就会效法那些在工作场所与职业社群中制定职业文化“套路”的人，以相同方式展演这些“套路”。上述“套路”是受到符码（codes）保护的，而构成符码的则是一套行为与对行为的期许，而这种期许又关系到从业者劳动与互动时的一举一动，他们对自己的工作与整体产业应有的知识涵养以及在工作中为了成功展演而应遵循的工作方式。[3]展现专业技术只是“套路”中的一环，而技术只能通过练习来精进。例如，杰森，他承认迈尔斯的经验比自己丰富。他知道自己会剪发，但也知道自己是新手，技术水准在特定情况下会有波动，如剪发对象是自己的朋友、处理具有技术挑战的风格或是有经验老道的理发师在看着他剪发。杰森知道，只要有付出，加上他人的帮助（迈尔斯会帮他，因为杰森展现出自己对这门手艺的认真态度，而且不是只“为了钱而从事这一行”），假以时日，他处理头皮渐层的功夫一定会更加精进。

但他的例子也显示出“展演”在技术之外的其他层面。杰森与迈尔斯都知道，人在手感不够稳定时会更加紧张。杰森理发时会焦虑，神经紧绷，丧失信心。结果他忘了从基准线开始做渐层的技术基本面。理发师都说，他们得历经好几年才能独当一面。“我剪了十一二年的头发，”乔伊说，“第四年之后，剪发才变成我的‘第二天性’。你这时才会开始有自信。你自信满满，最后剪出的发型一定没问题。”到那时，他们已经有能力整天连续给好几个人剪发，不会怕，也不会紧张。但在此之前，理发师出错是很正常的。无怪乎才六个月经验的杰森碰到技术困难时会紧张。

在所有这四种职业的劳动者眼中，“做好工作”也包括在展演劳动时表现出自信。对文化“套路”中的各种元素而言，处事有信心就是理想的表现——这是技术、社交与沟通技巧，能凸显其专业与整体产业的文化知识，以及指引他们走向这条道路的劳动伦理的总体结合。保护文化套路的规矩，引导着他们在工作场所中的实践与互动，充满信心的表现则是成功的技术展演的特色。[4]有时，从业者会在初次从事这份工作之前，便已拥有这些套路中的某些元素，但鲜少是全部元素。[5]就像杰森跟迈尔斯，教学时刻正是打磨功夫与引发信心的机会。

传授“套路”

费城距离纽约市南方仅仅90英里，是调酒文化能轻松扩散的完美距离。酒吧老板麦克想在费城的利登豪斯广场（Rittenhouse Square）附近开间鸡尾酒吧，于是在2009年聘请死吧的所有者之一戴夫与亚历克斯为顾问。这间酒吧名叫富兰克林信贷投资公司（The Franklin Mortgage & Investment Co.）。麦克深受死吧启发，想追求类似的美学概念：昏暗、爵士风、以黄金时代经典调酒为基础的精调鸡尾酒。[6]戴夫处理店面设计，饮料与新人训练则由亚历克斯负责。

我在早上十一点抵达死吧，参加为富兰克林新聘酒保所开的第一堂训练课程。我将早晨的空气与阳光留在身后，进了酒吧，眼前一派平常：烛光、香氛、爵士乐。亚历克斯与杰奎因穿着制服站在吧台内，他们想要尽可能地为新雇员复制工作环境。亚历克斯雇用的这四位酒保都有一点酒保经验，但只有一个人具有鸡尾酒酒保经验。亚历克斯把厚厚一本他所写的服务手册递给我；雇员每人都有一本，规定在今天上课前要先读过。根据手册引言，富兰克林将专事于前禁酒期的经典鸡尾酒，而且要成为世上"首屈一指"的酒吧。手册也宣传当代调酒术的老生常谈：酒保一度是受人敬重的职业，他们的目标有部分是要重新建立这种地位。

几位新酒保只比我稍微晚到一会儿。杰奎因与亚历克斯简短开场，亚历克斯接着说，"一杯调酒，我们早上都是这样展开的"。两人用力摇起之前备妥的摇杯。酒保们一脸仰慕地看着，其中一人还放下嘴边的咖啡。他们调的是死而复生（Corpse Reviver），是种需要快速喝掉、当成消除宿醉良方的经典调酒。他们将酒倒进小杯子，供大家品尝。我们都喝了，有些人，包括我，因为口中的咖啡味与强烈的酒精混合，因而皱起眉头。这杯酒迅速引发短暂的喧闹，直到杰奎因开始上课，话语声才跟着消失。

“当大家走出这里，要会理解这后面每个瓶子——酒架上每一瓶酒和所有分装瓶——都是有非常明确的理由，才会出现在这里，这才是最要紧的事。这后面没有一瓶会让我们不放心，也没有一瓶我们不了解。要练到这个境界需要时间。你得尝过、读过、喝过很多，而这真的非常有趣。

“当我们为了特定的酒谱，拿出特定酒瓶，都是有原因的。比方说我们实验自家饮料，当我说酒单增加了四十种新调酒，那表示我们已尝过八九十种，够格的才会让它出现在酒单上。而在这八九十种调酒中，每一种酒谱可能都要经过五次到六次的试调，才能定下配方，接着还要用各种不同厂牌的烈酒测试，看看哪种可行。总之，这可得大量试喝过才能出炉。

“要是某个品牌大使出现在店里，‘噢，哇，那个晕虎（Whirling Tiger）似乎很好喝。你能帮我用美格（Maker's Mark）来调吗？’我们要客客气气地告诉他，‘不能。这种酒我们用水牛足迹（Buffalo Trace）来调是有原因的，我们要坚持这一点。’这样的一致性，是我们品质的保证。周二晚上七点调出来的酒，必须跟周六晚上十一点调的一模一样。不管谁站吧台，不管发生什么事，每次端出去的调酒，看起来、尝起来、闻起来都要分毫不差。这就是我们不断努力的方向，靠的是用量酒器，是品尝，还有我们一致的技术与手法。”

亚历克斯继续说道：

“我们开业前既得认真下功夫，也得花时间注意自己究竟在做什么。这个金属小容器（举起比较小的摇杯）和这边这个（比较大的），将会是你最好的朋友。它们将成为你的全部，因为那是你通往一致品质的渡船。讲到一致，方才他的意思是，酒吧内就算只有一个人，空空如也，也要跟周六夜里同样重要。一样的服务品质，一样的产品一致性，永远如此。我们在这里协助大家完成的几件要事里，就属这件最重要。因为，我们虽能教大家酒谱、教你调经典鸡尾酒和烈酒，但理论一旦要经过实操，那可是完全不同的竞赛。一旦你在忙碌的周六夜里工作，承受猛烈的炮火，你会希望这些工具能把大小事全都正确处理好的。希望我们在此能确实帮助大家做到这点。

“好，来谈谈我们这行的最根本的东西。品质，什么是品质？从基础开始讲，就从新鲜果汁开始。果汁一定要用现榨的。每天都要试喝你榨的果汁。我知道试喝新鲜柠檬汁或莱姆汁可不算是什么美妙的事，但你可以发展出一套试喝方法，在这上头用功。再强调一次，‘用功’，还有‘一致’，这些字眼时时刻刻都要铭记在心。总之，你要从基础开始，新鲜果汁、好的糖浆、高品质的糖浆，和高品质的糖——可别把糖煮滚了——然后再以此为底，往上加烈酒、利口酒。品质不代表昂贵。比方说，这瓶波本是十七八块的以利亚·克雷格（Elijah Craig）12年波本，价钱不算贵，但这是绝佳的波本酒。你没必要用很贵的，但要记得，每样东西都有自己的风味。总之，他刚刚说过，使用每种东西都有特定的理由，这就是理解那些东西的基础。”

杰奎因与亚历克斯为新手开的课程同时弥漫着哲学（亦即这些劳动者专业工作背后的文化知识）和实践（也就是他们展演的实际技巧）。他们传授调酒术的原则（如新鲜果汁与糖浆、专门的成分）与做这行的途径（像是固定品尝每样东西），同时隐约提及必需的技巧（如使用特定工具）。终极目标是一致性，要获得一致性就必须实践这些套路，达到身心合一的境界（就像乔伊说的“第二天性”）。[7]到了课程后半部分，亚历克斯讨论到鸡尾酒保的其他实际工作——主要是运用社交与沟通技巧，以展演不同类型的服务。

“客人一旦走近吧台，就会注意到有意为之的细节。他们会注意到这些（指着吧台上的分装瓶），会注意到苦精，会注意到你的穿戴。我工作时一贯穿成这样，除了今天穿的是Vans的衣服，平常我站吧台不会穿Vans。这些都是有意为之的细节，你们得好好注意。但也有些细节是出于无意，这对任何服务业都至关重要。世上一些最好的餐厅就是靠这些细节成就的。有人朝你的吧台走来，你看到他，四目交会——就算你正在忙，这也等于和他打了招呼。

“一些无意间的细节：如果我靠近吧台，我会不会注意到所有的直流式酒嘴都朝左？我有没有注意到这些分装瓶全指向另一个方向？我是否主动注意到这些？未必，除非像我这种会用心注意这类小细节的人。好，没注意到。那创造这样的环境究竟是为了什么？答案是，‘有种井然有序的感觉。有种用心的感觉。有种凝聚的感觉。’无论客人是坐桌位还是坐哪儿，当你将饮料摆在客人面前时，不能像这样拿着一杯冰冷的玻璃杯，然后就摆下去（示范以急急忙忙的方式将饮料摆在某人面前的模样）。你拿玻璃杯时，要尽可能拿底部，再递给客人。这些无意间的小细节——在桌上摆纸巾，纸巾都指向同样方向——这就叫一致，而且这真的能让顾客体验到特别与受重视。他们也许没注意到，但会对这里产生一种有什么打中了点、此中有深意的感受。”

杰奎因接下主持棒：

“他们会有自己受到纵容的奇特感受，但不知道何以如此。那是种最低程度的奢侈感，很奇特。[8]这不像你到四星级餐厅吃饭，会有大阵仗的服务生一口气把盘子全摆上桌。我们没那么神经，我们只是调饮料，没必要走得那么极端。但你会希望达到那种水准的细心与细节。每上一杯饮料，你都要摆一张新纸巾，因为原本那张已经吸收了凝结滴落的水汽。会注意到这种细节的人不多，这正是我们之所以这么强调的原因。就是这些小细节，才能让一家店到九年、十年后都还在经营。”

“还有还有，”亚历克斯补充，“顺着说下去，讲到制作饮料端给客人，性别平等……诸如此类，记得要女士优先。这条是铁则。我不管你调的酒是不是确保同时调好上桌，上酒时就是要女士优先。我不管这样是不是很老派、很古板，我才不在乎。就是这样。你也不必大肆宣扬，知道吗，不用说‘这杯酒容我端给女士您’。很简单，把酒摆好就行。她们不会注意到，就这样，这就是一致，永远都要这么做。旧时代的东西，我们这边就是这样。这是旧时代的做法。当然了，生活在现代世界，那些规则不见得能在我们日常生活中行得通，感觉也有点傻。但我认为，只要是关于服务，这就非常重要。”

“我们也挂袖环，”杰奎因说，“这很老派。”

课程接着持续了四个小时，讲到更多技术问题——摇制与搅拌手法、度量的重要、装饰用的果皮怎么切才能保有柑橘精油——这些都不是新酒保能立刻上手的。不过，亚历克斯与杰奎因介绍这些哲学、实践与手法，目的是把鸡尾酒酒保的文化套路灌输给他们。新人则通过持续练习，期待有朝一日能学会如何以自信的姿态工作：调制高品质的饮料、根据各式各样的风味轮廓创造新调酒、服务顾客，并且以一致的方式照管酒吧。

但对这些劳动者而言，"一致性"指的是产出要一致，未必是过程一致。就技术手法与工作方式来看，个人风格扮演着相当重要的角色。这些劳动者教导新手"一致"的重要性，同时也要他们发展出个人风格意识。有时，他们还会努力达到一致的不一致性（consistent inconsistency），确保能有不同的产出。个人风格在技术中扮演要角，而练习则确保产出能有所变化。[9]

某个悠闲的周一，阿曼达（Amanda）在弗里曼抱怨说分店其他人都不让她在店里为客人修胡子。阿曼达原本就读于美容学校，取得美容资格证书后在沙龙工作，所以不像理发师有那么多为男人修胡子的经验。

"我有一天借杰森练习，但我刮伤他的下巴，真是不好意思。"

"她刮伤我，"杰森说，"你看看我的下巴。"

"你看起来跟屎一样丑！"范开口。

"对啦，都是这里搞砸了。"

"是他要我刮他的。"阿曼达开玩笑。

"毕竟要是我看着剃刀，剃刀会断好吗？"杰森说，试着捧阿曼达的场。

"等我做完，你可以拿我练习。"手边有客人的迈尔斯说。

几分钟后，阿曼达的朋友西恩来了，他脸上留着蓄了几天的胡子。范提议让她拿西恩练习，不收钱，西恩同意。范从旁指导。此时，阿曼达铺了几层毛巾，彼此交叠。

“你搞得太复杂了。”范说。

“我觉得毛巾不够。我老是会将刮胡泡沾到衣服上。”

“沾到就算了。那不过是刮胡泡，基本上80%是水。”

“我知道，但我还是不想沾到刮胡泡。”

“那根本不会弄脏衣服。就像你刮伤谁一样，弄到就算了。等到你修完胡子，那些问题都会解决。他甚至不会注意到。”

阿曼达接着拿起水瓶，对着西恩的脸喷水。

“喷水根本多余，”发声的是从自己理发椅方向看过来的迈尔斯。

“什么，是说喷在他脸上的水吗？”范问，“你不喜欢喷水？”

“嗯。我觉得呢，油本身就是润滑剂，而且刮胡泡又有七成水分……”

“我喜欢有点水。我不用玫瑰水，因为当中有酒精，我觉得会影响刮胡泡。”

“……然后毛巾就吸了一大堆水，还要再吸收刮胡泡的水分。”

“迈尔斯你不用椰子油吗？”

“不用。”

“你不喜欢吗？”

“闻起来好像食物。”

“是的，确实如此。”

“鲁本告诉我，要弄得非常非常湿，”阿曼达指的是男人的脸。

“不用，你不必把脸搞得很湿很湿。”范说。

“哎呀！”阿曼达对着自己接收到的混乱信息大叫。

“喜欢听谁的就听谁的。只要处理顺序一样就行。至于用什么产品，用多少，都随你喜欢。我、鲁本跟乔伊会用椰子油。椰子油也能当成刮胡子前后的保养品。刮胡子后用效果特别好。你在手上将油彻底抹匀，油立刻会变成液状。超好用，超滑，很适合让剃刀滑过皮肤，还能让皮肤特别保湿。”

“嗯，记得之前我刮你的胡子，结果鲁本用椰子油涂了你整颗头吗？”阿曼达对迈尔斯说。

“鲁本用的产品特别多。”

阿曼达接着开始在西恩的脸上抹椰子油。

“我倾向于两手并用，才能把油揉进去。”范说。

“好。”

“客人毕竟可以自己刮胡子，他们之所以上门，部分是跟额外的服务有关，这是很重要的。我在过程中越是让他们知道进行的情况，结果就越好。一开始——假装他现在是我的客人——我要让他进入状态，会说‘你多久刮一次胡子？逆着毛刮会不舒服吗？要是他们说‘我不知道啊’，或‘我觉得会’，或他们毛发是红色的，我会说‘好，我们看着办。我们顺向刮，看看你感觉如何。要是不舒服，就说一声。’*他们才不会说一声，男人绝对不会告诉你‘我脸会痛’。这种情况绝对不会发生。不过呢，你会发现他们非常不舒服，你就知道不可逆着刮。只要说：

* 红发的人皮肤通常比较敏感。

‘我注意到你对这有点敏感，所以我们顺着毛刮，会尽可能贴着皮肤刮。’用这种做法，双方都有投入过程，无论你刮得够不够短，只要你给的信息越多，越像这样：‘你这边有点敏感，所以我这里就不刮太短，如此这般’，那么，你做的每件事都会让他们更开心。”

阿曼达随后从保温器里拿出一条热乎乎的精油毛巾，覆在西恩脸上。她准备好让刮胡泡吸收毛巾的热气。涂完刮胡泡，就轮到阿曼达用直式剃刀了。范建议她握刀的方法。

“大多数人是这样，三指前，一指后。”

“这样吗？”

“对。你可以自己决定，只要觉得顺手就好。”

她找到了自己的握法，刮了一刀。

“很好，但还可以更快更短（示范给她看），像这样。你速度越慢，刀片要推过胡须就越难，也会扯起更多胡子，所以要一口气下去。总之，像这样越快越好，一下子唰唰唰，直接刮到胡根，完全不被胡子挡住。”

阿曼达作了些许调整。

“很好。注意他毛发方向的变化，”范一边说一边指着西恩脸上的某一处。“反正就顺着那个方向。你想用30度刮，但其实刀片越水平，才会刮得越流畅。所以你要保持水平，不是平一点儿，要非常平，大概15度角。”

“你刮得非常好。”杰森经过一旁，用挖苦的口气对阿曼达说。

“刮的时候有个小诀窍，就是确实把他的脸往那个方向牵引，”

范接着说，“你看，我刀推得很大力。不会痛，对不对啊西恩？”

西恩摇摇头。

“不会痛，脸其实没那么容易伤到。总之，你下手利落有力，直直刮到那儿，接着刀子回到上面，再顺着方向下去，每一刀都稍微往旁边一点。”

“像这样？”

“嗯，这样很好。记得要顺着脸部连续刮下去。”

阿曼达在西恩的脸上又刮过一道。

“这一下不好。你有没有看到下刀时他的皮肤怎么样？”

“没很贴，对不对？”

“对，这就是你得用力拉的时候。你有用反手刮过吗？”

“一下子。”

“刮这里的诀窍就是反手刮。重点是刀面保持贴平，一开始手会觉得这样刮姿势不太顺，反正就一直练一直练，就会越来越敢下刀。你就一刀子下去，又利落又平，拉到这里，角度就很完美。”

头皮渐层让杰森感到棘手。无独有偶，阿曼达对于修胡子也有点头痛。但她理发的经验比杰森丰富，对理发工作整体上不缺信心。她的问题出在弗里曼的修胡子过程和运用直式剃刀的方法上。范借此机会强调一些对这间店招牌来说至关重要的小细节，诸如让顾客参与的过程，以及找到她个人的风格（只要她能坚守细节就好）。范特别指出，只要阿曼达勤于练习，就能“越来越敢下刀”——他指的是她的手，不是她这个人。[10]阿曼达早就相当熟悉这家店的服务方式和理发技术，只需要学习

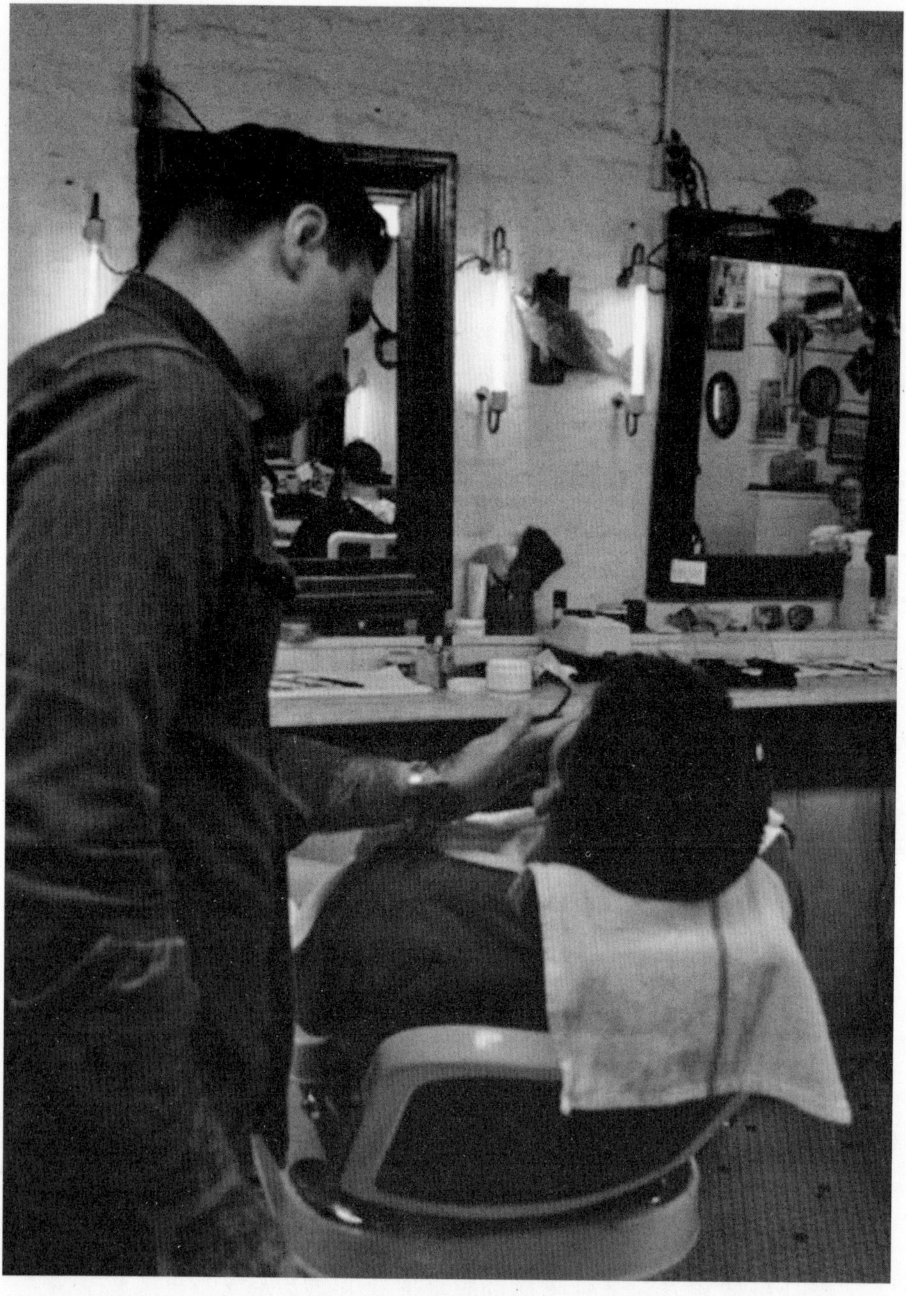

图15　杰森准备为客人刮胡子。

如何用直式剃刀，把这些工作要素应用于修胡子上即可。

我很好奇，“身为女人”跟阿曼达的修胡子问题是否有关？由于范训练过许多理发师，而且弗里曼的修胡子流程是他规划的，于是我在他指导结束后问他教女性刮胡子是否比较难。“不会。唯一差别在于她们没有可参考的依据。”等到我观察理发师训练其他男人使用直式剃刀刮胡子后，指导男性与指导女性之间的差异便越发明显。对男性的教法不同，像是会较少提到脸上哪些区域比较敏感，毕竟男人可能更了解。就修胡子与理发而言，男性理发师也表示，自己为客人修胡子的功夫不见得比女理发师厉害。说到底，大多数男人虽然会刮自己的胡子，但同样不习惯刮别人的胡子，而且多半也不习惯使用直式剃刀。个中关键还是在于学习基本技术，发展个人风格，以提供独一无二的服务。[11]

上述实例呈现出这些职业社群与实践共同体中的人，是如何将工作中的文化“套路”灌输给新人与成员。这些“师父”全都强调信心与练习，直到文化“套路”成为“第二天性”为止。然而，还是有人无法做到这一点。

不完整的展演

劳动者成功展演出这些套路，代表已达到一定程度的技术、社交与沟通技巧，获得一定程度的文化知识，并采取一条能包容其个人风格的工作途径。但并非所有人都能学会如何以合适的方式展演，或怀抱自信去展演。有些人就是办不到。这些人因为各式各样的理由，无法精通套路中的特定元素，或是与工作场所的文化格格不入，进而产生各种结果。他们也许对自己的展演自信满满，但对任何破坏规矩的举动都很警觉的同事与职业社群成员却不这么认为。

图丘镇烈酒厂最近通过美国蒸馏酒学会（ADI，烈酒精酿师同业暨游说团体）的实习生计划聘用亚伦。实习生得到三千美金的薪资，前往参与计划的其中一家公司工作。亚伦住在布什维克，当地是布鲁克林一块仕绅化的地区。他周一早上通勤到贾第纳，周五傍晚回家，周中就在酒厂土地上搭营。亚伦直到在ADI实习计划清单上看到这个名字，才知道图丘镇烈酒厂。"我对纽约市周围的蒸馏厂很好奇，结果找到这家。纽约地区其余的蒸馏厂几乎都是制作伏特加与意式白兰地（grappa）。"

亚伦的老家在印第安纳，他大学毕业后去北卡罗来纳的朋友那儿待了一段时间，地点靠近阿什维尔（Asheville）与斯莫基山脉（Smoky Mountains）。由于山区文化影响，几个人开始爱上月光酒，自酿与饮用皆有。"那边很穷，真的很穷，酿酒是赚钱的方法。所以我开始研究怎么酿，读了许多资料，感觉'这我可以'。我自己也有那种执着，想精通某件能同时运用五感的事情。"几年前，亚伦搬到纽约，那时他已经成了业余爱好者。他买了迷你罐式蒸馏器和两个充作发酵容器的55加仑酒桶。"我一开始搞砸过几次，但最初的成品其实不难喝。"

亚伦后来用大量时间学习发酵跟蒸馏，直到自己能开始实验。他满怀热情与想法来到图丘镇，但他并不了解蒸馏厂的实际运作方式。某天，亚伦和我在田野间的野餐桌边休息聊天，这时他已在这里实习了三周。他在这个有风的日子卷了根烟，和我分享他的一些计划与构想。

“当下我只想在这里制作我该做、想做的产品，毕竟这里的人实在了不起，我跟大家也很处得来。尤其是我跟乔，因为他实在很有远见，他真的想在烈酒产业推动变革，我很欣赏他的热情。我觉得自己也有同样的热情、兴趣、全面的视野和那些有的没的。总之，尽我所能累积创业资本，把大部分投在这地方，感觉是行得通的。用这种方式互惠互利，比方说，我制造我的产品，但他们也能从我们的合作中赚到更多钱。

“这些人在做的，我以前也想过自己做。所以，当我发现他们已经在做时，我真的超兴奋。我开始研究液体单位体积与木头接触表面积的比率。是这样的：大家长久以来都只用50加仑以上的木桶，却不问原因。后来他们开始用比较小的酒桶酿贝比波本（Baby Bourbon）。但我觉得，还有一个领域罕有人去探索，就是使用不同种类的木材。我的意思是，所有的美国威士忌、甚至连朗姆酒，都严格使用美洲白橡木桶。大家已经开始以材料实验，比如用紫玉米取代一般玉米，酿造紫玉米波本酒。这种酒开始在附近传开，就叫‘贝比紫’。”[12]

他拉拉杂杂讲了其他几个想法，像是让酒回归若干药用源头，以及将陈酒过的产品进行二度蒸馏，而且强调他自认为跟乔志同道合，两人对农场式蒸馏厂构想都情有独钟。我和亚伦是在不同厂区工作，所以我不常看到他，也没机会共事。感觉到他的知识与热情是真的，对于他说的计划以及和酒厂的关系，我一开始也是照单全收。

亚伦实习结束后几周，有一回，我整天都在帮利亚姆调整酒精度，也就是让馏出物的酒精含量降至预定的标准酒度。需要调整的有从酒桶内倒出的单一麦芽威士忌，以及蒸馏器馏出的四麦波本。我们希望单一麦芽的酒精度从57%降到大约46%，四麦则是要降到57%才能装桶。这个中关键在于要找出该加多少水（这个步骤要很小心，毕竟一旦加了水就去不掉了）。过程非常繁琐，需要仔细注意一些基本的计算能力，以及不断地记录。我计算推导出需要加多少水（计算结果一定是近似值，因为图丘镇的度量技术非常不精确）。我在装桶时遇到了麻烦：在将馏出物从原本的桶子换到另一个桶子的过程中，我忘了哪个桶子是哪个。这下我们必须拔掉管子，改套上阀门，这表示一定会有些烈酒洒到地上。

“天杀的！”我破口大骂。

“没事啦，”一旁指导的乔说，“你总得要搞砸过才学得会怎么做好。”

乔注意到我很沮丧自己竟犯下如此愚蠢的失误，于是，他告诉我一个故事，是他刚开始在这里工作时的经历。

“装桶的时候，我忘了固定好接在注口上的管子，结果管子脱落，到处都是从管子喷出的馏出物。这时明明应该要去关掉开关，但我第一直觉居然是去抓管子。偏偏管子到处乱跑，结果馏出物喷进我的眼睛，还喷开了我的眼皮，连我的帽子都被打下来盖住脸，什么都看不见。”

利亚姆也补上自己的尴尬故事。

“我懂。我去年夏天开始在这里工作时，有一次我在注满蒸馏器时看到管子松脱，东西喷得到处都是。我也是跑去抓管子，其实应该关掉开关才对。结果管子就像卡通动画里那样，到处弹来弹去，最后还打到我。”

听完这些，我对自己犯的错误感觉稍微好过了点。就连他们也曾在学习过程中犯错，而且错得更惨。然而这些失误也显示出蒸馏过程需要多么小心谨慎。乔虽然笑我，但他们不会生我的气。这天工作结束后，利亚姆向我道谢。

“谢谢你帮忙了一整天。你比上个实习生能干多了，何况他还待了八周。”

“你是说亚伦？”我问。

本来正在装桶的他抬起头，眼睛瞪大眉毛上扬，点点头。

“他怎么了吗？”

“他很清楚自己在说什么，想法也很好，但这人的工作态度很糟糕。你今天做的这些，他连一半都做不到，可是这些工作每天都得完成。他只按自己的步调做事。这是我个人看法，只是我的看法在这里刚好算是蛮有分量的。”

“但我出的错不是更多吗？”

“谁不会犯错啊。从中学习就好。我也会犯错。重点是你要知道自己怎么会犯错，还有你如何面对错误。”

亚伦再也没像他本以为的那样重返图丘镇烈酒厂，制造自己的产品。他跟一些精酿师很像，因为朋友的关系，开始对蒸馏酒产生兴趣。他原本就渴望能制作诉诸感官的产品，而且对主流酒品业抱持怀疑态度。他算是一小群业余爱好者中的一员，在来酒厂工作前就已有蒸馏经验，而他对ADI和烈酒精酿产业也有一定的认识。由于公司不大，图丘镇的职员们甚至会帮忙打圆场，说他很好相处。亚伦显然拥有蒸馏烈酒所需的文化知识、技术手法与创造力，然而光有知识与想法是不够的。这个工作场域有其工作伦理，经常需要以细心的态度进行数学计算和从事体力活，甚至可以说是无聊的，但他从未按照如此伦理行事。亚伦一直没有学会独立作业，或是有效率地作业。除了提倡永续农业、提供大规模生产品牌之外的选择，图丘镇的工作伦理对于了解烈酒精酿厂工作也很重要。文化知识与技术手法是这几种职业中“酷”的面向，但当中各职业免不了都有一连串以体力劳动为主、平淡无奇的工作。

在展演文化套路时，会碰上麻烦的不只有新手，就连具备相关工作经验的人在展演时也会怯场。此时，同事与社群成员是会提供支援的。

某天，我跟正在站柜台的鲁本聊天，当时他在等候下一位剪发客人到来。鲁本来自乌兹别克，是俄裔与布哈拉（Bukhara）犹太裔，10岁时来到美国。他们家最后落脚布鲁克林，父亲在当地开了理发店。鲁本16岁时跟父亲学剪发（他说，“比较像我爸逼我学的”），一开始他其实不想当理发师（“我以前对这行真的没感觉，我觉得自己会做别的”）。但他在大学时靠着理发赚取生活费，很享受能赚钱的感觉，也意识到自己能靠理发赚到多少，于是决定投身理发业。鲁本曾待过好几家俄裔理发店、家庭理发店与快剪店，地点遍布城内各处。对于理发师抄捷径赶时间、没有余裕处理细节，以及无法精进自己手艺的情况，他越来越沮丧。后来，鲁本因为某个客人“劈腿”他，因而发现弗里曼这家店——那天他不在店里，结果这位客人跑来弗里曼剪发。我们聊一聊，他看到马克出门吃晚餐，于是打电话找可可来顶替一下。

“之前某一天，整个班表都是红的，全满，但是马克最后结算是740元，我的是650元。”鲁本告诉可可。

他认为，这表示马克剪得太快。

可可点头回道：“我有时会帮忙剪他的客人，确实曾发现他有哪些地方剪得太快。”

“拜托，”鲁本说，“我也可以剪很快啊，比谁都快，客人得到的跟收12块的地方一样，但这家店在乎的又不是快。”

当天稍晚，我看到鲁本在跟马克讲话，过程中马克频频点头表示同意。这起事件不是我第一次听到有理发师批评别人剪得太快的习惯。有经验的理发师大多曾在以业绩为基础、要求速度的地方工作过。他们知道如何取巧，在十分钟内剪完。但弗里曼这里是通过时间为理发和理发经验提升价值，这种做法才是他们“在乎”的。以“慢工”成就高品质服务和风格的方法，是文化套路中的一项元素。马克或许是因为那天太忙，才会偏离这种元素，没能把“慢工”付诸实践。他身为经验老到的理发师，改正这个问题对他并非难事。然而在某些情况下，套路展演的问题远比注意时间或提升技术品质更难克服。这些问题与展演中没那么有弹性的部分密不可分。

鲁本今天想吃沙拉，所以我和他到全食超市共进午餐。他有许多心事不吐不快。管理层的人经常烦他，尤其是业主。鲁本等人不认为业主了解一家理发店该如何经营，毕竟大老板不是理发师，但这种干涉又会影响他们工作。屋漏偏逢连夜雨，另一家分店上个月有四位理发师辞职，让公司突然人手大缺。

“公司这下才知道找理发师有多难。我随便就能找到十个一天可以工作12个小时的俄罗斯人，但这不是他们想要的。公司想与众不同，而他们跟别人不一样的方式，就是不雇用那种12块钱等级的理发师。他们想聘用不无聊、热爱生活的理发师。”

“但你还是帮他们找了人不是吗？”我说。

“我找的是替补。我挑这些人是因为他们听话，而且外表有型。我发现有个人很快就能上手。但我推荐来的这个新人，穿衣打扮的方式却跟这里的客群不搭。”

纽约老式理发店里的理发师的形象通常是意大利人，但今天许多理发店的理发师反倒更像俄罗斯人。鲁本因为出身背景和过去曾在城里各地理发店工作过的关系，认识其中许多人。说着说着，鲁本把话题转到车子，后来我们就回店里了。一周后，我进店里想打声招呼，反正我人刚好就在附近。我注意到有个新人在鲁本的位子上工作，于是向迈尔斯打听他是谁。

“他叫尼基，是鲁本家的小伙子。”

我稍微在店里转了转，注意到尼基很内向，跟谁都不讲话（他能说一口流利的英语）。他让客人坐下，围上围巾，从镜子里窥看客人，带着“你想怎么剪”的表情不发一语。客人讲想法时他会微笑，但他话非常少。

一周后，我跟鲁本、迈尔斯在休息时到巷子尽头的餐厅小聚。他们聊起彼此最近拍的相片。迈尔斯回去工作后，我向鲁本问起尼基。

“因为这家伙看起来没法融入吗？”他问。

“嗯。他很安静，话很少。”

“他本来就这样，”鲁本点点头，“他是安德烈的侄子，来帮我代班。我找他跟另一家分店那几个人，是因为公司人手不够，而且公司又正准备要开布鲁克林店。”

安德烈是鲁本打从孩提时代至今的朋友。他们一块长大，一块在俄裔理发店工作。安德烈已经在西村店工作几年了，是鲁本推荐的。

“你看到他们工作的样子，有什么想法？”我问鲁本。

“我告诉管理层，说理发师们需要实际工作磨炼一阵子，但公司还是直接雇他们当全职。他们还没准备好在这里工作。我得把大家犯的愚蠢错误一个个点出来。”

“你是说剪发剪错？”

“嗯，但不只这个。尼基只待过家庭理发店，他知道怎么剪，但是那种十分钟快剪。偏偏他也不知道怎么和曼哈顿人相处，你懂我的意思吧？”

乍看之下，鲁本聘用补充人力时所用的标准，对美感工作来说似乎很典型。店家想找“看起来有型”的人。但鲁本提到“错误”和“曼哈顿人”的时候，其实有许多弦外之音。他当然认为“理发师在店里必须以特定方式打扮、呈现自己”。弗里曼紧挨着男装店，又位于时尚区中心，是走流行路线的店，店内理发师的穿着也有特定风格——通常穿领扣衬衫和利落的长裤，有些单品价格甚至超过一百美金。他们得“看起来对，听起来也对”，但在此工作需要的不只是审美观。他们还必须跟客人过招，问客人问题，保持融洽，听客人想要什么，并就此提供意见。他们必须接受客人的风格，还要知道什么样的风格在他们身上会好看。在弗里曼成功展演时不可或缺的文化套路元素——拥有文化知识（如懂得男性时尚、知道人气餐厅与热门料理、电影等）和大大咧咧讲闲话的能力——这可能会让对于闹区文化景象不熟悉或不自在的人难以理解。就讲专门技术吧，他们在剪发时必须慢条斯理，注意细节——要是只在十分钟快剪店工作过，恐怕无法胜任。他们必须让剪发不只是功能性服务而已，更得是一次特殊体验。在移民社群长大、剪家庭理发的他们未必具备下东区等城区工作所需的能力。他们因此无法以合适的方式展演高档男士理发店的文化套路，表现当然也缺乏自信。

走回店里这段短短的路上，关于尼基的对话依然继续着。迈尔斯听到我们聊天的内容，于是提起上周发生的事——尼基无法在地图上指出新泽西的位置。鲁本当时也加入嘲弄的行列，但他说自己当晚就向尼基道歉了。迈尔斯还提到有一次安德烈以为雨是从太空落下的。鲁本摇摇头，说这件事也让他觉得很尴尬。

当天稍晚，鲁本给客人理完发之后到外面抽烟，我也跟了出去。

“我想我了解尼基跟安德烈闹笑话的时候你为何也觉得丢脸，”我起头，“我猜，是因为你认为别人也会这样看你。”

“你说得对，但我无法相信怎么有人连最起码的常识都没有，像是不知道地图上新泽西在哪里。他不是都开车去过几百次了吗？”

鲁本接着细数安德烈跟客人讲话时多么口无遮拦，像是谈不恰当的话题，或是讲粗话。

“那他怎么有办法在西村店做下去的呢？”我问。

“我从一开始就支持他。我从小就认识他。但他就是没概念。从一开始，安德烈就穿得不对，做得不对，我得向他清楚解释这是家什么样的店。现在他有自己的常客，也知道何时该闭嘴。”

鲁本在两个社群世界游刃有余。布鲁克林与皇后区的俄裔社群通常位于边缘，他的孩提时期的朋友与家人仍在这些地方。鲁本在父亲开的俄裔家庭理发店学会剪发，在闹区知名的大型理发店亚斯托“快剪”过，那边比的是速度和不顾一切的态度，而非品质与欢乐随和的无意义闲聊。但鲁本深受曼哈顿闹区的文化景致吸引，想跳离舒适圈，让自己的理发功夫更上一层楼。他学会看场合穿搭行事，也学习与自己的工作兴趣相符的文化知识。身为文化双语人士，他能为这两个世界的人搭桥，能在他们“缺乏工作历练”时看出来，也能看出他们的“错误”。但出身城里移民社群的人要是少了私人关系与一些指点（像这些俄裔理发师与鲁本之间的关系），就不太可能有机会通往新式高档理发店。每当没人帮他们转译，或是少了支持他们的人，在同事间产生的后果就不只是“可笑”了。

我在八月休了一周假，休完假后，我走进迪克逊肉铺，穿上工作服。

“你看了班表没？”詹卡洛问。

我看了看，但没有注意到哪里怪。

“你没看到少了个名字？”

“奥尔多呢？”我又看了一眼才问。

“他上周三被炒鱿鱼了。”

“怎么回事？”

“他来之后，杰克说自己负担不起他的薪水。奥尔多说，‘没关系，那就付我少一点。’但杰克辞退他了。他很淡定，而且大概也找到另一份工作了。杰克收掉了特里贝克的柜点，好物多聘了奥尔多去搞他们的肉品新柜位。”[13]

奥尔多是店里经验第二多的屠夫，仅次于JM。他已有七年的屠夫经验，在墨西哥的超市与加工厂等讲求速度的地方学艺。他的经验是詹卡洛、布莱恩与莱娜远不能及的。何况肉铺的旺季正要到来，店里一整年就属此时最忙。奥尔多居然会在这时失去工作，我太惊讶了。这天稍晚，我问詹卡洛他觉得奥尔多为何被辞退。

“戴娜与经理兼主厨戴夫不喜欢他的态度。已经忍他很久了，”他耸耸肩这么猜测。

“啊，毕竟特里贝克柜点被收掉，看来杰克也得精简人力。”

“也是，但精简掉你屠夫中的二副？”

我整天都在回想在店里的这两个月。时序刚入夏，杰克就收掉附近专卖当地食品的采食家设的柜点。由于少了一个经销点，他得在切尔西和特里贝克腾出职务给多出来的人力做。为了确保新进屠夫有点切肉的活可做，他让大家轮班站柜台。由于奥尔多英文讲得很好，比JM好，所以他每周都得固定到前台轮班，服务顾客。不过，奥尔多虽然能与客人对话，但我注意到他常常无法传达出店家提倡的肉品哲学。

七月的某天，一位客人上门说要买菲力牛排。

“要几片？”

“三片。”

“多厚？”

奥尔多从展示柜取出牛腰，一只手举着。

“这边？”他一边问一边用刀子指着牛腰某处。

客人指向牛腰的某一点，于是奥尔多转身切肉。詹卡洛这时也在柜台后方补展示柜，他取笑起奥尔多。

“‘你要牛腰？要几片？这边？’”接着他做起假装包肉的动作，向顾客丢去。

“哟，屠夫大师约翰·卡洛斯（John Carlos），”奥尔多出言回敬。“‘妈咪妈咪！我想成为屠夫，在迪克逊肉铺工作！’”他用小孩般的假音对詹卡洛讲话，他常这样笑他。

詹卡洛瞪了他一眼后回到切肉间。

打从开店起，杰克就希望自己的店专营全只屠宰。在纽约方兴未艾的美食景致中，饕客对罕见部位的兴趣虽然与日俱增，但真正知道如何分解全只的人并不多。这门功夫正在屠宰业中隐没，尤其是纽约市。杰克雇用JM与奥尔多是因为他们有必要的手艺。他们原本可用比现在更快的速度工作，但他们得慢下来，教导其他经验较不足的屠夫与实习生，得表演给顾客看；不过，在一间销售量比加工厂少的零售店里工作，本来速度就不需要那么快。杰克需要有能力之人，而两位来自墨西哥（当地屠夫可能比较懂得全只屠宰法）的年轻人能满足他的需要。就好比男士理容业发展中的俄罗斯理发师，JM与奥尔多发现自己在扩大的食品产业中拥有可以变现的技能。老板对理想的劳动者有其想象，但相关产业的成长却造成能力上的断层，迫使业主有时候必须雇用与这种形象不尽然相符的人。

可是，身为迪克逊肉铺的雇员需要的不只是专业技术而已，这一点在书中四种职业的工作场所皆然。劳动者必须学习与顾客沟通所需的社交与沟通技巧，学习肉品与烹饪相关的文化知识，以引导顾客点单，并学习这间店存在之所系的肉品哲学。何况食品业工作（包括屠夫这类需要体力劳动的工作）如今能吸引詹卡洛、布莱恩与莱娜这样的人——他们和JM与奥尔多不同，原本有其他就业机会，却选择以屠宰为业。同一个在过去会迎接JM与奥尔多这类人的发展中产业，如今已经成长到对他们的接纳变得岌岌可危的地步。

我的实习期正好在奥尔多遭开除之后不久结束。随后几个月，我在访谈该公司员工时提到此事，问他们对奥尔多离职有什么想法。某一次，我跟其中一位经理在店附近的酒吧小坐。我问起奥尔多：

“若真要追根究底，我想是因为我们在切肉区已经有几个人了，基本上是这样。我们在某一刻意识到切肉间没有未来可言，就是走偏了。原因可能有许多解释，我们可以去思考这些原因，想分析就分析，但真正要决定的是：我们要如何对切肉间做出最大的改变？大部分讨论都归结到‘谁最愿意站出来帮助顾客’。公司正在精简营运规模，所以需要在工作时能落落大方，而且乐于如此的人。我跟奥尔多在特里贝克相处过很长一段时间，他人很好，是个很有能力的屠夫，我觉得他确实厉害，动作非常快，又有力气，知识更是丰富。这是个很难下的决定，店里有很长一段时间气氛都变了。有点像是摊牌，对于我们试图达成的长期目标来说，怎么做才最合理？大部分考量都关系到员工在价值观上的风貌，他们的多面能力，以及我们如何能对切肉间在文化上带来最大的改革。我们需要会主动查看订单本、整理订单货架的人，他们要能处理会直接影响整家店的事情。就一家小小的食品公司来说，每个人都得愿意做各种工作，这是我的想法。”

我访谈的每位员工都提到“多面”或“弹性”的目标，“价值观”或哲学的概念也不离口。业主希望自己的雇员多才多艺，也就是有能力适当展演文化套路。我在不同情况下也听过各个产业的劳动者向我表示相同的看法。虽然专业技术是劳动者置身的产业当中最诱人、最酷的一面，位置如此崇高，但在工作场所与产业中有所成就的劳动者，却不会只注意到专业技术。他们会拥抱工作中的各个面向，将之展现，同时期待他人对自己也有一样的期许。

谈到哲学，杰克在我首次和他碰面、安排我实习的那天就告诉过我，JM跟奥尔多是很厉害的屠夫，但未必跟这家店抱持同样的伦理观——至少迪克逊肉铺背后的原则并非他们在此工作的理由。等到我实际观察他们俩工作并跟其他人比较后，我渐渐了解了杰克的意思。JM和奥尔多热爱屠宰技艺，从相关技术中得到乐趣，自豪于自己的工作。至于牲口是否是当地饲养、放养、尽可能以人道方式屠宰，他们倒不是特别感兴趣。他们对饮食的最新潮流或餐厅了解不多；此外，由于有超市工作经验，又熟悉墨西哥菜，两人对于肉品与烹饪确实知识丰富，但他们却不会跟顾客聊这些。他们并未将文化套路的哲学面付诸实践。

在我得知奥尔多丢掉工作的一周后，JM与我下班后到楼下的酒吧喝了一杯。我问JM，公司这么突然就这样开除了奥尔多，他是不是很惊讶。他睁大眼睛，点点头，说他确实吓了一跳。

“而且之后就是假日，”他说，“我有布莱恩跟詹卡洛，但布莱恩手脚很慢。奥尔多手脚快，而且是个好屠夫。布莱恩很会说话，但对工作还不懂。等你懂得怎么做事，我再听你怎么想。总有一天会，但不是现在。”

他停下来想了一分钟，说特里贝克收掉柜点时，他就隐约觉得大概有谁得走人了，只是没料到会是奥尔多。“不过奥尔多不会有事。他是个好屠夫。还会有很多工作机会。”

除了对奥尔多遭到开除感到遗憾之外，我也担心JM。JM跟奥尔多都出生在普埃布拉市，工作时会用街头西班牙语对话（有时是怕顾客懂西班牙语，所以用这种方式隐藏自己说的内容）。奥尔多英语讲得比较好，所以常帮JM翻译。此外，由于JM经验比奥尔多丰富，JM因此会帮助他，传授他还不知道的东西。

JM接着提到，先前某天他在《好食征才》（分类征才广告）看到迪克逊肉铺要征屠夫头儿和切肉间经理——这正是JM的工作。他说自己不久前跟戴夫与杰克见过面，提到他想加薪，他已经两年没调过薪了。当时他们说无法调薪，于是他说没关系，但他希望多排一点工时。我问JM为何认为两人打算换掉他。他耸耸肩，跳过这个问题。

“他们得找个跟我一样程度的人。”

“他们找得到和你一样厉害的人吗？”

“还有跟我一样好的屠夫。像是亚当，他很厉害。他是个非常好的屠夫。[14]但要是想雇一个会说英语的人当屠夫头儿，杰克就得付更多钱。”

“你对这有什么感觉？”

“这不对。”

接着他喝了口啤酒，又耸耸肩，用正向的语调来看待这个处境。

“我无所谓。就是个工作。总有别的工作可做。”

他提到自己知道布鲁克林有个地方在招人，但他说那边只处理牛肉，而且听起来像是做加工和肉品包装，不是高档肉店。

“总有别的工作可做。”

JM很清楚自己的屠夫天分和技术，也清楚身为墨西哥移民的自己在餐饮世界中处于什么位置。JM这类人通常居于纽约市食品业景象中的后台：准备食材、煮菜，或默默擦着桌子。但迪克逊肉铺有开放式的切肉区，期待屠夫与客人有所互动，JM在此走向台前，因此得承担比站在定位切肉更多的责任。奥尔多跟客人互动不多，JM的互动更少。JM认为，店里若是要找“会说英语的”屠夫来取代自己，那么这个人的要求、得到的薪水会比自己更高（其实JM赚的比詹卡洛、布莱恩与莱娜都多）。他觉得迪克逊肉铺找他负责管理，等于是用实惠价格请到技术高超的屠夫。但奥尔多被炒（虽然他比其他屠夫更厉害），加上看到招人启事，JM感觉自己的工作也恐怕不保。他觉得处境对他不公平。但烦恼归烦恼，对他而言，迪克逊肉铺仍然“只是个工作”——某件他很擅长，而且能赚钱的工作，但不是天命。事情要是走到那一步，他也不会眷恋。

要想把这些工作展演得好，需要的不只是稍具知识、对产业有经验，甚或懂得专业技术而已。职业社群成员（尤其是经理与业主等大权在握的人）善于辨识出表现不佳或不完整的展演。从业者若是展演不完整，结果从警告到解雇都有，但我们也能了解，要求“必须表演这些强制套路”，而且要以合群、有自信的方式展现，其实从一开始便对从事这些工作、成为职位候选人的人带来限制。这些创造杂食文化品味的新型精英工作具有排他性，而这种排他性总归源于处在锐利、经验丰富的目光下所进行的展演。

后　记

成效、意涵与结语

死吧开业五年多后，杰奎因成为开店元老当中最后离职的酒保。为了追寻业界其他机会，有些比他晚入职的酒保甚至还比他更早离职。自从这间酒吧在2007年年初开张后，调酒文化已在纽约与全美各城的夜生活产业中大幅扩张，整个酒品业界更是不在话下。精调鸡尾酒吧迅速增加；酒吧、餐厅与旅馆开办鸡尾酒活动；酒商为自家产品创造特调鸡尾酒——完全按照调酒术的原则为之。鸡尾酒品类在夜店里就和红酒一样常见。杰奎因的同事去了其他鸡尾酒吧担任更高的职位，成为新酒吧与餐厅规划、酒公司的顾问，或是根据个人理想自己开店。身为职业社群名人（杰奎因在2012年的鸡尾酒圣会获选为年度酒保），这几年当然有许多人前来三顾茅庐，但杰奎因仍然选择坚守岗位。

“我当然有那种心态，像是‘你还有很多有待证明。在你真能认为自己跟这些家伙（以前的同事）能并驾齐驱之前，还有很长的路要走’，但往上爬一向是我的目标。我真的很想进步。死吧是个很好的机会，所以我才会待这么久才走。我原本有无数个机会，有些地方想聘我规划：‘你有主道权’，还有‘这你一定行’。但我根本不信。我有好几次很庆幸自己当初没答应，因为我看到那些地方后来的遭遇，听到接下那些工作的人得收拾的残局。我心想，‘妈呀，还好我没离开死吧’。所以我才会在五年半后才离开这个温暖、幽暗的怀抱。”

杰奎因不断工作、学习。他协助品牌与活动，这个过程塑造了他对酒品产业的认知，而对的因缘终于出现了。

“那些机会找上门时，你会想，‘好，跟品牌合作，这些我擅长’，‘办活动难不倒我’，或是‘我不喜欢办这类活动’，我能看到酒品业当中更多的面向，甚至看得出大环境有何变化。但五年半都待在同一处，尤其是这样的地方，你也准备好该展翅高飞、做自己的东西了。到头来，死吧就是训练你如何经营个人事业，酒吧训练就是为此而打造的；它给了你这么了不起的调酒教育，教你如何创造酒单，教你打理一切。而且，这酒吧名声响亮，能打开机会之门，带来媒体曝光、办活动的能力或是担任顾问的机会。其实我就是这样才跟炼金术顾问公司（Alchemy Consulting）搭上线的。”

炼金术顾问公司由两位纽约的老经验酒保托比·马洛尼（Toby Maloney）与杰森·科特（Jason Cott）经营。他们在芝加哥、明尼亚波利斯与那什维尔（Nashville）开店，都是当地该类型酒吧的第一家。杰奎因最后决定离开死吧，加入一个后盾强大的团队，以成为酒吧合伙人为目标，最后要拥有自己的一方天地。2013年，杰奎因成功了。注酒丝带（Pouring Ribbons）在东村开张，距离死吧仅十分钟路程。

“我们开在了一个自己喜欢的地方。我知道我们想要更开放、更平等以待的酒吧。我想要大一点的吧台，店里也确实打造了一处。我们希望这家店是成年人会来喝酒，而且也觉得有趣的地方，不希望这里假高尚或走精英路线。”

“开放与平等”，这点出了调酒世界中有意为之的转变。第一代的精调鸡尾酒吧就像一座圣殿，是对鸡尾酒的神圣商业奉祀，有着像“无站位”和“无预约”等规定。奶与蜜的老板萨莎便以改造习俗闻名，像是规定团客一批最多五个人（确保同时只有两组对话进行），喧哗声太大时让职员喊“嘘！”，还在厕所挂了“本吧规约”：

1.禁止攀关系，禁止与名人打炮。

2.禁止大笑、大声叫喊，或是任何吵闹行为。

3.禁止斗殴、打闹，或是谈论斗殴。

4.绅士就该脱帽。帽架提供中。

5.绅士不会主动向女士自我引介。女士请自由开启对话，或请酒保代为引介。一旦你与男士谈话，他便有权自由与你谈话。假如有你不认识的男子上前与你攀谈，请稍微用下巴看他，忽视他。

6.不要在前门外徘徊。

7.除非是你敢独自留他在你家的人，否则不要带人来。你对你客人的行为有责任。

8.离开酒吧时务必脚步轻快安静。这楼上的人还想睡觉。离开这间酒吧之前，请做好完整的行程规划，并好好道别。

简言之，这些酒吧刻意与人有别。

鸡尾酒保与业主说，这些初期的努力对于引介经典鸡尾酒文化（文雅世故，只是常常有格调不高的产品）、提升主流饮酒客群的品味有其必要。大家都说，这些酒吧与从业者成功了。如今知道经典鸡尾酒的人比过去多，而受过熏陶的消费者前往鸡尾酒吧时，也懂得如何正确点酒，懂得提出更有挑战性的调酒要求。鸡尾酒文化的知识一旦获推广，便会发展到步下圣坛的地步。虽然许多新鸡尾酒吧依然奉行隐秘的地下酒馆风格，但也有许多新酒吧没有那种场面跟架势，而以接近传统酒吧的形态开张。

奶与蜜的酒保米奇与萨米所开的“好样的”（Attaboy）就是一例。2013年，萨莎将奶与蜜迁往空间更大的住宅区，米奇与萨米此时就在原地开了这家酒吧。经过多年在奶与蜜与小分店（萨莎的另一家鸡尾酒吧）的酒保工作，前往世界各地参加座谈、工作坊与担任顾问之后，他们认为，是时候自己当老板了。但他们无意照抄奶与蜜的风格，他们想将精调鸡尾酒摆在更具街坊邻里感的酒吧环境中。

“这改变绝对得发生，”米奇说。“我们的做法就像是朴素版的奶与蜜。我们现在规定的服装是牛仔裤跟亨利领衫，不穿吊带跟纽扣衬衫。音乐也更活泼，会播放Talking Heads和Fleetwood Mac等乐团的音乐。我们也提供烈酒配啤酒，超棒的。大家的感觉都是'哇，来这种酒吧感觉超棒'。你在这里能喝到精心调制的老经典、内格罗尼、盘尼西林（Penicillin）、月黑风高、汤姆柯林斯（Tom Collins），酒名随你说。但你也可以点铝罐装的库尔斯啤酒（Coors）和一口杯的威士忌摆在旁边。我仍然认为那种小间、安静、幽暗、私密的鸡尾酒吧有它的市场。但我想，我们经营这间酒吧的方式是对的。这店里的来客都是正要回家的人；他们进门，点杯内格罗尼喝，然后才回家，这感觉真的非常好。这就是你对街角酒吧的期待。不妨这样想，这就像是去你平常会去的酒吧。"

随着鸡尾酒文化的传播，在调酒术的象征边界内，鸡尾酒吧也同时越发专业化。比方说，死吧首席酒保菲尔离开死吧后自己开了"马亚韦尔"（Mayahuel），专营龙舌兰类烈酒［龙舌兰与梅斯卡尔酒（Mezcal）］调酒。其他酒吧则以热带风调酒、美国烈酒与潘趣酒为基础，有些采用当代科技（如"分子调酒术"，像是运用液态氮冰冻酒杯）、做实验（如用木桶陈放鸡尾酒），以及刻意恢复非常古老的做法（像是供应不冰的鸡尾酒，让人怀念在冷冻技术出现前的时代）。总之，经典鸡尾酒知识与做法再度浮上台面后，缓缓流入了更传统的酒吧环境。这些酒吧对调酒术原则的遵循程度各异（比方说，并非每间提供鸡尾酒的酒吧对使用的冰块都有特别安排），有些则是一头栽进鸡尾酒文化中。这两种情况皆让酒保的工作机会有增无减。

几种新形态精英工作在相关产业中形成了栖位职业社群，

而这类工作之所以兴起，是因为大众对于品味与消费的认知有了转变，因为仕绅化使得城市产生了社会——空间新动能，也因为整体经济转型使得“新经济”中的“好”工作有了新定义。近年来，已有对劳动者如何适应这种工作条件不稳固、风险个人化的新经济体系的大量研究。有些劳动者以风险偏好者的姿态获致丰硕成果，动心转念创业自营，贩售自己的人力资本。[1]有些劳动者重组原本的职业社群，进一步协助成员应对这些变局，如音乐人重组其人际网络与关系，以求在转变中的音乐产业里生存。[2]还有一些劳动者历尽艰辛去适应，在职业生涯路上停滞不前，经历失业，将此挣扎视为个人的失败，而非经济结构条件造成的结果。[3]

我已阐述了劳动者如何走上另一条道路，以应对新经济中充满不确定的环境。他们正进入寻常工作场所中的常见职业，而大众通常不会认为这些职业是以知识为基础，或是与文化有关。然而这些从业者将个人的职业转型成为高档次、高品质的工作，结合心灵与身体劳动，让有其他工作机会的人认为这是可行的职业选项。他们实施一套包括体能劳动、解决挑战智识的难题、文化认知以及人际交流的文化套路，从而将体力劳动视为充满意义、甚至满是乐趣的体验。这种工作需要上述各种劳动实践以彼此协调、而非各自为政的方式充满自信地展演出来。除资讯科技、高档服务、文化与媒体产业等人人称羡的工作外，这些劳动者也让大众看到扩大中的知识经济是如何将过去如酒水服务、酿酒、理容、食物零售产业中低地位的“肮脏活”纳入其中。

这些劳动者进入职业栖位，投身于让他们从原本的传统角色中脱胎换骨的活动，远离过去工作的典型实体店面。他们一旦得到工作机会，在自己的工作领域有所成就，就必须以此为基础打造其职业生涯，或是提升其业内地位，而提升的方法不能背离自己展演、有意义的工作。想这么做，就必须艰辛开辟出与相关职业的传统劳动者截然不同的非典型道路。从杰奎因的故事便能看出，鸡尾酒酒保不只照管酒吧，还会以特聘专家的身份在活动中为酒类品牌代言，成为品牌大使，前往各地推销产品。他们主导训练课程，写书、写杂志与网络个人主页文章，也会担任酒类品牌或其他酒吧、餐厅与旅馆的顾问（有人甚至受聘为航空公司、度假胜地与赌场发明调酒）。鸡尾酒世界扩大后带来的人际网络让他们得以结识潜在的事业伙伴，开设自己的店。在高知名度的鸡尾酒吧工作，让他们得以沉浸在这些机会中。

其他三个职业的劳动者也走上这条路。烈酒精酿师当起顾问与品牌大使（帮自家品牌，有时也为其他品牌），加入其同业协会（美国蒸馏酒协会ADI与美国蒸馏酒委员会［Distilled Spirits Council of the United States, DISCUS］）。在高档男士理容院工作的理发师也在时尚圈、电影界曝光，因而获得机会为人像摄影与电影定妆工作（过去这些位子通常把持在造型师手中）。全只屠夫同样自己开店、担任顾问、写书、教学，或是为餐饮集团肉品部门工作。比方说，迪克逊肉铺有两位屠夫离职后，就为名厨马利欧·巴塔里与阿普里尔·布鲁姆菲尔德（April Bloomfield）工作（分别是纪与乔丝琳）。而这四个职业的劳动者都有媒体曝光度，而且在传统纸媒与电子媒体中皆然。

换句话来说，劳动者利用在栖位职业社群中的工作创造职业生涯，展现灵活与弹性的个人能力。他们延展自己的职业认同，横跨多重角色，化身为“multis——多面手”，或者说，有多重头衔的劳动者。自我限缩于工作场所——留在吧台后、守着蒸馏器、站在理发椅和柜台后——满足不了他们。他们要伸出触角，成为其技艺与文化知识的大使。如此一来，这些劳动者一方面脱离了新经济中完全以知识为基础的工作，另一方面又能拥抱许多新经济的理想：工作理应让人满足、有使命感、有弹性，而且能允许他们充分发挥自己的创意潜能。

但从先前的展演来看，这些职业原本可以也应该要海纳百川才是，但实情并非如此。根据这些劳动者的概况与本书中的分析显示，唯有出身特定社会背景与人生历程、拥有特定文化性格与社交能力的人，才能得到、保有这些工作；他们的社会与文化资本在当中扮演了举足轻重的角色。劳动者若是缺乏这几种形式的资本，对完整、自信地展演这些文化套路又觉得勉强，就会遭遇到地位的不稳固，甚至不得其门而入。至于能让这些工作一般版本的劳动者移入其中，进而让他从精英版本的地位与人际网络中获益的正式机会结构，其实也不存在。劳动者虽然让人看到有意义、地位高、以知识为基础的体力劳动是一条可行的职业生涯道路，但就现况组成而言，这些工作仍然是上层的职业栖位。或许，这些工作有朝一日会采纳一套系统性的制度，让来自五湖四海的其他劳动者也能通过以技艺——知识为基础的工作，发挥其创意潜能。

2010年的夏天，在我的烈酒精酿实习期即将结束之际，苏格兰蒸馏厂暨烈酒公司格兰父子（William Grant&Sons）收购了图丘镇烈酒厂的哈德逊威士忌产品线（包括贝比波本、曼哈顿裸麦威士忌、单一麦芽威士忌、纽约玉米威士忌[（New York Corn Whiskey）与四麦波本]）。1887年，格兰父子在苏格兰斯佩赛（Speyside）地区起家，靠着制作全世界最有名的单一麦芽苏格兰威士忌之一的格兰菲迪（Glenfiddich）声名大噪。多年来，独立经营且至今仍为家族企业的格兰父子陆续将其他烈酒品牌收入旗下。据图丘镇共同所有人拉尔夫所说，这家公司对他们酒厂的精酿、手作特质有高度评价："他们关注了我们两年后才打来电话，告诉我们，'我们喜欢你们在做的事，很欣赏你们不断创新，做不一样的东西。我们想成为其中的一分子'。查理·戈登（Charlie Gordon）是那间家族公司的大股东，他飞来美国跟我们坐在蒸馏厂里吃午餐，大家全坐在酒桶上。他说，'创新绝不会来自内部，一定是来自你们这样的人'。他们的公司就是威廉·格兰特（William Grant）和几个儿子从无到有、逐步建造自己的蒸馏厂起家的。我们就是这样。"

格兰父子只收购品牌，而非蒸馏厂。图丘镇仍维持独立经营，这等于是签约制作公司自创的哈德逊威士忌。图丘镇成为承包商，格兰父子则处理营销与配送。拥有主流产品的大公司直接收购小公司或是其品牌，是烈酒精酿产业如今前进的大方向。自从收购后，"哈德逊"这个品牌这几年在大公司的奥援下逐步成长，图丘镇必须逐渐提升产能，这也让"真实性"的问题浮上台面。

“这问题一直都在，”拉尔夫的儿子盖伯说。“我们要如何扩大规模？要怎么做才能增加产能又不必在真实性上妥协？以后不再以手工蜡封，或是不继续为酒瓶编号码，我们讨论的大概都是这类小事。到什么程度就不算是手工装瓶？瓶身标签要是不再手写，算吗？如果我们继续手写标签，那是不是不再以手工蜡封？标准在哪儿？要是标签不是手贴，而是用机器滚上去呢？事情总要有个平衡，总是要面面俱到。”

比起我在那儿工作时，图丘镇现在已经有许多地方我认不出来了。以前包括业主在内只有10名员工，现在有60位（只有五位精酿师与四位装桶工；大多数人都坐办公室，如人力资源与平面设计）。过去只有两栋建筑物，现在有11栋。充作陈酒房的谷仓如今成了商店、品酒间、游客中心与储藏空间。三座类似仓库的大型新建筑坐落在产业其他地方，作为陈酒房。他们逐步淘汰现有最小的10加仑酒桶（一开始图丘镇甚至用过三加仑酒桶），如今使用的多半是25加仑与60加仑的酒桶，才能跟上产能需求。

煮醪与发酵依旧在当时的另一座谷仓进行，但流程配合产量已有改变。现在他们的新煮醪槽可装下900加仑的水，另外还有一座能储存24吨谷物的圆筒仓（过去没有），以供制作贝比波本与曼哈顿裸麦威士忌。至于其余产品他们仍是以人力开袋，将谷物倒进磨粉机。那两只200加仑的塑料发酵槽不见了，原本的位置变成八个3000加仑的巨大不锈钢发酵槽，由冷却系统控制酒醪的发酵温度。毕竟使用没有控温的塑料发酵槽，生产过程会因为夏热冬冷而摆荡，酵母若非死于高温，不然就是休眠。不锈钢槽不仅相当大，还能让他们在每批次得到更多酒。

蒸馏不再在发酵室楼上进行，用的也不是我记忆中原本的200加仑与150加仑罐式蒸馏器。取而代之的是四具大型罐式蒸馏器：一个330加仑，一个650加仑，一个850加仑，还有一个“科学怪馏”（Franken-still）：他们把旧的150加仑蒸馏器的蒸馏塔，与啤酒酿造槽焊在一起，槽内再焊上铜，变成了一个580加仑的蒸馏器。因为不用担心哈德逊威士忌要推陈出新，加上有稳定的现金流，图丘镇得以构思自己的新产品。公司目前正在制作一种金酒、两种利口酒（可可与黑醋栗），还改良了原本的伏特加。他们用旧的小型蒸馏器制作这几种低产能的产品，把比较大的几具蒸馏器留给哈德逊威士忌；后者占了总产出的96%。图丘镇烈酒厂如今一年能生产十万标准酒精度加仑，比三年前多了两倍。

调和与装瓶工作如今已有一栋单独的建筑，大部分工序已经自动化，形成一条生产线。但职员还是会拿酒瓶蘸蜡——烤盘上罐子里的蜡，再以手写为酒瓶编号。它们一天能产出2500瓶酒。公司还在产业上建立了两种新的收入来源：为整个厂区供电、还能卖电的太阳能板，与一间全服务餐厅。简言之，图丘镇仍然量入为出，也会重新利用某些材料，但来自格兰父子的资源与他们本身的成功，已经让这家酒厂的效率大量升级。不过，许多核心步骤仍由“人工”完成，如倒谷磨粉、以个人试喝结果为切取与调和的基准，装瓶工作有些部分也是。

等到格兰父子收购哈德逊产线后稳住生产过程，而禁酒蒸馏厂的老板也开始在自家工厂制作私酒贩伏特加（Bootlegger

Vodka）后，乔就可以专心从事研发了。他为图丘镇的金酒、黑醋栗与可可利口酒，以及其他还没上市的产品创造配方。但他感觉另一位合伙人布莱恩似乎在排挤他，不让他参与关键的生产决策。2012年年末，酒厂发生意外爆炸，造成严重损失（幸好无人员伤亡），在此之后，乔更觉得自己在讨论未来设置新的安全机制时被他们排除在外。吵了几回后，他决定在2015年年初离开，成立第五元素炼金术（Quinta Essentia Alchemy）烈酒精酿顾问团队，为有志于小规模蒸馏或改造公司的人提供全方位服务。乔认为这是自己延续使命，通过活络有心成立酒厂的人与农民之间的关系，进而创造永续当地经济的方法。

“你一开始有来自创投资金或投资人的两百万元投资，你找个专案经理，找来想成为专家的业余蒸馏师，你组成团队，再找个地点——这就是开蒸馏酒厂的传统方式。资金密集，起头时也缺乏专业。我想做点小规模、但更全面的事。比方说，找个想方设法让收益流多样化的农场。

“我在图丘镇最后做的几件事，是用12平方英尺面积的平房打造一座迷你蒸馏厂。总成本大概在3000块钱，我们在这间平房里制作出了了不起、能卖钱的产品。其实，前两周零售收入就足以支付我们的薪水了。这件事让我有了体悟。盖这个12平方英尺的厂，用非常个人、亲力亲为的方式工作。我无意打造下一个哈德逊威士忌。我想做的是让大家开个二三十英里的车，到酒厂商店买唯独此地才有的好酒。

“我的目标是推广蒸馏厂‘可以是、应该是什么样貌’的概念，去对抗‘必须资金密集’‘必须有竞争力，甚至在纽约的市场也不落下风’的概念。我根本不在乎要在纽约市有竞争力。这才是哈德逊一开始能成功的关键。这酒是否会出现在各餐厅和酒吧根本不重要，重要的是我们是不是出现在对的地方。假如我们的酒出现在客人会上门花70块钱喝餐前鸡尾酒，接着会问这酒是在哪里买的地方，那才重要。我们知道有市场，而且现在的市场也更成熟。在图丘镇打造迷你蒸馏厂让我有所体悟，这不是负担，也不具备一般认为该有的规模。你不必在同样的市场里竞争，这种迷你酒厂反而更可行。”

虽然上门询问的人多属对于当地、永续事业的烈酒精酿有兴趣的年轻人，但掏得出钱的还是更传统的客群：有资金奥援的创业者（包括已经在金融业有所成就、想改作新创的人，就像禁酒蒸馏厂的业主），以及试图打造精酿品牌、让手中投资组合多元化的既有成功品牌业主。乔有其专业与经验，非常适合处理整家烈酒精酿公司，从制程、安全、制度与配送都不在话下。

图丘镇的案例显示了烈酒产业当中的结盟现象，而其他三种职业也有类似情形。各产业的主流行动者已注意到这些劳动者的创新劳动实践，对此也有若干回应。大公司开始利用“精酿”标签和职人形象，打造自家规模较小的品牌，如全球最大烈酒制造商帝亚吉欧（Diageo）与旗下的巴特豪斯威士忌（Barterhouse Whiskey），以及杰克丹尼的单桶（Single Barrel）。除了找烈酒精酿厂当承包商之外，有些新品牌持有人也会从工业化的蒸馏厂购买自己的产品。印地安纳州劳伦斯堡（Lawrenceburg）的中西部谷物制品（Midwest Grain

Products, MGP）就是个有名的例子。这家工厂为大约50个小品牌制作威士忌，当中有些品牌还试图营造品牌起源故事，掩盖自己根本没有蒸馏任何东西的实情。至于前面提到的鸡尾酒酒保工作对烈酒和夜生活产业也有影响，像酒吧、餐厅与旅馆都会聘请酒保打造鸡尾酒相关规划。

高档男士理发师与全只屠夫都对各自业界正在发生的重大变革有所贡献。理发师在高档店面的工作内容，是男性理容产品销售增长的原因之一，毕竟，他们的工作有助于传播这些产品与使用方式的相关知识。全只屠宰紧随着吃货运动出现，共享若干大原则，如要厘清食物来源，以及用“职人”手法生产之。随着这些商家的肉品哲学广为散播，高档餐厅也开始使用全只屠体，大型零售商更卖起“有机”产品，如全食超市已开始采用较一般超市更多元的供应来源，打造其肉品专柜。

当然，这几个产业中的问题已变成“当结盟发生时，在这过程中有哪些、有多少文化套路消失了”？盖伯先前说过，商业中的“真实性”是一种权衡。鸡尾酒一旦成批调制，是否就失去了其作为精调饮品的地位？威士忌要是以自动化进行切取，是否就称不上精酿制品？当理发师非得更快作业，理发品质是否会降低？将屠体吊在轨道上分解，是否让屠夫变得没那么职人？这些都是相关社群与整个社会热议的问题，而且没有定论。

总之，身处在消费者会关注自己购买物来源的文化中，这些劳动者的杂食性文化生产变得大发利市。无论是自己的饮料如何制成，当中加了什么；如何从发型造就某种特定风格，有哪些特定产品可用于自己的头发上，而且好看；自己购买的肉来自何处，最后出现在盘中会是什么模样；以及在上述情况中，是谁为他们付的钱进行制作或付出劳力……消费者都想知道。一旦这些产品切切实实以职人的手艺作为基础，或者至少看起来是这样，消费者就愿意为此花大钱。

拥有弗里曼帝国的集团在2013年一分为二。其中一边由理发店总店业主山姆领军，取得两家理发店的控制权，将我先前进行田野调查的那家店迁往了邻近的苏活区，还在布鲁克林的威廉斯堡开了第三家店，并将所有理发店全改名为“伙伴理发师”（Fellow Barber）。集团另一边则取得餐厅与服饰店（合并到同一地点），并保有“弗里曼”名号，并且随后在东京开了新店面。一开始，弗里曼的理发师都准备为山姆工作，直接到苏活区的新店面工作。不过，其中有三人——鲁本、迈尔斯与乔伊——加入了另一个所有权人的集团，成为新理发店的合作伙伴。原本的店在李文顿街服饰店后方，新店则在服饰店隔壁（也就是大家以前买咖啡的地方，原本的餐厅关门了）。“我们不能去苏活区，”迈尔斯说，“那里不适合我们。”当时的情况有利于他们三人成为业主。他们是经验丰富的理发师，常聊到有朝一日能管店之后要做什么。三人彼此熟悉，工作也很融洽，加上弗里曼的所有权人团体也持有隔壁的空间。时机正好，于是他们将理发店旧址改成服饰店的改衣与试衣区。

新店与旧店有些许不同。新店空间大，过去有五张理发椅，现在有七张，这代表理发师彼此站得较过去远些；此外，他们也雇来更多理发师，其中两人更是从学徒做起。店里过去只剪现场客，如今也开始接受预约。主要差别在于客人现在倾向与特定理发师预约，成为常客。结果，理发师可能整天剪的都是自己认识的客人，连个新客人都没看到过。

我认识的理发师全都留在了弗里曼，有些人甚至离开伙伴理发师，从西村店来到这里工作。旧店的首席理发师，也是第一位获聘、协助建构整间店哲学的范却是例外。在我的田野工作进行一半后，范为了一纸经营协议，以及如何才是经营这家店的最佳方式，与所有权人团体吵了一架，结果被炒了鱿鱼。对此早有预感的他，在遭到解雇前一个月便和罗素·曼利（Russell Manley）搭上线——曼利是理发兼造型师，也是"英佬枪"（Tommy Guns）的老板。他的店在律路街（Ludlow Street），与弗里曼隔几个街区。

"我认识他，他也认识我。他刚开英佬枪的时候常来弗里曼理发，人很好。我被开除后去他店里工作了两天，看看自己喜不喜欢，也看他喜不喜欢我。显然很合，超合。可以重新专心做造型工作也很棒。因为先前我对剪老派发型、把这种风格引进纽约虽然很有热情——你看看那重量线，我算是凭一己之力把这风格重新带进来的。以前我没看到有谁这么做，所以我就想，'我非做不可，我想看到这种发型'。这超好看的，于是我开始动手，现在你看，大家都留这种发型。能在一家让你开始思考'好，我想做点不同的，我想试试不同的发型，不同的风格'的店工作，然后到城里各地走走逛逛看路人，开始看到那流行起来，看到你做的小事能影响到这个地步，感觉真的很好。难以置信。"

心中虽然有点苦涩，但从某个角度来看，被炒鱿鱼对范来说也是福分。他一度觉得自己在弗里曼时风格一成不变，如今来到新环境，身处新的实践共同体，反倒让他有了灵感。范在被解雇前几周开始把自己的e-mail给常客，请他们下回要理发时先联络他，看看他届时人在哪里工作。许多客人跟着范转移到了英佬枪。范在这里做了几年，有了第二个孩子后搬到波士顿地区（他太太是当地人，岳父母也还住在那儿），开始在当地的高档理发店工作。2016年的夏天，他终于在波士顿开了属于自己的高档男士理发店。

劳动者通过这些文化套路，带来将烂工作化为好工作的潜能，而且工作之“好”不只是他们内心的体会而已。[4]我们如今正目睹专业体力劳动在一个以知识——高科技工作、技术性与非技术性服务业工作组成的时代中复归。但我已指出，这种复归是以非常有限，而且局限的形式出现的，而且只有极小部分的劳动力得以从事。

受过良好教育的年轻劳动者正运用类似的文化套路，重新发明其他的体力工作。光是饮食界就有不少这样的人，像是有些主厨便成就非常高的名望。厨师原本是地位相当低的肮脏活儿，只有精英阶级者例外（如法式餐厅主厨），但如今厨师确实可成为跨媒体的名人，以其手艺受人尊敬，有时甚至因为制作高品质街头小吃而声名大噪，如黄颐铭（Eddie Huang）的例子*。其他人也规划出通往饮食界的新途径，像是从拥有一辆小

* 黄颐铭，华裔，1982年生人，在纽约卡多索法学院毕业后曾做律师，后来在曼哈顿开台式餐厅BaoHaus，主打台湾地区小吃“刈包”，独特的口味让这家餐厅快速取得了成功。现在的身份是厨师、作家、企业家。其回忆录《初来乍到》被拍成同名美剧。

吃推车，或专做一道菜或食材，开始打造事业。

我们在其他产业也能看到这种工作转型的例子。与烈酒精酿最相似的是啤酒精酿。不过，以精工与职人意识为基础的轻制造业早已遍及美国各地。例如，网站“Etsy”已是各种小型艺术与手工艺生产者的聚集地，他们通过网站将个人手工精制与二手器物（衣服、家具、陶器）直接卖给消费者，一些理念相同的当地跳蚤市场与手作市集也已在全国遍地开花。我们还看到其他服务业与零售业工作的精英版本，像是对咖啡充满热情、相关知识丰富的咖啡师。

但是，转变的为何是这些产业中的这些特定工作，而不是其他工作？为何没有“酷”水电工或清洁工？或许是因为他们通常是在私人、范围有限的环境中劳动。这些新型精英体力劳动工作有个关键：他们公开展演，在有鉴别能力的受众前展演。公开展演与工作实践时的透明度，是他们工作的哲学基础中重要的一部分。更何况，对他们而言，若想通过劳动成就地位，就必须让技术性展演获得认可。如此机会不是各种职业都有的。这些由理念主导的展演，发生在进行都市后工业文化生产活动的场所中，而时兴的杂食性品味也正是在同样的场所创造、销售。劳动的技术性特质与劳动环境是分不开的。

奥尔多在2013年的夏天被迪克逊肉铺解雇后，去了好物多新设立的肉品柜位——造化弄人，这柜位正好是迪克逊肉铺之前柜点的所在。业主聘奥尔多来经营。但大约四个月后，奥尔多渐渐对业主灰心，再也不想为他工作。由于奥尔多有迪克逊肉铺的工作经验，要在城里其他地方找份工作不成问题。

他前往曼哈顿一家叫“食人族”（Cannibal）、主打大口吃肉的美食吧工作，做了两个月，而后改往艾赛克斯街（Essex Street Market）的全只肉店传承肉铺做事。[5]因为想要更多工时与权责，他在几个月后跳槽到在纽约市与整个都会区有多家分店的高档超市“齐塔雷拉”（Citarella）工作。奥尔多很喜欢这家公司，但公司希望他去位于长岛遥远东端的汉普顿（Hamptons）厂房做事——他们都是在这里分解屠体，送往各分店。奥尔多不想通勤那么远。等到齐塔蕾雅在城内开设第二间厂房的计划告吹后，奥尔多对于只在零售店工作感到无趣，一个月后又准备要辞职。

不过，此时他发现迪克逊肉铺又在招人。[6]自从被炒后，奥尔多渐渐意识到自己在迪克逊肉铺时有些地方确实没做好。“因为我从来不听杰克的，”当我问他认为自己为何被开除时，他这么说：“我一开始就没这么做，我做事的风格更像JM，不爱跟顾客讲话。”高档全只肉店是充满活力的环境，是个实践共同体，也是同事彼此互相学习、顾客向员工学习的场所。奥尔多没有落实这家店的文化套路。“不妨这么说，杰克要我更像团队中的一员，更像个领导者。我现在懂了。我现在会多说话，会说‘你应该怎么做，不该怎么做’，就像我刚说的团队成员。杰克说会重新雇用我时，还告诉我，‘我以前从没这么做过。你会在迪克逊肉铺缔造历史，因为我从没重新雇用过任何我要他离开的人’。我想，‘行，咱们就来缔造历史。’”

实习期结束后两年，我跟杰克谈到奥尔多遭到解雇又重获雇用的事。

“之前我们切肉间里有种不可继续发展下去的动向：感觉好像他们谁都不怕，一直嬉笑打闹，这很不恰当。我必须打断詹卡洛、奥尔多与JM这铁三角构成的循环。当时，我觉得我不能开除JM，我需要他。奥尔多跟詹卡洛那时造成一大堆问题。其实那阵子我正在二选一，看是要炒谁。奥尔多比较倒霉，个性不成熟，那时对顾客也不太友善，吊儿郎当，老是想推掉工作、不跟顾客说话。JM可以推说自己英语不好，但奥尔多英语讲得多好。所以被裁的是他。奥尔多是个好人，我喜欢他，但当时我觉得若要顾及组织，他是三个人当中最该被开除的，算他倒霉。

“等到我们又要找人，奥尔多来应征了，我们坐下来谈了谈，他告诉我的内容都很到位。他说，‘我了解自己以前哪里做错了。我知道协助顾客和成为团队一员的重要性’。感觉他就像在说，‘我懂了。我得到教训了’。他去别的地方工作过，但他并不开心。他意识到自己在这里有过一段美好时光。我们善待自家员工，也努力工作，你得为了好的肉品付出。这里工作虽然愉快，但不能没规矩。我得说奥尔多很了不起，天天来上班，手脚很利落，乐于四处帮忙；他速度快，工作表现也好。我很高兴能有这样的员工。目前来说，他是我们店里薪水最高的计时员工，这很值得。我敢说他今年内会要求加薪，我也愿意给他加。我希望他能尽量待久一点，因为他不像JM只是手脚快，奥尔多的问题少了很多，而且只要你开口，他也很愿意帮客人。也许这不是他最喜欢做的事，但大家忙的时候，他也会到前台来接待顾客。他了解这事有多重要。JM的话，最后实在满难看的。”

杰克话中有话。迪克逊肉铺之所以又要聘屠夫，有部分原因是他们在我实习结束几个月后开除了JM。我请杰克谈了谈他的决定。

“JM太脱序了。他老是因为酗酒搞得状态起起伏伏。他会把自己打理好，大概四个月吧，会去健身，接着却又开始酗酒。他会迟到，而且严重宿醉。这很可惜，因为JM是个了不起的老师，也是个好人。我们如果聊天，喝几杯啤酒，他会告诉我所有他想做的事，但他欠缺真正能把事情完成的纪律，去当他想当的领袖。其他人都以他为榜样。他是大家的领袖。

“但实情是切肉间确实需要有个领袖，而他们其实没有。JM嘴上说想扛起这个责任，但他却一直迟到，这就站不住脚了。我们试着做出惩处，好好整顿组织，变得更专业。JM认为自己绝对不会被炒鱿鱼，但偏偏不然。有一回所有成员第一次要一起开会，我在前一天传简讯告诉他，大概是‘JM，这次开会别迟到。不要迟到，否则后果会很严重’。隔天他晚了45分钟才到，这根本就是逼我动手开除他。”

杰克提及的这些事情许多我都有印象。在我田野调查期间，JM的确喜欢开小差，时不时会迟到，而且带着宿醉来上班。他有时也会谈到自己对展示柜或肉块的想法，常常是下班后我们在酒吧时说的。但他未必会将想法告诉杰克、经理或大厨。他从来不帮客人，不跟客人讲话，当然，这有部分跟他说起英语并不自在有关。JM虽然是很有天分的老师，但其他屠夫通常得问他问题，或是请他在他们做事时从旁观察，才能展开一段教学。

开除JM之后，杰克请来了以前在洛杉矶的全只肉店琳迪与格伦狄工作的乔丝琳担任屠夫头儿。等到她离职（奥尔多这时已经回到店里工作），杰克在2015年升詹卡洛为屠夫头儿，而詹卡洛也在这个职位一路做到今天。我开始实习时，詹卡洛相对来说是个屠宰业新手。他知识丰富，手艺也很好，但还达不到JM与奥尔多的程度。这两位墨西哥裔屠夫起先没让他有好日子过，通常是用嘲笑的方式欺负他（墨西哥移民的权力居然高过受过大学教育的白人，这种情况在纽约饮食界来说相当罕见）。詹卡洛觉得自己必须忍受他们的嘲弄（但他回击也不会手软），努力工作、求进步以证明自我，而他也做到了。詹卡洛的成功路径——上大学，管理医学中心，成为纽约市的新手屠夫，最后成为高档全只肉店的屠夫头儿——可说是本书中许多人与相关产业里有心的年轻从业者的梦想。有许多像他这样的人仍在坚持着。

研究方法附录

这篇附录提供的是我为本书所做研究的细节，并讨论我在田野调查现场与参与者相处时碰到的若干议题。我的目标在于将我研究、叙述与论点的根据，原原本本地呈现给读者，让读者自行判断这三者，尽最大可能重现这份计划的做法。所有社会科学家都会面临同样的问题：做质性研究的人得挑起重担，为资料的准确性与一致性提供证据。本文讨论我如何取得上述资料，就是要满足提供证据的义务。

时间轴、选择、资料收集

我投入这项计划是始于2007年2月20日星期二，也就是我首次走进“死吧”那天。我之所以到死吧，是为了博士学位论文研究。我在前一周参加了曼哈顿闹区下东区的市政区委会议，会上有一群居民抗议这间酒吧取得贩酒执照。[1]当晚同一份议程中正好出现两个目标，我的新计划也从中浮现：其一是死吧，其二是威风豹猫（Mighty Ocelot）。威风豹猫是尚未营业的咖啡店，业主是萨莎·佩特拉斯克，他也是纽约市第一间新式精调鸡尾酒吧奶与蜜的老板。[2]这两个地方在会上都引来居民不小的抗议。虽然他们大力抵制已开张的酒吧，但我在会后几天、几周里都有去店里看看情况，顺便和业主聊聊。威风豹猫那时还没开张，但与会人士多次提及奶与蜜，表示这间酒吧是附近最安静的一间，甚至在全纽约也是首屈一指。我想去这两间酒吧看看，于是在会议隔周二的晚上去了死吧，隔夜又去了奶与蜜。[3]

这两间店和我先前所有的酒吧体验截然不同。大门隐密，立面低调，独特的视觉、听觉与嗅觉印象，服务无微不至，以及我此前从未听过的调酒，至于口味就更不用说了。我无法自拔。尽管学位论文仍待完成，我还是不停回头造访这些酒吧，做笔记，和人聊天。我跟死吧业主戴夫与萨莎谈到邻居与区委会上的抗争，也谈到精调鸡尾酒世界。我得知纽约市、全国与世界各大城市的鸡尾酒吧、酒保与爱好者社群正逐步增长。我开始与这些人访谈，参加城里各地的活动，如鸡尾酒发表会与品酒会，还买他们的参考书来读。我知道自己无法将这个社群写入第一本书，于是，我有了同时进行另一项计划的念头。

我在2008年首度参加鸡尾酒圣会，随后两年也都继续参加了。我在活动上遇到来自世界各地、以或此或彼的方式涉足精调鸡尾酒界的人士。回到纽约后，我参加了培育性质的活动，像是BAR酒精饮料资源课程，以及由品牌赞助的调酒比赛。无论我去到何处，无论是出差参加学术会议，还是出游，我都会寻找城中的精调鸡尾酒吧，与业主和酒保会面，安排访谈。我了解到一种文化运动如何出现、成形，了解那些能凝聚或分裂运动的议题，以及故事化的过去对今日诸多振兴文化之举多么重要。但除此之外，我一直没有达到为我所观察、认识的事物发展出稳固框架或主张的程度，多半还停留在收集资料的阶段。

2009年，我开始受到烈酒产业吸引，尤其是制作新烈酒的精酿烈酒厂。我在酒吧与鸡尾酒、烈酒相关活动上和这些酒厂的人碰面，以了解他们的产品及他们与鸡尾酒界的关系。但我想亲眼看看实际的蒸馏厂与制程。某天傍晚，我在品酒活动上遇见一位名叫尼克的大学生，当时他在图丘镇烈酒的摊位工作。尼克的叔叔拉尔夫是这家公司的共同创办人，尼克在公司打工赚点钱。我是从鸡尾酒吧得知图丘镇及其产品，也就是哈德逊威士忌产品线的。酒保们对图丘镇投入的事表示钦佩：手作、采用当地永续农产在农场里蒸馏。我告诉尼克我的计划（应该说，尽可能把当时我已有的想法告诉他），跟他说我想看看烈酒精酿是如何进行的。他点点头，说我确实有个机会，毕竟他们蒸馏厂以前也找过临时工或打工族。尼克让我联络图丘镇的首席精酿师乔。在电话中谈了一阵子后，乔愿意让我试试我想做的事，随后排出时间表。我一个月会有四次（通常是周四和周五）穿上棕色"酿酒人"T恤、工作裤和靴子，花两个小时搭上Trailways的巴士前往蒸馏场附近的小镇纽伯兹。乔与尼克会来接我。我开始实习烈酒精酿。怎知当我在图丘镇的实习期就快结束时，纽约市也开了好几家烈酒精酿厂，离我家更近，这让我多少有点懊恼。这几家酒厂是2007年《农场蒸馏厂法案》通过后开始发展起来的，该法案降低了开设小型蒸馏厂的资金门槛。我在其中的国王郡蒸馏厂与纽约蒸馏酒公司进行更多田野工作。当时我若是多等一两年，就不必来回通勤四个小时了。

在这段实习期间，我开始慢慢转移计划目标。我对调酒、制作饮料、跟顾客与访客互动的这些劳动者越来越感兴趣。他们的工作内容，以及与大众对大学毕业生理当追求的职业生涯之认知的差距之大，最是让我着迷。因为我希望研究在精调鸡尾酒与精酿烈酒世界之外的共同现象，于是我采用“理论抽样”（theoretical sampling），找寻其他案例进行调查。[4]不久前，我在生活中渐渐注意到新开的男士理发店，它们为有意学习使用直式剃刀刮胡子的男性开课。过去父亲都会教导儿子如何使用直式剃刀，但抛弃式刮胡刀与可替换刀片的出现彻底终结了这个习俗。现在，男人为了效果或出于好奇，也开始对使用直式剃刀有了兴趣，而且常会向专业人士学习。当时我已经使用安全剃刀——这是介于直式剃刀与抛弃式刮胡刀之间的历史桥梁——刮了一段时间的胡子，所以才会注意到这类课程。在这些学习失落习俗的课程与先前参加、研究的调酒课程之间，以及在鸡尾酒吧和新式理发店之间，我看到了关联，也就是通过传统服务业，重振传统习惯。（我也需要找个新的理发师。）2011年的春天和初夏，我去了弗里曼运动俱乐部两次，先去了西村何瑞修街，而后是下东区李文顿街；我去理发，顺便和为我理发的理发师聊他的工作。去过第二次后，我知道这些理发店与店内理发师会是我的新个案。于是，我和李文顿街店的首席理发师范、业主山姆，以及公司公关部门的代表商谈；大家皆同意我的计划。于是，2011年，我在弗里曼开始参与观察研究。我每周大约会去店里三次，每次待上数小时，为时一年。

我在弗里曼进行田野调查时，意识到自己希望理发师不是唯一的非酒精相关案例。为了找出另一种职业，我思考这几种工作所处的整个大产业：夜生活、酒类制造与理容，这些都与时尚产业紧密关联。这每一种产业都在当今城市中蓬勃发展、经历转变。于是，我自问有哪些其他产业也正经历类似的变化？没多久，我就想到食品业——零售与制造两端皆然。我当然可以轻轻松松去研究厨师，毕竟厨师也是今日随吃货文化兴起、经历了部分转变的另一种传统低社会地位体力劳动。但其他食品零售商店更让我感兴趣，尤其是新版本的传统社群性机构。我通过生活风格媒体发现新型肉店，于是造访其中一间（布鲁克林的德佬屠夫[Fleischer's]），购买我要吃的肉。

概括观察屠宰业的情况后，我联络迪了克逊农家肉铺的老板杰克。我们敲定在2012年7月进行访谈，我也把自己的计划告诉他。刚好，迪克逊肉铺跟图丘镇一样也有实习计划。我将一周到迪克逊肉铺工作一次到两次，主要待在切肉间，每次约八小时，持续一年。我常穿着当时穿去图丘镇的那几件卡其工作裤和靴子，搭配公发的衬衫、围裙，以及黑白两色的迪克逊肉铺卡车司机帽。

2013年8月28日，也就是我在迪克逊肉铺实习期的最后一天，我正式离开田野；此时距离我第一次走进死吧展开计划，已过了六年半。随后几年，我四处参加活动，如纽约蒸馏酒公司的“冰糖裸麦”（Rock &Rye）的新品发表派对，以及迪克逊肉铺为纽约市全只屠夫举办的社交活动。此外，我也尽可能和这些人保持联络，时不时回去店里看看。我会顺道光顾酒吧，买肉，固定回去剪发。我以消费者的身份前去，但在和我认识的人叙旧、了解近况时，难免又会知道一些新东西。更有甚者，等到我离开田野，做学术发表、撰写与出版本书期间，我仍会与他们进行许多后续谈话，也访谈过一些新认识的人。

从这段计划演进的概述来看，我在这四种职业中研究最多的，似乎是鸡尾酒世界。确实如此。我在研究鸡尾酒界上费时最久，参加了许多相关活动，因为我原本认为这项计划只会与鸡尾酒世界及其相关产业有关。所以我会参加特殊玻璃器具与精酿烈酒相关主题的活动，因为鸡尾酒酒保非常重视这些。直到我到图丘镇烈酒厂实习之前，我都不确定这项计划的新走向。我在其他三种职业，尤其是理发师与屠夫的主要田野调查地点之外，就没有参加过这么多的活动，原因有二。其一是我希望将焦点放在劳动者与工作场所，而非相关产业，如男性理容产品公司或餐厅。其二更是重要，相较于鸡尾酒与烈酒，有关理发师与屠夫的活动可说少之又少。在这方面，他们的职业社群与鸡尾酒保、烈酒精酿师大不相同。当我为了本书而分析自己针对鸡尾酒吧与酒保所做的笔记时，我力求聚焦在我实际待在酒吧时，但其他地点也贯穿了我的分析。

这次计划的各个进行阶段中，我都会在一回家或隔天早上就将田野调查时手写的简短笔记输入电脑。至于蒸馏厂的个案，我会在搭客运返家的车上将笔记建档。一旦对各个环境感到自在、熟悉其中的惯例与节奏、开始了解哪些活动最是相关后，我也不时会使用数位录音机，以精准掌握长时间的讨论与互动。本书文中引号内的陈述大多就誊写自这些录音档与访谈录音，但仍有部分来自笔记。我之所以保留这些笔记作为引言，是因为我认为这些笔记能精确掌握大多数陈述，虽做不到一字不漏，但以我对谈话中人逐渐地认识与了解而言，这些笔记已尽可能记录下他们谈话内容的意义与意图。我了解当研究者与所研究者之间如此不同时，想在研究时达到如此的认识是有可能更为困难的。[5]

有时，我会为了可读性而编辑引述内容，如拿掉赘字，有时则会将一场访谈中对不同问题的回答结合起来。尽管我认为来自田野的许多引述与事件都能表现我的实地经验，但为了纳进书中，我常会挑自己觉得“最”有代表性的言谈与事件——亦即明了易懂，而且表达方式鲜活与/或让人印象深刻的故事。相较于我研究的参与者总数，我挑出的陈述与事件关系到的人也比较少。这些人未必是我最熟悉或观察最多的对象。我收集的整体资料虽然贯穿全书的分析，但为了可读性，我希望在书中缩限出现的人物数量。因此，我在写作时会常提到能呈现最多要点、最能直截了当表现出模式的那些人。但若要提供来自其他人的陈述，或是涉及其他人的事件以佐证我所做的各项主张，也不是难事。

田野调查时的角色与人际关系

正因为研究者的身体就是人类学田野调查时搜集资料的仪器，而每个人的身体都装着各式各样由社会建构的意义与认同（如种族、性别、年龄），在他们与他人互动时居间影响，所以

“研究者反思其社会位置（Social Position）如何影响自己搜集资料的过程”才会如此重要。至于“社会位置”一词，我指的是研究者在空间上如何与其参与者面对面、研究者置身于参与者之间的当下在做什么，以及更要紧的——以双方的社会出身与认同来看，他们的身份对于彼此形成的关系有何影响。一言以蔽之，我们必须了解人在田野中、身处参与者之间的研究者扮演着什么角色，了解他们跟参与者之间是何种关系，了解两者如何影响研究者搜集与分析的资料，研究者的社会位置对于沟通与理解带来哪些问题，以及研究者如何在可能的情况下试图克服这些问题。

在研究这四种工作的田野调查中，我扮演了不同的角色。这些角色影响了我的所为与所见，以及我如何认知这些所为所见，这当然会冲击我的分析。大致上，工作场所的社会秩序，以及从事该工作的劳动角色种类之多，决定了我扮演的角色。角色会限制我搜集资料的方式，而我在每一个田野调查地点都试图弥补。

为了研究鸡尾酒酒保，我直接成为酒吧常客，经常出现在与鸡尾酒相关的环境中。我在前一个研究计划中扮演过这种角色。酒吧是从事田野调查的绝佳地点，非常具有社交性，容易以顾客身份融入其中。鸡尾酒吧更是谈天、听人谈天的好地方，因为鸡尾酒吧比其他类型的酒吧安静许多。我常去酒吧，通常一周两晚，每次造访几个小时，而且经常一个晚上连去两家。除了死吧及奶与蜜之外，我也去小树枝（业主也是萨莎）和PDT。我一向会坐吧台，会在吧台底下和厕所拿小本子记笔记。

这些酒吧的"无站位"政策让人不太有机会能与很多客人说上话，除非正好坐在我旁边。但这也让我能专心于酒保、酒保的工作习惯和他们的互动上。我酒喝得很慢，不过，虽然占了个位子，酒保们还是大方地允许我喝得跟鸡孵蛋一样久。我问了许多问题，像是他们在做什么、正在调制或研究什么饮料、关于其他鸡尾酒吧与酒保、产业的其他面向，以及他们与顾客的互动。有时，他们会邀我在营业前到酒吧后台看看，观察相关的准备。[6]简言之，我的目标是成为常客，成为这些酒吧与整个鸡尾酒世界的固定班底。

我对鸡尾酒酒保的职业生活了解更多，但自己没有成为酒保。我曾考虑尝试看看，考虑过当吧台助手，获得从吧台另一侧看去的观点，但我没有认真去找机会。（由于我完全没有任何酒保或服务业经验，没有哪家鸡尾酒吧会聘请我当酒保，无论如何，都只会雇我当吧台助手。）当时我在写博士学位论文，白天教书，同时还在努力取得全薪的正职助理教授职。在鸡尾酒吧谋职会让我在夜里比手上的田野调查工作耗得更晚、更辛苦。但不这么做，就意味着我学不到按照调酒术原则调精酿鸡尾酒的实践性知识，也会无法像这些酒保一样与客人互动。

我试着用几种方式弥补这个局限。首先，我买了调酒工具与大量酒类，深入研究新旧鸡尾酒书籍、网站，从中挖掘酒谱与灵感。我在风味调和与材料上做实验，按照耳闻中鸡尾酒酒保所运用的文化脚本（亦即问朋友喜欢的材料）调酒给朋友喝。基本上，我在家打造出酒吧，像酒保一样行事。过程中我得到一些关于鸡尾酒调制与顾客互动的看法，但显然这和真正照管酒吧仍然相去甚远。我甚至注册成为亚斯托中心（Astor Center）的志工——该中心提供多种与饮食相关的主题课程：红酒、烈酒、乳酪品尝、微型规模酿酒，以及如何调鸡尾酒。一般大众多半是出于好玩才付费来学这些基础主题（我常看到有人把上课当约会）。志工要帮忙准备工作台（像是处理吧台器具与鸡尾酒课所需的果皮装饰），确保课程进行时所有东西样样具备，协助讲师（通常是鸡尾酒保），最后则负责清理。当志工多少让我见识到了吧台助手的工作内容，同时我也学到酒保怎么讲话，如何讲解自己的工作让大众了解。最后，我也成为美国酒保公会（USBG，非酒保也能自由加入）纽约分会的会员。除了参与产品试饮、到附近烈酒厂参访之外，酒公司有时也会找USBG会员帮忙办活动。例如，我就在曼哈顿鸡尾酒经典节（类似鸡尾酒圣会的活动）当过志工，基本上就是当吧台助手。

图丘镇烈酒厂的实习工作与我对鸡尾酒酒保所做的田野调查非常不同。[7]酒吧有非常明确的角色分工：酒保、吧台助手、顾客，有时候还有经理。一旦忙起来，酒保也常会动手做起平常由吧台助手做的工作，但酒保多半整晚都在接单调酒。身为顾客让我得以接触各种角色与各种行动。跟酒吧相比，烈酒精酿厂是个不一样的工作场所，而且各家精酿厂彼此有别，端视如何营运而定。酒厂是生产活动需要的制造空间，而非让人社交的消费空间。厂里没有“上帝视角”——没有那种可观察所有行动的位子。在这里，光靠观察是没有用的。

由于图丘镇的作业多半是人工进行，加上职员人数不多，所以每个人总会有什么都做的时候。乔身为经理与首席精酿师，一整天几乎都在管账、处理计划，但他常常过来解决生产时的遇到小问题。有这么多大大小小的工作得完成，因此我非常容易就能以劳动者的身份融入其中。毕竟我是个没经验的工读生，执行的多半是较为琐碎的任务，如装桶、包装酒瓶与清理设备。但一整天还是有充分的休息时间的，能让我到不同的工作区域打转、观察、提问与做笔记。我不做蒸馏（意思是我不会去操作蒸馏器），但能在精酿师切取时试喝，提出与他们下决定、品酒相关的问题。简单来说，图丘镇的实习非常需要实际动手，这也让我看到烈酒精酿的步骤，以及免不了在某些严酷环境下（主要是极高的室温）进行的粗重体力活。除了看、尝、嗅与听（我在鸡尾酒吧主要运用的官能）之外，我还得去感受蒸馏工作的模样，因此也从第一手观点理解了过程中的若干意义。

我在其他烈酒精酿厂（亦即国王郡蒸馏酒厂和纽约蒸馏酒公司）以及精酿烈酒相关活动所进行的田野调查，则是比较传统的参与观察。这些酒厂定期会为有意了解如何制作小批次烈酒的好奇消费者举办道览。我会参加这类活动，业主则欢迎我来，给我贴近观察的机会。参加这些道览就像在课堂上与鸡尾酒酒保相处，我会听到精酿师如何向一般大众解释他们的技艺与产品。无独有偶，如试饮和研讨会等精酿烈酒活动，也让我有机会听到精酿师与业者如何呈现自家产品，同时向他们请教关于品牌的问题。

理发店里的角色界定甚至比酒吧里更明确：你要么剪发，

要么让人剪发（或是坐着等待剪发）。我完全没考虑成为理发师。首先，理发训练过程长，费用又贵。（美国理发师协会有个广受欢迎的课程，要上660小时的课，学费5060美金。）其次，你得花上多年不停地剪发，才能真正对成为理发师感到自在。除非我经验丰富，否则没有哪间我有兴趣的店会想雇用我。[8]我原本可以当个接待，接接电话、招呼客人、卖产品，还有扫头发。但接待不仅工作本身忙，而且以弗里曼在李文顿街的地点（我主要的田野调查地点）而言，柜台跟店面更是位在不同房间。因此，若以接待的身份在那边工作（他们在我进行田野调查时确实有开缺），对参与调查目标来说反而会适得其反。

但理发店也像酒吧，因为两者都是社交场所，接受客户与顾客的角色其实相去不远：坐好，接受为你的服务。我向业主和首席理发师解释过计划后，他们允许我只是在店里坐坐，问问题，做笔记。我一贯努力坐到靠理发椅最近的位子。当理发店常客与当酒吧常客有别，毕竟没有人会天天理发（新式高档理发店也不是男人的聚会场所）。但我却在一间属于理发师的店里成为固定班底。说起来，我对待这间理发店的方式，正是这些业主期待自家理发店能得到的对待：一个能让男人在此小聚的地方，就算不剪头发也无妨。我是唯一一个这么使用理发店的人，其他住在附近或工作的人都是顺道进门跟自己的理发师打声招呼，然后就走了。

由于我缺乏关于理发的第一手知识，因此我像研究鸡尾酒保时那样，采用资料搜集策略加以弥补。首先，我试着在理发师工作时提问，问他们正在做什么。有时我不必请他们解释自己正在运用的技法，或是他们在客人的头发上遇到的情况。他们渐渐了解我感兴趣的是什么，有时会叫我过去看他们在做什么。其次，我运用“照片引谈法”（Photo Elicitation），也就是拍摄理发师正在为某人理发的照片，在访谈同时将照片给他们看。[9]此举的目的在于让理发师从不同角度看自己的工作，讨论他们在理发与其手法中认为理所当然、因此不会意识到自己在做什么的部分。（对于这两种办法，理发师会先征得客户允许，我再从旁观察。）我将这种技巧运用于迈尔斯与鲁本身上，如第六章所示。我没有对鸡尾酒酒保这么做，因为他们的技巧比较好懂（至少对我而言），比较容易在家练习，而且相较于理发店，我在酒吧更有机会能在酒保工作时请教他们工作技术面的问题。理发师工作时常会和客人讲话，我不想拿理发技术问题去干扰这种重要的互动关系。唯有客人显然无意与理发师交谈、而理发师又邀我去观察时，我才会这么做。虽然鸡尾酒酒保善于社交，但他们在调酒时通常会暂停与顾客的对话。不过，只要有人问，他们也会在调酒时回答问题。

如果说我的角色在理发店与在酒吧时相去不远，那么，我在肉铺的角色或许也跟我在烈酒精酿厂时差不多：我成了实习生。全只肉店跟烈酒精酿厂都是忙碌的工作场所，有大大小小的事情得完成（大的像切肉、服务客人，小的有绞肉、为袋子贴标签）。这两者也都不像酒吧与理发店那样是社交场所；因此同理可证，光是在肉店找个方便的地方坐着观察是不够的（店里也没有这种地方）。全只肉店的实习生要执行许多较为琐碎的任务。迪克逊肉铺（我的主要田野调查场所）有比图丘镇更正式的实习计划，店里经常收到实习申请，也常面试候选人。实习生必须满足每周工作三天、持续三个月的要求。他们多半在切肉区跟屠夫一起工作，按表操课。不过，我有大量的机会能到柜台（从切肉区可以看得一清二楚）观察顾客的互动（甚至在忙碌时亲自与客人互动，接待客人）。我跟在图丘镇实习时一样，在后口袋塞了一个小笔记本，趁闲暇时到厕所、店外的卸货区，以及冷藏库里记下。在肉店工作就像我在酒厂实习，让我能运用所有感官收集需要的资料，并且在身处这种环境、与劳动者一起劳动的情况下，了解他们为自己的劳动所赋予的意义。

整体而言，我跟每个田野地点及各个社群都相处得很好。有鉴于我个人的身份认同与背景，以及研究对象的认同与背景，要打成一片不算难。我是个三十多岁、白种异性恋中产阶级、受过良好教育的年轻男性。我在书中研究的对象大多数都出身类似背景。我展开计划时是26岁，离开田野时是32岁。我研究的人多半与我年纪相仿，有时稍微年轻点或年长些。我在研究期间住在布鲁克林，有时与研究对象住得很近，而我的生活风格跟他们也相似。其实，从我的社交生活与风格品味来看，就算我没有进行这项研究，也会到那些酒吧与餐厅，肉铺与酒行购物，走访烈酒精酿厂，在男士理发店理发。我的生活风格有许多面向都和这些劳动者一拍即合，他们自己的品味也很杂食、多元。我在书中谈到，这几种工作有许多交错之处，而劳动者也很明了其他营业场所与文化。鸡尾酒酒保与烈酒精酿师便是最好的例子，毕竟酒保会使用精酿烈酒，而精酿师会请酒保以他们的产品调制鸡尾酒。但我也会跟理发师与屠夫讨论鸡尾酒、酒吧和烈酒，跟酒保和精酿师聊肉品和男士时尚。我有几次甚至在理发店里遇到过酒保，而有些理发店在理发的同时也会为客人提供调酒，甚至有一位理发师曾在鸡尾酒吧当过酒保。

由于我扮演不同角色及个人背景之故，我和田野调查地点的人的关系也相当多元。鸡尾酒酒保把我当成特别的常客对待，不时把我的酒钱算到自己账上（对当时身为研究生、收入不多的我来说，此举真的帮助很大），还让我试喝他们正在开发的新调酒，要我提供回馈意见。因为调酒领域的人会定期造访彼此的酒吧，加上酒保们知道我在店里做什么，也常常介绍我跟其他酒保、业主和业界重要人士认识。四种职业中，鸡尾酒酒保最常光顾别家同业（以及一般型的酒吧）和参加鸡尾酒相关活动。其他三种职业的人鲜少如此，但他们非常关注产业中其他地方与劳动者。有时我会跟酒保一起去其他酒吧，这让我有更多角度能观察到他们在工作之外的生活。我也常在酒吧和活动时看到烈酒业界人士，让我有类似机会深入了解他们。其实，我是因为和书中人物会在工作场所之外的地方聚会，才有机会深入认识他们，毕竟他们在工作场所的角色与行为界定比较明确。我跟酒厂同事下班后会到田边野餐桌旁坐下，喝威士忌跟啤酒，聊天南地北。我常跟理发师共进午餐或放风喝咖啡，也常在下班后和屠夫去附近酒吧。这些时光对我和他们的关系、对我的资料搜集都非常珍贵，因为我们能在工作场所之外了解彼此。脱离工作地点时，他们谈论工作或同事的方式有时会有不同。比方说，相较于奥尔多与詹卡洛工作时不停嘲弄彼此、拿对方名字开玩笑（尤其是奥尔多对詹卡洛），他们下班到酒吧时对彼此会比较友善。有时劳动者也会向我透露出一些个人秘密，如对于自己工作能力的不安感，或自立门户的念头。

我跟理发店的人则以不同方式打成一片。由于理发店的社交生活比较像是理发师为客户表演的男子气概秀，而非真正以社群为走向的体验，我会试着不去干扰展演进行，乖乖维持我身为候剪客人的样子。我偶尔会加入讨论，从而参与理发师之间的群聊，这让我在环境中显得非比寻常，毕竟客人（我希望自己在其他人眼中也像个客人）在坐上理发椅之前几乎都不会开口。但我从来没有主动开启对话，通常就是坐在位子上跟着大笑，写我的笔记，有什么不吐不快时才会加入。在我个人的种种背景中，我也是个土生土长的纽约人，跟我研究的许多理发师一样（或者来自纽约外围），这让我们在生命历程与对这城市的认识上有许多相似之处。在四种职业中，我想，就数理发师最喜欢有我在场，原因倒不是我的个性，而是我的角色。每当我走进店里，他们常常会告诉我方才错过的故事，像是两位理发师之间的争论；他们认为我可能会因为研究而感兴趣。“你绝对不会相信昨天发生了什么事！”他们常常这样讲话。理发师乐得有我参与他们的群体垃圾话，有时还靠我当中立的第三方来化解争端。

烈酒精酿厂跟肉店的社交则相当不同，因为我们在肉店时是肩并肩工作。先前提到，图丘镇的工作地点分散在各处，有一大间房间专门装瓶，一间用来蒸馏，一间煮醪与发酵，还有一间用做陈酒与销售产品，更有清洁、装货、转运等各种工作在各处户外空间进行着。劳动者可能在上述任何地方独自工作，有时对话有限。但常有让劳动者相聚的情况，像是我跟别人合作，或是在距离某人不远处做事，以及午餐、休息时间，或下班之后。这些时候的对话主题会从我们手上进行的工作转移到音乐，再到恋爱话题。迪克逊肉铺的工作区域是分开的，但店内空间比酒厂小得多，各区域间的界线也具有高度可穿越性。我独自工作的时间从来不超过几分钟。当我在冷藏库拿肉品存货时，也会有厨房的人进来处理香肠。切肉区与柜台区对劳动者而言是非常具有社交性的场所，他们常趁店里没有客人时彼此交谈。毕竟我是个跟大家一起工作的劳动者，我也会加入开玩笑跟稍微挖苦同事的行列。嘲弄与遭到嘲弄对切肉区所有人来说都是可预期的。

每一个田野调查地点的人都会一再提及我的工作或计划，还会特别提到我在研究他们。各个田野调查地点至少都会有一个以上的人称我为“博士”。（鸡尾酒酒保尤其喜欢强调这一点，因为我的博士学位是在酒吧田野调查期间取得的。）理发师们有几次聊到，要是我的书拍成电影，饰演他们的会是哪几个好莱坞演员。他们有时还会逗我，说我其实是心理学家，要来“搅乱他们的脑子”。其中一位屠夫也有类似看法。我一度觉得，他不确定我人在场其实有何打算，因为在我田野调查的前一个月，他不断问我在这儿做什么。然而日子一久，他才说他搞清楚了，对于跟我交谈也比较自在。但我并无印象田野调查里的人会因为我的教育背景或职业，而以不同方式对待我。

在我所有的身份当中，身为男人（而且是个异性恋白人男子、受过良好教育、住在时尚都市中时髦城区的中产阶级，诸如此类）恐怕是影响我人际关系最重要的一点。本书中大多数人都符合上述特点，很容易便能看出他们与我的互动反映的正是他们与彼此的互动。除了出身之外，我们的幽默感与文化观点也差不多。

访谈

除了田野调查，我也跟这些产业中人进行了总数达109场正式的半结构式（semi-structured）录音访谈，当中包括44位鸡尾酒酒保、鸡尾酒吧业主，以及精调鸡尾酒社群中的其他人（如媒体人）；19位烈酒精酿师与酒厂业主；20名理发师与高档理发店业主、柜台接待；还有26位全只肉店业主、屠夫和劳动者。（鸡尾酒酒保的人数之多，反映出了这项研究计划一开始研究的其实是精调鸡尾酒社群。）这些访谈是用来为上述劳动者的个人背景、踏上这些产业工作的想法，以及他们对个人的职业、产业和工作习惯所持态度的相关细节。每次访谈至少一个小时，我也会主持多名参与者的多人访谈。所有访谈皆以面对面的方式进行，其中只有四场是通过电话或Skype，而且几乎所有访谈对象我都曾在工作环境中观察过他们的行为，让我得以比较别人怎么说他们，和他们的实际行事。每次访谈都是由在学助理、线上服务与我本人制作成逐字稿，我也根据相关主题与准则将逐字稿做标签。

我在访谈中会提到几个主题，问些问题。我通常会在田野调查时跟大家聊他们的背景与职业生涯道路，但访谈让我有机会深入了解这两件事，并以最高的精确性进行记录。我们也常就地讨论他们的工作，但访谈允许我退一步观察，扎扎实实根据我的田野调查笔记提出有关专业技术与顾客的问题。而且，这些访谈几乎都是在与他们的工作场合相隔一段距离的地方，或是打烊后进行的，因此让我能向受访者提问关于他们的工作场所、同事与职业社群的问题，而无须担心内容被人听到。

资料分析

我用一套混合的质性分析方法来处理资料。我想呈现个别职业案例独一无二的特点，也想为跨越这四种案例的现象提供解释。这正是我何以将本书分为两大部分，第一部分关注个别职业案例，第二部分则呈现跨职业分析。针对前一个目标，我采用有意为之的扎根理论（grounded theory）取径，根据我的资料来设想主题与标签，并跨案例凸突显资料中的变异。[10]自从了解调酒术在鸡尾酒酒保身上和鸡尾酒吧里扮演的关键角色之后，对于书中所说的四种职业，我都采用扎根理论，来判定在这些营业场所与劳动者的劳动底下的哲学基础。至于后一个目标，我则使用分析归纳法，也就是迭代分析过程（iterative analytical process），修改诠释，以符合新的资料。[11]随着新资料累积（例如，这些劳动者如何理解自己通往其职业的路径），我会一直思考解释资料的方法。但当我遭遇与这些解释不符的新资料时，我会直接修正解释，让它们得以解释资料。我就是利用这种资料分析技巧，得出大家选择从事这些工作、当成职业生涯来追求的不同解释。如此一来，我才能发现“他们何以为之”的多种解释，并保存其多元样态。

社会学界有少数自称民族学家的人强调，在发表时要使用参与者的真名；然而，没有什么科学准则要求非得这么做不可。[12]最终的决定权仍然在研究者（一部分决定乃根据研究者和参与者的关系与同意）。本书中有些人采用真名。我决定的依据是他们是否说过希望使用自己的名字、我跟他们是否保持密切关系，以及我认为他们的言论与/或人物侧写是否会对他们造成伤害。我在书中使用本名的人多半都读过自己出现的段落，对于相关主张、他们的侧写，以及使用其真名的做法都表示同意，同时也提供了若干绝佳的回馈。

局限

没有一本书或一项研究能囊括所有社会问题，其中总是会有盲点或局限。研究者也是人，他们所做的决定乃依据各种标准（包括自己的身份）。作者与研究者的目标之一，就是去承认有哪些盲点存在，并讨论这些盲点若是得到修正，或做出不同选择（甚或交由不同研究者进行研究），那么，这项研究是否会有所不同。这些局限当然可作为未来相同或相关主题研究计划的开端。我将在下面讨论我的计划与本书中几个重大的局限。（无论是大是小，局限显然不只这些。）

第一，与社会距离（social distance）有关。先前提到，我在这些环境中跟研究对象相处时相当自在，我也觉得他们对于我在场与提问也感到自在。我将这种自在感归因于我们共有的诸多特质，以及当我在田野调查时他们对待我的方式。不过，我始终自问是否遗漏了什么。我把什么视为理所当然？我的出身背景是否让我看不见某些关键议题？尽管我与田野调查参与者彼此关系相当融洽，但我认为，自己还是能跟他们保持批判性的距离的。不过，尽管我这么认为，我也确信不同性别、不同种族，或是年长些的不同研究者会注意到我完全忽略掉的行为与意义，他们对于言行的诠释也会与我不同。

第二，虽然我曾与数十位消费者谈话，观察过的更有上千人，以获得关于其身份、前往这些商家的原因，还有其关注事物的间接资讯，但我没有对这些消费者进行系统性的研究，也未将他们纳入本书。原因很简单，我很早便决定将研究聚焦于劳动者，而与劳动相关的主题便构成研究基础架构。但消费者无疑是这些营利活动的另外一半，少了他们，这些劳动者也不会存在。我已指出，已有许多人做过以杂食性消费者为题的研究，但从质性着手的研究并不多。探讨消费这些产品与服务的人是如何诠释自己与前述劳动者的互动，以及他们如何理解自己的品味，绝对有益于研究。

第三，关于这些职业与工作场所，我也没有对其他较为主流的版本进行过系统性的研究。（酒保例外，因为我在自己的第一本书里，已研究过当地小酒馆的酒保。但我很难把前书的分析写进本书。）因此，我无法将这些新型精英劳动者对其职业、消费者与工作习惯所持的看法，与那些在相关职业一般常见版本的工作者相比较，无法进行产业内部分析。若是能连同这些商家的消费者一起研究，肯定会非常有趣，对于整体劳动与职业研究也能带来及时贡献。

第四，则是质性研究的常见问题："以应变数（dependent variable）为样本"，也就是以满足特定标准为基础来选择案例，而后又采用这些案例为上述标准的证据。我选择研究涉入这些产业与职业社群，而且多半是有所成就的人（亦即在这些工作与/或产业中建立事业，或是为建立事业打下基础）。我的主张是以他们的杂食性文化生产、身份背景与劳动为主要根据。有些人无法成功展演这些文化套路，无法有好的表现，因此被这些产业与社群排除在外。也有人单纯选择离开，到其他领域工作，无论原因为何。但这两种人我分析得不多。我不认为跳过这些产业与社群的局外人会影响主要论点的效力，但我确实同意，如果有意完整了解新形态的体力劳动，了解这种在新经济中作为纯知识劳动之外的选项，我们就必须研究局外人与无法成功实施这些套路的从业者。

注 释

前言：日复一日

1. Hughes（1958），42.
2. 大多数人为真名，所有地名都是真实的。我会在“研究方法附录”中讨论这些决定。
3. 见Ocejo 2014，5，133，146–47，161，176–179。
4. “品味社群”这个概念——亦即以成员对特定人工器物与文化的偏好为中心的社会建构性群体——是我从Ferguson（1998；2004）对全国法式料理起源颇具说服力的研究中得来的。
5. 他们就像Lloyd（2006）在芝加哥研究过的许多艺术家，即使收入来自服务业劳动，但他们的身份认同还是“艺术家”。
6. 我运用Becker（1996）在质性研究中达到“广度”（breadth）的概念，亦即试图从研究所触及的每个主题找出至少一点资讯，作为我研究工作的指导原则。
7. 我会在附录中详细讨论自己用来获得本书所需资料的特定研究方法，并提供进一步的方法论认知。
8. 我在导论中会说明，这种书多半以男性为焦点。
9. Glaser and Strauss（1967）在他们形构“扎根理论”的经典著作中，

把这种技巧称为“理论取样”。我会在附录中讨论我是如何选择田野调查地点与访谈参与者的。

10. 学界一般把Braverman（1974）视为劳动去技能化过程讨论与激辩的开山之作。我将在第一部分各章讨论各种行业如何经历去技能化，以及这些新型劳动者如何诠释这段历史。但整体而言，去技能化的原因总包括整体产业与经济体中的转变、工作场所文化改变、一般人对前开工作在整体社会中的认识出现转变，以及技术提升等现象的结合。

11. Van Maanen and Barley（1984）将“职业社群”定义为“一群自视从事同一种工作的人，他们从劳动中获取身份认同，彼此共享一套能应用于劳动且及于相关事务的价值观、规范与观点，且其社交关系与劳动与休憩密不可分”（287）。

12. 见Brown-Saracino（2010）；Grazian（2006）；和Lloyd（2006）；以及我的上一本书（Ocejo 2014）。

13. Peterson（1992）是第一个在研究大众音乐品味时发展出这种概念的人。我会在导论中加以详细讨论。

14. 见Kalleberg（2011）。

15. Sennett and Cobb（1972）根据全国民意研究中心（National Opinion Research Council）两次调查（1947年与1963年）的发现，作为20世纪中叶美国最受人欢迎的工作之佐证（221–225）。在九十种职业中，酒保与理发师敬陪末座。蒸馏师不在清单上（不过“工厂机械操作员”在清单上，而且排名也很靠下），奇怪的是连屠夫也不在其中。至于时间较近的研究中，Simpson et al.（2014）发现今天的屠夫之所以非常看重自己的工作，是因为收入让他们能供养小孩念完大学，这样孩子就不用当屠夫了。

Hughes（1958）发展出“肮脏活”的概念，指称“处理物理上与/或道德上地位低落或令人反感的活动”的工作（收垃圾的人是前者的例子，尸体防腐师则两者兼有）。由于肮脏活发挥了必需的功能，社会将这些活动交给特定职业的人处理，但肮脏活实际上却让这些职业污名化。书中的四种职业里，只有屠夫结合了两者，原因跟屠宰动物的道德议题有关。但这四种职业在物理上都算肮脏活。见Ashforth and Kreiner（1999）与Dick（2005）对这个词的额外讨论。

16. 见Kalleberg（2011）。

17. Swidler（1986）把文化套路定义为一套知识、技巧与象征，提供的素材能让个人与团体建构出“行动策略”（strategies of action）。亦见Lamont（1992）关于成功的美国与法国男人何以能定义价值观的比较分析，以及Faulkner and Becker（2009）针对爵士音乐家如何仰赖共通的常见曲目一起演出（彼此不相识亦然）的研究。

18. 这个日期之后，我仍然继续做访谈，偶尔也做田野调查。但大部分的研究都是在这六年期间内进行的。见附录。

19. 见Sennett（2008）对“手”与“脑”之间实际关系的研究。并见Cornfield（2015）针对音乐家如何重组、再社会化其职业社群，以回应音乐产业中的转变与新经济中劳动条件不稳定性出现的研究。

导论：上市场溜达

1. 这段历史大部分来自Christopher Gray, “From Oreos and Mallomars to Today’s Chelsea Market,” *New York Times*, March

7, 2005。资料取得网址http://www.nytimes.com/200 5/08/07/realestate/from-oreos-and-mallomars-to-todays-chelsea-market.html?_r=0（取得日期June 5, 2015）。

2. Zukin（1982）的经典研究回溯了苏活区从制造业地区变成艺术家聚集地，最终化为中产阶级“阁楼生活”风格区域的政治经济情势转变。Zukin研究之后的数十年间，苏活再度转变为富裕地区，有全市最高的房地产价格，以及高档服饰精品店。
3. 见Indergaard（2004）对于“硅谷”（纽约市对于帕罗奥图［Palo Alto，斯坦福大学所在地］的回应）崛起的讨论，并见Ross（2003）根据对两家硅谷公司的研究，探讨新经济工作场所文化的研究。
4. 见Halle and Tiso（2014）分析切尔西仕绅化与曼哈顿远西区转型的研究。
5. 这是Gans（1999）在其研究中提出的基本主张。
6. 我的这段文字，是把Bourdieu（1984）社会结构中品味与权力的经典模型做简短的摘要。
7. 根据Peterson（1992）对音乐品味的研究，他创造了“文化杂食者”一词来形容社会上层那些对底层与中层文化范本抱持较开放心态的人（also see Peterson1997; Peterson and Kern 1996; Peterson and Simkus 1992）。学界以Peterson的研究为基础，将这个概念用于分析美国（Atkinson 2011; DiMaggio and Mukhtar2004）与其他国家（Fisher and Preece 2003; Kanazawa 2001; Van Eijck 1999, 2001; Van Eijck and Bargeman 2004）民众对音乐与纯艺术的品味；分析电视（Rebers et al.2006）、戏剧（Friedman 2012）与电影（Rossel et al.2006）等其他文化产业；并推及青少年文化（Van

Wel et al.2008）等现象与广告对于品味朝杂食性转变时扮演的角色（Taylor2009）。

8. Khan（2010）.

9. 处理这些问题的学者多半主张：尽管以主张杂食性的做法暗示精英的品味变得越来越大众化，也更容易接触到大部分人口，但以品味为中心的不平等，以及用品味作为强大区隔记号的现象依旧存在，只是以不同形式表现。这些研究中的主张基本上都强化了Bourdieu（1984）对于不平等通过文化消费与品味区隔进行社会再制（social reproduction）的看法（Holt 1997），而且这些研究皆仰赖质性取径。Atkinson（2011）发现，他研究的乐迷样本都有杂食性的特色，自谓拥有兼容并蓄的音乐品味，但他的访谈却透露出这些乐迷的品味与Bourdieu模型的关键元素相符，如早在孩提时就生活在社会经济地位较高的人之间，发展出对古典音乐的高雅倾向。学界也披露文化品味对于个人的影响。Friedman（2012）深入了解喜剧消费者的生活历程与品味，发现只有向上流动的人才展现出杂食性，这让他们有种文化上的漂荡，无论居于底层或上层品味文化时都无法感到全然自在。并见Lizardo and Skiles（2015），两人主张文化杂食性的表现跟Bourdieu的品味分层是可以相容的。

10. 见Ferguson（1998; 2004）对法式料理的成形、在法兰西民族主义建构中的角色，以及作为全球公认上层料理地位的分析；并见Kuh（2001）对于法式料理在美国衰落的讨论。

11. Lamont（1992）.

12. 此处关于吃货的说明，我完全是以Johnston and Baumann（2007; 2010）的研究为根据。

13. 见Khan（2010）；Ocejo（2014a）；与Rimmer（2012）。Khan（2010）检视某所私立预科学校的学生，他主张新的精英因为其经济地位，以及如今在其优越环境中要表现“自适”的关系，已经退去了传统精英那种优越感。由于各种社会背景的人已经因为民主化而更容易接触到文化、品味与知识，新精英因此以在日常生活举止始终体现自适感，作为维持其优越地位的方式。这些新精英的青少年成员不仅“了解”文化现象，还学会在遭遇各种文化素材时如何自在思考与行动，以及如何在讨论自己的品味时不要表现出高傲态度。尽管毫无必要，但他们也学会了表现得好像自己的成绩是自己赢来的一样，毕竟（他们主张）所有人都有机会做出一番成绩。那些在自己的展演中表现失败的人（也就是展现出传统的精英态度，或是在努力过程中透露出压力的人）就是“搞不懂”，不了解“自信的行为”（confident doing）比“自信的了解”（confident knowing）更重要。在一个通往品味的途径已然扩大的世界中，新精英学会了如何以自适的态度展演品味（与其他行为）。
14. 在Khan（2010）研究的学生间就显示了这一点（98–101）。
15. 我偶尔会跟那些说自己卖高档货的劳动者攀谈，尤其是精宰社群。这些人会谈到肉品之昂贵与人道饲育肉品（亦即草饲、人道屠宰的牲口）发展的极限，仿佛能及于广大民众，对美国食品大规模生产体系造成重大冲击。他们比其他几个职业的劳动者更热衷谈到其产业相对的议题。然而，精宰肉店的劳动者对自家产品与自己塑造消费者品味的能力，就跟其他产业的劳动者一样有信心。比起怀疑自己的劳动带来的社会影响力与冲击，他们更常、也更明确表现出这些性格。

16. 许多关于工业城市中各群体城区与社群生活的研究（Drake and Cayton 1945; Hannerz 1969; Kornblum 1972; Liebow 1967; Lynd and Lynd 1929; Suttles 1968; Whyte 1943），其灵感常常源于Robert Park（1925）与Louis Wirth（1938）等“芝加哥学派”学者。Herbert Gans对波士顿意大利区的研究The Urban Villagers（1962），是“都市村”概念的典范研究。

17. 芝加哥学派成员发展出城区变化的“入侵—接替”（invasion-succession）模式的概念，新移民团体会以这种模式逐渐取代既有群体（见Park 1952）。这种人口汇入通常会导致新群体与既有群体之间因工作机会与使用公共空间而发生冲突（见Kornblum 1972; Suttles 1968）。并见Gans（1962）与Berman（1982）有关都市更新计划冲击市内族群团体的分析。并见Duneier（2016）对“隔都”作为空间与概念的历史讨论。

18. 肉品产业也出于类似理由，在同一时间迁往乡间，我会在第四章讨论。

19. 我在自己的前作讨论过这些过程（Ocejo 2014）。本段文字中前面的几个论点多以Zukin（2010）为根据。

20. 见Brown-Saracino（2010）针对仕绅化现象各种论辩的全面汇编，主题包括仕绅化过程的起源、居住区位移的范围，以及仕绅化推动者为自己选择移入郊区的解释。并见Marcuse（1985）对“排外位移”（exclusionary displacement）的讨论。“排外位移”指的是城区仕绅化达到让未来的低收入群体无法到此郊区定居的程度，这种现象实质上等于是让过往原本可负担区域（或者至少在不久前可负担的区域）变得排外，在低收入群体尚未来到之前便“使之迁居”。

当仕绅化进行时，来自拉丁美洲、加勒比海、亚洲与非洲的新移民群体也从20世纪70年代起开始进入美国城市，形成自己的都市村（见Foner 2013）。有时候，这些城区也成为年轻文化杂食者追求独特料理的目的地。见Lin（1998；2010）谈中国城如何成为旅游胜地的讨论。见Hum（2014）对于日落公园（Sunset Park）一带、身处迫在眉睫的仕绅化与重大都市发展之间的移民区居民，是如何打造、规划其社群的深入探讨。

21. 在此我不讨论烈酒精酿厂，毕竟酒厂是批发商，并非社群型机构。然而，仕绅化城区的鸡尾酒吧与酒类专卖店（同样也是零售业中的新精英，且努力成为文化杂食者的社群性机构）却会把精酿烈酒带给当地的顾客。另外，烈酒精酿厂经常设有品酒室、道览规划，甚至附设酒吧。这些酒厂会开在能满足生产需求、同时能吸引访客的地方，如仕绅化城区——就跟其他类型的商家一样。我会在第二章讨论这几点。

22. 大致上，鸡尾酒吧与男士理发店已经成为目的地，亦即城内各地商务人士追寻其特殊产品与服务的地点。很少人会特地离开自家附近去买肉或烈酒，因此多数肉店与酒类专卖店的客群仍是以当地人为主（也有一些例外）。

23. 我是从Ferguson（1998；2004）对法式料理的研究中得到“品味社群”的概念。它们跟“想象的共同体”（Anderson 1991）很像，可说是因为对特定产品的共同认知而感觉有所关联的一群人。不过，我在本书中探讨的品味社群与Ferguson和Anderson的研究不同，并不具备国族相关意涵。

24. 关于传统精英空间中的劳动，例见Sherman（2007）以奢华旅馆服务业和服务业劳动者的研究。

25. 探讨这种关系的研究实例，见Lloyd（2006）；Ocejo（2014）；Patch（2008）；Zukin（2010）；Zukin and Kosta（2004）；以及Zukin et al.（2009）。

26. 数据来自美国劳工统计局。

27. C.Wright Mills（1951）与William H. Whyte（1956）在各自的经典研究中专门探讨的就是这些人。

28. 这段文字中的若干论点取自Moretti（2013）。

29. Moretti称这些现象为“生产率悖论”（productivity paradox）（2013, 36–40）。

30. 这些数据同样从美国劳工统计局取得，时间是2015年7月。

31. 去工业化冲击都市工人阶级社群的相关研究，见Bensman and Lynch（1988）；Buss and Redbum（1983）；Dudley（1994）；以及Pappas（1989）。

32. 已有许多学者创造出各种术语来描述今天的经济与社会。据Manuel Castells在他的*The Information Age: Economy Society and Culture*三部曲（1996; 1997; 1998）里所描述，当代社会仰赖于高度网络化的“资讯经济”（informational economy）。Richard Florida（2002）把焦点放在“创意经济”（creative economy）中的“创意阶级”（creative class）劳动者。至于Moretti（2013）则力陈“创新经济”（innovation economy）中的“创新部门”一词。每种术语都陈述了人力资本在经济成长中重要性的提升。

值得一提的是，美国仍有些地方的经济是由原物料相关产业（如农业与制造业）所推动。甚至有些地方是基础服务业在推动或大力支持当地经济，如大型观光业与旅馆业重镇。但时至今日，观光旅馆业在国内生产总值所占比例不仅小于以资讯与知识为基础的产业，甚至比过去的辉煌期也小了许多。

33. 这个观点取自Moretti（2013, 12）。

34. 由于烈酒精酿师是制造业工种，用自己的劳力创造高价产品（工业时代高峰时有30%的劳动力也是这样），就这点来看，他们似乎跟另外三种服务业工作有所不同。然而，美国各种“手作”的轻制造业对就业率与经济影响甚微。他们创造栖位产品，仰赖新经济中事业有成的人同时担任消费者与投资人。

35. Cherlin（2014）在他的历史研究中记录了以男性为经济支柱的劳工阶级家庭的兴衰。他主张这种分工安排的衰落不见得可惜，但人口中的这一部分还没有被其他种类的稳定家庭体系取代。

Cornfield（2015）将这类学术研究称为“新劳动社会学”，是呼应新经济的转变而出现的：“新的劳动社会学从20世纪80年代开始浮现，分析所有经济部门中非正式雇佣关系，尤其是个人与企业服务业、艺术、新媒体、通信与知识经济中的自由职业劳动市场”（10）。并见Kalleberg（2011）与Smith（2001）。

36. 见Harvey（2005）对新自由主义中这几个基本论点的讨论。

37. 见Ho（2009）的华尔街民族志，内容为分析金融公司如何通过裁员与外包，以去稳定性的工作为代价，强调股东价值（shareholder value）和短期金钱收益的最大化。

38. 见Kalleberg（2011）.

39. 见Beck（1992, 2000）；Cooper（2014）；Neff（2012）；Pugh（2015）；Sennett（1998）；与Sharone（2013）探讨分析新经济中工作不稳定对个人的伤害。

40. Ulrich Beck（1992）对今日“风险社会”（risk society）的说法非常有名，他表示西方的现代性时期所创造出的社会里，大众会以个人的方式体验到各种风险的集合（如环境、政治、经济）并加以内化。他称这种现象为“风险个人化”（individualization of risk）（2000）。并见Smith（2001）。

41. 见Hatton（2011）谈临时工如何在美国劳动市场为自己开辟永久空间的历史。

42. 想打破这些限制，成就这般自主性的劳动者，就是Richard Florida（2002）谈“创意阶级”的知名论文中的关键。

43. Wilson and Keil（2008）指出，新经济中并非所有创意皆生来平等，甚或不受承认。两人主张今日都市中真正的“创意阶级”是那些非得殚精竭虑以求生存的穷人：他们从事各式各样的工作，同时还要带小孩、取得便宜食物、勒紧裤腰带持家，并组织起非正式的分享经济（见Stack 1970; Venkatesh 2000）。集体而论，他们的实际劳动（通常是低阶服务业工作）对今天的经济贡献极大。但这些努力得不到回报，没有像大公司那样的保险，媒体与流行文化也不会把它们界定为“创意”。

44. Neff（2012）将这种道路称为“涉险劳动”（venture labor），Lane（2011）则探讨“职业生涯管理”（career management）的概念，也就是人们如何把自己看成“一人公司”，或是自己的执行长兼营销部门，跳脱出公司的限制。两人的研究都把重点放在高科技产业劳动者，看他们如何从自己的生活中体验不确定性。

45. 劳动经济学家Guy Standing（2011）用“不稳定者”（the precariat）一词，称呼世界各地因为新经济与工作领域的不稳定条件而感到不稳定的劳动者群体。由于经济环境越来越不稳定，社会安全网也越发松弛，他认为这个群体（包括移民与受过高等教育的人）是个还在成形中的社会阶级，有崛起与带来改变的潜力。相较于Florida（2002）那种更正面的"创意阶级"——也就是通过在劳动中发挥个人创造力而与彼此连接的人来说，"不稳定者"的概念代表的其实是个有趣的对反概念。

46. 这些标准取自Kalleberg的研究（2011），其中根据这些标准提供了一份精彩的统计分析。

47. Hochschild（1982）是第一个通过她对飞行员的研究，发展出"情绪劳动"概念的人。并见Leidner（1993）。

48. 新闻工作者Barbara Ehrenreich（2001）的书以穷忙族（working poor），也就是全职从事艰难的工作、但维持生计仍相当勉强的人为题，书中就有人研究这些职业。并见Newman（1999）。

49. 全只肉店的店员与精酿师的情况尤其如此，他们赚的钱只比最低薪资稍高。尽管酒保与理发师的收入相当高，但这是靠小费支撑起来的，具有不确定性。不过，要是酒保与理发师到来客人数更多的地方工作，而非精调鸡尾酒吧或高档理发店，他们赚的钱可能会更多。

50. Ehrenreich（2001）与Rose（2004）对这些看法提出反论，主张连基本的服务业劳动都需要相当多的心力与创造力［见Schwalbe（2010）对这些观点的批评。］Crawford（2009）也力陈维修工作需要大量的心智能力。

51. 这种证明价值的需要，在酒保之间最为常见。Lloyd（2006）研究芝加哥威克公园（Wicker Park）一带，显示受过良好教育、后来成为酒保的艺术家们必须澄清：自己的工作只是更重要的职业生涯道路上暂时的停靠点。我也研究过担任酒保以维持生活，同时设法走出其“真正”志业的艺术家与音乐家（2014）。但本书中有些理发师与屠夫之所以会理发或切肉，是为了在大学期间支应生活所需，并未预期自己结束学业后还会继续相关工作。

52. Amy Wrzesniewski针对人们如何在劳动中（尤其是身处环境动荡时）寻找意义，以单一作者身份（1999；2002）以及和同事（Rosso et al.2010; Wrzesniewski and Dutton 2001; Wrzesniewski and Landman 2002）做过大量研究。

53. Cornfield的研究（2015）分析同僚的认同对音乐家自我价值的重要性。

54. 这些统计是根据2015年的资料。我仅以自己的样本中，这些职业的性别分野为根据。

55. 这条问题线来自Hughes（1958）。

56. 这段文字中有许多论点来自Kimmel（2011）。

57. Cherlin（2014）；Faludi（1999）；Mundy（2012）；Rosin（2012）.

58. 见West and Zimmerman（1987）对“做性别”（doing gender）的研究。我会在第三章深入讨论这项研究。

59. Heying与同事在他们对波特兰各种手工业的研究中（2010）发明了这个词。Moretti（2013）把工匠经济称为“文青制造业”（hipster manufacturing）（30–33），谨慎反对把这些职业当成美国制造业复苏的想法。它们的生产活动规模非常小，提供的工作机会相当少，销售的产品具有高度栖位性，通常比大规模生产的版本昂贵，而且一旦使之高档化就会扼杀其职人生产的特殊性。并见Jakob（2012）关于精工劳动者兴起的报告。

第一章：鸡尾酒复兴

我曾将第一章的几个部分发表在“At Your Service: The Meanings and Practices of Contemporary Bartenders，” *European Journal of Cultural Studies* 15(5)：642–648，2012；以及“‘What’ll It Be?：Service andthe Limits of Creative Work among Cocktail Bartenders.” *City Culture, and Society* 1(4)：179–184，2010。

1. 随着鸡尾酒圣会人气规模的日益增长（与鸡尾酒文化的拓展正好同时发生），活动地点也扩大到附近的旅馆，但神经中枢仍然位于蒙特莱昂酒店。
2. 添加利金酒自1830年开始生产。
3. 他指的是大卫·温德里克（David Wondrich），BAR教育课程的创办人与主管。温德里克五十多岁，拥有英语文学博士学位。他主要的身份是写酒的作家、历史学家，以及居家爱好者（home enthusiast）。温德里克是通过他的鸡尾酒相关文字而闻名鸡尾酒世界，如他在《君子杂志》的鸡尾酒专栏，以及他的研究著作《喝酒啦》（Imbibe!，2007年，主题为19世纪知名酒保杰瑞·汤玛斯的生平与著作）和《潘趣酒》（Punch，2010年，谈“大杯酒”［flowing bowl］的历史。）虽然多数参赛者的酒保经验都比他丰富，他仍然享有鸡尾酒社群对他的尊敬，大家遵奉他为活传奇。
4. 我参加过三次鸡尾酒圣会，而这整段短文结合了其中两次（2008年与2009年）的场景与对话（2010年我也参加过）。文中出现的人物在这两次都有参加，而且他们年年都参加。
5. 见Parsons（2011）。

6. 见Wondrich（2010，3–11）的欧洲烈酒简史。
7. 我这段文字谈到的历史大多来自Wondrich的书（2007；2010）。Wondrich（2010）也支持英格兰人发明鸡尾酒的主张，因为有些英格兰酒吧在18世纪便提供个人饮用量的潘趣酒。
8. 出现在新罕布什尔州阿姆赫斯特（Amherst）的报纸Farmers Cabinet上。Brown and Miller（2009）以史料指出，最早使用这个字的印刷品是1798年英格兰的Morning Post and Gazetteer. in London。同时，没有人知道"鸡尾酒"这个名字从何而来。几种说法的摘要可见Regan（2003）。
9. 出自The Balance and Columbian Repository，出版地是纽约州小镇哈德逊（Hudson），位于纽约市北方约120英里。
10. 第一版只出现十种鸡尾酒谱，其余为潘趣酒、酸酒（sours）、司令（slings）、酷伯乐（cobbler）、醋饮（shrubs）、托迪（toddies）、蛋蜜酒（flips）与各种其他调饮。虽然潘趣酒跟托迪已经很有名，但汤玛斯一书的编辑仍担心读者不知道什么是鸡尾酒。今天，大多数出现在这些类别中的饮料都是大众认定的鸡尾酒。汤玛斯把鸡尾酒特别独立出来，是因为里面含有苦精。
11. 这几个例子来自Harry Johnson的*Bartenders' Manual, or: How to Mix Drinks in the Present Style*，初版1882年。Johnson跟汤玛斯同时代，算是对手。他还买下了汤玛斯在纽约市的一间酒吧，开了自己的店。书名页把Johnson描述成"出版商、职业酒保暨传授照管酒吧之艺的人"（"Publisher and Professional Bartender, and Instructor in the Art How to Attend a Bar"）。代名词"his"（他的）暗示Johnson认为酒保是调酒给男人喝。

12. 因为成文、权威性、内容明确的文本激增与散播而让调酒标准化兴起的过程，从某些角度来看就跟Ferguson（1998；2004）细查国族性法式料理兴起的过程相当类似。调酒术就像美食法（gastronomy），是一种文化领域（Bourdieu 1991），只是鸡尾酒从来不像法国菜那样是民族主义使命中的一部分。

13. 我这里所说的是*Thorstein Veblen*在*The Theory of the Leisure Class*（1899）一书中提到的"炫耀性消费"（conspicuous consumption）概念。简言之，Veblen主张工业社会中的人用物品展现其地位。

14. Wondrich（2007, 23–25）提到这群经典时代鸡尾酒消费者当中，有些人是"犯险同好"（sporting fraternity），亦即赌徒、骑师、拳击手、经纪人、艺人与其他生活冒险犯难的"哥们儿"（sports）。这些人前一周富有，下一周破产，而他们也是在高等酒吧啜饮鸡尾酒的客群。

15. Wondrich（2007）指出文献中"调酒师"一词起于1856年，至19世纪70年代时已经广为流行（45）。

16. Leschziner（2015）研究的名厨也强调各道菜之间平衡的重要性。

17. 前言提到，戴夫和他的酒吧在我前一本书里出现好几次（Ocejo 2014, 5, 133, 146–147, 161, 176–179），主要跟他作为东村新酒吧业主的身份有关。他在这一地区开店的决定，引发邻里间的争执。

18. 前面提到，杰瑞·汤玛斯写了第一本鸡尾酒书。查尔斯·贝克是20世纪上半叶的鸡尾酒与烹饪作家。贝克游历世界，搜集了许多奇特的酒谱。他绝对能跟今天的吃货文化一拍即合。根据布莱恩在这段话中的暗示，贝克可能没调过酒，但他在一个很少人提笔写鸡尾酒与调酒术的时代以此为题写书。我会在后面几页讨论这个时代。

19. 盖瑞·里根主要的身份是调酒作家，他住在纽约大都会区，在2003年写了一本影响深远的书，《调酒术之乐》（*The Joy of Mixology*，他也是最早制造新型柳橙苦精的人之一，而柳橙苦精是许多鸡尾酒必备的材料）。我遇到过的几个酒保说里根的书是他们最早读过的鸡尾酒书籍，不仅增广见闻，也让他们立志以酒保为业。
20. 创造“新”鸡尾酒之举，背后有种职人意识。我会在第六章讨论其意义。布莱恩把他调出来的这种酒叫作“19世纪”（19th Century）。
21. 2005年，奥黛丽·桑德斯在苏活区开了勃固俱乐部（酒吧）。勃固是纽约许多鸡尾酒酒保起家的地方。奥黛丽曾经在戴尔·迪格洛夫手下磨炼过，鸡尾酒社群的人相当尊敬她，认为她是创建这个社群的人之一。
22. 布莱恩讲的书名有错。1948年，律师兼经典鸡尾酒爱好者大卫·安布里出版的书叫《纯艺术调酒》（*The Fine Art of Mixing Drinks*）。
23. 关于禁酒时期的深度研究，见Lerner（2007）与Okrent（2011）。前者特别着重禁酒时期的纽约市。
24. 见Kreindler（1999）关于二一俱乐部的家族回忆录。
25. 见Curtis（2006）与Regan（2003）。
26. 例如，哈利·克拉德多克（Harry Craddock），他在1902年离开美国，到伦敦萨伏依旅馆（Savoy Hotel）的美式酒吧工作，更在1930年写了深具影响力的《萨伏依鸡尾酒手册》（*Savoy Cocktail Book*）。
27. 关于后禁酒时代初期夜总会［又称“咖啡俱乐部”（Cafe Society）］的讨论，见Blumenthal（2000）与Peretti（2007）。
28. 见Harry Braverman的经典之作*Labor and Monopoly Cpital*

（1974），本书引发了相当多对职业与产业中去技能化过程的辩论。

29. 就像死吧业主戴夫的情况，我在自己的上一本书也数次提到萨莎和奶与蜜（Ocejo 2014, 117-123, 134-136, 144-147），原因同样是因为他身为想在这一带展店的新酒吧业主身份。

30. 见Bill Ryan, "'Smirnoff White Whiskey-No Smell, No Taste'" *New York Times*, February 19, 1995。并见Curtis（2006）。

31. 今天，伏特加是美国销量最多的烈酒，大约占所有烈酒销售量的三分之一，而且其销售仍重度仰赖营销与品牌包装。关于伏特加在酒吧后台扮演的角色，见Grimes（2001）的探讨。

32. 我会在第七章探讨酒保将鸡尾酒品味灌输给顾客时，互动式服务在其中扮演的角色。

33. 文化社会学家皮埃尔·布尔迪厄（Pierre Bourdieu）提到，要成就文化正当性（cultural legitimacy），就少不了文化物件的神圣化（consecration of cultural items）（1993）。鸡尾酒酒保通常不会让伏特加神圣化为这种正当性中的一部分。

34. 我常常在自己的研究中发现酒吧的方针与酒保的态度有别。假如调酒是一间酒吧认同的重要部分，而且该酒吧对伏特加采取拒斥的态度，酒保就得听话。但等到我在酒吧外的地方跟酒保谈话，或是他们离开某间特定酒吧之后，我才知道，有些酒保只是遵守该酒吧的方针来回应顾客。其实他们对伏特加并未抱持如此反对的立场，即便他们也承认这种酒对鸡尾酒来说是种弱点也一样。更有甚者，他们很喜欢尝试把喝伏特加的客人推向其他烈酒，我在第七章会讨论。

35. 见DeGloma（2014），其中研究各种个人觉醒形式中的共同元素——尤其是从“黑暗”转向“光明”的永久转变。
36. 再次参见Sennett and Cobb（1972）的研究。
37. 我们从一些都会城区酒吧民族志里可以看到这些关系的要素，如Brown（1983）；LeMasters（1976）；Lindquist（2003）；以及May（2001）。此外，几位研究美国劳动阶级沙龙文化的历史学家指出，假如这位有权威、受人敬重的酒保本身就是业主的话，他（这类酒保几乎都是男人）也会有潜在的政治影响力。见Duis（1982）与Powers（2001）。在我的前一本书里（2014），呈现出“米兰”（Milano’s，一间邻里酒吧）何以受常客尊重，但却没有吸引到外界（并见Ocejo 2012）。
38. Richard Lloyd（2006）探讨威克公园艺术家的研究呈现了这几点。
39. Frenette（2016）；Menger（1999）；与Oakley（2009）都研究过非金钱、内在激励对文化工作者的重要性。我在第七章也会对这个概念进行更多讨论。
40. 然而有几位鸡尾酒酒保用这种称呼作为个人品牌的一部分，目的在于宣传与顾问。他们了解这些名号对鸡尾酒社群之外的影响力。
41. 我会在第六章深入讨论这些区别。
42. 我先前的论文（Ocejo 2010）深入探讨过本段的这几点。
43. 在我结束田野调查后，他们在门阶地板上加了手写体的酒吧名，但对经过的行人来说还是不太显眼。
44. 我上一本书（Ocejo 2014）的重点，就是通过研究夜生活世界，看“目的地文化”的成长与影响。
45. 死吧有一份小盘料理的简短菜单。精酿鸡尾酒吧一般不提供太多种食物，假如供应食物，也是小盘。

46. 我会在第七章深入探讨这一点。

47. 我在2009年参加了这个五天课程中的两天。课程学费3950美金，不过烈酒公司会帮某些学员付费，让他们参加。授课的老师有戴尔·迪格洛夫、道格·弗洛斯特（Doug Frost）、史提夫·欧森、保罗·帕考（Paul Pacult）、安迪·西摩（Andy Seymour）以及大卫·温德里克。我会在第五章稍微提供多一点课程的相关细节。

48. Harrington（2016, 55–56）的研究显示，这类课程的作用就好比给财富经理人考的证照。

第二章：蒸材实馏

1. 烈酒精酿业界对于各种头衔有相当多的争议，尤其是“蒸馏大师”（master distiller）一词。由于烈酒业界或法律规定都没有任何标准能认定谁是“大师”，因此这个头衔背后的意义各不相同，使用标准也常因酒厂而异。[不过，“宗匠理发师”（master barber）则是法律名称，有相关标准与证照的背书，经通过才能使用。然而，这些标准各州不同，而且不是每一州都有，所以“宗匠理发师”一样有各种各样的意思。] 某些烈酒厂的“蒸馏大师”其实就是蒸馏主管，总之是负责蒸馏过程的人。至于对那些有悠久传统的酒厂来说，这个头衔是种荣誉，授予某位在酒厂内从学徒做起，任职很久的人。图丘镇不用这个词。拉尔夫说过，“我觉得这是个荣誉，你不会自己冠在自己头上。要等到别人认可，你才会成为大师，这不是你自己决定的”。乔也说得很清楚，“有些自称蒸馏大师的人只制作一种产品，这样他们怎么可以说自己精通蒸馏酒”？他偏好“首席蒸馏师”一衔，因为“它的含义包括权威，但不包括技术精湛”。

2. 等到我六年后重返酒厂时，其他的生产步骤虽然在效率上有大幅改善，但这套蜡封程序仍在使用。见后记。

3. 我在第四章表示，有许多屠夫是为批发肉品公司（即肉品包装厂）工作，这些公司把货卖给零售业者，而在类似超市等零售点工作的屠夫也不一定会跟顾客进行互动。然而，跟顾客进行互动却是全只肉店屠夫的工作之一，这种做法也跟肉店的哲学相符。

4. Scott（2006）将之称为“新式匠人制造业”，而（2012）则称之为“文青制造业”。

5. 关于微型啤酒酿造风潮的兴起与转变，见Carroll and Swaminathan（2000）。并参考Borer（2010）对于“精酿啤酒”（craft beer）中“精工”（craft）重要性的讨论。

6. 我这段文字的几个论点，大多来自Heying and colleagues（2010），他们把这种风潮称为“手工艺经济”（artisan economy），亦即一种“广泛拥抱手工艺生活与劳动方式的都会经济”（17）。他们把手工艺经济的兴起，归功于“新经济”中经济与制度间的新关系，如去中心化与更仰赖网络的组织、以知识为基础的经济，以及弹性的专业化。最后，他们认为推动手工艺经济的是一种抵抗运动，亦即一群劳动者反抗企业大规模生产方法、制品，以及劳动条件、关系，以至于这种体系影响下的生活方式。我自己对烈酒精酿师的发现，并不支持他们的最后一点主张。许多我所研究的精酿师与业主并不代表抵抗运动，他们也不是因为受到抵抗号召所驱使而在手工艺经济中开业或加入其中。

7. 见Brown-Saracino（2009）；Grazian（2003；2008）；Johnston and Baumann（2010）。
8. 例外可见Dudley（2014）对于吉他制琴师如何理解自己劳动的研究。
9. 相较于其他金属，铜制品导热佳且平均，最能在蒸馏过程中有效去除酵母排出的硫，产出比较干净（至少是风味明显）的烈酒。“去硫”可以部分解释蒸馏师在每次蒸馏后必须清理铜制壶式蒸馏器的原因。
10. “alembic ”跟“alcohol ”两个字都有阿拉伯语语源。
11. “Eau de vie”是一种无色（是指在无陈酒的情况下）的水果白兰地，包括苹果杰克（Applejack，用蒸馏苹果酒制成的陈年美式烈酒）、卡尔瓦多斯（Calvados，类似苹果杰克，只是产自法国）与拉吉亚（Rakia，东欧国家用数种不同水果制作的人气烈酒，新酒与陈酒皆有）。
12. 见Wondrich（2010，9）。
13. 前面两段的历史，是摘自Forbes（1970）；Wilson（2006）；与Wondrich（2010）。
14. 朗姆酒是新大陆的烈酒，以加勒比海殖民地制糖过程中的产业废料——糖蜜为主材料，在奴隶贸易中带来不小的影响。见Curtis（2006）。
15. 桶装与波本的历史跟大多数的酒类历史（包括鸡尾酒）都笼罩在传说中。这些传说都是文化发明，其明确起源无法精确考证。把酒装进木桶陈酒的做法，堪称历史上最让人喜闻乐见的意外。自从用木桶储藏烈酒之后，15世纪前后的欧洲蒸馏师或许就已经注意到陈放会如何改变烈酒，增添风味，加深颜色，削减其刺激的味道。至于肯德基蒸馏师所知的木桶陈酒是否跟欧洲的做法一样（或者假如一样的话，他们怎么会想到这招）；陈酒为何是从肯德基开始流传，而非其他地方；甚或用来描述陈酒后产品的“波本”一词究竟从何而来，全都是未解之谜。无论如何，陈年白兰地（或是干邑，亦即来自法国干邑地区的白兰地）、苏格兰威士忌与波本之间仍有许多不同，如规定使用的木桶种类（干邑用新的法国橡木桶，纯波本用新的美洲橡木桶，苏格兰威士忌可以用任何一种橡木桶，包括曾经装过波本的桶子）。见Veach（2013）与Wondrich（2010）。

16. 这段美国威士忌史多半引自Veach（2013）。
17. 第一个数字来自戴夫·温德里克为产业公会美国蒸馏酒委员会（DISCUS）写的禁酒时期简史：www.prohibitionrepeal.com/history/beyond.asp（存取日期December 29, 2015）。
18. 药房因此成为民众非法购买酒类的人气地点（Okrent 2010）。当局允许若干葡萄酒厂合法经营，为宗教目的酿造葡萄酒。
19. 有些走私贩会在便宜（且未经管制）的中性谷类烈酒中加入食用色素，让瓶里装的酒液看似威士忌。
20. 见Curtis（2006, 178–181）写的美国朗姆酒史。
21. Heying（2010, 139–141）简短综述俄勒冈烈酒精酿产业如何成长，重点放在波特兰。
22. 联邦法同样禁止家中自酿。不过，联邦政府在1978年解除了在家酿造啤酒的禁令，截至2013年时，各州皆已允许。这个决定有益于精酿啤酒产业，民众因此能在开业前先自行实验。我在烈酒精酿厂遇到过的人当中，只有两人曾经在家（非法）蒸馏烈酒。
23. 取自Economist, September 8, 2012：www.economist.com/

node/21562224（存取日期December 29, 2015）。

24. A-1蒸馏酒执照原本要花费6.5万美金，如今则是1500美金。根据烟酒业暨税务管理局（Alcohol and Tobacco Tax and Trade Bureau, TTB），“标准酒精度加仑”是指温度在华氏60度时，酒精占50%的一加仑烈酒。以标准酒精度80（酒精浓度40%）装瓶的烈酒就是0.8标准酒精度加仑，以标准酒精度125装瓶者则是1.25标准酒精度加仑。

25. 有一段时间，图丘镇烈酒厂能贩卖、提供试喝的只有波本、裸麦威士忌、四麦威士忌、玉米威士忌与伏特加，但单一纯麦威士忌或朗姆酒则不能，因为后两者的主原料（抽芽大麦与糖蜜）分别来自加拿大和路易斯安纳，而非纽约州。不过纽约州的农场葡萄酒厂执照有了修改，允许执照持有者销售纽约州品牌产品，图丘镇所有产品也包括在内。由于可以持有多张酒厂执照，图丘镇获得一纸农场葡萄酒厂执照，所以如今他们可在酒厂内销售所有产品，并提供试饮。

26. 见Heying（2010, 139–141）。根据美国蒸馏酒协会（ADI，烈酒精酿同业团体），全美国有241家烈酒精酿厂，纽约州有24家。协会官方网站提供的烈酒精酿厂定义为：“不到25%的精酿厂（烈酒蒸馏厂，DSP）是由本身并非精酿厂的酒精饮料产业成员所拥有或控制（或有相应的经济利益）……年度最大销售量少于十万标准酒精度加仑……烈酒精酿厂生产的烈酒反映其主要精酿者运用任何传统或创新技术组合（包括发酵、蒸馏、二度蒸馏、调和、稀释或储藏）的看法。”资料来源：http://distilling.com/resources/craft-certification/（存取日期February 29, 2016）。

ADI晓得“精酿烈酒”的种类远多于精酿厂数量，因为精酿厂通常生产多种烈酒，包括酒厂外独立人士拥有的品牌。若要获得ADI标签，烈酒必须是以认证精酿烈酒制造商拥有的蒸馏器所蒸馏的。不过，并非所有烈酒精酿者都是ADI成员，所以生产小批次烈酒的实际酒厂数量还要更多，可能超过一千家。此外，烈酒蒸馏执照数量也比烈酒厂多，毕竟像纽约州的烈酒精酿厂就有可能拥有多张执照。另一个同业团体——美国蒸馏酒委员会（DISCUS，比ADI更有历史、更有钱，也更有影响力）为呼应蓬勃发展的烈酒精酿产业，于是在2010年开设“小型烈酒厂”类别。他们把“小型烈酒厂”定义为每年生产少于十万标准酒精度加仑的酒厂。妙的是，DISCUS在全国只有十五间会员公司，却有135个“小型烈酒厂相关会员”。不过，其成员公司却是烈酒产业的火车头，如宾三得利（Beam Suntory）、亚吉欧、酩悦·轩尼诗（Moet Hennessy）与保乐力加（Pernod Ricard），主宰美国烈酒消费量的绝大多数。

27. 我把本章的焦点多半放在纽约州的人和环境上，但我交谈过的、来自其他地方的精酿师、业主与鸡尾酒酒保，也同意他们本地的鸡尾酒风潮对于催生该州烈酒精酿厂具有重要性。
28. 见Tsui（2011）在《纽约时报》谈裸麦威士忌回归的文章。
29. 就职业与产业扩张来说，第二波的人也遵循类似模式，我会在后记探讨这一点。
30. 第一代的鸡尾酒吧业主多少有点出人意料。他们多半有夜生活产业的工作经验，但没有在专门的鸡尾酒吧工作过。
31. 书名是《纯玉米威士忌制作：给业余与专业人士的专业指导》（*Making Pure Corn Whiskey: A Professional Guide for Amateurs and Professionals*, *1999*）。

32. 对于蒸馏，许多烈酒精酿师与从业者也提出跟拉尔夫与布莱恩一样的评估：没那么难。应该说，只要你按照基本的工序走，实际蒸馏就没那么难。但制作“优质”或独特的产品则是另外一回事。我会在第六章分析烈酒蒸馏科学与艺术之间的关系。
33. 见Carroll and Swaminathan（2000）对于啤酒精酿产业兴起的分析。
34. 当我把关于伏特加的这个事实向禁酒蒸馏厂共同所有人约翰指出时，他承认了，并同意伏特加跟他们品牌的历史包装不太搭。但他力陈，禁酒时期美国国内确实不算有伏特加，但民众绝对曾经在不知其所以的情况下非法制造出伏特加，他们就只是酿酒，并不在乎这酒叫什么。行，这个说法我能接受。约翰也坦承他们之所以选伏特加作为第一项产品，是因为伏特加最容易被市场接受（毕竟是销量最大的酒种），也是因为回收快——伏特加一从蒸馏器出来就能马上装瓶，送往市场，不必在木桶中陈酒。
35. 这次的曼哈顿鸡尾酒经典节是在2010年5月举办的。
36. 酒庄严选红酒与烈酒（Domaine Select Wine & Spirits）是家大型私人红酒与烈酒进口暨批发货运公司。
37. 乔所谓的“新鲜香草”，意思不是直接从花园摘来，而是专门为蒸馏酒用而种植、经过适当干燥，而非超市卖的预磨香料。
38. 图丘镇帮他们生产到2014年，之后他们把产线移到自己位于小镇罗斯科（Roscoe）的蒸馏厂。如今除了伏特加，他们也制作金酒与波本酒。
39. 见Heying（2011）与Johnston and Baumann（2010），他们研究那些“手作”在人们眼中变得等同于“真材实料”，甚至品质比大规模生产商品更精致的例子。后者谈到杂食性吃货文化的兴起，主张食物相关品味体系已经出现转变，而商品的真实性等级对于这种转变有重大影响，展现出高度真实性的产品（如来自少见的产地，或是简单、手作）能比包装产品或以前的上流食品（如法式料理，若以烈酒来说，则是苏格兰威士忌与干邑白兰地）得到更高的地位。

40. 《葡萄酒世界》是2004年的纪录片，谈全球化与重量级酒评对葡萄酒产业和产区造成的冲击。电影制作者对于自己认为的葡萄酒口味与制作同质化大致抱持批判态度。

41. 电影十多年前就上映了，但我一直没有看。我不晓得乔口中讲的到底是谁。我猜他指的是知名葡萄酒品酒人罗伯特·帕克（Robert Parker），或是加州葡萄酒酿酒人兼葡萄园主罗伯特·蒙德（Robert Mondavi）。两人在影片中颇有戏份，影片上映时，葡萄酒产业中的特定成员也重重批评他们，认为他们得为同质化多少负起责任。

42. 乔此时的意思是“风土”（terroir）的概念，也就是地点特性让产品尝起来独一无二。“风土”概念的学术分析见Bowen（2015）与Trubek（2008）。

43. 见Grazian（2003）。

44. 我会在第六章讨论这种时间面向对于书中四种职业的重要性。

第三章：在男人头上动刀

1. Kimmel（2012）在他的美国男子气概文化史中提出这几点。

2. West（2001）探讨娱乐空间，研究男人如何通过饮酒次文化处理阳刚气质问题。

3. Kimmel（2012，20）.

4. 接下来的讨论，我是以West and Zimmerman（1987）谈“做性别”

的重要文章为基础的。

5. 见Connell（2005）对于男人展演的多种“阳刚特质”，以及他们跟“霸权阳刚特质”之间关系的探索。

6. 最近有两份研究也探讨阳刚展演在服装（de Casanova 2015）与发型方面受到的当代挑战，尤其是前往女人的美发沙龙，以成就特定风格的男性（Barber 2008; 2016）。

7. 标志性的多色理发杆在这时候出现。帮手与病人会在治疗过程中拿着杆子，顶上有个碗用来放水蛭（用来放血）和接血。杆子的不同颜色代表理发师的角色：蓝白色杆代表理发师只理发，红白色杆代表理发师还兼医生与牙医工作。红色带可能来自手术后挂在杆子上晾干的染血布条。等到理发师不再从事手术、也不提供医疗之后，理发杆仍以装饰的形式流传下来，斜条状的色带有红白两色，有时候则是红、白、蓝，顶上则用一颗圆球取代原本放水蛭与接血的碗。

8. 这段文字中提到的理发师与理发店的历史，多半来自Sherrow（2006）。并见Abbott, s（1988）对于这一行兴起的研究。

9. Barlow（1993）.

10. 关于工业时代白领阶层的从众性与集体性，见Whyte（1956）的经典研究*The Organization Man*。并见de Casanova（2015）对于今日白领阶层如何通过个人外貌寻求阳刚气质的研究。

11. 有关男人感觉到、屈服于这种对自己进行美体工作的压力，研究可见Barber（2016）; Frank（2014）; Luciano（2001）; 与Salzman et al.（2005）。

12. 见Boyle 2013。

13. 探讨“都会花美男”概念的学术与大众出版品，例见Brumberg

(1997);Coad(2008);以及发明“都会花美男”一词的新闻从业者Simpson(1994; 2002)所做的研究。

14. Dean(2014)深入挖掘这个概念的打趣表象,对于都会花美男阳刚特质何以呈现多重阳刚特质模式彼此冲突的一种混合,造成“准霸权式阳刚形式”(187–217)有精辟的研究。并见Sender(2006)。

15. 关于男人体毛与建构“何谓阳刚”的论述,见Frank(2014)的研究。

16. Barber(2008; 2016)研究因为感受到特定外貌压力而前往女人美发沙龙的专业、异性恋、中产阶级白种男人。我这段提到的几点是以他的研究为根据。

17. 见Lawson(1999),她根据Connell(2005)对阳刚特质的决定性研究,探讨男士理发店里主导性的阳刚特质。

18. 在各种类型的理发店中,非裔美国族群理发店是迄今最多人讨论与研究的,原因多半是因为在非裔美国人居住的城区,理发店是个可以安心讨论黑人阳刚特质的地方。例见Alexander(2003);Harris-Lacewell(2006);Mills(2013);Nunley(2011);Williams(1993);与Wright(1998)。

19. Lawson(1999)也在她比较理发店、沙龙与不分性别理发店的研究中,清楚说明物质环境扮演的重要性。

20. 这种经营安排存在于我的田野调查期间。我会在后记中讨论这种经营如何发生变化。

21. 这条小巷名字的由来并不清楚。曼哈顿闹区很少有这种位于城区中间的小巷。包卫理收容所(Bowery Mission, 1879年开设的慈善组织暨男性收容所)就位于弗里曼不远处的街角。领取食物、寻求救济与栖身之所的男性排队队伍以前会在李文顿街上蜿蜒,排进弗里曼巷，尾端或许就停在未来某天成为高价餐厅的店门口位置。

22. 我在弗里曼田野调查时，曾经跟一位认识的鸡尾酒酒保在店里不期而遇。他是来剪头发的，他还告诉我以前会去盲发匠剪。但自从人家知道他在知名鸡尾酒吧工作后，每次他去剪发，他们就会请他喝正在研究口味的调酒，让他提供意见回馈。“我不想中午就开喝。我只是想剪发。我不想谈鸡尾酒”，他对我说。他们还会不收他剪发费，这让他感觉不自在。“要是他们来酒吧喝酒，我可以回敬他们，这样感觉就不一样了。但他们从没来过。”对于这些劳动者来说，产业内或跨产业的互相招待相当常见（比方说，我就遇过有理发师跟一位高价靴子销售员有这种交换——免费理发换买鞋折扣，还有另一位理发师是靠一样的方式换折扣买高价手表）。但单方面的交换会让天平失衡，带来不舒服的感觉。结果这位酒保就换了理发师。
23. 见Felder（2015）谈这种现象的《纽约时报》文章。
24. Black and Sharma（2001）在研究美体雕塑师时，采用如下的区分：人们认为女性身体是“后天造就”，或者应该如此；而男性的身体则是“先天如此”，不需要任何美体雕塑。
25. 头皮渐层虽然看似自然，但这种发型其实非常现代化，毕竟没有电剪就剪不出来。电剪的作用等于理发师用剪刀剪梳子定位出的长度，但电剪可以剪得更贴近头皮，也更整齐。
26. 我在自己的前作（Ocejo 2014）讨论过这些“变高档”的街区。
27. 这种基本人口分布也跟鸡尾酒吧顾客、小批次烈酒消费者，以及全只肉店顾客相呼应。

几位理发师说他们有时会在店里为女性剪发，只有少数表示他们有女性常客。我在田野调查期间只看过两位女性来剪发，其中一位来过两三次，都是找同一位理发师。我偶尔会看到亚裔与拉丁裔顾客，他们的风格（发型与服装）都跟白种客人类似。我在弗里曼只见过两位非裔美国客人，而且他们都是来找迈尔斯剪——迈尔斯是非裔美国人与波多黎各混血儿，也是店里唯一非白人的男性理发师（我在田野调查期间只有一位常驻女性理发师，她是日本人）。

28. 在这方面，他们就跟许多鸡尾酒酒保和屠夫差不多。前面提到过，烈酒精酿师在工作前鲜少有过蒸馏经验。

29. Bourdieu（1984）指出，富有经济资本的人跟不得不的情况相去甚远，因此能追求、培养文化品味（也就是攒积文化资本）。此处的差异也能与他的说法相呼应。

30. Hochschild（1983）一开始是通过她对空服人员的研究建构出“情绪劳动”概念的。并见Gimlin's（1996），她把这个概念应用在女性沙龙的美发师身上。情绪劳动虽然亦可见于鸡尾酒酒保与全只肉店员工身上，但理发师的情绪劳动还是最为显著。

31. 见Robinson et al.（2011）对于以美发师身份工作的男人，以及这份工作对其阳刚特质造成挑战的研究。

32. 手法上有些差异。理发师比较常用推剪帮男性剪发，毕竟男性多半短发，留长发的女性比男性多。但用剪刀剪轮廓与分撮的方式则大同小异。“处理留长发的男人时，你不会给他弄女人那种造型跟那些手法，”乔伊说。“但基本原则几乎一样。”只要理发师擅用剪刀，且有风格意识，那他剪女性头发就会跟剪男人的头发一样轻松。

33. 高档理发店的理发师也避免不了情绪劳动，我会在第七章讨论。见Black and Sharma（2001）对美体雕塑师的研究。

34. 就这一点来说，这些理发师就跟其他表现“审美劳动”的劳动者一样：这类劳动者因为自己的外表，举凡长相、口音、造型与仪态而受雇用，而雇用与否经常是以传统中产阶级对于种族与性别的标准为根据（Besen-Cassino 2014; Mears2014; Witz et al.2003; Wolkowitz 2006）。这些理发师就跟高档零售店的雇员一样，必须“看起来对，听起来也对”（Williams and Connell 2010）。但这些理发师与书中其他劳动者的工作展演更是需要达到特定的审美标准。

35. 见Fine（1992）。

36. 这一点跟本章注34的审美劳动有关：他们必须跟其他理发师“搭”，还要能相处融洽，才会得到雇用。

37. Gimlin（1996）.

38. Black and Sharma（2001）与Sharma and Black（2001）在他们对美体雕塑师的研究中也得出一样的结论，只是这些劳动者隐藏情绪劳动的方式与理发师大不相同。

39. Robinson et al.（2011）；并见Ahmed（2006）。

40. 我做田野调查时，理发师们有时会聊到客人在评论网站“Yelp ”做的评论。那些评文不时提到因为理发师群体垃圾话的主题而感到遭受了冒犯。此外，我研究的理发师里有两位常在弗里曼西村店工作，偶尔去下东区店，但他们比较喜欢在西村店做事，因为他们对下东区店的垃圾话主题不感兴趣，或是认为不专业，如嗑药。他们把这些特定主题与题材的讨论，归诸下东区店驻店理发师的特殊社交方式。

41. Desmond（2007）的研究显示，当荒野消防队员遭遇同侪的言语攻击（即“喇赛”）时，他们有“交战、升级或不作为”等选项（96）。

42. 见Goffman（1981）。

43. 见Desmond（2007）。

44. 见Desmond（2007）。

45. 比方说，Bird（1996）主张“与其他男性竞争的行为，提供了能同时以个人身份与适当的阳刚方式建立自我的舞台”，而且“男性宰制的延续有所助益”（127）。

46. Bird（1996）.

47. 见Bird（1996, 129）以及Lawson（1999）。

48. 弗里曼雇用了另一位女性理发师，是位身上文了一堆刺青、三十岁出头的白人女性，名叫阿曼达，她主要在西村店工作。要是李文顿店有谁请假，她偶尔会来代班。我在西村店没有观察到她参与任何群体垃圾话，而她在李文顿店也不会主动提出垃圾话主题。但其他理发师有时候会问她“身为女人”，针对他们正在讨论的主题有什么看法，而他们却不会这样问可可。我猜想，她的种族与个人风格在这样的差异中也有影响（店内“审美劳动”的实例）。自从结束田野调查之后，身为常客的我还是继续到弗里曼剪头发，而我注意到他们这几年雇用了更多女性理发师。我不确定群体垃圾话的驱动力是否在这段时间有所改变，但社交模式似乎没变：理发师彼此一对一都相处融洽，甚至与女性理发师成为朋友，但女性理发师多半不参与群聊。

第四章：全只尽现

第四章部分内容曾发表在“Show the Animal: Constructing and Communicating New Elite Food Tastes at Upscale Butcher Shops” *Poetics*, 47 : 106–121, 2014。

1. 为了让读者对规模有点概念：双L有两名员工在屠宰层工作（业主的儿子和侄子），切肉间有三名屠夫（包括业主本人），还有一些做杂事（如绞肉和打扫）的雇员。在我造访双L那天，屠宰层的工人宰杀了两头牛与15只羊，屠夫则在早上七点到下午三点之间按照特定订单分解屠体并包装，有约一个小时的午餐时间。这是他们平常工作日的情况。相较之下，Pachirat（2011）研究的工业屠宰场却有超过800名员工（经理与工人处理屠宰与加工，每天在高度严格管理的环境中运出2500头牛。根据他的研究，因为低薪与严酷的工作环境，这类设施每年员工更迭率将近百分之百，原因跟制程有直接关系。
2. 迪克逊肉铺的家禽来自别的渠道。禽类在宾州饲养，在皇后区宰杀，屠宰场名叫马达尼清真（Madani Halal），司机每周会送三次货（有时候四次）——通常是周一、周三与周五。
3. 见Ferguson（1998; 2004）与DeSoucey（2010）。
4. 见Johnston and Baumann（2010）。
5. 我在第二章提到，农民也会出于相同理由，拿玉米制作威士忌。
6. 这段文字与接下来对于肉品产业史的讨论，多半是根据Ogle（2013）的研究。我也参考了Leonard（2014）的研究，他的焦点集中在养鸡业与泰森食品（Tyson Foods，美国四大农业企业之一）的历史上。

7. Cronon（1992）.

8. 对于笼饲动物与育肥场（美国环境保护局［Environmental Protection Agency］使用的法定名称为“动物饲养设施”［Animal Feeding Operations, AFOs］）的常见批判，见Pollan（2007）；Leonard（2014）；Schell（1985）与Schlosser（2001）。

9. 见Hughes（1971）的经典论文，主题谈社会上视为身体与/或道德上“肮脏”的劳动，也就是大家倾向与之保持距离的那种工作。关于将肉品产业中的“肮脏活”从人口密集的环境中迁离的相关历史讨论，见Ogle（2013）与Pachirat（2011）。

10. Pachirat（2011）在他的工业屠宰场民族志中仔细解释过加工过程。他分割出极其详尽的细节与高度重复性的工作，如站着检查牛肝，把牛肝挂到冷冻库的肉钩上，而且一天十小时。

11. Pachirat（2011）便指出，今天“仅仅四家企业［泰森食品、康尼格拉（ConAgra Montfort）、嘉吉（Cargill-Excel）与全国牛肉（National Beef）］便掌控了80%以上的美国牛肉市场，其他肉类市场也有类似的集中程度”，与此同时“仅仅14家屠宰场便负责了所有牛只中56%的宰杀；12间屠宰场负责所有猪只中55%的宰杀；6家屠宰场负责所有小牛56%的宰杀；4间屠宰场负责所有成羊与小羊67%的宰杀”（275-276）。

12. 现在只有九家肉品包装公司还留在这一区，不足以像以前一样让街上出现明显的肉味与血腥味。这九家公司以历史悠久的冈斯福市场肉品中心（Gansevoort Market Meat Center，是一座有卸货区、外型不规则的集体建物）之名集体营运。

13. 见Pachirat（2011）。

14. Zukin（2010）在讨论纽约市联合广场（Union Square）的蔬果市场时，质疑购买“当地”农产作为一种都市真实性形式的概念，毕竟所谓的“当地”其实距离相对遥远（我会在本章稍后谈到这一点）。并见de la Pradelle（2004）对于法国普罗旺斯某城镇的人，如何大致同意在并非事实的情况下，把自己的市集日称为某种真实性体验所做的研究。
15. 关于饮食名人文化的探讨，见Kamp（2006）与Johnston et al.（2014）。
16. “马洛父女”也是布鲁克林的精宰肉店。我曾经访谈过肉钩的几位工作者，以及一位“马洛父女”的创店屠夫。
17. 我会在第六章讨论精宰社群中人如何理解这些因素与实际口味之间的关系（例如，一头牲口饲养与屠宰的方式，会影响肉品的风味到什么程度）。影响对牛排味觉的各种因素，相关讨论见Schatzker（2011）。
18. 此人名叫达里奥·切齐尼（Dario Cecchini），是知名的传统派意大利屠夫。作家比尔·布福特（Bill Buford）为了写他那本畅销书《炼狱厨房食习日记》（*Heat*，2006年），曾到他手下实习。
19. 琳迪与格伦狄是洛杉矶的肉店，在2014年停业。
20. 之所以跟肉品包装区这么接近，其实纯属巧合。
21. 见Goffman（1959）用拟剧元素（dramaturgical elements）解释社会结构与社会互动的经典研究，以及Pachirat（2011）对“视觉政治学”（politics of sight）的讨论——也就是运用权力来隐藏工业化屠宰场宰杀工作所引发的反感与道德争议。全只肉店映照出食品业从电视节目到餐厅的开放式厨房，都朝更透明化发展的潮流。

22. 我会在第八章讨论从这家店的店内动态，以及从其他三种职业的类似处境中浮现的紧张关系。

23. 迪克逊肉铺雇用了第六位屠夫杰夫。我开始实习之前，杰夫原本在切尔西店工作，但2012年（也就是我做研究的时候）他则是到特里贝克新开的小店工作了几个月。那家分店位于一家叫“好物多”的平面开放式专卖市场（像是迷你的切尔西市场），其实更像摊位。我去过那里几次，在那里工作过，也和他访谈过。杰夫也是转换跑道后才成为屠夫的。在我的田野调查期间，多数在特里贝克店工作过的雇员都换过工作。我也观察过乔丝琳，与她访谈。乔丝琳在JM被开除之后（见后记）成为屠夫领导，但那是在我正式结束田野调查之后的事。迪克逊肉铺里的六位非墨西哥裔的屠夫，以及我其他访谈过的精宰肉店屠夫，全都上过大学，也都换过职业跑道。

24. 由于搬运工的劳动类型（肮脏，地位低）与低薪之故，做这份工作的人在我做田野调查时不停更迭。

25. 我观察、访谈过其他店的业主与雇员，这些店的销量顶多只有迪克逊肉铺的一半。有些店每周只进一头小公牛与一两头猪与小羊。有几个原因让这些店家在坚守其哲学的情况下仍无法有更多销售量：他们没有更多冷藏空间可存放屠体或肉品，没有厨房能将肉块变成其他料理（或者做不出大餐），他们人手不够，或负担不起能制作更多肉品的员工（就工作量与技术而言），以及/或是没有足够的客源来购买更多肉品（亦即没有中午买午餐的人群，或是一般消费者不够多），而这或许跟店的地点有关。每家店都有设备可绞肉、灌香肠，这有助于增加销量。

26. 我会在第七章讨论肉店劳动者如何达成这个目标。

27. 见Fine（1992）。
28. 这个事实让他们有别于其他中介性文化劳动者与生产者的例子（见Mears 2010；Nixon 2003；Smith Maguire 2008）。并见Ocejo（2010；2014）。
29. 其他三种职业在劳动者与组织之间也出现了类似特色。鸡尾酒吧在特定经典调酒上（如马提尼）有其“看家酒谱”，亦即店家希望自家酒保每次调酒时都采用特定方式，除非客人有不同要求。理发店要求理发师必须坚守特定要求，如后颈的头发要渐渐削薄。烈酒精酿厂稍微不同，因为烈酒的品质可能变化极大，而部分原因跟劳动者的决定有关。但酒厂在其他工作（如贴标或装瓶）亦有其准则。
30. 简言之，他们落实通过专注练习学来的知识（Hancock 2013；Leschziner 2015；O' Connor 2005；Wacquant 2004）。
31. 见Fine（1992）对于厨师和影响其工作的时间条件之探讨。我会在第六章触及时间性议题。
32. 见Naccarato and LeBesco' s（2012）对于“饮食资本”（culinary capital），也就是食物与饮食习惯塑造今人身份认同与社交生活的研究。

第五章：中产阶层的孩子何以渴望劳动阶层的工作

1. 这个要价595美金的配件长得就像医生的出诊包，内袋很深，专门设计来放长形的瓶子（比方乐沙度［Luxardo］樱桃利口酒），多加195美金可以加购卷筒包，可放汤匙与搅拌棒等工具。
2. 格雷格·贝姆不只是出版商兼专业鸡尾酒爱好者，他还搜集鸡尾酒、烈酒与炼金术题材的珍本，以及古董调酒用具。他拥有成百上千本的书，鸡尾酒社群中人经常造访他的办公室（同时也作为图书馆与博物馆）进行酒谱与产品研究。格雷格还重新印行、贩售绝版的经典鸡尾酒书籍，生产一系列的苦精，并进口汤匙、雪克杯与混酒杯等日本制酒吧工具。

3. 我这里提到的是阿内·卡勒伯格（Arne Kalleberg）饱受赞誉的相关主题研究，尤其是他2011年的书《好工作，坏工作：美国极化与不安定就业体系的兴起，20世纪70年代至21世纪初》（*Good Jobs, Bad Jobs: The Rise of Polarized and Precarious Employment Systems in the United States, 1970s to 2000s*）。卡勒伯格在这本书与其他研究中探讨的是：全球化、放松管制、知识密集工作兴起、科技创新、服务业扩大，以及从集体问责转向个人主义与个人问责的意识形态转变……这一切的结合是如何导致更严重的工作不稳定性（也就是朝不保夕的劳动环境）、全天候劳动生活，以及工作品质产生的巨大差异（以安全与稳定、保险、自主性，以及花在工作上的时间为标准）。

4. 见Neff and colleagues（2005）对于时尚模特儿与新媒体工作者“酷”工作的研究。

5. “体制性魅力”的概念在社会学中有悠久历史。马克斯·韦伯（Max Weber）在社会学理论经典中地位稳固。他用“魅力型”（charismatic）来描述三种理想权威类型之一（“传统型”[traditional]与“法理型”[legal-rational，如官僚机构]则是另外两种；Weber 1947）。魅力型领导人拥有深不见底的感召吸引力，能打乱社会秩序。他们的追随者相信他们内在有种超自然力量，让追随者受到无法解释的吸引。当然，问题在于一旦魅力型领导人死后，集体还能维持多久。韦伯主张，少了神圣力量的来源，该团体若非化为法理型官僚组织，就是消失。虽然韦伯的魅力概念多半应用在领导人身上，但学者也会把这个概念套用在体制上。Shils（1965）主张体制可通过其“角色与规则的阶级体系”（hierarchy of roles and rules）分配魅力（205）。综观Kanter（1972）对乌托邦社群的研究，她始终主张体制性魅力才能解释成员对团体的忠诚，而非魅力型领导。Biggart（1989）将这些对魅力的诠释应用在她对直销组织的研究上。她发现，这些营利机构通过对体制化的敬畏来确保社会秩序与劳动者的效忠。Chen（2012）在《燃烧人》（*Burning Man*）一书中的研究显示，就连组织这起醉人艺术活动所不可或缺的例行公事，也都已“魅力化”，亦即因全身心投入的成员通过讲述故事而获得意义。最后，Frenette（2013）研究音乐产业的实习生：装信封、影印、端咖啡等长时间乏味工作构成了他们的白天生活，而做节目等有趣工作与晚归又势必在晚上进行，他的研究呈现出实习生在这两者之间的日常摆荡。他的论点是，音乐产业的工作虽然具有高度不稳定的特质，但该产业带动的体制化魅力，却足以让实习生与雇员至少能短时间全身心投入这个产业。

6. “酷”产业“烂”工作的例子，包括不支薪的唱片公司实习生（Frenette 2013）和录音室助手（Siciliano 2016）。
7. 见Currid（2007）对于纽约市这些文化产业彼此重叠之处，以及扮演的重要经济角色所做的探讨。
8. 关于另一个体力劳动工作变得大受欢迎的例子，见Leschziner（2015）所研究的明星厨师。

9. “hipster”一词起源于20世纪40年代的爵士乐年代，用来指那些很“潮”（hip），也就是音乐与艺术圈的“内行人”（见Hobsbawm 1959）。（“hip”这个字作为“酷”或“内行”的同义词出现，其起源甚至更古老而费解。有好几种解释。）当代“hipster”的用法始于20世纪90年代，是指对独立音乐与艺术有兴趣的都市仕绅（gentrifier）。
10. 关于对“文青”一词的一般性讨论（多半带负面意涵），见Greif et al.（2010）。并见Perry（2013）对于文青运用工人阶级文化作为自我风格的分析，以及Schiermer（2013）对于文青与反讽的理论处理。
11. 作家柯特·雷利（Kurt Reighley）2010年的《美国形象中的美国：后院养鸡、脱衣舞娘与手作苦精：新美国寻根运动田野调查守则》（*The UnitedStates of Americana: Backyard Chickens, Burlesque Beauties, and Handmade Bitters: A Field Guide to the New American Roots Movement*）一书中，便纳入全只屠宰、鸡尾酒与烈酒蒸馏，以及男士理容为例，提到这几个行业有意唤起、视为失落过去的人气概念。
12. 有关怀旧之情的理论探讨，见Davis（1979）与Wilson（2005）。关于人们如何在各种社会脉络中定义、运用怀旧之情的讨论，见Kasinitz and Hillyard（1995）；Milligan（2003）；与Ocejo（2010; 2014）。
13. 关于人们之所以追寻职业生涯的动机与受到的影响，以此为题的学术著作可谓汗牛充栋。有些研究呈现出早期教育扮演的角色。Lareau（2003）深入研究中上层阶级与工人阶级父母，发现前者如何让孩子参加各式各样的活动，试图陶冶特定的技艺、能力与兴趣。她发现工人阶级父母缺乏这些作为［并见Rivera（2015）对于人们如何获得上层工作的研究］。Willis（1977）在“劳工阶级的孩子何以从事劳工阶级工作”（“how working class kids get working class jobs”）这项经典研究中，主张工人阶级的“反学校”（counter-school）文化受到教育体系结构的促成，在结构中扎根，让工人阶级“小伙子”准备好一辈子为低社会地位体力劳动职业付出其劳力。上述这些分析都着重于不同社会阶级背景出身的小孩在学校的表现，而Khan（2010）则主张今天的新型社会与经济精英得天独厚，提倡“在家庭中发展、培养青少年时期的能力（或者说“惯习”［habitus］；Bourdieu 1984）影响了自己选择进入的领域”的看法，并内化、展演之。最后，Judge and Bretz（1992）发现大学生会在符合自己价值取向的组织内找工作，而“价值”则是由出人头地的机会、他人的关注，以及诚实与公平的程度决定的。这些各式各样的机制，代表着影响人们选择自己从事职业的诸多因素中小部分的取样。

14. 见Besen-Cassino（2014）；Gatta（2011）；与Pettinger（2005）。并见Misra and Walters（2016）所下的不同结论。

15. 就社会学而言，“意义”指的是人如何把价值归因于其生活中的各个面向，亦即认为其生活的各个面向充满意义，而这会反映以及/或是影响社会立场与文化观点（Geertz 1974; Mead 1934）。Ross and colleagues（2010）观察劳动意义相关研究概况，识别出学者关注的两个关键议题：劳动意义的来源——尤其是自我、他人、工作环境与精神生活：以及通过什么机制得以让劳动有意义——如真实性（authenticity）、自我效能（self-efficacy）、自尊、目的、归属感与超越，以及其他文化与人际意义建构。本书里的新型精英劳动者是从上述的几种来源，通过这几种机制，在职业生涯道路上的各个时间点找到效力各异的意义，但不包括明显的信仰源头与机制（精神生活与超越）。

16. Besen-Cassino（2014）研究年轻的咖啡店店员，她主张这些年轻人在制作商品时也在“消费劳动”。他们对于自己服务的公司品牌有自我认同，他们的生活方式也符合这种劳动的本质。她的研究也是象征互动论（symbolic interactionist）研究方法的典范，在断定一种工作是“好”还是“坏”的时候，从劳动者的观点来梳理。这也是我在书中采用的方法。

17. Wrzesniewski and colleagues（1997）以Robert Bellah及其研究团队在*Habits of the Heart*（1985）一书中的论证为基础，探讨人与其劳动的三种关系：作为工作（jobs，提供实际收益，额外的意义不多）；作为职业生涯（careers，除了实际收益之外还提供发展的机会，包括更高的社会地位与自尊）；以及召唤（callings，提供内在的回报，从跟生活密不可分的劳动中获得满足）。当然，“召唤”的概念有其宗教起源，这点韦伯已经探讨过了（1958；1963）。有些人感到神“感召”他们投身于特定的劳动。这种神圣的干预会让劳动充满道德重要性。Wrzesniewski和同事谈的是世俗版本的召唤，也就是本身就带有意义与满足感的劳动。“劳动带来个人价值”的直觉，或是（在我看来）从为工作所做的劳动中自我发掘到的魅力（这是我在本章中所主张的）取代了神在召唤人从事社会与道德重要性的劳动时所发出的声音。这几种关系（工作、职业生涯与召唤）并不互斥，也跟职业无关。易言之，人可能同时在一种职业中感受到这三种关系，而同一种职业对不同人来说或许只是一种工作、职业生涯或是召唤。我得重申，并非所有人都能随心所欲追求某个能为他们带来实际收益与社会地位的发展前景、增进其自尊的职业，或是在自己的劳动中以一种与自我认同交织的方式寻得满足感。书中这些劳动者属于那些够幸运能如此追求的人。

18. 见Leschziner（2015）对名厨的分析。

19. 提出这个概念的Lave and Wenger（1991）主要是讨论让新手社会化，后来Wenger（1998）将之进一步扩大，用来指非正式的学习形态。并见Cox（2005）对于学术研究中如何使用这个概念所做的回顾。

20. 我在第三章的脚注中提到，多数的理发师进入正规学校以取得执照。但理发师也可以在“宗匠理发师”底下当学徒。

21. 简言之，杰森“有模有样”，示范了审美劳动。见Warhurst et al.（2000）；Warhurst and Nickson（2007）以及Williams and Connell（2010）。

22. 熨斗酒吧（哈尔跟人约会的地方）的老板茱莉·瑞纳，是鸡尾酒社群受人尊敬的老手。第一章提到过，奥黛丽·桑德斯拥有勃固俱乐部，萨莎·佩特拉斯克则是奶与蜜的老板。

23. 对其他人来说，肉品虽然在他们对食物的感受上占据主位，但影响的方式不同。各家全只肉店的人——实习生、柜台店员、屠夫与业主——曾经在生命中的某个时间点，因为从个人健康到宰杀动物为食的道德等原因吃蔬食与/或吃全素的人数相当耐人寻味。他们因为各种原因再度开始吃肉，如个人健康（像是莎拉），或是意识到还有“正确”对待肉品的其他选择（如全只肉店），不像一开始让他们放弃吃肉的主流肉品产业。（迪克逊肉铺的人告诉我，我离开之后，他们招了一位当时还吃素的女子当实习生。显然她很有兴趣进一步了解肉品。）他们对于食物的兴趣多少也来自这样的决定，而兴趣让他们有了到全只肉店工作的准备。在全只肉店，对食物的热情与知识是很重要的。另外三种工作中找不到能精确跟肉店世界中这种情况类比的人，毕竟他们的工作跟伦理没什么关系（尤其是宰杀的道德问题）。我只遇到过一个来自精调鸡尾酒与烈酒精酿世界中的人，是一度不喝酒的。他说他曾经有几年不碰酒，原因是酗酒问题，直到他听闻精调鸡尾酒世界之后，才学会怎么饮酒有度。我遇到过几个理发师是自己剪自己的头发，而且/或是从来不给其他理发师剪，但除了他们喜欢自己来，或是有朋友帮他们剪之外，就没有什么特别严肃的理由了。

24. 詹卡洛曾经工作过的那家“小”屠宰厂每天宰杀16头牛，加上几只小羊与猪。这样的产量比迪克逊肉铺合作的屠宰厂更多（第四章有提到），但远远少于工业化屠宰场（见Pachirat 2011）。

25. 与迪克逊肉铺合作的那间屠宰厂老板，刚巧过去几年也在同一个课程教课。

26. 移民洗碗工与厨房工作者有时会利用其工作经验，自己开餐厅。Zukin（1995）记录了他们的做法。

27. Thomas（1980）根据转职者感觉自己必须换工作的压力（亦即个人动机），以及他们感受的环境压力［（亦即公司行为（company actions）、职业转型与经济环境］将他们分门别类（并见Thomas et al.1976与Murray et al.1971）。Thomas将他们分成四类，其中“选择退出者”（Opt-outs）——并未受到太多外部压力，甚至完全没有，但热衷于在自己的职业生涯中多做点什么的人——最能代表本书里改变职业跑道的人。他们在自己的价值观、需求与自己的劳动之间寻求更好的配合。但多数的“选择退出者”其实跟现今的新型精英体力劳动者不同，前者会重新接受正式教育，以追寻新职业生涯。而且，本书里多数改变职业的人都还很年轻，不到35岁，对于大部分针对改变职业的学术研究来说都还不到“中年”（Barclay et al. 2011）。关于转职者的研究，并见Feldman（2002）与Heppner et al.（1994）。

28. 妮可与杰瑞米两个人的例子，皆显示这些途径不相冲突。两人在新经济人气产业中原本皆有一份“好”工作（建筑与广告）。同样的说法放在哈尔也行得通，他是一边做一份“好”工作，一边受到精调鸡尾酒文化吸引。我把妮可和杰瑞米放在这一段，是因为他们之所以进入现在的产业，并不是认为这是潜在的职业生涯，但哈尔（与罗伯）确实这么认为。

29. 例见Warhurst et al.（2000）；Warhurst and Nickson（2007）；与Williams and Connell（2010）。

30. 这家餐厅在2010年关门，只开了十个月；三区则是在2013年结束营运。

31. 全只肉店肉钩坐落在布鲁克林厨房（Brooklyn Kitchen）内部，后者是间卖常见与专门烹饪材料的零售店。布鲁克林厨房也有各种与饮食相关的厨房教学课程，包括屠宰。

第六章：科学与艺术

1. 完整书名是《全只屠宰：牛肉、羊肉与猪肉全图解》（*Whole Beast Butchery: The Complete Visual Guide to Beef, Lamb, and*

Pork)，作者莱恩·法尔（Ryan Farr）是旧金山厨师、屠夫兼企业家。书在2011年出版。

2. Fine（1992）把这种职业美学化，称为劳动者在实践惯例时抱持的“优越的制作感”（sense of superior production）（1268）。
3. 我也会在下一章指出公众的认可对于他们的职业认同有多重要。
4. 为了一件事本身而把事情做好，是Sennett（2008）职人特质定义中的关键。
5. Fine（1995）探讨这种观念跟厨师的关系。
6. 烈酒精酿毕竟是制造业，比较不受消费者市场力量的影响。业者会努力让蒸馏过程终年不断。然而，由于规模使然，他们还是有被迫加速生产的情形，如要是他们没有及时收到一批材料，无法开始蒸馏，之后就得赶上进度。
7. 这种搜集资料的方法叫“照片引谈法”，其目标在于让参与者看自己当时正在做的事情，从不同的角度观察自己所处的脉络。见Harper（2002; 2003）。
8. 这段引文来自他的书*Official Mixers' Manual*（1934）。
9. 我是从Faulkner and Becker（2009）对音乐家如何将爵士经典曲目付诸演奏的研究中得出这个论点的。两人表示，“爵士经典曲目……多半是以少数样板为基础、形式固定的精妙变奏。懂得基本形式的人就算没有练习过多少次，也能演奏这座宝山中的上千首歌”（24）。还有：“每一场表演多少都涉及即兴元素，只不过即兴的程度因时因地而异，而且每一段即兴也多少仰赖一系列的传统与心照不宣的规则。……爵士乐手对于自己知道的曲子，会一再演奏自己能猜出其形式的各种版本，为了独创而用现场创作的旋律取代原本的旋律，但他们始终清楚那些旋律配上歌曲原本的和声时必须好听（或多或少），其他乐手也（或多或少）理所当然认为这是大家共同演奏的基础。也就是说，爵士即兴（或多或少）是把自发性和一致性跟某种既定的格式相结合”（27–28）。

10. 我会在下一章举例说明这种要求。
11. 好物多就像迷你版的切尔西市场，在单一大型空间里摆了小小的职人食品摊位。杰克在好物多拥有一家店，为时一年。当一年租约在2013年到期后，他选择收摊，主要是因为跟店经理意见不合。

第七章：服务式教育

第七章部分曾发表在“Show the Animal: Constructing and Communicating New Elite Food Tastes at Upscale Butcher Shops”，*Poetics*，47: 106–121，2014。

1. 我在这章里略去精酿师，因为他们主要从事轻制造业，而非提供服务、与顾客互动。尽管他们也越来越常通过酒厂导览和消费者活动跟顾客面对面（我在第二章讨论过），但这种互动与零售业务不是他们这行关注的焦点，也不是创造收入的主要来源。而且，有些精酿师几乎从来没见过这些“顾客”，但所有的鸡尾酒酒保、理发师与肉店员工每天都会见到客人。
2. 见Leidner（1993）；Ritzer（2000）与Tilly（1955）对按照固定脚本做事的非技术性服务业劳动者的研究。并见Besen–Cassino（2014）有关劳动者如何理解这些工作的分析。
3. 见Ocejo（2012）。

4. 因为这种社交要求，Rose（2004）主张女服务生与美发师等劳动者需要高度的心智能力，但大众通常只注意到她们的体力劳动。
5. 关于文化杂食者消费习惯研究，见Atkinson（2011）；Bryson（1996）；DiMaggio and Mukhtar（2004）；Fisher and Preece（2003）；Friedman（2012）；Kanazawa（2001）；Rebers et al.（2006）；Rossel et al.（2006）；Van Eijck（1999; 2001）；Van Eijck and Bargeman（2004）；Van Wel et al.（2008）。关于广告在杂食性转向当中扮演的角色，分析见Taylor（2009）。并见Johnston and Baumann（2007; 2010）与 Johnston and Cairns（2015）对媒体形象与论述的研究。
6. 我研究的其中一位鸡尾酒酒保，在自己的脚踝刺了"1-1-1"的文身。他还说自己家里的冰箱里固定会摆一大桶内格罗尼，就算他下班晚归，也能轻轻松松在上床睡觉前为自己倒一杯内格罗尼当睡前酒。
7. 我在第四章与以前一篇谈全只屠夫的论文（Ocejo 2014）中讨论过这种"功能性的炫技"，而我称之为"实用美学"。并见Fine（1992）。
8. 奶与蜜有独一无二的口头点单。但鸡尾酒酒保即使是在有纸本酒单的酒吧工作，还是会跟第一次来这家酒吧和/或第一次接触精调鸡尾酒的客人有同样的互动。关键差异在于，酒单可作为顾客问调酒相关问题，以及酒保了解顾客意向时的初步指引。
9. 我在以前的一篇论文（Ocejo 2010）讨论过"门道"的概念。
10. 见Elliott（2016）对"照护性阳刚特质"（caring masculinities）概念的研究。
11. 他们"情绪劳动"（第三章讨论过）的"情绪面"（Hochschild

1983）就以这种方式消失在工作中的专业实践中。

12. 关于作为酒吧常客的讨论，见Katovich and Reese（1987）和我的第一本书（Ocejo 2014）。关于“第三地”（third places）——也就是让人因为身处其中、得以成为社群一部分而获益的公开聚会场所，相关讨论见Oldenburg（1989）。
13. 碰到这种情况，菲尔会根据常客回馈，对自己的酒谱做后续调整。这位常客也帮这杯调酒命名，菲尔有许多调酒都是他想的名字。这杯以金酒底调的马提尼变种——“欢乐分队”（Joy Division），出现在死吧的下一版菜单上。
14. 就梅尔的例子来说，我不确定他是在这家分店开张之前就已经是品味社群的一分子，遵奉跟这家店一样的肉品哲学，抑或莱娜与其他店员促成他对肉品的兴趣。无论如何，他跟莱娜的关系融洽，相信她告诉自己的事，而这正是肉店员工跟常客沟通的方式。
15. “情感小费”是劳动者从工作中得到的非金钱、内在或心理奖励。情感小费不可能量化，却是劳动者从自己劳动中获得满足感不可或缺的一部分，尤其是做文化产业里那些收益不高的工作。见Frenette（2016）；Menger（1999）与Oakley（2009）。
16. Fine（1992）谈厨师时有提到这一点。
17. 随着实习工作进行，我也在无意间听到许多客人问柜台店员这种“有机”问题，连我自己也亲自上阵过几次。这些互动中有许多次都是以客人什么都没买而告终。
18. Becker（1951）；Grazian（2003）.
19. 我没有亲眼见过索林跟这位客人互动，但多次看到理发师试图让客人避开特定的造型。他们都是从照片里看到这种发型（比如杂志上），然后跟理发师描述样子。比方说，有好几次我看到迈尔斯跟同一位常客提到这人后退的发线，所以他能做的有限（这位客人想要某种特定的发型，又想隐藏发线，但两者无法兼得）；我也看过范多次跟常客提到他的遮发型（范会建议他把胡子刮掉，头发则削得极短）。尽管理发师尽了力，但他们都不听。这类客人会变得有点像理发师之间一直存在的笑话。"我的遮秃发型昨天来过"，范会这样说。因为常常看到这位客人，其他理发师都知道范是在说他，于是点点头表示理解。

20. 在我的田野调查期间，范是最大声疾呼要客人不要使用洗发水的人，但其他理发师大多也在一定程度上同意他的看法。有几位也会对客人提供类似建议。

第八章：进门之后

1. 别把弗里曼的学徒养成和图丘镇与迪克逊肉铺的实习计划搞混了，杰森是接待兼学徒。
2. "看起来好，听起来对"来自Warhurst and Nickson（2001）谈相关主题的书。学者经常用这个词来谈"审美劳动"的概念。并见Mears（2014）；Williams and Connell（2010）；Witz et al.（2003）；Wolkowitz（2006）。
3. 在社会科学中，"符码"通常是指"行为准则"（codes of conduct），亦即规定与禁止一个人应该或不应该如何行事的社会规范。Jimerson and Oware（2006）讨论民族志学者与民族学方法论者检视符码的方法差异。两人指出，民族志学者倾向于着重符码（通常隐而未显）影响人在特定背景中的行为。以利亚·安德森（Elijah Anderson）的知名研究《街头符码》（The Code of the Street, 1999）谈市中心贫民区的生活，居民在其中学到“何谓‘体面’与‘街头’”背后一分为二的两套规则，以及如何根据情势“转换符码”（36）。他的研究就是民族志学者分析倾向的例子。然而，民族学方法论者倾向关注人如何运用符码，为自己的行为做解释。Wieder（1974a；1974b）研究中途之家受刑人的“符码讲述”，探讨院生与职员如何诠释符码，运用符码建构、解释他们的日常举止。这个例子属于民族学方法论研究传统。Jimerson and Oware在他们对黑人男性棒球员的研究中，以深具说服力的方式结合这两种取径。两人主张符码既是为行为创造界限的“行动套路”，也是将行为合理化的“动机词汇”（vocabularies of motive）（26），并运用他们的研究方法来探讨那些用打棒球来“讲述街头符码”的黑人男性。

我在本章遵循两人的研究方法。我把这些劳动者适用的“工作场所符码”视为一套隐而未现（有时候外显）、指引其行为的社会规范，而我也认为他们同样会“讲述”这些符码，为他们在特定背景中理解彼此的方式提供合理性。

4. Khan（2010）是研究私立预科学校的学生，他主张新的精英因为其经济地位，以及如今在其优越环境中要表现“自适”的关系，已经褪去了传统精英的那种优越感。由于各种社会背景的人已经因为民主化而更容易接触到文化、品味与知识，新精英因此改以在日常生活中始终体现自适感，作为维持优越地位的方式。这些新精英的青少年成员不仅“了解”文化现象，还学会在遭遇各种文化素材时如何自在思考与行动，以及如何在讨论自己的品味时不要表现出高傲的态度。尽管毫无必要，但他们也学会了表现得好像自己的成绩是自己赢来的一样，毕竟（他们主张）所有人都有机会做出一番成绩。那些在自己的展演中表现失败的人（也就是展现出传统的精英态度，或是在努力的过程中透露出压力的人）就是"搞不懂"，不了解"自信的行为"比"自信的了解"更重要。在一个通往品味的途径已然扩大的世界中，新精英学会如何以自适的态度展演品味（与其他行为）。

对于"以自信姿态展演工作场所符码"的概念，我借鉴了Khan对自适的观念。就这些劳动者拥有的文化知识来说，他们既不会"围绕着知识构筑界限，将这样的知识视为资源来使用"，也不会因为一个人仅拥有一种元素——无论是文化知识、专业技术，还是工作伦理——就接受他加入工作场所与职业社群。他们反而是以这个人自信实现、展演符码的能力为标准。但我所探讨的工作场所符码有别于上流社会学生在他们就读的私立预校中学习到的那种优越感，毕竟工作场所符码并不代表一种来自全控机构（total institution）背景中的整体世界观。

5. Desmond（2007）研究荒野消防队员，显示人们是如何在从事这份工作之前，便已拥有能"指引消防员"思维、品味与习惯的"乡野阳刚气质"（country masculinity）与"乡野阳刚惯习"（country-masculine habitus）（30）。消防队员就像是在跟他们工作的同一片（或类似）树林与野地里长大的孩子，他们带着野外知识、乡野生活方式，以及一种"身为男人意味着什么"的意识上工，而他们会在彼此面前把它们当成"乡野能耐"（country competence）（43）来实践、展示，如表现锯木技术或显示自己知道什么是开口销（cotton pin）（44–52）。他们对这一行已经有相当的认识（简化一下布迪厄的

"惯习"经典概念)，借此与别人区分(如"城市孩子"或"建筑消防队员")，并且在自己的团体中成就地位。

由于这些劳动者通常来自各式各样的背景与地点，他们并不拥有能马上应用于工作上的共同习惯，反而是经由劳动以及与同事的互动来学习，通过"工作场所能耐"——也就是"信心"来展现；我已经提到，劳动者是否有信心，得看有多少其他劳动者也这么认为。

6. 他甚至连设计隐密的店门口和取酒吧名称时，都是以死吧对禁酒时期的暗示为灵感。"富兰克林投信公司"是以前费城地区一个私酒集团掩人耳目的门面。
7. 关于人们如何通过练习，将这些知识化为具体，见Hancock(2011)；Leschziner(2015)；O' Connor(2005)；Wacquant(2004)。
8. 高级旅馆劳动者也以为客人带来类似的感受为目标，Sherman(2007)探讨其做法。
9. 据我观察，烈酒精酿厂比其他工作场所更明显呈现出一致的不一致性，作为一种经过讨论、刻意为之的实践。只有精酿师会倡导之，并且将价值灌注其中。但我也在其他职业中观察到，只要产品与服务出于人工手作，就一定会有若干程度的差异(就算这些差异难以被发觉)，端视其中人为失误的量而定：鸡尾酒的冰镇温度与冰块溶解量、不同的发长，以及肉品外表的微妙差异。
10. 见Sennett(2008)对于"手"在职人意识中扮演角色的研究。
11. 还有另一个原因让男理发师不会比女理发师更懂得刮客人的胡子。我在第七章指出，老经验的理发师有能力为第一次上门的客人剪出好看的发型，但他们也需要剪三次才能真正了解客人的头发，从而尝试新东西。虽然理发师有许多来理发的常客，但很少有经常来刮胡子的常客。多数来刮胡子的客人是把刮胡子当成偶尔为之的奢侈，或是为了单身派对或婚礼等特别的活动而刮，可能再也不会回来光顾。因此，理发师永远没机会真正了解某位客人的脸，像是毛发生长的方向与任何敏感部位。刮胡子过程中的排场在许多方面都能掩盖刮不好的情况。范说过，“（客人）不会得到世界上刮得最好的胡子。因为没有人比你自己刮得更好你能感觉自己的每一个小动作。问题在于你愿不愿意做我做的事（涂油、热毛巾、按摩等等），而且是每天早上都做？”还有，由于他们每次刮胡子都会更换抛弃式剃刀，刀片永远非常锋利（刀片要刮个几次才会磨损，许多男性读者大概都能作证）。对于全新刀片，敏感的脸部皮肤常常会因此割伤，感到不适。无论理发师是男是女，对于这点都无计可施。最后，男人经常根据刮胡子后脸光滑的程度来评判刮胡子品质。自从直式剃刀与安全剃刀问世以来，刮胡子科技已经有了长足的进步。多刀片刮胡刀经常比直式剃刀和抛弃式刀片刮得更干净。

12. 制作这项产品的公司是得克萨斯的阳台蒸馏厂（Balcones Distillery）。

13. 我会在后记讨论这个转变。

14. JM这时说的是迪克逊肉铺第一任的屠夫领导，第六章中有提到他。亚当离职后与JM仍有联系，两人对彼此都很尊敬。

后记：成效、意涵与结语

1. 见Florida（2002）；Lane（2011）与Neff（2012）。

2. 见Cornfield（2015）。

3. 见Cooper (2014)；Sharone (2013) 与Sennett (1998)。
4. 见Besen-Cassino (2014) 研究的中产阶级青年：他们很享受做咖啡店的烂工作，因为他们把这些烂工作视为一种自己所消费的生活风格。
5. 我在第三章有稍微提到这家店。
6. 当我后续跟进访谈奥尔多与杰克时，他们告诉我的故事是有冲突的。奥尔多说是杰克打电话给他，而杰克则说是莱娜叫奥尔多跟他联络。

研究方法附录

1. 我在自己的前一本书 (Ocejo 2014, 161, 176–179) 讨论过这起事件。
2. 他后来开了那间咖啡店 (没有贩酒执照)，店名是“墨丘利十分钱” (Mercury Dime)。几年后店就关闭了。我的前一本书 (2014, 117–119) 也讨论过这起事件。巧的是，墨丘利十分钱歇业后，一间高档男士理发店在原址开张。为了本书，我访谈过业主与其中一位理发师。
3. 我前一本书 (2014, 119–124) 有提到我第一次造访奶与蜜的过程。
4. Glaser and Strauss (1967).
5. 关于这种主张的讨论，见Duneier (1999) 与Jerolmack (2013)。两人研究的对象都跟他们自己来自不同的背景 (如种族、年龄、国籍、社会阶级) 有关。并见Contreras (2011) 关于在田野调查中使用录音机的另一种论述。
6. 我们可以把这称为见识“幕后” (Goffman 1959)。
7. 我实习期间有得到一点点薪水，刚好够付我来回上州的车钱。
8. 我原可以念理发学校，接受店里其中一位理发师的训练，但这同样很花时间，而且会把我的注意力从店内的社交互动转移到理发上。

9. 关于这种方法的讨论，见Harper（2002）；实际进行的例子见Harper（2003）。

10. 见Glaser and Strauss（1967）。

11. 见Katz（1982）。

12. 假如非得这么做，唯一的理由是除非有一位研究者想根据另一位研究者的成果，进行固定样本纵贯研究，而且是在一段时间过去后研究与前人一模一样的参与者。我从来没听过有人做过这种研究。

参考书目

Abbott, Andrew. 1988. *The System of Professions: An Essay on the Division of Expert Labor*. Chicago: University of Chicago Press.

Ahmed, S. M. Faizan. 2006. "Making Beautiful: Male Workers in Beauty Parlors." *Men and Masculinities* 9 (2): 168–85.

Alexander, Bryant Keith. 2003. "Fading, Twisting, and Weaving: An Interpretive Ethnography of the Black Barbershop as Cultural Space." *Qualitative Inquiry* 9 (1): 105–28.

Anderson, Benedict. 1991. *Imagined Communities: Reflections on the Origin and Spread of Nationalism*. London: Verso.

Anderson, Elijah. 1999. *Code of the Street: Decency, Violence, and the Moral Life of the Inner City*. New York: W. W. Norton.

Ashforth, Blake E., and Glen E. Kreiner. 1999. "'How Can You Do It?' Dirty Work and the Challenge of Constructing a Positive Identity." *Academy of Management Review* 24 (3): 413–34.

Atkinson, Will. 2011. "The Context and Genesis of Musical Tastes: Omnivorousness Debunked, Bourdieu Buttressed." *Poetics* 39: 169–86.

Barber, Kristen. 2008. "The Well-Coiffed Man: Class, Race and Heterosexual Masculinity in the Hair Salon." *Gender and Society* 22 (4): 455–76.

———. 2016. *Styling Masculinity: Gender, Class, and Inequality in the Men's Grooming Industry*. New Brunswick, NJ: Rutgers University Press.

Barclay, Susan R., Kevin B. Stoltz, and Y. Barry Chung. 2011. "Voluntary Midlife Career Change: Integrating the Transtheoretical Model and the Life-Span, Life-Space Approach." *Career Development Quarterly* 59: 386–99.

Barlow, Ronald S. 1993. *The Vanishing American Barber Shop: An Illustrated History of Tonsorial Art, 1860–1960*. London: Windmill.

Beck, Ulrich. 1992. *Risk Society: Towards a New Modernity*. London: Sage.

———. 2000. *The Brave New World of Work*. Cambridge: Cambridge University Press.

Becker, Howard S. 1951. "The Professional Dance Musician and His Audience." *American Journal of Sociology* 57 (2): 136–44.

———. 1996. "The Epistemology of Qualitative Research." In *Essays on Ethnography and Human Development*, ed. Richard Jessor, Anne Colby, and Richard A. Schweder. Chicago: University of Chicago Press.

Bellah, Robert N., Richard Madsen, William M. Sullivan, Ann Swidler, and Steven M. Tipton. 1985. *Habits of the Heart: Individualism and Commitment in American Life*. New York: Harper and Row.

Bensman, David, and Roberta Lynch. 1988. *Rusted Dreams: Hard Times in a Steel Community*. Berkeley: University of California Press.

Berman, Marshall. 1982. *All That Is Solid Melts into Air*. New York: Penguin Books.

Besen-Cassino, Yasemin. 2014. *Consuming Work: Youth Labor in America*. Philadelphia: Temple University Press.

Biggart, Nicole Woolsey. 1989. *Charismatic Capitalism: Direct Selling Organizations in America*. Chicago: University of Chicago Press.

Bird, Sharon. 1996. "Welcome to the Men's Club: Homosociality and the Maintenance of Hegemonic Masculinity. *Gender and Society* 10 (2): 120–32.

Black, Paula, and Ursula Sharma. 2001. "Men Are Real, Women Are 'Made Up': Beauty Therapy and the Construction of Femininity." *Sociological Review* 49 (1): 100–116.

Blumenthal, Ralph. 2001. *Stork Club: America's Most Famous Nightspot and the Lost World of Cafe Society*. Boston: Back Bay Books.

Borer, Michael Ian. 2015. "Consuming Craft." In *Popular Culture as Everyday Life*, ed. Dennis D. Waskul and Phillip Vannini. New York: Routledge.

Bourdieu, Pierre. 1984. *Distinction: A Social Critique of the Judgment of Taste*. Cambridge, MA: Harvard University Press.

———. 1993. *The Field of Cultural Production*. New York: Columbia University Press.

Bowen, Sarah. 2015. *Divided Spirits: Tequila, Mezcal, and the Politics of Production*. Berkeley: University of California Press.

Boyle, Matthew. 2013. "Yes, Real Men Drink Beer and Wear Skin Moisturizer." *Bloomberg Businessweek*, October 3. Available at http://www.businessweek.com/articles/2013-10-03/men-now-spend-more-on-toiletries-than-on-shaving-products (accessed November 25, 2014).

Braverman, Harry. 1974. *Labor and Monopoly Capital: The Degradation of Work in the Twentieth Century*. New York: Monthly Review Press.

Brown, Jared, and Anistatia Miller. 2009. *Spirituous Journey: A History of Drink, Book Two*. London: Mixellany.

Brown-Saracino, Japonica. 2009. *A Neighborhood That Never Changes: Gentrification, Social Preservation, and the Search for Authenticity*. Chicago: University of Chicago Press.

———. 2010. *The Gentrification Debates: A Reader*. New York: Routledge.

Brumberg, Joan Jacobs. 1997. *The Body Project: An Intimate History of American Girls*. New York: Random House.

Buss, Terry F., and Stevens F. Redburn. 1983. *Shutdown at Youngstown*. Albany: State University of New York Press.

Carroll, Glenn R., and Anand Swaminathan. 2000. "Why the Microbrewery Movement? Organizational Dynamics of Resource Partitioning in the U.S. Brewing Industry." *American Journal of Sociology* 106 (3): 715–62.

Castells, Manuel. 1996. *The Information Age: Economy, Society and Culture*. Vol. I: *The Rise of the Network Society*. Cambridge, MA/Oxford, UK: Blackwell.

———. 1997. *The Information Age: Economy, Society and Culture*. Vol. II: *The Power of Identity*. Cambridge, MA/Oxford, UK: Blackwell.

———. 1998. *The Information Age: Economy, Society and Culture*. Vol. III: *End of Millennium*. Cambridge, MA/Oxford, UK: Blackwell.

Chen, Katherine K. 2012. "Charismatizing the Routine: Storytelling for Meaning and Agency in the Burning Man Organization." *Qualitative Sociology* 35: 311–34.

Cherlin, Andrew J. 2014. *Labor's Love Lost: The Rise and Fall of the Working-Class Family in America*. New York: Russell Sage Foundation.

Coad, David. 2008. *The Metrosexual: Gender, Sexuality, and Sport*. Albany: State University of New York Press.

Connell, Raewyn. 2005. *Masculinities*. 2nd ed. Cambridge, UK: Polity.

Contreras, Randol. 2012. *The Stickup Kids: Race, Drugs, Violence, and the American Dream*. Berkeley: University of California Press.

Cooper, Marianne. 2014. *Cut Adrift: Families in Insecure Times*. Berkeley: University of California Press.

Cornfield, Daniel B. 2015. *Beyond the Beat: Musicians Building Community in Nashville*. Princeton, NJ: Princeton University Press.

Cox, Andrew. 2005. "What Are Communities of Practice? A Comparative Review of Four Seminal Works." *Journal of Information Science* 31 (6): 527–40.

Crawford, Matthew. 2009. *Shop Class as Soulcraft: An Inquiry into the Value of Work*. New York: Penguin Books.

Cronon, William. 1992. *Nature's Metropolis: Chicago and the Great West*. New York: W. W. Norton.

Currid, Elizabeth. 2008. *The Warhol Economy: How Fashion, Art, and Music Drive New York City*. Princeton, NJ: Princeton University Press.

Curtis, Wayne. 2006. *And a Bottle of Rum: A History of the New World in Ten Cocktails*. New York: Broadway Books.

Davis, Fred. 1979. *Yearning for Yesterday: A Sociology of Nostalgia*. New York: Free Press.

Dean, James Joseph. 2014. *Straights: Heterosexuality in Post-Closeted Culture*. New York: NYU Press.

DeGloma, Thomas. 2014. *Seeing the Light: The Social Logic of Personal Discovery*. Chicago: University of Chicago Press.

de Casanova, Erynn Masi. 2015. *Buttoned Up: Clothing, Conformity, and White-Collar Masculinity*. Ithaca, NY: ILR Press.

Defours, Christophe. 2011. "Work and Subjectivity: Towards a Philosophical Anthropology from the Psychopathology to the Psychodynamics of Work." *New Philosophies of Labour* 13: 207–50.

de la Pradelle, Michele. 2004. *Market Day in Provence*. Chicago: University of Chicago Press.

Desmond, Matthew. 2007. *On the Fireline: Living and Dying with Wildland Firefighters*. Chicago: University of Chicago Press.

DeSoucey, Michaela. 2010. "Gastronationalism: Food Traditions and Authenticity Politics in the European Union." *American Sociological Review* 75 (3): 432–55.

Dick, Penny. 2005. "Dirty Work Designations: How Police Officers Account for Their Use of Coercive Force." *Human Relations* 58 (11): 1363–90.

DiMaggio, Paul, and Toqir Mukhtar. 2004. "Arts Participation as Cultural Capital in the United States, 1982–2002: Signs of Decline?" *Poetics* 32 (2): 169–94.

Drake, St. Clair, and Horace Cayton. 1945. *Black Metropolis: A Study of Negro Life in a Northern City*. Chicago: University of Chicago Press.

Dudley, Kathryn Marie. 1994. *The End of the Line: Lost Jobs, New Lives in Postindustrial America*. Chicago: University of Chicago Press.

———. 2014. *Guitar Makers: The Endurance of Artisanal Values in North America*. Chicago: University of Chicago Press.

Duis, Perry. 1983. *The Saloon: Public Drinking in Chicago and Boston, 1880–1920*. Champaign: University of Illinois Press.

Duneier, Mitchell. 1999. *Sidewalk*. New York: Farrar, Straus and Giroux.

———. 2016. *Ghetto: The Invention of a Place, the History of an Idea*. New York: Farrar, Straus and Giroux.

Ehrenreich, Barbara. 2001. *Nickel and Dimed: On (Not) Getting By in America*. New York: Henry Holt.

Elliott, Karla. 2016. "Caring Masculinities: Theorizing an Emerging Concept." *Men and Masculinities* 19 (3): 240–59.

Faludi, Susan. 1999. *Stiffed: The Betrayal of the American Man*. New York: HarperCollins.

Faulkner, Robert R., and Howard S. Becker. 2009. *"Do You Know . . . ?" The Jazz Repertoire in Action*. Chicago: University of Chicago Press.

Felder, Rachel. 2015. "You Want a Cappuccino with That Haircut?" *New York Times*, June 5.

Feldman, Daniel. 2002. "Second Careers and Multiple Careers." In *The New World of Work*, ed. Cary L. Cooper and Ronald J. Burke. Oxford: Blackwell.

Ferguson, Priscilla Parkhurst. 1998. "A Cultural Field in the Making: Gastronomy in 19th-Century France." *American Journal of Sociology* 104 (3): 597–641.

———. 2004. *Accounting for Taste: The Triumph of French Cuisine*. Chicago: University of Chicago Press.

Fine, Gary Alan. 1992. "The Culture of Production: Aesthetic Choices and Constraints in Culinary Work." *American Journal of Sociology* 97: 1268–94.

———. 1995. *Kitchens: The Culture of Restaurant Work*. Berkeley: University of California Press.

Fisher, Timothy C. G., and Stephen B. Preece. 2003. "Evolution, Extinction, or Status Quo? Canadian Performing Arts Audiences in the 1990s." *Poetics* 31 (2): 69–86.

Florida, Richard. 2002. *The Rise of the Creative Class, and How It's Transforming Work, Leisure, Community, and Everyday Life*. New York: Basic Books.

Foner, Nancy. 2013. *One Out of Three: Immigrant New York in the 21st Century*. New York: Columbia University Press.

Forbes, Robert J. 1970. *A Short History of the Art of Distillation: From the Beginnings Up to the Death of Cellier Blumenthal*. Leiden: Brill.

Frank, Elena. 2014. "Groomers and Consumers: The Meaning of Male Body Depilation to a Modern Masculinity Body Project." *Men and Masculinities* 17 (3): 278–98.

Frenette, Alexandre. 2013. "Making the Intern Economy: Role and Career Challenges of the Music Industry Intern." *Work and Occupations* 40 (4): 364–97.

———. 2016. "'Working at the Candy Factory': The Limits of Nonmonetary Rewards in Record Industry Careers." In *The Production and Consumption of Music in the Digital Age*, ed. Brian J. Hracs, Michael Seman, and Tarek E. Virani. Abingdon, UK: Taylor and Francis.

Friedman, Sam. 2012. "Cultural Omnivores or Culturally Homeless? Exploring the Shifting Cultural Identities of the Upwardly Mobile." *Poetics* 40: 467–89.

Gans, Herbert. 1962. *The Urban Villagers: Group and Class in the Life of Italian-Americans*. New York: Free Press.

———. 1999. *Popular Culture and High Culture: An Analysis and Evaluation of Taste*. New York: Basic Books.

Gatta, Mary. 2011. "In the 'Blink' of an Eye: American High-End Small Retail Businesses and the Public Workforce System." In *Retail Work*, ed. Irena Grugulis and Ödul Bozkurt. London: Palgrave Macmillan.

Geertz, Clifford. 1973. *The Interpretation of Cultures*. New York: Basic Books.

Gimlin, Debra. 1996. "Pamela's Place: Power and Negotiation in the Hair Salon." *Gender and Society* 10 (5): 505–26.

Glaser, Barney G., and Anselm L. Strauss. 1967. *The Discovery of Grounded Theory: Strategies for Qualitative Research*. Chicago: Aldine.

Goffman, Erving. 1959. *The Presentation of Self in Everyday Life*. New York: Random House.

———. 1981. *Forms of Talk*. Philadelphia: University of Pennsylvania Press.

Gray, Christopher. 2005. "From Oreos and Mallomars to Today's Chelsea Market." *New York Times*, March 7.

Grazian, David. 2003. *Blue Chicago: The Search of Authenticity in Urban Blues Clubs*. Chicago: University of Chicago Press.

———. 2008. *On the Make: The Hustle of Urban Nightlife*. Chicago: University of Chicago Press.

Greif, Mark, Christian Lorentzen, Jace Clayton, Reid Pillifant, Rob Horning, Jennifer Baumgardner, Patrice Evans, Margo Jefferson, Rob Moor, Christopher Glazek, and Dayna Tortorici. 2010. *What Was the Hipster?: A Sociological Investigation*. New York: n + 1 Foundation.

Grimes, William. 2002. *Straight Up or On the Rocks: The Story of the American Cocktail*. New York: North Point Press.

Halle, David, and Elisabeth Tiso. 2014. *New York's New Edge: Contemporary Art, the High Line, Megaprojects, and Urban Growth*. Chicago: University of Chicago Press.

Hancock, Black Hawk. 2013. *American Allegory: Lindy Hop and the Racial Imagination*. Chicago: University of Chicago Press.

Hannerz, Ulf. 1969. *Soulside: Inquiries into Ghetto Culture and Community*. Chicago: University of Chicago Press.

Harper, Douglas. 1987. *Working Knowledge: Skill and Community in a Small Shop*. Chicago: University of Chicago Press.

———. 2002. "Talking about Pictures: A Case for Photo Elicitation." *Visual Studies* 17 (1): 13–26.

Harrington, Brooke. 2016. *Capital without Borders: Wealth Management and the One Percent*. Cambridge, MA: Harvard University Press.

Harris-Lacewell, Melissa Victoria. 2006. *Barbershops, Bibles, and BET: Everyday Talk and Black Political Thought*. Princeton, NJ: Princeton University Press.

Hatton, Erin. 2011. *The Temp Economy: From Kelly Girls to Permatemps in Postwar America*. Philadelphia: Temple University Press.

Heppner, Mary J., Karen D. Multon, and Joe A. Johnston. 1994. "Assessing Psychological Resources during Career Change: Development of the Career Transitions Inventory." *Journal of Vocational Behavior* 44: 55–74.

Heying, Charles. 2010. *Brews to Bikes: Portland's Artisan Economy*. Portland, OR: Ooligan Press.

Ho, Karen. 2009. *Liquidated: An Ethnography of Wall Street*. Durham, NC: Duke University Press.

Hobsbawm, Eric. 1959. *The Jazz Scene*. London: Faber and Faber.

Hochschild, Arlie Russell. 1982. *The Managed Heart: Commercialization of Human Feeling*. Berkeley: University of California Press.

Holt, Douglas B. 1997. "Distinction in America? Recovering Bourdieu's Theory of Tastes from Its Critics." *Poetics* 25 (2): 93–120.

Hughes, Everett Cherrington. 1958. *Men and Their Work*. London: Free Press of Glencoe.

———. 1971. *The Sociological Eye: Selected Papers*. Piscataway, NJ: Transaction Publishers.

Hum, Tarry. 2014. *Making a Global Immigrant Neighborhood: Brooklyn's Sunset Park*. Philadelphia: Temple University Press.

Indergaard, Michael. 2004. *Silicon Alley: The Rise and Fall of a New Media District*. New York: Routledge.

Jakob, Doreen. 2012. "Crafting Your Way Out of the Recession? New Craft Entrepreneurs and the Global Economic Downturn." *Cambridge Journal of Regions, Economy and Society* 6 (1): 3–21.

Jerolmack, Colin. 2013. *The Global Pigeon*. Chicago: University of Chicago Press.

Jimerson, Jason B., and Matthew K. Oware. 2006. "Telling the Code of the Street: An Ethnomethodological Ethnography." *Journal of Contemporary Ethnography* 35 (1): 24–50.

Johnston, Josée, and Shyon Baumann. 2007. "Democracy versus Distinction: A Study of Omnivorousness in Gourmet Food Writing." *American Journal of Sociology* 113 (1): 165–204.

———. 2010. *Foodies: Democracy and Distinction in the Gourmet Foodscape*. New York: Routledge.

Johnston, Josée, Alexandra Rodney, and Phillipa Chong. 2014. "Making Change in the Kitchen? A Study of Celebrity Cookbooks, Culinary Personas, and Inequality." *Poetics* 47: 1–22.

Judge, Timothy A., and Robert D. Bretz. 1992. "Effects of Work Values on Job Choice Decisions." *Journal of Applied Psychology* 77: 261–71.

Kalleberg, Arne L. 2011. *Good Jobs, Bad Jobs: The Rise of Polarized and Precarious Employment Systems in the United States, 1970s to 2000s*. New York: Russell Sage Foundation.

Kamp, David. 2006. *The United States of Arugula. How We Became a Gourmet Nation*. New York: Broadway Books.

Kanazawa, Satoshi. 2001. "De Gustibus Est Disputandum." *Social Forces* 79 (3): 1131–62.

Kanter, Rosabeth Moss. 1972. *Commitment and Community: Communes and Utopias in Sociological Perspective*. Cambridge, MA: Harvard University Press.

Kasinitz, Philip, and David Hillyard. 1995. "The Old-Timers' Tale: The Politics of Nostalgia on the Waterfront." *Journal of Contemporary Ethnography* 24 (2): 139–64.

Kasinitz, Philip, John H. Mollenkopf, and Mary C. Waters (eds.). 2004. *Becoming New Yorkers: Ethnographies of the New Second Generation*. New York: Russell Sage Foundation.

Kasinitz, Philip, Mary C. Waters, and Jennifer Holdaway. 2008. *Inheriting the City: The Children of Immigrants Come of Age*. New York: Russell Sage Foundation.

Katovich, Michael A., and William A. Reese II. 1987. "The Regular: Full-Time Identities and Memberships in an Urban Bar." *Journal of Contemporary Ethnography* 16 (3): 308–43.

Katz, Jack. 1982. *Poor People's Lawyers in Transition*. New Brunswick, NJ: Rutgers University Press.

Khan, Shamus Rahman. 2010. *Privilege: The Making of an Adolescent Elite at St. Paul's School*. Princeton, NJ: Princeton University Press.

Kimmel, Michael. 2011. *Manhood in America: A Cultural History*. New York: Oxford University Press.

Kornblum, William. 1974. *Blue Collar Community*. Chicago: University of Chicago Press.

Kriendler, H. Peter. 1999. *21: Every Day Was New Year's Eve*. New York: Taylor Trade Publishing.

Kuh, Patric. 2001. *The Last Days of Haute Cuisine: The Coming of Age of American Restaurants*. New York: Penguin Books.

Lamont, Michele. 1992. *Money, Morals, and Manners: The Culture of the French and the American Upper-Middle Class*. Chicago: University of Chicago Press.

Lane, Carrie. 2011. *A Company of One: Insecurity, Independence and the New World of White Collar Unemployment*. Ithaca, NY: ILR Press.

Lareau, Annette. 2003. *Unequal Childhoods: Class, Race, and Family Life*. Berkeley: University of California Press.

Lave, Jean, and Etienne Wenger. 1991. *Situated Learning: Legitimate Peripheral Participation*. Cambridge, UK: Cambridge University Press.

Lawson, Helene M. 1999. "Working on Hair." *Qualitative Sociology* 22 (3): 235–57.

Leidner, Robin. 1993. *Fast Food, Fast Talk: Service Work and the Routinization of Everyday Life*. Berkeley: University of California Press.

LeMasters, E. E. 1975. *Blue-Collar Aristocrats: Life-Styles at a Working-Class Tavern*. Madison: University of Wisconsin Press.

Leonard, Christopher. 2014. *The Meat Racket: The Secret Takeover of America's Food Business*. New York: Simon and Schuster.

Lerner, Michael A. 2011. *Dry Manhattan: Prohibition in New York City*. Cambridge, MA: Harvard University Press.

Leschziner, Vanina. 2015. *At the Chef's Table: Culinary Creativity in Elite Restaurants*. Palo Alto, CA: Stanford University Press.

Liebow, Elliot. 1967. *Tally's Corner: A Study of Negro Streetcorner Men*. New York: Rowman and Littlefield.

Lin, Jan. 1998. *Reconstructing Chinatown: Ethnic Enclave, Global Change*. Minneapolis: University of Minnesota Press.

———. 2010. *The Power of Urban Ethnic Places: Cultural Heritage and Community Life*. New York: Routledge.

Lindquist, Julie. 2002. *A Place to Stand: Politics and Persuasion in a Working Class Bar*. Oxford, UK: Oxford University Press.

Lizardo, Omar, and Sara Skiles. 2015. "After Omnivorousness: Is Bourdieu Still Relevant?" In *Handbook of the Sociology of Art and Culture*, ed. Laurie Hanquinet and Mike Savage. London: Routledge.

Lloyd, Richard. 2006. *Neo-Bohemia: Art and Commerce in the Postindustrial City*. New York: Routledge.

Luciano, Lynne. 2001. *Looking Good: Male Body Image in Modern America*. New York: Hill and Wang.

Lynd, Robert S., and Helen Merrell Lynd. 1929. *Middletown: A Study in Modern American Culture*. New York: Harcourt, Brace.

Marcuse, Peter. 1985. "Gentrification, Abandonment, and Displacement: Connections, Causes, and Policy Responses in New York City." *Washington University Journal of Urban and Contemporary Law* 28: 195–240.

Marshall, Helen M. 1976. "Structural Constraints on Learning: Butchers' Apprentices." In *Learning to Work*, ed. Blanche Geer. New York: Sage.

May, Ruben A. Buford. 2001. *Talking at Trena's: Everyday Conversations at an African American Tavern*. New York: New York University Press.

Mead, George Herbert. 1934. *Mind, Self, and Society: From the Standpoint of a Social Behaviorist*. Chicago: University of Chicago Press.

Mears, Ashley. 2010. "Size Zero High-End Ethnic: Cultural Production and the Reproduction of Culture in Fashion Modeling." *Poetics* 38: 21–46.

———. 2014. "Aesthetic Labor for the Sociologies of Work, Gender, and Beauty." *Sociology Compass* 8 (12): 1330–43.

Menger, Pierre-Michel. 1999. "Artistic Labor Markets and Careers." *Annual Review of Sociology* 25: 541–74.

Milligan, Melinda. 2003. "Displacement and Identity Discontinuity: The Role of Nostalgia in Establishing New Identity Categories." *Symbolic Interaction* 26 (3): 381–403.

Mills, C. Wright. 1951. *White Collar: The American Middle Classes*. New York: Oxford University Press.

Mills, Quincy T. 2013. *Cutting against the Color Line: Black Barbers and Barber Shops in America*. Philadelphia: University of Pennsylvania Press.

Misra, Joya, and Kyla Hays Walters. 2016. "All Fun and Cool Clothes? Youth Workers' Consumer Identity in Clothing Retail." *Work and Occupations* 44 (3): 294–325.

Moretti, Enrico. 2013. *The New Geography of Jobs*. New York: Mariner Books.

Mundy, Liza. 2012. *The Richer Sex: How the New Majority of Female Breadwinners Is Transforming Sex, Love, and Family*. New York: Simon and Schuster.

Murray, James R., Edward A. Powers, and Robert J. Havighurst. 1971. "Personal and Situational Factors Producing Flexible Careers." *Gerontologist* 11 (4: 2): 4–12.

Naccarato, Peter, and Kathleen LeBesco. 2012. *Culinary Capital*. New York: Bloomsbury Academic.

Neff, Gina. 2012. *Venture Labor: Work and the Burden of Risk in Innovative Industries*. Cambridge, MA: MIT Press.

Neff, Gina, Elizabeth Wissinger, and Sharon Zukin. 2005. "Entrepreneurial Labor among Cultural Producers: 'Cool' Jobs in 'Hot' Industries." *Social Semiotics* 15: 307–34.

Newman, Katherine. 1999. *No Shame in My Game: The Working Poor in the Inner City*. New York: Vintage.

Nixon, Sean. 2003. *Advertising Cultures: Gender, Commerce, Creativity*. London: Sage.

Nunley, Vorris L. 2011. *Keepin' It Hushed: The Barbershop and African American Hush Harbor Rhetoric*. Detroit: Wayne State University Press.

Oakley, Kate. 2009. "From Bohemia to Britart—Art Students over 50 Years." *Cultural Trends* 18 (4): 281–94.

Ocejo, Richard E. 2010. "What'll It Be? Cocktail Bartenders and the Redefinition of Service in the Creative Economy." *City, Culture and Society* 1 (4): 179–84.

———. 2011. "The Early Gentrifier: Weaving a Nostalgia Narrative on the Lower East Side." *City and Community* 10 (3): 285–310.

———. 2012. "At Your Service: The Meanings and Practices of Contemporary Bartenders." *European Journal of Cultural Studies* 15 (5): 642–48.

———. 2014a. "Show the Animal: Constructing and Communicating New Elite Food Tastes at Upscale Butcher Shops" *Poetics* 47: 106–21.

———. 2014b. *Upscaling Downtown: From Bowery Saloons to Cocktail Bars in New York City*. Princeton, NJ: Princeton University Press.

O'Connor, Erin. 2005. "Embodied Knowledge: Meaning and the Struggle towards Proficiency in Glassblowing." *Ethnography* 6 (2): 183–204.

Ogle, Maureen. 2013. *In Meat We Trust: An Unexpected History of Carnivore America*. New York: Houghton Mifflin Harcourt.

Okrent, Daniel. 2011. *Last Call: The Rise and Fall of Prohibition*. New York: Scribner.

Oldenburg, Ray. 1989. *The Great Good Place: Cafes, Coffee Shops, Bookstores, Bars, Hair Salons, and Other Hangouts at the Heart of a Community*. New York: Marlowe.

Oldstone-Moore, Christopher. 2015. *Of Beards and Men: The Revealing History of Facial Hair*. Chicago: University of Chicago Press.

Pachirat, Timothy. 2011. *Every Twelve Seconds: Industrialized Slaughter and the Politics of Sight*. New Haven, CT: Yale University Press.

Pappas, Gregory 1989. *Magic City: Unemployment in a Working-Class Community*. Ithaca, NY: Cornell University Press.

Park, Robert E. 1952. *Human Communities*. Glencoe, IL: Free Press.

Park, Robert E., Ernest W. Burgess, and Roderick Duncan McKenzie. 1925. *The City*. Chicago: University of Chicago Press.

Parsons, Brad Thomas. 2011. *Bitters: A Spirited History of a Classic Cure-All, with Cocktails, Recipes, and Formulas*. San Francisco: Ten Speed Press.

Patch, Jason. 2008. "Ladies and Gentrification: New Stores, Residents, and Relationships in Neighborhood Change." *Gender in an Urban World*, Research in Urban Sociology, vol. 9, ed. Judith N. DeSena and Ray Hutchinson. Bingley, UK: Emerald Group.

Peretti, Burton W. 2007. *Nightclub City Politics and Amusement in Manhattan*. Philadelphia: University of Pennsylvania Press.

Perry, Forrest. 2013. "The Class Dimension of Hip Rebellion." *Rethinking Marxism* 25 (2): 163–83.

Peterson, Richard A. 1992. "Understanding Audience Segmentation: From Elite and Mass to Omnivore and Univore." *Poetics* 21 (4): 243–58.

———. 1997. "The Rise and Fall of Highbrow Snobbery as a Status Marker." *Poetics* 25 (2): 75–92.

Peterson, Richard A., and Roger M. Kern. 1996. "Changing Highbrow Taste: From Snob to Omnivore." *American Sociological Review* 61 (5): 900–907.

Peterson, Richard A., and Albert Simkus. 1992. "How Musical Taste Groups Mark Occupational Status Groups." In *Cultivating Differences: Symbolic Boundaries and the Making of Inequality*, ed. M. Lamont and M. Fournier. Chicago: University of Chicago Press.

Pettinger, Lynne. 2005. "Gendered Work Meets Gendered Goods: Selling and Service in Clothing Retail." *Gender, Work and Organization* 12 (5): 460–78.

Pollan, Michael. 2007. *The Omnivore's Dilemma: A Natural History of Four Meals*. New York: Penguin.

Powers, Madelon. 1998. *Faces along the Bar: Lore and Order in the Workingman's Saloon, 1870–1920*. Chicago: University of Chicago Press.

Pugh, Allison J. 2015. *The Tumbleweed Society: Working and Caring in an Age of Precarity*. New York: Oxford University Press.

Rebers, Hans, Ruben Konig, and Henk Westerik. 2006. "Omnivore Behaviour? Cultural Capital and Television Programme Genres." *Mens en Maatschappij* 81 (4): 375–88.

Regan, Gary. 2003. *The Joy of Mixology: The Consummate Guide to the Bartender's Craft*. New York: Clarkson Potter.

Reighley, Kurt. 2010. *The United States of Americana: Backyard Chickens, Burlesque Beauties, and Handmade Bitters: A Field Guide to the New American Roots Movement*. New York: Harper Perennial.

Rimmer, Mark. 2012. "Beyond Omnivores and Univores: The Promise of a Concept of Musical Habitus." *Cultural Sociology* 6: 299–318.

Ritzer, George. 2000. *The McDonaldization of Society*. London: Sage.

Rivera, Lauren A. 2015. *Pedigree: How Elite Students Get Elite Jobs*. Princeton, NJ: Princeton University Press.

Robinson, Victoria, Alexandra Hall, and Jenny Hockey. 2011. "Masculinities, Sexualities, and the Limits of Subversion: Being a Man in Hairdressing." *Men and Masculinities* 14 (1): 31–50.

Rose, Mike. 2004. *The Mind at Work: Valuing the Intelligence of the American Worker*. New York: Penguin Books.

Rosin, Hanna. 2012. *The End of Men: And the Rise of Women*. New York: Riverhead Books.

Ross, Andrew. 2003. *No-Collar: The Humane Workplace and Its Hidden Costs*. Philadelphia: Temple University Press.

Rossel, Jorg. 2006. "Omnivores in the Cinema: Distinction through Cultural Variety in Germany." *Soziale Welt* 57 (3) 259–72.

Rosso, Brent D., Katherine H. Dekas, and Amy Wrzesniewski. 2010. "On the Meaning of Work: A Theoretical Integration and Review." *Research in Organizational Behavior* 30: 91–127.

Ryan, Bill. 1995. "'Smirnoff White Whiskey—No Smell, No Taste.'" *New York Times*, February 19.

Salzman, Marian, Ira Matathia, and Ann O'Reilly. 2005. *The Future of Men: The Rise of the Ubersexual and What He Means for Marketing Today*. New York: Palgrave MacMillan.

Schatzker, Mark. 2011. *Steak: One Man's Search for the World's Tastiest Piece of Beef*. New York: Penguin Books.

Schell, Orville. 1985. *Modern Meat: Antibiotics, Hormones, and the Pharmaceutical Farm*. New York: Random House.

Schiermer, Bjorn. 2013. "Late-modern Hipsters: New Tendencies in Popular Culture." *Acta Sociologica* 57 (2): 167–81.

Schlosser, Eric. 2001. *Fast Food Nation: The Dark Side of the All-American Meal*. New York: Houghton Mifflin Harcourt.

Schwalbe, Michael. 2010. "In Search of Craft." *Social Psychology Quarterly* 73: 107–11.

Scott, Allen J. 2006. "Creative Cities: Conceptual Issues and Policy Questions." *Journal of Urban Affairs* 28: 1–17.

Sender, Katherine. 2006. "Queens for a Day: *Queer Eye for the Straight Guy* and the Neoliberal Project." *Critical Studies in Media Communication* 23: 131–251.

Sennett, Richard. 1998. *The Corrosion of Character: The Personal Consequences of Work in the New Capitalism*. New York: W.W. Norton.

———. 2008. *The Craftsman*. New Haven, CT: Yale University Press.

Sennett, Richard, and Jonathan Cobb. 1972. *The Hidden Injuries of Class*. New York: W. W. Norton.

Sharma, Ursula, and Paula Black. 2001. "Look Good, Feel Better: Beauty Therapy as Emotional Labor. *Sociology* 35 (4): 913–31.

Sharone, Ofer. 2014. *Flawed System/Flawed Self: Job Searching and Unemployment Experiences*. Chicago: University of Chicago Press.

Sherman, Rachel. 2007. *Class Acts: Service and Inequality in Luxury Hotels*. Berkeley: University of California Press.

Sherrow, Victoria. 2006. *Encyclopedia of Hair: A Cultural History*. Westport, CT: Greenwood.

Shils, Edward. 1965. "Charisma, Order, and Status." *American Sociological Review* 30 (2): 199–213.

Siciliano, Michael. 2016. "Disappearing into the Object: Aesthetic Subjectivities and Organizational Control in Routine Cultural Work." *Organization Studies* 37 (5): 687–708.

Simpson, Mark. 1994. "Here Come the Mirror Men." *Independent*, November 15.

———. 2002. "Meet the Metrosexual." *Salon*, July 22. Available at http://www.salon.com/2002/07/22/metrosexual/ (accessed November 25, 2014).

Simpson, Ruth, Jason Hughes, Natasha Slutskaya, and Maria Balta. 2014. "Sacrifice and Distinction in Dirty Work: Men's Construction of Meaning in the Butcher Trade." *Work, Employment and Society* 28 (5): 754–70.

Smith, Vicki. 2002. *Crossing the Great Divide: Worker Risk and Opportunity in the New Economy*. Ithaca, NY: ILR Press.

Smith Maguire, Jennifer. 2008. "The Personal Is Professional: Personal Trainers as a Case Study of Cultural Intermediaries." *International Journal of Cultural Studies* 11 (2): 211–29.

Spradley, James P., and Brenda J. Mann. 1976. *The Cocktail Waitress: Woman's Work in a Man's World*. New York: John Wiley and Sons.

Stack, Carol. 1974. *All Our Kin: Strategies for Survival in a Black Community*. New York: Basic Books.

Standing, Guy. 2011. *The Precariat: The New Dangerous Class*. New York: Bloomsbury.

Suttles, Gerald D. 1969. *The Social Order of the Slum: Ethnicity and Territory in the Inner City*. Chicago: University of Chicago Press.

Swidler, Ann. 1986. "Culture in Action: Symbols and Strategies." *American Sociological Review* 51 (2): 273–86.

Taylor, Timothy D. 2009. "Advertising and the Conquest of Culture." *Social Semiotics* 19 (4): 405–25.

Thomas, L. Eugene. 1980. "A Typology of Mid-Life Career Changers." *Journal of Vocational Behavior* 16: 173–82.

Thomas, L. Eugene, Richard L. Mela, Paula I. Robbins, and David W. Harvey. 1976. "Corporate Drop-outs: A Preliminary Typology." *Vocational Guidance Quarterly* 24: 220–28.

Tilly, Chris. 1995. *Half a Job: Bad and Good Part-Time Jobs in a Changing Labor Market*. Philadelphia: Temple University Press.

Trubek, Amy B. 2008. *The Taste of Place: A Cultural Journey into Terroir*. Berkeley: University of California Press.

Tsui, Bonnie. 2011. "Rye Is Back, with Flavors of Americana." *New York Times*, December 22.

Van Eijck, Koen. 1999. "Jazzed Up, Brassed Off: Sociale Differentiatie in Patronen van Muzikale Genrevoorkeuren." *Mens en Maatschappij* 74 (1): 43–61.

———. 2001. "Social Differentiation in Musical Taste Patterns." *Social Forces* 79 (3): 1163–85.

Van Eijck, Koen, and Bertine Bargeman. 2004. "The Changing Impact of Social Background on Lifestyle: 'Culturalization' instead of Individualization?" *Poetics* 32: 439–61.

Van Maanen, John, and Stephen R. Barley. 1984. "Occupational Communities: Culture and Control in Organizations." *Research in Organizational Behavior* 6: 287–365.

Van Wel, Frits, Willemijn Maarsingh, Tom Ter Bogt, and Quinten Raaijmakers. 2008. "Youth Cultural Styles: From Snob to Pop." *Young* 16 (3): 325–40.

Veach, Michael R. 2013. *Kentucky Bourbon Whiskey: An American Heritage*. Lexington: University Press of Kentucky.

Veblen, Thorstein. 1899. *The Theory of the Leisure Class: An Economic Study of Institutions*. New York: Macmillan.

Venkatesh, Sudhir. 2000. *American Project: The Rise and Fall of a Modern Ghetto*. Cambridge, MA: Harvard University Press.

Wacquant, Loic. 2006. *Body & Soul: Notebooks of an Apprentice Boxer*. New York: Oxford University Press.

Warhurst, Chris, and Dennis Nickson. 2007. "Employee Experience of Aesthetic Labour in Retail and Hospitality." *Work, Employment and Society* 21 (1): 103–20.

Warhurst, Chris, Dennis Nickson, Anne Witz, and Anne Marie Cullen. 2000. "Aesthetic Labour in Interactive Service Work: Some Case Study Evidence from the 'New' Glasgow." *Service Industries Journal* 20 (3): 1–18.

Weber, Max. 1958. *The Protestant Ethic and the Spirit of Capitalism*. New York: Scribner.

———. 1963. *The Sociology of Religion*. Boston: Beacon.

———. 1968. "The Concept of Legitimate Order." In *Max Weber on Charisma and Institution Building*, ed. S. N. Eisenstadt. Chicago: University of Chicago.

Wenger, Etienne. 1998. *Communities of Practice: Learning, Meaning, and Identity*. Cambridge, UK: Cambridge University Press.

West, Candace, and Don Zimmerman. 1987. "Doing Gender." *Gender and Society* 1 (2): 125–51.

West, Lois A. 2001. "Negotiating Masculinities in American Drinking Subcultures." *Journal of Men's Studies* 9 (3): 371–92.

Whyte, William Foote. 1943. *Street Corner Society: The Social Structure of an Italian Slum*. Chicago: University of Chicago Press.

Whyte, William H. 1956. *The Organization Man*. New York: Simon and Schuster.

Wieder, D. Lawrence. 1974. *Language and Social Reality: The Case of Telling the Convict Code*. Berlin: De Gruyter Mouton.

Williams, Christine L., and Catherine Connell. 2010. " 'Looking Good and Sounding Right': Aesthetic Labor and Social Inequality in the Retail Industry." *Work and Occupations* 37: 349–77.

Williams, Louis. 1993. "The Relationship between a Black Barbershop and the Community That Supports It." *Human Mosaic* 27: 29–33.

Willis, Paul. 1977. *Learning to Labor: How Working Class Kids Get Working Class Jobs*. New York: Columbia University Press.

Wilson, Anne. 2006. *Water of Life*. London: Prospect Books.

Wilson, Janelle L. 2005. *Nostalgia: Sanctuary of Meaning*. Lewisburg, PA: Bucknell University Press.

Wirth, Louis. 1938. "Urbanism as a Way of Life." *American Journal of Sociology* 44 (1): 1–24.

Witz, Anne. 1992. *Professions and Patriarchy*. London: Routledge.

Witz, Anne, Chris Warhurst, and Dennis Nickson. 2003. "The Labour of Aesthetics and the Aesthetic of Organization." *Organization* 10: 33–54.

Wolkowitz, Carol. 2006. *Bodies at Work*. London: Sage.

Wondrich, David. 2007. *Imbibe! Updated and Revised Edition: From Absinthe Cocktail to Whiskey Smash, a Salute in Stories and Drinks to "Professor" Jerry Thomas, Pioneer of the American Bar*. New York: TarcherPerigee.

———. 2010. *Punch: The Delights (and Dangers) of the Flowing Bowl*. New York: TarcherPerigee.

Wright, Earl II. 1998. "More than Just a Haircut: Sociability within the Urban African American Barbershop." *Journal of Research on African American Men* 9: 1–13.

Wrzesniewski, Amy. 2002. " 'It's Not Just a Job': Shifting Meanings of Work in the Wake of 9/11." *Journal of Management Inquiry* 11 (2): 230–34.

Wrzesniewski, Amy, and Jane E. Dutton. 2001. "Crafting a Job: Revisioning Employees as Active Crafters of Their Work." *Academy of Management Review* 26 (2): 179–201.

Wrzesniewski, Amy, Clark McCauley, Paul Rozin, and Barry Schwartz. 1997. "Jobs, Careers, and Callings: People's Relations to Their Work." *Journal of Research in Personality* 31: 21–33.

Zukin, Sharon. 1983. *Loft Living: Culture and Capital in Urban Change*. New Brunswick, NJ: Rutgers University Press.

———. 1995. *The Cultures of Cities*. Oxford: Blackwell.

———. 2010. *Naked City: The Death and Life of Authentic Urban Places*. New York: Oxford University Press.

Zukin, Sharon, and Ervin Kosta. 2004. "Bourdieu Off-Broadway: Managing Distinction on a Shopping Block in the East Village." *City and Community* 3 (2): 101–14.

Zukin, Sharon, Valerie Trujillo, Peter Frase, Danielle Jackson, Tim Recuber, and Abraham Walker. 2009. "New Retail Capital and Neighborhood Change: Boutiques and Gentrification in New York City." *City and Community* 8 (1): 47–64.

图书在版编目(CIP)数据

纽约手艺人：手作精神与品味消费的未来 /
(美)理查德·E.欧塞霍著；冯奕达译.
— 北京：中国工人出版社，2020.4
书名原文：*Masters of Craft:Old Jobs in the New Urban Economy*
ISBN 978-7-5008-7381-5

Ⅰ. ①纽… Ⅱ. ①理… ②冯… Ⅲ. ①消费文化－研究 Ⅳ. ①C913.3
中国版本图书馆CIP数据核字(2020)第042130号

著作权合同登记号：01-2020-2761

纽约手艺人：手作精神与品味消费的未来

出 版 人 王娇萍
责任编辑 董 虹
责任印制 栾征宇
出版发行 中国工人出版社
地　　址 北京市东城区鼓楼外大街45号 邮编：100120
网　　址 http://www.wp-china.com
电　　话 (010)62005043(总编室) (010)62005039(印制管理中心)
(010)62004005(万川文化项目组)
发行热线 (010)62005996 82029051
经　　销 各地书店
印　　制 北京盛通印刷股份有限公司
开　　本 880毫米×1230毫米 1/32
印　　张 15.75
字　　数 350千字
版　　次 2020年9月第1版 2021年6月第2次印刷
定　　价 82.00元